两岸关系和平发展前瞻

台港澳研究系列之三

严安林　邵育群　主　编

九 州 出 版 社 ｜全国百佳图书出版单位
JIUZHOUPRESS

图书在版编目（CIP）数据

两岸关系和平发展前瞻／严安林，邵育群主编. --

北京：九州出版社，2017.9

（台港澳研究系列；3）

ISBN 978 - 7 - 5108 - 3009 - 9

Ⅰ.①两… Ⅱ.①严… ②邵… Ⅲ.①台湾问题 – 研

究 Ⅳ.①D618

中国版本图书馆 CIP 数据核字（2017）第 228665 号

两岸关系和平发展前瞻

——台港澳研究系列之三

作　　者	严安林　邵育群　主编	
出版发行	九州出版社	
地　　址	北京市西城区阜外大街甲 35 号（100037）	
发行电话	（010）68992190/3/5/6	
网　　址	www. jiuzhoupress. com	
电子信箱	jiuzhou@ jiuzhoupress. com	
印　　刷	北京九州迅驰传媒文化有限公司	
开　　本	720 毫米×1020 毫米　　16 开	
印　　张	20	
字　　数	338 千字	
版　　次	2017 年 11 月第 1 版	
印　　次	2017 年 11 月第 1 次印刷	
书　　号	ISBN 978 - 7 - 5108 - 3009 - 9	
定　　价	58.00 元	

目　　录

第四编　台湾对外关系新动向

第五编　香港问题新特征

第一编

两岸关系演进

中国共产党对台方略的经济路径研究

——基于马克思主义的视角

严安林　童立群*

两岸关系进入和平发展阶段以来，学界对两岸能否通过深化经贸联系达到"由经入政"、实现最终统一的目标一直存在争论，甚至对大陆"对台让利"等政策的取向也产生质疑。在这些争论背后，实际反映出了各方对大陆对台政策看法的不统一。究竟什么是"先经后政""由经入政"？对此概念的理解十分重要，因为这是理解大陆整体对台经济方略的重要前提。在笔者看来，"由经入政"的政策要点在于两岸关系由经济的路径开端，带动两岸共同发展和社会整合，最终实现政治统一。它包括顺序不可颠倒的两个内容：第一是通过政治行动（主要是政策的制定和执行），促使两岸经济关系进入相互依赖的阶段；第二是两岸经济关系经过融合，带来政治上的顶层设计，确保两岸经贸关系正常化运行，使得"由经入政"成为两岸经济互动继续向前发展的内在需求，最终形成和平统一的经济路径。

作为执政党，中共通过"三大任务"把解决国家统一问题和中国的现代化进程联结在一起，突出了经济关系作为通向国家统一路径的必然性和合理性，即中国的统一过程，将所有中国人共同推动中华民族走向繁荣、民主、文明、现代化的一次伟大征程。马克思从宏大理论的视角探讨经济关系发生及发展的基本路径。马克思理论认为，产业分工的增强、经济交往的发展和社会生产力的进步，是一国各地区相互发展乃至融合、统一的最基本原因。近年来，基于对两岸经济一体化必然趋势的正确判断和两岸政治对话陷入僵局的基本事实，海内外学界出现了悲观与乐观两种极端的看法。悲观者

---
　* 严安林系上海国际问题研究院副院长、两岸关系协创中心教授、上海市台湾研究会会长；童立群系上海国际问题研究院台港澳所副研究员。

对"由经入政""先经后政"等提出质疑，甚至得出了两岸"只经不政"的看法，开始怀疑"先经后政"政策的正确性。乐观者则得出"只要发展两岸经济关系，两岸政治问题就一定能够迎刃而解，政治对话与协商就一定会自然而然地实现，两岸就一定能够实现完全统一"等过于简单的结论，过分夸大了经济互动所能产生的政治效能。本文拟对如何观察和解释大陆对台经济政策提供一个合理的视角与方法，论证经济路径实现的可行性，并试图对上述两种观点予以矫正和回答。

一、经济路径与国家统一的互动机理

马克思在《政治经济学批评序言》中明确表达了"经济活动在人类生活中的首要地位"这一思想。他指出："人们在自己生活的社会生产中发生一定的、必然的、不以他们的意志为转移的关系，即同他们的物质生产力的一定发展阶段相适合的生产关系。这些生产关系的总和构成社会的经济结构，即有法律的和政治的上层建筑竖立其上并有一定的社会意识形态与之相适应的现实基础。物质生活的生产方式制约着社会生活、政治生活和精神生活的过程。不是人们的意识决定人们的存在，相反，是人们的社会存在决定人们的意识。社会的物质生产力发展到一定阶段，便同他们一直在其中运动的现存生产关系或财产关系（这只是生产关系的法律用语）发生矛盾。于是这些关系便由生产力的发展形式变成生产力的桎梏。那时社会革命的时代就到来了。随着经济基础的变更，全部庞大的上层建筑也或慢或快地发生变革。"① 这段话表明：生产方式，特别是经济基础决定着包含全部政治生活，也支配着整个社会历史的发展。

正因为此，马克思恩格斯一再强调，一切政治变革的终极原因，应当从生产方式和交换方式的变革中，从有关时代的经济发展中去寻找。"各民族之间的相互关系取决于每一个民族的生产力、分工和内部交往的发展程度。这个原理是公认的。然而不仅一个民族与其他民族的关系，而且一个民族本身的整个内部结构都取决于它的生产以及内部和外部的交往的发展程度。"② 这里揭示了两个基本原理：其一，从宏观的历史抽象来看，就社会历史发展

---

① 《马克思恩格斯选集》（第 2 卷），北京：人民出版社，1995 年版，第 32—33 页。
② 《马克思恩格斯选集》（第 1 卷），北京：人民出版社，1995 年版，第 68 页。

根本、终极的动因而言，经济决定政治，政治是经济的集中表现；政治反作用于经济，生产力和生产关系的发展状况对一个民族本身的整个内部结构具有决定性影响。其二，从特定的历史时段来看，政治与经济在现实生活中的关系是极其复杂的，不仅交互作用，在一定条件下政治能够对经济产生决定性的反作用，而且政治作为一个独立系统有其自身的运动规律。

如果将"统一"视为国家矛盾运动的一种政治现象，分析其与经济基础的互动关系。马克思认为，"就是要从'经济发展'上去理解由此引起的一系列经济和社会现象的本质及其规律。政治经济学不是把财产关系的总和从它们的法律表现上即作为意志关系包括起来，而是从它们的现实形态即作为生产关系包括起来。"① 统一，根本上反映了一国内部政治结构的变化和变革，这种变革是建立在社会经济发展、生产力发展基础上的。按照马克思主义关于经济与政治关系的论述来理解，国家实现统一的关键，最根本在于由生产力的发展推动国家向统一的形态转化。也正是在这个意义上，经济发展可被视为实现国家统一的重要路径。

（一）经济发展的决定作用

从宏观的历史抽象来看，经济决定政治，政治是经济的集中表现并反作用于经济，从而必须坚持经济发展的决定意义和地位，正如马克思恩格斯所指出的，"在这些现实关系中，经济关系不管受到其他关系——政治的和意识形态的——多大影响，归根到底还是具有决定意义的，它构成一条贯穿于始终、唯一有助于理解的红线"。②

在近代资产阶级民族国家形成由经济统一走向政治统一的道路具有典型性。以德国建立资产阶级民族国家为例，实现政治统一之前，德意志在19世纪30年代就已基本完成了经济统一，各邦独立的、充分的经济发展构成了经济统一的必要性和可能性。恩格斯分析道："对于一个统一的'祖国'的需求，是有一种强烈的物质背景的。……从讲求实际的商人和工业家的直接的业务需要中冒出的渴望，他们渴望能扫除从历史上遗留下来的阻碍工商业自由发展的全部小邦废物，他们渴望消除一切不必要的摩擦，因为要是德国商人想插足世界市场，就先要在家里消除这种摩擦……德国的统一已经成

---

① 《马克思恩格斯选集》（第2卷），北京：人民出版社，1995年版，第615页。
② 《马克思恩格斯选集》（第2卷），北京：人民出版社，1995年版，第723页。

了经济上的必要。"① 马克思也认为，"各自独立的、几乎只有同盟关系的、各有不同利益、不同法律、不同政府、不同关税的各个地区，现在已经结合为一个拥有统一的政府、统一的法律、统一的民族阶级利益和统一的关税的统一的民族国家了。"② 正是由于资本主义的经济发展，德国客观上实现了经济统一，从而为政治统一奠定了物质基础，导致政治统一——德意志共和国的最终建立。

（二）国家统一进程对经济发展的反作用

在特定历史时段、在一定条件下，"政治"（可理解为国家统一的进程）能够对经济产生反作用。作为一个独立系统，"国家统一"有其自身的运动规律。经济发展仅仅只在归结到底的意义上对统一起决定作用，并不是直接地、完全地、自发地作用于实现统一的各因素，而要通过一系列中间环节才能体现她的决定作用。恩格斯认为："总的说来，经济运动会为自己开辟道路，但是它也必定要经受它自己所确立的并且具有相对独立性的政治运动的反作用，即国家权力的……反作用。"③ 恩格斯同时列举了政治反作用于经济可能出现的三种情况：一是政治有可能与经济沿着同一方向起作用。在这种情况下，国家统一的进程会较为顺利；二是政治沿着与经济相反的方向起作用；三是政治阻止经济发展沿着既定方向走，而给它规定了另外的方向。后两种情况都会对国家和社会发展造成伤害和阻碍，同样也是国家统一道路上的绊脚石。历史上，1865 年美国爆发内战，最根本原因在于南方落后的经济制度，日益不能适应工业革命后北方的大工业生产方式，这一经济矛盾无法调和，最终导致南北冲突爆发。美国南北战争最终以北方的胜利告终，这场战争是美国历史上的第二次资产阶级革命，它维护了国家统一，废除了奴隶制度，进一步扫除了资本主义发展的障碍，为美国资本主义经济的起飞铺平了道路。应该说，美国内战是通过某种方式（战争和武力的方式），将国家统一这一"政治"的方向扭转到与经济发展和经济关系同一方向，顺应历史发展的典型。

---

① 《马克思恩格斯全集》（第21卷），北京：人民出版社，1965年版，第467页。
② 《马克思恩格斯选集》（第2卷），北京：人民出版社，1995年版，第615页。
③ 《马克思恩格斯选集》（第4卷），北京：人民出版社，1995年版，第700—701页。

（三）国家统一各因素之间相互作用

恩格斯指出："经济状况是基础，但是对历史斗争的进程发生影响并且在许多情况下主要是决定着这一斗争的形式的，还有上层建筑的各种因素。"① 他还指出："政治、法、哲学、宗教、文学、艺术等的发展是以经济发展为基础的。但是，它们又都互相作用并对经济基础发生作用。并非只有经济状况才是原因，才是积极的，其余一切都不过是消极的结果。"② 恩格斯甚至还认为，在特定的历史时期，某些社会因素有可能居于支配地位，强烈地制约其他社会因素的性质和发展，如中世纪的神学。列宁也说过：政治同经济相比不能不占首位，③ 指的是某些特殊情况下其他因素的特殊意义。

以二战后两德统一为例。两德统一是政治、经济和文化等多层因素综合作用的产物。德国从 1949 年正式分裂为东、西两个德国，即联邦德国和民主德国，1990 年两德重新统一，是多因素综合作用的结果。首先必须看到经济因素仍然发挥着关键性作用。包括西德物质水平的积累，建立起足以负载统一的强大经济实力，也包括各国际"利益攸关方"，如苏联、美国、英国、法国等对各自从德国统一中获取经济利益的评估和判断。统一前夕，东西德国经贸往来一直保持着"内部关系"的特殊状态。1988 年，双边贸易额高达 144.71 亿西马克。④ 足见经济因素为统一发挥了不可替代的作用。但是，两德统一不仅仅经济发展了发挥作用的结果，还包含了有利的国际大环境、双方民族感情、两德的外交政策等内外条件的充分作用。首先，20世纪 60 年代后，联邦德国通过"新东方政策"开启了与民主德国实质关系的推进，民族感情因此得到了强化。双方在官方援助、旅游过境、交通邮电、卫生体育、家庭团聚等领域达成了相关协议，社会交往的深化使得"德意志美德"重新成为双方的共同追求。其次，美苏关系缓和、东欧剧变等国际形势，则对两德统一起了推波助澜的重要作用。总而言之，两德的统一运动在多种因素作用下呈现分阶段、波浪式推进的过程，最后，两德统一也不是"临门一脚"式的快速统一，统一仍然经历三个发展阶段，包括签署"第一个国家条约"的经济统一、"第二个国家条约"的政治统一以及两

---

① 《马克思恩格斯选集》（第 4 卷），北京：人民出版社，1995 年版，第 695 页。
② 《马克思恩格斯选集》（第 4 卷），北京：人民出版社，1995 年版，第 732 页。
③ 《列宁全集》（第 41 卷），北京：人民出版社，1986 年版，第 278 页。
④ 晏小宝主编：《德国的统一》，上海：远东出版社，1992 年版，第 9 页。

德与美苏英法外交签署《最后解决德国问题的条约》三阶段，在不同阶段，各种因素所起的作用不尽相同。

二、中国共产党对台方略的经济路径

作为马克思主义的实践者，中共对台的经济工作是从推进祖国统一的战略高度来认识。中共对台政策是在正确理解马克思主义关于经济与政治关系的原理基础上，运用这一原理来指导总体的对台战略。在两岸迈向统一的过程中，一方面，经济是政治的基础；另一方面，政治又不是简单地被经济所决定，它具有相对的独立性。在现实社会生活中，政治上层建筑经常并不紧跟经济基础的变革而变革，它往往会落后于经济基础并与经济基础的发展要求相矛盾。这就是马克思主义关于经济与政治关系原理的基本观点。

（一）培育统一完善的两岸市场体系

经济关系是民族国家各部分的一条最基本纽带。在一个统一国家的内部，各地区经济联系是紧密的而非割裂的。列宁指出："国内市场是在商品经济出现的时候出现的；国内市场是由这种商品经济的发展建立的，而社会分工的精细程度决定了它的发展水平"。[①] 可以这样理解马克思主义观点，商品经济、市场经济的角色是国家统一天生的"促进派"，商品经济越发展，统一的内在驱动力就越强。当商品经济发展到市场经济后，由于建立在平等自愿基础上的经济联系空前紧密，就从根本上铲除了导致国家分裂的经济根源，从而铸成国家统一牢不可破的经济基石。

马克思恩格斯曾设想，由建立"关税同盟"开始构建一国内部经济联系。他们认为，德意志统一的"第一个条件就是废除德国各小邦之间的无数关税壁垒和它们的形形色色的财政立法以建立国内市场，换句话说，就是成立德意志关税同盟"。[②] 首先从贸易开始，接着是削减、取消关税，实现货币自由互换等措施，由此建立统一的贸易经济区，实现"关税同盟"。在这个同盟内部，各邦间的贸易一切关税被取消，实现币制和度量衡制度统一，对外实行统一的关税制度和税率。一些小邦的命运也由此而定：要么加

---

① 《列宁全集》（第3卷），北京：人民出版社，1984年版，第52页。
② 《马克思恩格斯文集》（第4卷），北京：人民出版社，2009年版，第342页。

入这个联盟，在经济和政治上融为一体；要么永远离开德意志，自谋生路。因而，正是"关税同盟"将德国各邦的经济利益紧紧捆绑在一起，为将来的政治统一埋下了伏笔。

再来看中国统一中的"市场同盟"。与马克思恩格斯所处时代不同，在经济全球化和区域一体化的世界经济发展中，按自由化程度的高低程度，区域一体化分为自由贸易区、关税同盟、共同市场和经济同盟等多种形式。两岸经济关系是在一个中国原则下形成的特殊经贸关系，依据 WTO 的规范，两岸之间的经贸交往属于一个主权国家下两个关税区之间的经济关系，在性质上被视为"国内贸易"，但彼此之间的经济互动则必须遵循 WTO 规范。两岸经贸的"市场同盟"正是在这一定位和性质下逐步形成的。

2010 年 6 月 29 日，海协会和海基会签署了海峡两岸经济合作框架协议（以下简称 ECFA）。ECFA 的主要特点包括：1. 内容主要涵盖货物贸易、服务贸易和贸易便利化三方面，性质上是"类似自由贸易区（FTA）"的一种机制。2. 不拘泥于一般自由贸易区的开放度，其涉及的领域、开放的范围和速度均超过一般的自由贸易区；最重要的一点，双方后续通过不断扩大相互间的开放，增加和充实协议的内容。3. ECFA 属于国家内部层面的经济合作行为。由于大陆和台湾均属于世界贸易组织的成员，因此彼此之间的经贸安排又具有区域内双边合作性质，必须符合世界贸易组织的规则。即两岸经贸关系既是世界贸易组织平等成员方之间的经贸关系，又是一个国家主权结构下相互依存的两个经济体之间经贸关系。

ECFA 的签订是两岸关系进入和平发展阶段的重要标志。在萧万长提出的"两岸共同市场"理论[1]中，两岸共同市场就是大中华市场，其最终目标是成为整合大陆、台、港、澳的经济体，进而为形成中华民族统一市场提供基本条件。大量事实表明，ECFA 不但改善了台湾投资环境，帮助台湾提升经济竞争力，而且让台湾工商界特别是中小企业、基层民众得到"看得见、摸得着"的实惠。[2] 在总降税获益方面，台湾可获得近 300 多亿元新台币，大陆则获得 30 多亿元新台币；台湾产值将增加 8976 亿~9245 亿元新台币，成长率在 2.75% 以上；在就业方面，台湾为此将增加 26 万余就业人数，成

---

① 萧万长：《一加一大于二：迈向两岸共同市场之路》，台湾：天下远见出版股份有限公司，2005 年版。

② "经济注活水 百姓广受益——ECFA 对台红利大盘点"，新华网，2012 – 6 – 14。

长率在 2.5% 左右；台湾 GDP 也将为此增长 1.65% ~ 1.72% 。另外，岛内相关产业链上的 10 多万中小企业可以从 ECFA 直接获利，其中以面板、纺织、汽车零组件及农业占大宗。随着大陆对台逐步实施 500 多项产品零关税及数十项服务市场开放，有效增加台湾产品对大陆出口以及台商对大陆投资，在一定程度上拉动岛内的投资与需求，促进相关产业与总体经济的发展。随着两岸经贸整合程度的加深，两岸实现在价格、投资、运输、保险、税收、银行，以及货币政策等方面的合作和调整，进一步消除资本、劳动力、技术等要素流动的障碍，促进海峡两岸经济要素的充分往来和相互适应，这些合作和调整终将突破低政治层面，进一步上升到政治层面。

通过 ECFA 实现两岸经济一体化，建设形成两岸"市场同盟"的结构，是确保"以经促政"中取得主动权和优势的重要条件之一。在强大的市场力量推动下，两岸经贸关系获得快速发展。2013 年，两岸贸易总额达 1972 亿美元，成为奠定两岸统一市场体系的重要力量。

（二）连接共同利益关系，壮大主张统一阵营

共同的物质利益是民族凝聚的基本动因之一。经济物质利益推动着为数众多的小国融合以统一民族为基础的大国，这一点无论是在古代中国还是在西方早期历史中都得到充分印证。通常情况下，生产力发展导致各方经济利益相互连接，由此产生了共同利益，这一共同利益在政治上客观要求相互间进一步统一。对新受益的人群来说，其利益与分裂势力的利益是背道而驰的，为了维持和扩大他们的经济利益，在权衡利弊之后，他们有可能"自觉地"成为赞成和支持统一的力量。诚如列宁所说，"当这些群众的切身利益——主要是经济利益，特别是对于他们切近的、敏感的和认识到的经济利益——被触犯时，他们就能够投入运动，至少能够成为少数觉悟的、有坚决的主动精神的人们的支柱……"① 从历史上来看，凡是主张国家统一的势力都积极推进分离部分之间的经济发展，如俾斯麦和意大利的进步力量就是如此。与此相反，那些反对统一、坚持分裂的势力则竭力阻碍这种经济关系的发展，例如普鲁士的唯一对手奥地利嫉恨以普鲁士为首的小德意志统一方案，千方百计破坏之；又如"台独"势力在两岸关系上的所作所为就充分说明了这点。ECFA 给台湾业界带来了实实在在的好处，不仅大集团受惠，

---

① 《列宁全集》，（第 55 卷），北京：人民出版社，1990 年版，第 594 页。

中小企业也获得了广阔的发展空间。但一些反对声音却声称"看得到，吃不到""两岸协议多没发挥功用"，云云，两岸服贸协议甚至在台湾被攻击为"侵略"，背后都有"台独"分子的算计，都是有悖事实的，其目的是要抹黑大陆的善意，污蔑大陆惠台政策。

两岸经贸往来所形成的共同利益已经为对抗分离主义发挥了重要作用。支持统一的阶层一旦形成，就会在共同物质利益基础上继续扩大。在中国统一的进程中，香港、澳门、台湾都出现了类似的阶层，由于其经济活动超出了原有地区的范围，卷入了整个国家的市场甚至国际市场，使得有一部分原本对统一漠不关心，有的甚至是坚持分裂的顽固势力，因其切身经济利益、新的经济关系与国家的命运捆绑在一起，最终政治观点发生了根本性变化：从漠不关心或坚持分裂转变为拥护统一的中坚力量。例如，两岸经济关系相互依赖程度的增加，使得岛内产生了一个从经济利益出发反对"台独"的独特群体——台商及其亲属。在"台独"势力在岛内大搞"文化台独"、相当部分民众对台湾定位、祖国统一等重大问题产生认识上的混乱时，原有从文化、历史和血缘角度的反"台独"群体力量相对削弱，而从经济利益角度出发反对"台独"和制约"台独"的角色则日益突出。2000年9月时，一百多位台商协会负责人发表联合声明，希望台湾当局在年底以前开放"三通"，并希望台湾当局能对大陆国务院副总理钱其琛的"大陆、台湾同属一个中国"说法有所回应，以营造两岸复谈的气氛，促使两岸早日复谈。① 2005年，与台湾地区前领导人陈水扁有着不凡交情的台湾奇美集团创始人许文龙，在没有事前知会民进党当局的情况下，公开发表"退休感言"，开宗明义定位自己是生意人，同时表示他认同"两岸同属一个中国"、赞成三通直航、反对"台独"，最后还强调《反分裂国家法》的制定让他心里踏实许多，称"因为敢到大陆投资，就是我们不搞'台独'，因为不搞'台独'，所以奇美在大陆投资一定更加兴旺"。② 此言一出，台湾岛内一片哗然。许是"台独"的铁杆支持者、有着深绿背景的企业大亨，其态度180度转变令所有"独派"人士措手不及。众所周知，许文龙一直是民进党的"幕后金主"，他曾公开支持陈水扁搞"台独"，且与李登辉交往甚密。即便

① 周德惠："百余台商联合声明，促年底以前开放三通"，《联合报》，2000年9月14日，3版。

② "绿色台商许文龙发表公开信支持反分裂法"，新浪网，http：//news. sina. com. cn/c/2005 - 03 - 28/03595479155s. shtml，2005 - 03 - 28.

如此，正如他自己所说"我是一生意人"，许还是为几十万效力奇美的员工做出了正确的选择。许文龙的例子再一次证明：两岸经济交往不断加深，使两岸人民越来越深地联系在一起，正在成为"你中有我、我中有你"的密不可分的利益共同体。形势比人强，即使是最顽固的"台独"分子也会在共同的利益面前改变立场。作为一个历练多年的老商人，许文龙的例子与其说他已经看清了"台独"分裂势力的前途，不如说台商或者台湾人民的利益已经使他无法沉默。

2003年12月25日，胡锦涛在与台资企业协会负责人会谈中提出，"面对新的发展机遇和挑战，理应密切往来、加强交流、扩大合作、共同发展"，并提出"四个有利于"① 的两岸共同发展主张。经济发展是两岸人民的共同利益所在，也是两岸关系和平发展的重要基础。推动海峡两岸经济交流与经济合作非常重要，尤其对经济处境较为困难的台湾更为重要。胡锦涛从整个中华民族的利益出发，从海峡两岸的共同利益出发，在纪念《告台湾同胞书》30周年座谈会讲话中将"推进经济合作，促进共同发展"作为六项主张的第二条进行了阐述，提出"两岸同胞要开展经济大合作，扩大两岸直接'三通'，厚植共同利益，形成紧密联系，实现互利双赢"。这一论述标志着中国共产党的新一代领导倡导海峡两岸要抓住难得的历史机遇，开展经济大合作、大发展、大融合，让海峡两岸形成更紧密的经济体，实现互利双赢与共同发展。

面向未来，两岸有必要、也有条件走共同发展之路，建立更加现实与重要的经济利益纽带。只有两岸共同利益增加，共同利益厚实，才能形成利益共同体，才会减少两岸间的分歧，降低矛盾与冲突，才能同舟共济，共同发展，可以说"共同利益"是两岸关系和平发展的重要物质基础。缺少共同利益或者共同利益不足，两岸经济合作的动力就不足，两岸关系和平发展的前景就会受到一定的影响。当两岸紧密的经济联系将双方紧密地"绑"在一起，"你中有我，我中有你"，相互依赖的程度越强，"台独"实现的可能性就越小。当两岸共同经济利益超过两岸单方面特殊利益时，当两岸共同经济利益形成融合的态势时，两岸的政治难题和政治分歧终将破解两岸关系和

---

① "四个有利于"即"只要是对台湾同胞来大陆投资经商、兴办实业有利的事情，只要是对两岸经济、科技和文化等领域的交流与合作有利的事情，只要是对两岸关系发展和祖国统一有利的事情"。

平发展态势就不可逆转，和平统一就将成为历史的必然。

（三）直接的、特殊的援助与让利

中国人对"援藏"这个词都不陌生。马克思说："同氏族人有互相保护和援助的义务"，[①] 中国古人亦云"授人以鱼不如授人以渔"。尽管经济学理论认为，直接进行经济的补贴和援助，有可能会形成受援地的援助依赖，不利于其自身发展能力建设，并不符合发展的规律。然而，一个国家的统一需要所有地区支持，如果一个国家各地区之间的收入分配存在差异，而这种差异在短期内又无法得到化解，在任何一个地区的大多数人支持分裂时，分裂就可能发生。面对一个可能的分裂，国家（政府）可以通过改变税收等政策或直接的经济扶持，以此预先防止分裂或分离的发生。西藏和平解放以后，面对西藏脆弱的内外环境复杂丛生之下，经济发展必然成为巩固政治统一成果的迫切要求，因此中国中央政府决定对其实行全面的经济上特殊优惠政策，并开启长达60多年的"援藏"历程。

当然，两岸的情况与西藏完全不同，但大陆在制定对台政策时，确实有以单方面经济让利增进两岸政治关系的考量，这一政策有其连续性与一贯性，长期以来大陆方面实施了许多对台单方面优惠政策。如自2005年8月起大陆单方面对原产于台湾的菠萝等15种水果实施进口零关税措施。2010年在两岸推动商签ECFA以来，大陆方面多次表达将让利于台湾。这一"让利说"在两岸都引起了争论和反响，既有认同、期待的，又有疑惑、甚至反对的。从根本上说，大陆方面始终认为两岸同胞是一家人，两岸一家亲，在两岸交流合作中尽可能让利于台湾是情有可原的。在此背景下，不必讳言的是，大陆采取积极的对台经贸让利政策，推动两岸关系发展的最终目标是推动两岸和平统一的实现，但这个过程将是长期的艰巨的，让利只是一揽子经济政策中的一个选项。

再来看大陆近年来提出"向下沉、向南移"的对台政策。由于两岸经贸交流带来利益分配格局的改变，对一些弱势产业与弱势群体造成冲击，引起岛内部分民众较大疑虑、不满和争论。大陆于是进一步有针对性地对台湾中小企业和基层民众特别是农民兄弟提出"向下沉、向南移""三中一青"等政策，正是希望通过某种经济救济手段等保障机制，来尽量缓解、减小两

---

① 《马克思恩格斯选集》（第4卷），北京：人民出版社，1995年版，第120页。

岸经贸关系的快速发展可能对台湾社会造成的负面冲击，本质上也属于一种让利承诺。总之，大陆方面以政治层面为主要考虑，将继续给予台湾各项优惠条件，通过双方频密的经济联系，维护和巩固一个中国框架。

（四）促进国家主体部分发展

在国家统一过程中，主体部分的经济发展是一个关键。主体的发展带动全民族全国的发展、为国家的最终统一准备物质前提。德国的普鲁士、意大利的撒丁王国作为统一的"主体"，他们自身都拥有强大的经济实力和物质基础，既能对其他的对象形成磁石效应，又能以此作为实现统一的条件。凯恩斯曾直言道：德意志帝国与其说是建立在血和铁上，倒不如说是建立在煤和铁上更为真实。

事实证明，主体部分经济发展快，其它部分的向心力就强，主体与其它地区的经济关系就能持续和加强，国家有可能从经济统一走向政治统一。主体部分的经济衰退，其它部分的向心力则会减弱，甚至变成离心力，有可能因经济分离导致政治分裂，苏联也是一个例子。同时，主体部分必须保持着对其它部分强大的磁吸力，经济实力是不可或缺的重要内容。

大陆早在 1998 年举行的全国对台工作会议就明确规定，今后对台政策的重点是将推动统一的基点，放在提高综合国力上。会议要求"集中精力发展经济，增强综合实力，在此基础上，全面发展两岸关系，为最终解决台湾问题创造有利条件"。大陆涉台专家李家泉教授明确表示："只要大陆发展好了，两岸之间经济上改善，政治上也得到改善的局面就一定会出现。"[①]决策者坚信，立足于提高综合国力的对台政策，将有利于台海两岸目前和平的现状，并为未来两岸的统一奠定坚实的经济基础。毛泽东《矛盾论》有言："矛盾着的两方面中，必有一方面是主要的，他方面是次要的。事物的性质，主要地是由取得支配地位的矛盾的主要方面所规定的。"[②]历史经验充分表明，受各方面资源、实力等因素规定，大陆过去是、今后仍将是矛盾的主要方面，大陆的发展在总体上决定着国家统一的发展方向与基本格局。对于尚未统一的台湾地区，由于大陆在两岸关系中处于矛盾的主要方面，大者相对而言承负着更大的道义责任，应该更主动地包容和体谅小的一方。

---

① 李家泉：《在危机中前进的两岸关系》，《台声》，2003 年第 8 期。
② 《毛泽东选集》（第 1 卷），北京：人民出版社，1991 年版，第 320 页。

两岸进入和平发展新时期以来，中共一系列方针政策越来越多地体现出"发展主体综合实力"的思路。随着大陆发展，两岸实力此长彼消，时间与力量对比变化，差异与差距缩小，优势与主动权将越来越在大陆手里，大陆对此有充分自信。大陆改革开放以来所取得的现代化建设成就，为实现两岸关系和平发展奠定了雄厚基础。2010 年大陆经济总量以 40.1 万亿元水准超过日本而跃居世界第二。2000 年，中国大陆 GDP 约占美国的 12%，2010 年这一数字则上升到 40% 左右。同期内，台湾的 GDP 总量是大陆的四分之一，到 2010 年已扩大到十二分之一。在综合实力的基础上，大陆可以采取更进取也更有效的姿态，把两岸关系推进到一个经济文化全面融合的新的发展阶段，逐步把台湾吸纳包容到中华民族的整体现代化进程之中，在发展中融合，经融合而统一。

三、结语：以发展求统一，以统一促发展

选择通过经济的路径实现国家统一，反映了和平发展与和平统一的辩证关系，统一是发展的必要条件，而发展又为统一提供了强大的物质基础。和平发展与和平统一进程是密不可分的，二者是互相紧密衔接、有效递进的关系，而不是其中一个取代另一个的替代关系。和平统一是终极目标，和平发展是和平统一必然要经过的阶段和实现路径。只要大陆坚持的是和平统一的目标，而不是简单地树立武力统一的目标，那么"和平发展"是"和平统一"绕不过去的一个重要阶段，也是不可避免要发生的过程和路径，是必由之路。[①] 对执政者中国共产党来说，不能不要过程和缺少路径，而只要结果，二者是相互提升、相互促进的关系。

马克思主义证明，通过经济发展的路径是两岸走向统一的必然选择，虽然其间可能会出现干扰与波折，总体趋势是不可逆转的。现阶段可通过有序、渐进的方式推动这一进程，使两岸在相互的经济关系发展中获得更大、更直接的效益。以此为基础，深入思考中共对台工作的经济路径，有助于更深入把握两岸关系发展的方向与实现祖国和平统一总体战略。这也是本文研究主旨与实践意义所在。

2008 年以来，两岸关系进入了"和平发展"新时期，"和平发展"被

---

① 严安林：《两岸关系和平发展制度化理论研究》，九州出版社，2013 年版，第 86 页。

提升到两岸关系"主题"的战略高度。胡锦涛在纪念《告台湾同胞书》发表30周年座谈会上的讲话中指出，"首先确保两岸关系和平发展，这有利于两岸同胞加强交流合作、融合感情，有利于两岸累积互信、解决争议，有利于两岸经济共同发展、共同繁荣，有利于维护国家主权和领土完整、实现中华民族伟大复兴"。"为此，我们要牢牢把握两岸关系和平发展的主题，积极推动两岸关系和平发展，实现全民族的团结、和谐、昌盛。我们应该把坚持大陆和台湾同属一个中国作为推动两岸关系和平发展的政治基础，把深化交流合作、商谈判作为推动两岸关系和平发展的重要途径，把促进两岸同胞团结奋斗作为推动两岸关系和平发展的强大动力，携手共进，戮力同心，努力开创两岸关系和平发展新局面"。胡锦涛这段重要讲话对"和平发展"与"和平统一"相互关系做了极为富有创意和新意的论述，即"和平统一"是以"和平发展"为基础的、有血有肉的过程；"和平发展"与"和平统一"都是为了中国人民的根本利益和最大福祉的最终目的，都是为了实现中华民族的振兴。中国的和平统一，并不是为统一而统一，而是为了实现比统一更高的目标。在实现和平统一后，仍然要保障两岸人民的幸福，促进两岸社会的发展，将国家发展提升到更高的境界。在某种意义上讲，和平发展是为了和平统一，而和平统一又是为在统一后促进两岸间更好的和平发展，也就是促进两岸通过有效整合，最终达到建设一个富强发达、社会进步，具有高度文明和政治清明的强大国家的目的。

再回头看全部中国的统一事业。事实上，统一不是一个单纯的统一问题，更是一个国家生存的发展问题，是中华民族伟大复兴的一个组成部分。中华民族伟大复兴是一个艰巨而漫长的整合阶段，它有许多内涵和使命，统一只是其中任务之一。统一将随民族复兴的发展而逐步实现。但是，统一不会随着民族复兴进展而自行到来，民族复兴也代替不了统一，统一还是要作为一种重大事业，加以规划，扎扎实实去做，统一问题只能在中华民族伟大复兴进程中通过整合加以实现。在推进民族复兴的历史进程中开辟两岸关系的发展前途。实现两岸统一是中华民族走向伟大复兴的历史必然，目的是维护国家主权和领土完整，追求包括台湾同胞在内的全体中华儿女的幸福。两岸关系和平发展应当成为民族复兴的重要组成部分，同心实现民族复兴应当成为两岸同胞共同奋斗的目标。两岸双方应站在全民族发展的高度，思考和解决两岸关系发展的重大问题，不断增强民族认同感和凝聚力，共同应对复兴进程中的各种挑战，共同壮大中华民族的整体实力。因此，发展是统一的题中之意，发展为统一提供强大的力量和基础。和平发展的任何重大成就，都将成为和平统一积累力量。无论是统一还是发展，都将是一个较长期的进程，因此，这两个进程必定是一个时间和空间上甚至内容上相互重合的进程。

最后必须承认，以经济发展求统一的路径不应被过分夸大，马克思主义不是片面的"经济决定论"。就当下两岸关系来说，经济互动是推动政治互动的重要因素之一，但也仅仅是较其他因素更为关键、更具基础性的因素而已。① 两岸的经济关系对政治关系有较大影响，但是与政治关系发展并非简单线性关系。马克思主义认为，"一种历史因素一旦被其他的、归根到底是经济的原因造成了，它也就起作用，就能够对它的环境，甚至对产生它的原因发生反作用"。② 事关国家统一的各因素其作用是辩证统一的、相互促进的关系。首先，中国统一各部分和地区之间有其自身的发展轨迹和规律，即使是相互发展融合后，也不会直接自动实现统一，只能是间接的、渐进的过程；目前两岸经济关系已经随着和平发展战略的持续推进越来越紧密，但政治关系却仍没有走出政治对立的阴影，台湾民众和岛内各个政治势力对两岸政治关系的认知分歧严重，两岸之间政治互信依然脆弱，两岸有关政治议题的协商也一直迟迟无法展开。当然，目前两岸政治对话和协商难以取得进展，不是由于"经济先行"政策存有问题，而是由于两岸政治关系本身的复杂性和相对独立性所导致。其次，随着社会主义市场经济的发展，政府职能与市场职能分开，经济发展越来越多依靠市场这只"看不见的手"发挥作用，社会决策权力日趋分散，决策主体日益增多，利益出现多元化格局。当前某些经济发展尚处间接、单向的非正常化格局下，所产生的利益分配结果是复杂的，某些时候会受到政治因素的强力干预，在一定程度上降低了原先可以达到的效果，例如台湾岛内不少人认为要防范台湾经济过度依赖大陆的政治思维。第三，由于历史的原因和政治的因素，中国统一实际上要比马克思和恩格斯所说的"一个民族本身整个内部结构"问题来的复杂和特殊。当前经济利益的诉求越来越细化，而不同的利益分配结果派生出的政治效果也会有所不同，这也会影响到发展的顺利推进。第四，主体经济实力相对于统一地区实力的增强，尽管能够主导统一，但也并不能简单地导致统一的水

---

① 王英津："两岸'先经'与'后政'的关系之辨"，《中国评论》月刊，2013年第11期。
② 《马克思恩格斯选集》（第4卷），北京：人民出版社，1995年版，第728页。

到渠成。第五，美国等外在势力的干扰也是两岸政治对话与政治谈判难以开启的重要因素。总之，统一的问题十分复杂，以发展求统一路径不是无条件的自发过程，必须用辨证的思维看待这一问题，要尽可能减少它所带来的负面影响，必须协调处理好各种因素的关系，发挥发展路径整体最大功能。要充分认识到经济的路径仅仅是影响或推进两岸政治关系的必要条件，而非充分条件，单纯依靠经济手段来推动两岸政治关系是难以奏效的。

当然，仍然必须看到大陆对于以发展的路径实现和维护国家统一的信心和决心，两岸政治关系的推进不能单纯依靠经济合作，尚需有政治上的设计和推动。通过持续推动经济融合和文化交流关系，奠定了和平统一坚实的基础，创造更多更好的条件，发展的进程越好，离和平统一的目标就会越近，而不是相反。"实现互惠互利、优势互补、共同繁荣、先易后难、逐步发展"是中共发展路径的基本战略，对尚未实现统一的台湾地区，虽然情况极为复杂，但目前看依然是"以经促政""经济先行"的正确的战略。在国家统一过程中，执政者中国共产党恰是运用了行政的资源和力量，以政治行动促进经济关系：重建统一的国内市场是一国之内原本分离的部分之间经济发展不可或缺的重要步骤；经济发展和经济融合可以扩大主张统一的阵营、增强拥护统一的力量；共同的经济利益能够促进政治关系的密切和民族认同感的增强，进而有利于遏制内部分离势力和抗衡外部的干涉势力；国家主体部分的经济发展是促进各部分之间经济关系良性发展、带动全民族经济增长、为国家的最终统一准备经济前提的关键，等等。必须站在国家统一的高度去认识中共采取和实施的战略和政策，而不能简单地以经济利益权衡，更不能把它们看作是单方面对大陆主体对局部地区经济的支持，是帮助某一地区经济克服困难的暂时性措施。在这个意义上，上述政策和举措都可以被称为一种"双赢的安排"，它们既为推进了整个中国现代化的进程，也将把中国人的统一之梦带入了现实。

（原载《重庆社会主义学院学报》，2015 年第 6 期）

"习马会"：背景与成因、亮点及其意义

严安林[*]

2015 年 11 月 7 日，中共中央总书记习近平与台湾地区领导人马英九在新加坡正式举行举世瞩目的"习马会"。这是 1949 年以来，即 66 年来两岸领导人的首度会晤，是两岸交流交往的新高点，是两岸关系的一个重大突破，翻开了两岸关系历史性的一页，同时，对亚太地区和平稳定具有重要的启示意义。

一、"习马会"的背景、成因与目的

1. "习马会"的背景。从时间背景看，"习马会"的举行有两点是非常值得注意的：

其一：七年来两岸关系的和平发展及其成果。2008 年 5 月以来，两岸关系走上和平发展道路，取得一系列重大进展，其成果不仅表现在两岸经济合作的制度化、社会交往扩大化，而且在坚持"九二共识"、反对"台独"的共同政治基础，两岸双方彼此之间建立了政治互信，两岸人员交往由海协会与海基会之间的两会制度化协商，发展到高层领导之间的互动，特别是由 2014 年 2 月中旬时任台湾陆委会主委王郁琦登陆、首度"张王会"（张志军与王郁琦）所开启的国台办与陆委会之间建立了常态化联系沟通机制，推动了两岸政治关系的新进展。因此，如果没有双方之间共同的政治基础、政治互信与政治互动，"习马会"是难以实现的。正如张志军主任所指出：

---

* 严安林系上海国际问题研究院副院长、两岸关系协同创新中心教授、上海市台湾研究会会长。

"两岸领导人会面得以实现，来自于两岸双方和两岸同胞的共同努力，得益于两岸关系和平发展累积的丰硕成果，可以说是两岸民心所向，两岸关系发展大势所趋。"① 台湾学者称"两岸关系发展所累积之和平红利，亦为两岸关系在'九二共识'下政治互信的成果"。②

其二：即将举行的两项选举可能改变台湾政局走向及对两岸关系造成冲击。2016 年 1 月 16 日台湾地区领导人选举与第九届"立委"选举及其结果，不仅将改变台湾政治发展走向，而且对两岸关系造成一定程度的影响。即习近平总书记所多次指出的两岸关系处于一个关键节点。这是一场选举、两种结果，关系到两岸关系两条道路的选择，"攸关两岸关系发展前景，攸关台海地区和平稳定，攸关两岸同胞切身利益"。③

2. "习马会"的成因。举行两岸领导人会晤是中国大陆新一届中央领导集体的主动作为，是主动做出的战略决策。"习马会"的成功举行与领导人的人格特质和决策风格有关，尤其需要强调的是，习近平的大气与马英九的勇气以及两岸中国人的智慧，是"习马会"得以实现的重要原因。因为，"习马会"是"在两岸政治分歧尚未彻底解决的情况下根据一个中国原则作出的务实安排"，体现"搁置争议、相互尊重"的精神，即"习马会"不仅是在"九二共识"的基础上进行政治行为，而且体现了双方务实、平等对话的态度，包括会晤的地方，是借助在大陆与台湾之外的第三地——新加坡；双方会晤的身份是"两岸领导人"；称谓是互称"先生"；共进晚餐的买单采取"AA 制"。"习马会"的细节处处充分与体现了两岸中国人的政治智慧。

3. "习马会"的目的。笔者不认为"习马会"与某些媒体与人士所指出的与南海局势有什么关系，也不是中国大陆期待借助"习马会"来影响台湾即将进行的选举，或者是要在台湾的选举中帮助国民党。大陆方面推动两岸关系的立足点是两岸关系长远未来，事实上早在 20 年前大陆方面就提出两岸领导人会晤的议题。因此，"习马会"的目的主要是二个：

其一：巩固两岸和平。即期待通过"习马会"巩固 2008 年 5 月以来两岸关系所走上的和平发展道路，确保两岸关系和平发展的成果。

---

① 张志军："跨越 66 年时空的历史性握手"，《人民日报》，2015 年 11 月 9 日，第 1 版。
② 何思慎："结构变动中的东亚"，赵春山主编：《东亚区域安全形势评估 2014—2015》，台湾两岸交流远景基金会，2015 年 12 月，第 14 页。
③ 张志军："跨越 66 年时空的历史性握手"，《人民日报》，2015 年 11 月 9 日，第 1 版。

其二：维持两岸现状。即维持"两岸同属一个中国"的现状，维持2008年5月以来两岸关系和平发展的现状。马英九也会晤后记者会上也强调他与习近平会晤的目的在"建立两岸领导人一个互动的模式"。

二、"习马会"基本情况及会晤主要内容

1. "习马会"基本情况。11月7日的"习马会"在新加坡香格里拉酒店举行，陆方陪同六位人员是王沪宁、栗战书、杨洁篪、丁薛祥、张志军与陈元丰；台方陪同六位是曾永权、高华柱、邱坤玄、夏立言、吴美红与萧旭岑。尽管时间不长，除了公开会晤各自阐述观点十多分钟和闭门会晤一个多小时外，接着是各自召开记者会，再就是共进晚餐。会晤中，习近平提出四个坚持，即坚持两岸共同政治基础不动摇，坚持巩固深化两岸关系和平发展，坚持为两岸同胞谋福祉，坚持同心实现中华民族伟大复兴。马英九提出五点主张，即巩固"九二共识"、维持和平现状；降低敌对状态，和平处理争端；扩大两岸交流，增进互利双赢；设置两岸热线，处理急要问题；两岸共同合作，致力振兴中华。

2. "习马会"主要亮点。双方围绕"推进和平发展、致力民族复兴"的主题，就两岸关系中的相关问题坦诚交换意见，达成积极共识。既肯定七年来两岸关系和平发展成果，又共同认为应继续坚持"九二共识"、巩固共同政治基础，推动和平发展，维护台海和平，并致力于中华民族复兴。"习马会"亮点主要在以下五个方面：

其一：两岸和平是会谈的主题。习近平强调要巩固两岸和平："我们今天坐在一起，是为了让历史悲剧不再重演，让两岸关系和平发展成果不得而复失，让两岸同胞继续开创和平安宁的生活，让我们的子孙后代共用美好未来。"[①] 马英九在会晤中也表示过去七年多两岸关系和平发展取得了巨大成果，这些巨大改变的基础，都在于"和平"，提出"降低敌对状态，和平处理争端"。提出不论在政治、军事、涉外、社会、文化、法律，各个领域的争议，都希望用和平的方式解决，来增加双方心理层面友善的感受。"为两

---

① 王尧、丁子："习近平同马英九会面"，《人民日报》，2015年11月8日，第1版。

岸关系奠下和平的基石"。①

其二：再度确认实现两岸和平的关键在于"九二共识"的共同政治基础。习近平指出"坚持两岸政治基础不动摇"。他说："近年以来，两岸关系实现和平发展关键在于双方确立了坚持九二共识、反对台独的政治基础。没有这一定海神针，和平发展之舟就会遭遇惊涛骇浪甚至彻底倾覆。""九二共识之所以重要，就在于它体现了一个中国的原则，明确界定了两岸关系的根本性质。它表明，大陆和台湾同属一个中国，两岸关系不是国与国的关系，也不是一中一台，虽然两岸迄今尚未统一，但中国主权和领土完整从未分裂，两岸同属一个国家，两岸同胞同属一个民族，这一历史和法理基础从未改变，也不可能改变。"他呼呼："希望台湾各党派各团体能正视九二共识，无论哪个党派和团体，不论其过去主张过什么，只要承认九二共识的历史事实，认同其核心内涵，我们都愿意同其交往。对于任何分裂国家的行为，两岸同胞绝不答应。在维护国家主权和领土完整这一原则问题上，我们的意志坚如磐石，态度始终如一。"习近平强调反对"台独"是确保两岸关系和平发展的必要前提，"当前对两岸关系和平发展的最大现实威胁是台独势力及其分裂活动。台独煽动两岸同胞敌意和对立，损害国家主权和领土完整，破坏台海和平稳定，阻挠两岸关系发展，只会给两岸同胞带来沉重伤害。对此，两岸同胞要团结一致坚决反对。"②马英九也提出"巩固九二共识，维持和平现状"，认为"九二共识"是两岸推动和平发展的共同政治基础。正是因为双方共同尊重"九二共识"，过去七年半来，两岸才能获致包括达成23项协议在内的丰硕成果与和平荣景，让两岸关系处于66年来最和平稳定的状态。

其三：巩固与深化两岸关系和平发展，努力为两岸同胞多谋福祉。习近平指出：大陆对台工作着眼点与落脚点是"增进两岸同胞的亲情和福祉，让两岸同胞过上更加美好的生活"。他提出三个有利于："只要是有利于增进两岸同胞的亲情和福祉的事，只要是有利于推动两岸关系和平发展的事，只要是有利于维护中华民族整体利益的事，两岸双方都应该尽最大努力去做，并且把好事办好。"③双方讨论了如何让两岸和平红利与交流所产生利

---

① 何思慎："结构变动中的东亚"，赵春山主编：《东亚区域安全形势评估2014—2015》，台湾两岸交流远景基金会，2015年12月，第15页。

② 王尧、丁子："习近平同马英九会面"，《人民日报》，2015年11月8日，第1版。

③ 王尧、丁子："习近平同马英九会面"，《人民日报》，2015年11月8日，第1版。

益更惠及两岸民众，因此，有关两岸货贸协议、两会互设办事机构、"陆客中转"及设立两岸热线等都要加快推动；造福于两岸民众的具体政策举措，如台湾参与区域经济合作、台湾以适当名义参与亚投行、中国大陆的"一带一路"倡议中台湾如何参与等工作，都要抓紧推进。

其四：设立更高层次的两岸热线。近年来通过海协会与海基会的两会渠道、国台办与陆委会之间的常态化联系沟通机制，两岸双方之间直接联系沟通与会晤解决了若干政策性问题。"习马会"中，双方决定在国台办主任与陆委会主委之间建立"两岸热线"，目的是"有助于双方及时沟通，避免误判，处理紧急问题"。①

其五：两岸合作振兴中华。推动两岸关系、共同振兴中华是"习马会"中双方重要交集点。习近平提出"两岸是不可分割的命运共同体，民族强盛是两岸同胞之福，民族祸乱是两岸同胞之祸"。马英九也提出为生民立命，为万世开太平，为中华民族开创更和平灿烂的未来。②

三、"习马会"的作用与意义

1. "习马会"是66年来海峡两岸领导人首度会晤，是历史性的里程碑。自1949年以来，两岸领导人从未会面过。因此，两岸最高层领导人直接会面本身就是一个突破，是政治互动的新的高度，是两岸关系发展上历史性的重大事件。"是两岸关系发展史上具有里程碑意义的大事，踏出了两岸高层政治互动往来的关键性一步"，③"开创了两岸领导人直接对话沟通的先河"，④ 标志着长达数十年的冷战对抗时代的彻底崩解和对和平发展时代的认同与肯定，从而"对两岸关系未来发展具有深远影响，必将载入两岸关系史册"。⑤

2. "习马会"为两岸关系未来发展开辟了新的空间。首先，"习马会"肯定过去七年两岸关系和平发展的成果，增进了彼此间的政治互信，特别是两岸领导人的直接会面，对两岸政治互信的增进大有帮助。中国人有句俗

---

① 王尧、丁子："习近平同马英九会面"，《人民日报》，2015年11月8日，第1版。
② 罗印冲："习拍板，固92共识促政治协商，台湾《旺报》，2015年11月5日，A2版。
③ 本报评论员："两岸关系翻开历史性的一页"，《人民日报》，2015年11月8日，第5版。
④ 本报评论员："坚持两岸共同政治基础不动摇"，《人民日报》，2015年11月9日，第1版。
⑤ 张志军："跨越66年时空的历史性握手"，《人民日报》，2015年11月9日，第1版。

话："见面三分情。"其次，"习马会"强化了"九二共识"对于两岸关系和平发展的基础性与法理性地位，通过两岸最高级别领导人会晤，强化"九二共识"是两岸当局之间的共识，也是"两岸现状"的重要组成部分。第三，"习马会"维护台海地区的和平稳定，确定了台海两岸未来和平发展的基本方向。台湾《旺报》评论认为"习马会""进一步巩固'九二共识'作为两岸政治对话的基础，有助于维系台海和平稳定。"① 正是两岸领导人对于两岸关系发展的基础定位、方向的选择与道路的把握，充分显示了两岸领导人的远大的历史使命感与战略高度及政治智慧，展现了两岸领导人的政治勇气、决心和维护政治信念的现实范例。所以，媒体评论称"习马会""握住了历史，握住了未来，握住了和平，也握住了希望!"② "为两岸关系发展壁画了蓝图，指明了方向"。③

3. "习马会"开启了两岸之间的政治对话。如果说两会协商是事务性谈判，国台办与陆委会主管会面是"政策对话"，那么两岸领导人会面就是"政治对话"。这样的对话有利于两岸未来协商与解决两岸关系中的一系列敏感的政治性矛盾与问题。所以台湾媒体评论称，通过"习马会"，两岸未来的走向将迎来"由经入政"的新局面，带来新的契机。④ 打破了过去一直存在的"只经不政"局面，包括马英九谈话中要求扩大国际参与等"摆上了台面，于是，台湾回避政治接触与对话的政策也就此破功"。⑤ 由此开启政治对话之门，也成为两岸关系的重要组成部分，并将为和平发展提供更加强有力的保障，成为推动两岸关系持续发展的强大动力。

4. "习马会"有利于两岸政治问题在台湾社会中"去敏感化"。台湾社会对两岸政治议题的协商，包括两岸领导人会晤，一直持高度关注与高度紧张状态，担忧在双方的会晤中政治地位被"矮化"，甚至利益"被出卖"。因此，通过这样的两岸领导人会晤，两岸政治议题的协商与处理，今后台湾社会对类似议题就不是那么敏感了。特别是透过台湾媒体对两岸领导人的大幅度报道，台湾民众认识到"习马会"不仅没有"矮化"台湾，更没有如民进党所言"出卖"台湾，而且为台湾社会与民众谋求到实际的政治、经

① 罗印冲："马习会，两岸分治66年翻新页"，台湾《旺报》，2015年12月27日，A2版。
② 社论："习马会的历史启示与感悟"，香港《中国评论》月刊，2015年12月号，第1页。
③ 本报评论员："坚持两岸共同政治基础不动摇"，《人民日报》，2015年11月9日，第1版。
④ 张郁琦："马习会巩固共识，蔡英文压力增"，台湾《旺报》，2015年11月11日，A8版。
⑤ 张麟徵："'马习会'：两岸一中，一锤定音"，台湾《观察》，2016年第12期，第7页。

济等利益。同时，"习马会"也有利于化解台湾社会"疑共""惧共""反中""反共"的社会思潮，有利于引导台湾民众理性、客观地看待大陆的发展。

5. "习马会"对台湾政局产生一定的影响。一是对国民党的影响在于，不仅巩固马英九在国民党内部的政治领导地位，而且有利于巩固"传统蓝"及其理念在国民党内部继续掌握两岸政策话语权。二是对民进党两岸政策调整产生不小的压力。面对"习马会"所产生正面作用与和平融合成为两岸经济社会发展大趋势，民进党只能反复强调也主张"维持两岸现状"。郭正亮认为"习马会""实质上是对蔡英文做政治摊牌"，这是民进党必须面临的挑战。① 三是大大压缩了"台独"政策与"台独"势力发展的空间。"习马会"是做台湾民众工作的好机会。通过媒体的大幅、连篇报道，让习近平总书记政治形象与大陆对台政策主张在台湾社会进行了扩散，树立正面的形象，大陆对台民众的善意能够入岛与入心，这当然不利于"台独"势力的发展。

6. "习马会"对国际社会产生良好的示范效应。"习马会"也是区域和平的一个里程碑，透过会面，向海峡两岸民众也包括国际社会表明和平发展是两岸负责任的政党做出的重大选择坚持和平发展的道路决不动摇，对亚太特别是东亚地区和平稳定具有启示意义。同时，"习马会"的"蝴蝶效应"对国际和平也有不小的贡献。曾几何时，台海地区与朝鲜半岛及南海地区被国际媒体称之为亚太地区的"三大火药库"。台海两岸自1949年以来的军事冲突与政治对峙，不仅隔绝了两岸民众的往来，而且造成东亚地区局势的长期紧张与不稳定。所幸2008年5月以来，两岸双方在坚持"九二共识"、反对"台独"的共同政治基础上，推动两岸关系走上和平发展的轨道，不仅让两岸之间的交流交往日益密切，两岸民众充分享受到两岸关系和平发展的红利，而且给周边国家与地区带来了外溢的和平红利。这是近年来，无论美国还是日本，或者东南亚国家都对两岸关系和平发展给予高度肯定与支持的原因所在。尤其是两岸最高层领导人之间的直接对话，为亚太地区解决政治分歧树立典范，不仅"以行动向世人表明，两岸中国人完全有能力、有智慧解决好自己的问题"，而且"为世界与地区和平稳定，发展繁荣做出更

---

① 思想者论坛："习马会的意涵与影响"，香港《中国评论》月刊，2015年12月号，第82页。

大贡献。"对此，美国白宫发言人表示美国目前的根本利益还是在于稳定、和平的两岸关系。美方当然会欢迎台海两岸为缓和紧张局势和改善两岸关系所采取的行动。日方表示，台湾海峡的和平与稳定对地区乃至整个世界而言都是极为重要。日本将密切关注两岸领导人对话的进展。所有问题应该通过直接对话的和平方式得到解决。安倍周边人士透露："首相也十分关注中台会谈及此后的两岸关系变化。"①

当然，两岸之间的政治问题的存在已经超过 66 年，是长期性问题，非一朝一夕可以解决，政治问题的解决有待时日，"习马会"只是开启一个良好的开局。另外，消极作用可能是台方更强调国际能见度及两岸分治事实，如《纽约时报》认为"习马会"两岸领导人努力弥合分裂及敌意的最高点，也可能导致台湾的国际地位提高。苏起称会晤"有助于满足台湾尊严的需求，降低台湾的不安全感"，也"大大提升了台湾的国际能见度。"② 王高成称：会晤"表明大陆已经默认台湾的治权"。③ 台湾媒体强调"即使不能说大陆是'承认'，至少也是'不否认'两岸分治的事实，对台湾是一大突破"。④

（原载《台湾 2015》，九州出版社，2016 年 7 月）

---

① 日本共同社 11 月 7 日东京电，转引自《参考消息》，2015 年 11 月 9 日，第 14 版。
② 林永富："马习会，提升台湾国际地位"，台湾《旺报》，2015 年 11 月 10 日，A2 版。
③ 思想者论坛："习马会的意涵与影响"，香港《中国评论》月刊，2015 年 12 月号，第 74 页。
④ 黄忠荣："两岸大突破，迫绿正视九二共识"，台湾《旺报》，2015 年 11 月 5 日，A4 版。

两岸安全管理：必要性、范围与模式构建*

童立群**

　　"安全"一词在中外语言中有不同的含义和解释。20 世纪以来，"安全"概念在与不同类型的安全主体联系中被赋予各种不同的含义。① 经过研究者的诠释，"安全"一词内涵和外延都发生了巨大的变化。② 对于"安全"的概念，学术界最大的分歧和争论在于"安全"是否具有主观性上。阿诺德·沃尔弗斯（Arnold Wolfers）在《冲突与合作》一书中将"安全"的界定为"在客观的意义上，表明对所获得价值不存在威胁，在主观意义上，表明不存在这样的价值会受到攻击的恐惧"。③ 学者李少军在此基础上，提出"所谓安全，就是客观上不存在威胁，主观上不存在恐惧"，④ 这一观点认为安全既是一种客观状态，又是一种主观状态，所谓的"安全感"（a sense of security）也是安全的一个方面。然而，也有学者明确反对将"安全感"纳入"安全"的内容之中，认为"安全"是一种不依人的主观感觉为转移的客观状态，不能把"安全感"归在"安全"的名下。⑤

　　本文研究的"两岸安全"赞同后者的定义。按照这一思路，本文认为，"两岸安全"特指在和平发展阶段，海峡两岸（官方/管理者）相互间免于

---

　　* 本文"两岸安全管理"的概念由上海国际问题研究院副院长杨剑研究员提出。作者感谢杨剑研究员和匿名评审专家对本文提出的修改意见。

　　** 上海国际问题研究院台港澳研究所

　　① 刘跃进："'安全'及其相关概念"，《江南社会学院学报》，2000 年第 3 期。

　　② 例如，"传统安全"与"非传统安全"概念的出现。

　　③ 李少军：《国际安全警示录》，北京：金城出版社，1997 年版。

　　④ 李少军："论安全理论的基本概念"，《欧洲》，1997 年第 1 期。

　　⑤ 相关分析见刘跃进："'安全'及其相关概念"，《江南社会学院学报》，2000 年第 3 期。

危险、没有意外的一种客观状态。故而，"两岸安全"是仅适用于中国大陆地区和台湾地区的特殊性概念。①

"两岸安全"的基本内涵和特征可以被理解为以下五个方面：首先，从时间来说，是中国统一前的和平发展阶段；两岸在这一特殊阶段追求的是和平稳定的安全关系；其次，从属性来说，"两岸安全"剥离了主观的"安全感"，② 是理想的客观状态，具有绝对性，双方在互动过程中致力于向这种状态靠拢；台湾当局和一些学者习惯以"安全感"替代和模糊客观上的两岸安全关系，是不符合逻辑的；第三，从外延来说，"两岸安全"是一种综合安全。也就是说，"两岸安全"的外延会随着角度的变化而变化，在不同环境下有着不同解释，涵盖了两岸互动的诸多领域；第四，从目标来说，不是两岸之中任何一方的安全，而是两岸均"判明危险性没有超过允许的限度"③ 即"共同安全"的状态；最后，从性质来说，脆弱性是"两岸安全"最鲜明特点。严安林认为"脆弱性是两岸关系和平发展阶段的基本特征之一"。④ 从现实情况来看，安全属于脆弱的两岸关系中最脆弱的一环，这一环恰恰是决定两岸关系和平发展强度的最重要指标。

"两岸安全管理"则属于主观行为，实质是"两岸安全"的实现路径，即两岸管理者作为"两岸安全"的主体、存在基础和载体，通过某种方式建立相互安全关系的权利和义务，通过促进两岸在安全事务上的协商合作，确保海峡两岸的安全关系得到共同保障。本文认为，"两岸安全管理"阶段性目标应包括：第一，和平发展的状态得到有效维持，两岸双方对各自的主要关切能够达成理解；第二，双方能快速有效处理突发事件，在敏感领域有危机处理机制；第三，双方的稳定关系不会受到来自第三方冲击的严重破坏；最后，双方在各自安全内部的安全机制有序稳定，不对对方的安全现状造成挑战。

二、两岸安全管理的必要性探讨

必须承认，在和平发展阶段，两岸发生的安全冲突无论是从数量和程度

---

① 目前的安全研究主要是研究国家间的安全关系及其机制建设。
② "安全感"即主观上遭受攻击的恐惧，相关分析见尹建华："'安全'"概念之缺陷与修正"，载《经济与社会发展》，2005 年第 3 卷第 8 期。
③ 曾庆南："安全概念的定义探析"，载《安全》，1997 年第 3 期。
④ 严安林："两岸关系和平发展阶段若干理论问题思索"，载《台海研究》，2013 年第 1 期。

已经大大降低，类似 1995 年台海危机再次发生的可能性不大。然而，尽管两岸关系剑拔弩张的时代已经渐行渐远，但双方的安全关系并没有因和平发展的到来而大步地与之相向而行，安全上的威胁依然是两岸关系和平发展的最大挑战。

（一）两岸协商谈判过程中出现的安全冲突

2008 年以来"两会"领导人在"九二共识"基础上恢复协商，先后进行了十五次会谈，达成了二十一项协议，协商谈判才已经成为两岸关系和平发展进程中不可或缺的重要组成部分。然而，2014 年 8 月发生了"张显耀泄密案"① 却忽然为两岸关系投下震撼弹，事件最终以台北地检署宣布张显耀不构成"泄密案"罪、陆委会主委王郁琦辞职告一段落，该事件的危害性值得我们反思。本文认为，张显耀作为两岸谈判台湾当局首席代表，涉及泄密，并以政治斗争的形式爆发，这是岛内"安全机制"对大陆方面的一次巨大冲击。此后传出"台湾间谍策反大陆赴台学生"等，② 一时间"共谍""台谍""谍战"等词汇充斥媒体，产生了危言耸听的效应，甚至实质性地干扰两岸对话协商的进程。

（二）两岸涉外领域互动中发生的安全危机

2008 年以来两岸在涉外领域基本形成了良性互动的局面，不再打"外交战"，相互间内耗大大减少。即便如此，涉外领域仍然是两岸安全竞争与冲突的高危领域。2013 年 11 月，西非国家冈比亚以维护"国家战略利益"为由单方面宣布断绝与台湾"外交关系"。这一事先毫无征兆的突发事件引发岛内震动，绿营就此批评马当局"外交休兵"失败，称冈比亚只是第一个倒下的"骨牌"，并质疑是不是大陆在"挖墙角"，③ 台湾 21 世纪基金会董事长高育仁也将其解读为"大陆因两岸政治问题没有进展而给马英九的警告"。④

尽管此事并非由大陆引起，冈比亚的举动仍然可以看作是一次两岸安全

---

① 台湾陆委会在没有任何征兆的情况下忽然指出，副主委张显耀涉嫌违反"台湾安全机密"，为了慎重行事，要求张显耀调离现职，进行调查，此后台调查局甚至指涉其可能被吸收为"共谍"。张显耀在 8 月 21 日举行记者会，表示自己被扣上"匪谍"罪名，这是 21 世纪的"白色恐怖"。

② 《环球时报》，"台湾间谍策反在台陆生 鼓动回大陆报考党政机关"，2014 年 10 月 27 日。

③ 台湾《自由时报》，11 月 15 日。

④ "冈比亚'断交'令台湾错愕 外交部否认同冈方接触"，环球网，http://world. huanqiu. com/exclusive/2013－11/4570581. html，2013－11－16.

关系中台湾方面受到"大陆因素"冲击的案例——大陆日益上升的影响力是一些台湾"邦交国"试图放弃台北转投北京的大背景和决定性因素。2008 年以来传出多个台湾的"邦交国"希望与大陆建交的消息,都被大陆婉拒,[①] 国际政治的现实凸显了台湾当局"外交"安全岌岌可危,这种状态投射到两岸关系,必然会产生一系列的安全危机。

(三) 两岸军事等传统安全中产生的安全困境

以美国对台军售为例,大陆、台湾与美国三方博弈从未中断,"对台军售"导致两岸在军事领域形成了僵持状态的"安全困境"。郭震远认为,台湾方面普遍认为美国是"美中台"三边关系中的平衡者、主导者;美台军事关系是美国发挥其影响的主要途径;大陆方面强调,美国的外部干扰作用、认为美国直接、公开地向台湾提供保护、支持,特别是军事保护,是美国影响两岸关系的最主要方式。[②] 显然,双方对美国作为第三方角色的不同认识,决定了美国因素对两岸安全的影响程度,并导致相关安全问题产生乃至激化的根本原因。

上述三个案例显示,在"两岸安全"议题上,旧的矛盾并未得到根本解决,新的问题却层出不穷。由此,得出了我们的结论——在和平发展阶段,为了追求"没有意外"的两岸安全,减少在上文所提领域所带来的"不确定性",减少"冲击",减少"第三方干扰因素"等等,以达到"没有意外"(或者最大程度的减少意外),有必要对"两岸安全"进行"管理"乃至更深入的模式构建。

三、两岸安全管理的适用范围

两岸安全管理的是多领域和多方面的综合安全,并把这些层次和领域紧密地联系了起来,形成了某种相互依存的关系,从而要求我们以一种整合的视角 (integrative perspective) 来看待它。

(一) 经贸领域的安全问题

主要包括:1. 两岸官方(公权力)或管理者作为主角介入两岸经济事

---

① 报道称大陆至少拒绝了五个国家提出的建交请求。

② 郭震远:"两岸看美国因素有明显差异",《中国评论》月刊,2013 年 2 月号,总第 182 期。

务的程度及其对两岸经济合作的影响，其中又以对两岸部分产业影响为重点。2011 年 1 月，"两会"框架下正式成立了"两岸经济合作委员会"，该委员会是根据《海峡两岸经济合作框架协议》（ECFA）协议及其相关内容的执行和磋商机构，理论上该委员会在两岸经济交往中扮演"协调人"的角色；2. 两岸政治关系的稳定性对投资风险和投资环境的影响。在两岸经济关系迈向一体化的过程中，政治因素的影响更大、更直接，例如台湾政党轮替可能带来导致的风险和变数，民进党虽表示如上台会"概括承受"两岸既有协议，① 但又采取各种招数阻挠服贸协议通过；3. 两岸经济合作中的"安全"话语。例如"经济上依赖大陆会危及台湾安全"，质疑台湾经济对大陆过度依赖的观点在岛内始终占据一定比例。任何风吹草动如被放大，就会直接地反映到台湾当局大陆政策的制定过程中。马英九对外甚至强调，和大陆打交道要"小心谨慎，台湾经济不能只靠大陆市场"。② 再如，台湾当局出于维护所谓"地区安全"等因素考虑，始终对陆资抱持高度防范的心态，不仅严重影响陆企入岛积极性，也制约两岸产业的深度合作。③

（二）防务领域的安全问题

涉及这部分的安全问题几乎都是两岸对峙状态形成以来一直存在的，但是某些方面在和平发展时期极易被放大和激化，由此导致相应的安全危机：1. 两岸敌对状态下相互部署导弹问题。在和平发展时期，导弹议题多数为政治议题，两岸当局不同的逻辑出发点是双方始终无法达成共识的根本原因。台湾当局始终将大陆"后撤导弹"作为两岸进行建立军事互信机制谈判的先决条件，而大陆坚持两岸应在一个中国原则的基础上协商正式结束敌对状态，达成和平协议，对台导弹的军事部署问题可在两岸探讨建立军事安全互信机制时讨论。④ 大陆内部有观点认为，对"台独"势力以及可能插手和平统一的国际敌对势力保持一定数量导弹的战略威慑仍然是有必要的；2.

---

① 蔡英文："两岸达成的协议将概括承受"，中国评论新闻网，http：//www. crntt. com/crn - webapp/doc/docDetailCreate. jsp？coluid = 181&kindid = 0&docid = 101968991&mdate = 0106224336. 2012 - 01 - 06.

② 马英九："台湾经济不能只靠大陆市场"，台海网，http：//www. taihainet. com/news/twnews/ twdnsz/2009 - 06 - 12/417850. html 2009 - 06 - 12.

③ 《澳门日报》社论："莫让所谓'安全'因素封堵陆资赴台"，2014 - 11 - 02.

④ "2010 年中国的国防白皮书"，新华网，http：//news. xinhuanet. com/politics/2011 - 03/31/c _121252219. htm，2011 - 03 - 31.

台湾当局对美购买武器问题。岛内不论蓝绿都持相同观点，即出于维护自身"安全"的考虑，台湾有"自我防卫"的需要，向美国购买武器是为了追求心理上的"安全感"。2008 年以来，美国一共出售了三批防御性武器给台湾，总价值 183 亿美元，这一数字为十多年来最高；大陆从危害"国家安全"的角度始终强烈反对美国对台军售，并通过暂缓中美关系以及两国军事、安全交流等反制和报复美方。3. 两岸情报活动的相关问题。情报搜集是两岸关系中的常态性活动，虽然台湾地区领导人马英九曾经公开表示：即使在海峡两岸关系改善之际，中国大陆仍加强了对台情报活动。① 但总体说来，在气氛较好状态下，双方也默契地都没有意思要张扬某个间谍案，② "谍战"近年来并没有对两岸关系造成大的冲击。反之，如果双方相互较劲，则有可能"两败俱伤"。两岸实力对比发生变化后，台湾当局对情报活动十分敏感，吴敦义称"两岸'没有炮火的战争'还是依旧进行，所以不会松懈对大陆的心防"。③ 4. 其他任何挑起安全猜疑的可能。例如原本属于民用航空性质的 M503 航线，台方坚持认为新航线距离台北情报区仅有 4.2 海里，对台湾航空安全构成威胁，更传出"大陆军机将会利用此新航线发动对台攻击"等等。

（三）政治领域的安全问题

从台湾方面诉求来说，一个"安全的"两岸政治关系应该包括：大陆方面不干预、不涉入岛内的选举、国际上大陆接受"外交休兵"，维持台湾"邦交国"数量等方面；而对大陆来说，则需要台湾方面尊重大陆的社会制度，包括不对发生在大陆的若干涉破坏统一与稳定的事件或人物（包括"疆独""藏独""港独"民运分子等）进行评论甚至干涉等。例如 2009 年台湾"八八风灾"时，民进党籍高雄市长陈菊曾邀请达赖喇嘛访台，之后在高雄电影节放映"疆独头目"热比娅的纪录片《爱的十个条件》，导致两岸关系一度陷入危机。又如马英九曾表态同情和支持香港"占中"运动，刺激了大陆方面的反弹。

---

① 马英九："中国大陆加强对台情报活动"，FT 中文网，http：//www.ftchinese.com/story/001049710，2014 - 04 - 01.

② 例如，台情治部门一军官涉嫌将机密资料泄漏被台"高等军事法院"声请羁押，由于台情治部门低调处理，此事被未造成对两岸关系的巨大冲击。

③ "台间谍被收买，台湾在大陆情报人员名单外泄"，《联合早报》，2010 年 11 月 3 日。

四、构建两岸安全管理模式

接下来就要谈到如何"管理"的问题，即构建具有两岸特色的安全管理模式。本文提出，根据两岸现实情况而设计的基本框架，重点是强调预防、控制和处置的全过程管理，从而使两岸都获得某种程度的安全保证。

（一）预防：底线思维与共识重申

必须事先做好准备，防患于未然。两岸管理者作为安全的决策者，无论是权力中枢还是执行部门等，对安全事务进行决策时都必须遵循双方独特的、默认的游戏规则，这就需要双方都具备"底线思维"。"底线思维"是"有守"和"有为"的有机统一。[1] 习近平总书记在多次重要讲话中指出坚持"底线思维"的重要性，他认为不回避矛盾，不掩盖问题，凡事从坏处准备，努力争取最好的结果，做到有备无患、遇事不慌，牢牢把握主动权。[2] 管理好两岸安全，也需要两岸能从底线出发，确立在安全领域的互动、博弈甚至斗争的合理区间。明确两岸"安全底线"的一个重要方面，是要对可能发生安全冲突或危机的最坏情形有充分的预见和准备，在此基础上"努力争取最好的结果"。

那么两岸如何才能准确无误的释放自己的底线立场？关键是双方都需要做沙盘演练：即一旦两岸发生安全事件或危及，对方最大的关切在哪里？如果事态继续扩大，会不会影响两岸关系和平发展的全局？对管理者来说，维护两岸关系和平发展稳定的大局就是一种"底线思维"，底线明确，才能真正构建两岸安全的管理模式。

两岸还须以共识的形式发表对相互安全关系的一致立场。作为对外界的正式宣誓，两岸可以考虑在"九二共识"基础上，由"两会"出面发表共识，重申遵循两岸关系和平发展的重要精神，表明愿意就两岸安全问题进行沟通、对话。"共识"还应表达，在具体安全议题的商讨中，两岸均能够保持灵活和耐心，本着理解合作的精神，求同存异，多看到对方的积极表态，

---

① 《人民日报》2014－03－17（05 版）.

② "习近平总书记的六大改革思维综述"，光明网，http：//theory.gmw.cn/2014－04/11/content _ 10965116. htm 2014－04－11.

把问题谈清楚，谈透彻，以找出解决问题的办法。

需要指出，"共识重申"虽不具法律约束力，但却是经过磋商、由两岸官方授权机构所达成并最终发表的内容，代表两岸安全管理的精神，理应受到两岸的共同尊重。双方管理者如能认真履行各自在声明中做出的承诺，表达致力于以"没有意外"、促进两岸关系和平发展为目标的解决安全问题的意志，落实各自的责任和义务，两岸安全管理模式将大有可为。

（二）控制：平衡法则、通报制度与行为约束

发生安全危机或事件时，要求管理者立刻做出正确反应并及时控制局势。具体来说包括以下几点：首先，在"平衡法则"的引导下控制事件发展，避免危机扩大。在和平发展的大环境下，安全领域的交集点（共同利益）增多，双方一方面要深化和平发展的相互关系，另一方面又要制约对方不致借此挑战自己的安全利益，同时还要设法扫除第三方对两岸安全造成的障碍，每一步都要做好"微妙的平衡"。事实上，两岸这种微妙平衡关系，也间接证明两岸安全具有相互依存的性质。未来面对两岸关系可能"遇冷"的趋势，两岸如何在维持和平发展与避免安全冲突之间寻找平衡，动见观瞻。

其次，成立"安全工作小组"以形成通报制度，形式可以进行创新和发挥。如会议通报，指工作小组以会议形式在一定范围内相互告知；媒体通报，主要是两岸共同对外界公开的决策和事项等；信函通报，对某些特殊情况，管理者相互以简报形式进行通报等。工作组可根据通报内容的不同性质和特点，合理确定通报时限，例如一般应在十天内通报，重要和紧急情况下24小时内及时通报。此外，根据涉及机密的程度不同，确定通报的层次和范围。如果是不宜立即公开的重大决策、重大事项、重大案件等，应根据需要在适当的时机，以适当方式在一定范围内通报。

第三，行为约束，重点是对人（管理者）的约束。安全涉及两岸所有民众，但是由于真正接触和处理安全问题的只是少数的人，由此引发社会各界关注两岸安全管理者的道德、操守等。从这个意义上讲，对两岸"安全人"的活动进行规范，是两岸安全的一个重要方面，同时也是民众对两岸官方的评价标准之一。行为约束的前提是双方都能做到一定程度上的自律。对于两岸的管理者来说，行为约束以准则（共识）为规范，明确将两岸活动置于可控范围，体现两岸管理者以维护两岸关系和平发展为最终目的。由

于缺少一个量化的标准，因此两岸的"行为约束"只能是以某种无形的或者说是内心的标准，管理者不能跨越这个"度"。例如在张显耀和王郁琦在"泄密案"后各自的公开表述，就是缺少约束的表现。因而，需要制定出切实可行、便于操作的制度，通过社会舆论和个人信念推动管理者的自我约束等。

（三）处置：第二轨道、准契约与第三方处理技巧

1. 第二轨道。"第二轨道"作为两岸关系互动的特殊角色，仍不失为构建两岸安全管理模式的重要路径。众所周知，非官方性是"第二轨道"最明显的特征，也就是参与主体都不是官方人士，在"第二轨道"活动中的任何言论，包括提交的论文和报告都被认为不代表官方立场和承诺。具体来说，两岸"第二轨道"最主要的方式还是共同举办一些具有针对性、解决问题的主题研讨会，进行较为具体和深入的对话，例如两岸在东海、南海问题上的立场表达，通过交流开诚布公地阐述各自的政策意向和立场观点，共同审视各种解决问题的备选方案，试探各自政策的可行性和对彼此政策的可接受程度，并将有关情况反馈给"第一轨道"至决策层。

两岸安全中的"第二轨道"除了具备上述特征之外，还包含两岸的一些特殊性，由于官方人士可以以民间非正式身份直接参与二轨活动，因此安全议题在通过"第二轨道"向"第一轨道"输送政策立场、充当风向球方面可具备更多的话语权。"第二轨道"虽不能直接解决重大和紧急的安全危机，但通过增加信息沟通与互动，消除爆发意外危机或冲突的潜在根源，能有效维护当事各方之间的稳定，并能够有效地缓解所带来的紧张气氛。

2. 准契约（准协议）。准契约即指未得到当事人的同意而基于一方自愿的行为或其他法律事实，发生与缔结契约的同一效果。相对两岸正式签署的协议而言，既然是"准"当然不是严格意义上的协议，如果两岸在处理安全事务时遵循某种协议的规定和精神，即可被认为采用了"准协议"的方法。比如，台湾当局提出"外交休兵"，大陆从未在正式场合表示接受，也从未提及同台湾"外交休兵"，但在实际的涉台外交中，2008 年以来大陆确实没有主动对任何台湾的"邦交国""挖墙角"，这种做法被认为是大陆释放善意、与台湾当局形成的"默契"。①

---

① "两岸共拒'外交勒索'，'休兵'已成双方默契"，《海峡导报》，2008 年 10 月 21 日，第B01 版。

3. 归咎于第三方的处理技巧。当两岸发生安全危机或冲突时，更多归咎于与之有关的第三方及其不当行为，可以缓解由此可能产生的敌意与误解。例如针对高雄市邀请达赖访台事件，大陆虽然做出相当强烈与愤怒的反应，但并未对马英九当局直接加以批判和抨击，将批判目标主要对准了民进党及其相关政治人物，与此同时马英九本人、国民党高层同样都以各种理由拒绝达赖会面，在这种情况下，两岸共同将原本可能酿成的一场安全危机其损害降低到了最低限度。又如大陆在台湾"购武"强力批判第三方美国的态度是一以贯之的，2010年美国政府宣布向台湾出售"黑鹰"直升机等总额近64亿美元的军售案后，中方反对声音不可谓不小：除外交部召见大使严正交涉外，国防部、全国人大外委会、全国政协外委会等也几乎同时发生抗议。与此同时，中国网民对此表示愤慨的声音也同样充斥于各大网络。我们发现，大陆军售问题的表态上，尽量将矛头对准美国政府的"售武"行为，而非国民党当局的"购武"行为，避免影响和平发展的大环境，这实际上也是一种归咎于第三方的处理技巧。

概言之，两岸安全管理是主观的行为，无论是预防措施、控制事态、应对危机或是处理互动，其核心在于通过合作性政策和行为建立互信措施，相互增强政策透明度而达致程度更高的安全，最基本要求两岸保持沟通协商，避免误判。有鉴于此，我们也可以将两岸安全管理模式称为具有两岸特色的合作性、共同性的安全，也就是说，获取安全的方式是合作而非竞争或对抗，双方地位是平等的，在执行中更多地侧重于事前预防而非事后矫正，等等。未来，当两岸之间通过共同发布和签署协定或文本等形式逐渐揭示并形成一系列关于两岸安全的"原则、规则和规范"时，也就意味着两岸安全管理模式的初步形成。

五、结语

两岸安全管理，不是解决结束两岸敌对状态的问题，只是试图将具体的安全威胁置于两岸均可控的状态下，以达到两岸互动中减少安全威胁，走出"安全困境"和"安全威胁"，从而使两岸进入新的安全境界和新的生存形态。因而，两岸安全管理，逻辑地应成为两岸关系和平发展的目标之一。

外界可以明显察觉，即使处于和平发展的现状，两岸安全领域发生的种种危机仍然对双方关系造成了伤害。尽管双方当局都能以大局为重，通过理性、务实、冷静的处事风格，适时、明快澄清立场等做法减少或缓解了误解与误判，但是未来两岸关系和平稳定的关系，不能仅把安全寄托在某种临时的善意或做法上，必须要确保管理好两岸的安全。在一个成熟、可行的两岸安全管理模式运作下，两岸安全问题即使仍然会有波动，但其幅度终将局限在可控制的范围内，这对两岸双方都是不无裨益的。

海峡两岸文化交流：省思与建议

严安林[*]

两岸文化交流是海峡两岸关系发展中的重要层面，是比两岸经济交流与人员往来等更高层次的核心要素。"江八点"提出："中华各族儿女共同创造的五千年灿烂文化，始终是维系全体中国人的精神纽带，也是实现和平统一的一个重要基础。两岸同胞要共同继承和发扬中华文化的优秀传统。"[①] 习近平总书记指出："中华文化是两岸同胞共同的精神财富，也是两岸同胞血脉相连的精神纽带。两岸同胞要加强文化交流，发挥各自优势，共同传承中华文化优秀传统，建设共同精神家园，实现心灵契合。"[②] 因此，如何总结与反思 20 多年来两岸文化交流的成就与不足，对于未来两岸文化交流的健康发展与两岸关系和平发展的持续深化，意义重大。

一、正视两岸交流中的"物质化"现象

应该承认，自 1987 年两岸正式开启民间往来与文化交流以来，各方面的文化交流与活动焕发出蓬勃生机，有效地维系了两岸民众之间的感情往来。但包括自 2008 年以来的两岸关系发展实践也显示，经济交流与合作在不断深化，两岸文化交流也一直在持续进行，但台湾民众的认同并未因此而有提升，相反有进一步疏离中国大陆的现象。大陆学者余克礼认为："当前两岸双方都要认真面对的是台湾岛内严重的认同危机问题，它造成岛内的严

---

* 作者系上海国际问题研究院副院长、两岸关系协创中心教授、上海市台湾研究会会长。

① 江泽民："为促进祖国统一大业的完成而继续奋斗"，《人民日报》，1995 年 1 月 31 日，第 1 版。

② 孙立极："习近平总书记会见中国国民党主席朱立伦"，《人民日报》，2015 年 5 月 5 日，第 1 版。

重内耗，而且还会影响到两岸关系和平发展的深度和广度，更是突破两岸政治僵局的巨大障碍。"①

其实，台湾民众认同危机的原因固然与台湾社会 20 年来的本土化、"台湾主体意识"上升有关，但恐怕也与 20 多年来两岸交流中的过度"物质化"以及台湾当局的有关政策有关。台湾学者谢大宁认为：马英九在认同问题上，只会不停地向绿那边倾斜，"可以说这是马的个人特质使然，但也可以说是整个中国国民党已然丧失灵魂所致，当然归根究底，这是台湾政治现实、各方力量拉扯，综合作用的结果"。因为，马英九团队在两岸关系中只敢碰触经济，"逐渐将两岸关系物质化了"。② 部分大陆民众甚至认为是"大陆一味让利，台湾见利忘义"。台湾学者认为，大陆采取的各种惠台政策，实际上也是在把两岸关系"物质化"。大陆是希望通过惠台政策与强化交流，逐渐改变对抗性的"台湾认同"，促进两岸的统合。但存在的问题是施惠于农民的政策，因为台湾农产品的"产销分离"，掌握运销流程者可以因此获利，多数农民则是既不得益也不了解其中过程。而对于台湾企业家说，多数人倾向于"利益归利益，认同归认同"，即"钱照赚，立场照旧"。③ 两岸各方面的交流与合作中，经济一直是充满活力与生命力，即使是两岸文化交流，也往往是文化产业优先，两岸文化、意识、共同价值的交流则是相对滞后，两岸文化交流似乎成为经济合作的"婢女"，不少地方的"招商引资"一直存在"文化搭台、经贸唱戏"的不正常现象。正是由于交流政策的"物质化"，其"结果，事实上不会形成对两岸朝向整合的真正推动力量"。④ 因为，"从古今中外来看，历史和现实并没有提供多少有力的事实，来证明经济联系的加强必然导致政治关系的同向增长"。⑤ 因此，目前两岸关系中出现的两岸关系的"物质化"倾向需要加以注意与避免，两岸关系发展也需要"精神化"与"文明化"，物质与精神，两方面都需要，两手都要硬。台湾学者蔡玮提出："两岸已经在物质层面达成合作协议框架，今后更应着重文化精神层面的合作，当前两岸除了政治上的互信不足之外，

---

① 余克礼："正视台湾认同危机，深化两岸和平发展"，香港《中国评论》，2011 年 3 月号，第 23 页。

② "思想者论坛——认同与两岸关系"，香港《中国评论》，2009 年 9 月号，第 61 页。

③ "思想者论坛——认同与两岸关系"，香港《中国评论》，2009 年 9 月号，第 60—61 页。

④ "思想者论坛——认同与两岸关系"，香港《中国评论》，2009 年 9 月号，第 61 页。

⑤ 萧元恺著：《台湾问题：政治解决策论》，第 24 页。

台湾年青一代受到去中国化教育的影响，整体价值观念似有转变现象，如何加强两岸之间的文化交流，由求同存异进一步走向求同化异，形塑两岸命运共同体的认识将是未来努力的目标。"①

二、两岸文教交流合作机制的建立势在必行

如何改变两岸交流的"物质化"现象？两岸文教交流合作机制的建立应该是一个可行的方法，或者说两岸文教交流合作机制的建立已势在必行。

1. 两岸关系和平发展进程实际上也是两岸互相争取民心的博弈过程。"两岸通过包括 ECFA 在内的种种经济协议形塑紧密的经贸关系，是长期折冲出来的暂时搁置争议、相互尊重和共同协商的共识所促成的。"② 两岸通过种种经济协议所形塑的是"文化经贸共同体"，在两岸关系和平发展过程中，经济交流与合作，包括人员往来的密切，固然为引导与转变台湾民意走向提供了重要的物质支撑与物质基础，但仅此并不足以促使台湾的民意发生根本性的转变，仅有两岸关系"物质化"不能完成两岸价值共同体的营造，需要思想、文化等共同价值的塑造。

2. 通过文教交流合作协议建立价值整合的机制化。"两岸要实现价值认同与责任期待的相互容忍与接纳，尚须经过一个漫长的磨合过程。"③ 但不能因为漫长而止步不前，其中基本途径是文教交流合作协议的签署，两岸"文教 ECFA 的签署是两岸文化交流优质化发展的结果"，④ 也将使两岸共同价值的营造机制化。如果说两岸在和平发展的初级阶段是通过经贸合作实现共同利益，那么，在"后 ECFA"时期，两岸就应该致力于形塑共同价值，通过文化、教育、新闻等交流合作达成"两岸和谐发展"。

3. 通过文教交流合作协议实现两岸共同的政治认同。"两岸人民福祉的提升和两岸人民感情的交融，毕竟这些才是和平发展乃至和平统一的根本凭藉，而不断推动两岸的经贸交流和两岸民间往来更上层楼，使之机制化、细致化，正是达致两岸不断强化共同利益纽带和不断增进理解及感情的不二

---

① 蔡玮："有关两岸文化合作的几点思考"，香港《中国评论》，2010 年 11 月号，第 8 页。
② 李英明："为两岸文教 ECFA 创条件"，台湾《旺报》，2012 年 2 月 17 日，C6。
③ 周志怀："开创两岸关系和平发展新局的挑战与动能"，全国台湾研究会编：《进一步开创两岸关系和平发展新局》（论文集），第 7 页，2010 年 6 月。
④ 李英明："为两岸文教 ECFA 创条件"，台湾《旺报》，2012 年 2 月 17 日，C6。

法门。"① 其中认同的转变是两岸关系质变的基础，② 需要正视两岸文化交流的根本属性与特色：一是要使两岸重新走向共同的中华民族认同，二是"重新走向'两岸同属一中'的国家认同"，但由于台湾社会中存在的"潜在的深层次的'台独意识'仍在潜移默化地从民族、文化、国家认同上割裂着两岸的脐带关系，掏空着'一中宪法架构'的'中华民国'，扭曲着'国家认同'的内涵"，③ 因此，一方面需要马英九当局与中国国民党真正确立反"台独化"的文化政策，以应对当前岛内社会最大的"文化台独化"的危机，另一方面，通过中国大陆的努力与推动，增强中华民族的吸引力与凝聚力，"两岸经济关系日益紧密，若能进一步建立命运共同体认知，携手共抗全球经济风暴，不仅可体现两岸经济的互利共生，亦有助于两岸关系全面的提升，有利两岸和平发展大局"。④

三、两岸文化交流目标：从追求共同利益到构建共同价值

1. 两岸在中华文化核心思想上有共同点。两岸问题的最终解决仅靠"三通"显然是不够的。2005 年宋楚瑜访问大陆时说，"三通"之外，还需要第四通——心灵相通，只要心灵相通，一通百通。所谓"心灵相通"，其内涵就是文化、中华文化。台湾学者杨开煌认为，"为了两岸关系的和平稳定，两岸社会的相互理解是重中之重，则文化交流正是承担此一功能的最佳角色"。⑤

其一：中国大陆在 2007 年的中共"十七大"政治报告中就提出"推动社会主义文化大发展大繁荣"的设想，2011 年的 17 届六中全会更是以文化建设为主题，提出了推动文化大繁荣、大发展的具体行动纲领。

其二：台湾文化是中华文化的重要组成部分。台湾文化是具有台湾特色的中华文化，马英九提出了"振兴中华"的主张，其"中华"意涵更多的就是"中华文化"。特别是 2011 年马英九的"元旦讲话"，提出要让台湾

---

① 黄嘉树："关于两岸政治谈判的思考"，香港《中国评论》，2010 年 12 月号，第 7 页。

② "思想者论坛——认同与两岸关系"，香港《中国评论》，2009 年 9 月号，第 57 页。

③ 徐青："台湾主要政党应如何与大陆建立及深化互信"，香港《中国评论》，2011 年 1 月号，第 26—27 页。

④ 社评："加速建构两岸经济命运共同体"，台湾《旺报》，2011 年 12 月 7 日，A2。

⑤ "思想者论坛——两岸政治与经济关系展望"，香港《中国评论》，2011 年 2 月号，第 71 页。

"成为中华文化的领航者"。台湾学者认为马英九讲话"清楚地阐述了马政府的两岸关系与国家定位","是近年来最重要的一篇文告,它的重要性可以与蒋经国宣示'三民主义统一中国'并提",但核心是"文化中华,政治偏安"。① 马英九提出"具有台湾特色的中华文化"来定位台湾文化的特色及其与中华文化的实质关系,定位台湾文化对中华文化的丰富与发展。其后马英九的"新春谈话",也要求"各部会首长,在公开场合谈论两岸关系或相关政策时","应称'对岸'或是'大陆'用词,避免提到中国,如外交部及其他政府单位也应比照办理"。马英九这样的说法,"在短时期内,在台湾社会可能没有太大的影响力,但长期时间而言,对教育官方机构的公务人员正视而且回归宪法的精神和法理,以便名正言顺地处理两岸关系,显然大有助益。"② 2011 年 10 月,马英九在"黄金十年"中再度提出"优质文教"的愿景,意在提升"中华文化在世界上的发言权"。

其三:两岸文化交流可以增强两岸同胞的文化认同与民族认同,凝聚两岸全体中国人的共同意志,形成共谋中华民族伟大复兴的精神力量。因此,如何共同继承与弘扬中华优秀传统文化,是增强两岸民族意识、凝聚两岸共同意志的重要途径。大陆学者俞新天指出:"文化认同至关重要,它是民族认同和国家认同的基础","两岸需要创建新的集体记忆,来克服过去历史上旧的分歧,这样的新的集体记忆会使我们的文化认同走向一致"。如何带领两岸的人民逐渐地取得两岸的文化认同、发展文化认同、深化文化认同,"这个问题需要破题",就是"两岸要共同复兴中华文化","通过共同复兴中华文化这样的新的共同实践,来创造我们新的集体记忆。"③ 她认为:"当中国迅速地在经济上崛起时,也为复兴中华文化创造了新的机遇和条件。两岸愈益加深经济、社会、人员和文化的往来,其最高任务应当是共同弘扬中华文化,进而促进中华民族的伟大复兴。"④ 台湾桃园县前县长吴志扬称:

---

① "思想者论坛:辛亥百年论'中华民国'与两岸关系",香港《中国评论》,2011 年 5 月号,第 61 页。

② "思想者论坛:辛亥百年论'中华民国'与两岸关系",香港《中国评论》,2011 年 5 月号,第 67 页。

③ 刘晓丹、梁栋:"俞新天晤中评社:文化认同需要破题",http://www.chinareviewnews.com 2011 - 10 - 27。

④ 俞新天:"两岸共同复兴中华文化的思考——纪念辛亥革命百年",《两岸关系和平发展的机遇与挑战学术研讨会论文集》,第 13 页,华东师范大学两岸交流与区域发展研究所、上海海峡两岸法学研究中心、法律系编,2011 年 10 月 29—11 月 2 日。

"体认到两岸之间的关系，最大的动力还是来自血缘和文化的交流和认同"，认为"文化记忆是串起两岸认同的语言。"① 文化交流可以达成两个目标：一是让台湾人民重新认同中国，二是透过文化的力量，让整个台湾社会能够再中国化。②

2. 正视两岸文化交流中的差异性。台湾学者杨开煌认为"两岸的文化交流，从广义的角度看，是从两岸开放人民相互往来的第一天就已经开始"。③ 在两岸文化交流之讨论中，杨开煌提出：从两岸官方对中华文化的重视提出文化议题也将提上两岸议程，而交流越来越频繁、认同越来越疏离的原因则在于两岸文化本身的差异，提出要认识到两岸文化组成元素上的差异性，一方是中原文化为主，另一方是海洋文化为主等，"两岸文化的对立性要大于相似性"，而解决之道是两岸文化交流必须深入到两岸文化交流的源头及未来，才能展现深度和创造理解的可能。④

3. 塑造与强化两岸之间共同的价值认同。包括：

其一：两岸共同认同是两岸和平发展的思想灵魂。台湾著名学者陶百川认为，认同而后统一，首先是"认同"，包括意识形态和立国之道的"认"识和"同"意。⑤ 在两岸经济的交流与合作中，可以达成两岸共同利益的追求，但"两岸在发展'共同利益'之后，还必须在文化上寻求'共同价值'，在民族上培养'共同认同'，才能在未来两岸统合上创造'共同想像'"。"在中华民族与中华文化的基础上培育共同价值与共同认同"，"主要的目的在构建精神基础"，"藉由中华民族（文化）这个大框架来建立两岸和平发展的'精神基础'，培养台湾人民的中国情感"，⑥ 而在构建新的两岸论述中，中国大陆无疑应该扮演引导者的角色。

---

① 罗祥喜："吴志扬：两岸最大动力系血缘与文化认同"，http：//www.chinareviewnews.com 2011-06-16。

② "思想者论坛——两岸政治与经济关系展望"，香港《中国评论》，2011年2月号，第71页。

③ 杨开煌："两岸文化交流之讨论"，《两岸关系和平发展的机遇与挑战学术研讨会论文集》，第4页，华东师范大学两岸交流与区域发展研究所、上海海峡两岸法学研究中心、法律系编，2011年10月29日—11月2日。

④ 杨开煌："两岸文化交流之讨论"，《两岸关系和平发展的机遇与挑战学术研讨会论文集》，第3—10页，华东师范大学两岸交流与区域发展研究所、上海海峡两岸法学研究中心、法律系编，2011年10月29日—11月2日。

⑤ 《中国当代政论选》，第388页，香港，新亚洲出版社，1987年3月。

⑥ 李允杰："从共同利益到共同价值：ECFA后两岸关系发展路径刍议"，香港《中国评论》，2011年1月号，第39页。

其二：修复台湾社会中两岸认同的撕裂，是当前与未来两岸关系发展中"最重要的思想基础工程与核心目标所在。"① 为此，需要"恢复台湾人民的历史记忆，发扬台湾人民的爱国民族主义，当是国家统一认同运动的第一步"。台湾统派学者认为："恢复了台湾人民爱国民族主义的传统，才能恢复两岸人民共同的国家认同，有了共同的国家认同，才能抗拒外国列强的挑拨、分化，两岸同胞才能共同缔造一个和平统一的中国。""唤起或恢复台湾同胞的祖国意识，是一复杂庞大的系统工程，必须从政治、经济、文化、宗教、体育等的全面展开。""唤起台胞祖国认同机不可失"。②

其三：扭转台湾社会偏颇的历史教育观。自陈水扁执政开始，台湾当局将"台湾史"的教材与"中国史"并列，形成"台湾史""中国史"与"世界史"格局，李登辉、陈水扁执政 20 年期间推行"去中国化"教育政策，使台湾"岛内在两岸同属一个中华民族、同属一个中国这一本不是问题的政治认同上出现错乱。"③ 对此，张亚中认为台湾新的历史教科书呈现的是"和平分裂趋势"，"台湾经过十几年来的政治与历史的社会教育过程，台湾的新国族建构基本上已经完成。"④ 为此，需要通过两岸文化、教育交流扭转台湾社会中的"台独"史观，只有这样，只有凝聚两岸同属一个民族、同属一个国家的共识，才能稳定与深化两岸关系和平发展。

其四：在两岸关系的和平发展中建立两岸共同的价值观、共同的认知、共同的历史记忆，以及对未来的发展的共同前瞻。需要强化两岸之间、两岸民众之间共同的认同的培育，所谓"共同"就不是单方面的，杨开煌认为："认同议题有必要从单向要求台湾认同大陆，调整为大陆也认同台湾是中国，表现出大陆在这方面的器度，认同不是单向的、片面的，应该是双向的、互补的。"⑤ 南方朔也提出："台湾要往双重认同的方向走"，"这种双重认同不是对立式的认同。台湾现在谈这个问题，基本上是把台湾认同与中

---

① 社论："共同缔造：修复与破解台湾的两岸认同撕裂危机"，香港《中国评论》，2011 年 5 异化，第 1 页。

② 戚嘉林："台胞认同祖国化之时代机遇"，台湾《海峡评论》，2011 年 2 月号，第 55 页。

③ 余克礼："正视台湾认同危机，深化两岸和平发展"，香港《中国评论》，2011 年 3 月号，第 21 页。

④ "思想者论坛——历史课纲修订与台湾的国族认同问题"，香港《中国评论》，2010 年 12 月号，第 76 页。

⑤ "思想者论坛——认同与两岸关系"，香港《中国评论》，2009 年 9 月号，第 64 页。

国认同对立起来，如此是违背认同理论的，因为认同的目的是创造团结。"①
张亚中指出，在两岸关系上，"双重认同"指的是"重叠认同"，就是说，
既认同台湾当局的治理，也认同两岸同属中国，即从民族认同上，台湾当然
是中华民族的一分子，在国族认同上，两岸同属一个中国，双方主权宣示是
重叠的。这个立场不能放弃。如果放弃了，两岸之间就属于相互主权独立的
异己关系；只要有对整个中国的主权不可分裂的重叠认同在，即使两岸分
治，双方就不是异己关系。②

4. 两岸文化交流应列入两岸两会协商议程。黄光国提出："要增进两岸
间的认同，必须要经由共同目标的设计和导引。"③ 因此，在两岸两会制度
化协商方面，两岸文化教育的交流与合作势必提上议事日程。贾庆林指出：
"我们希望积极推动商签两岸文化教育方面的协议，以利于两岸文教事业发
展，提升两岸文教交流和文化产业合作的水平，增进两岸同胞相互理解和感
情融洽。"④ 两会应该就两岸的教育交流的制度化、规范化进行探讨，条件
成熟时签署两岸文化、教育交流协议。如果一时有困难，建议分阶段、分步
骤实施，如文化交流协议与教育交流协议分开讨论，文化交流协议中的文化
创意产业先行一步，教育交流中高等教育交流的协议先行一步，等等。

如果说两岸经济框架协议勾画了两岸经济合作的经贸地图，未来需要通
过两岸文化、教育等一系列协议的签署，勾画与经营出可以相互充分理解与
信赖的"情感地图"，此其时也！

---

① "思想者论坛——历史课纲修订与台湾的国族认同问题"，香港《中国评论》，2010 年 12 月
号，第 74 页。
② "思想者论坛——历史课纲修订与台湾的国族认同问题"，香港《中国评论》，2010 年 12 月
号，第 77 页。
③ 黄光国："从'反中'到'共同体'：两岸认同的折裂与修复"，香港《中国评论》，2011
年 3 月号，第 14 页。
④ 吴亚明："海峡两岸关系协会成立 20 周年纪念大会在京举行"，《人民日报》，2011 年 12 月
17 日，第 4 版。

台湾人对大陆负面态度
的非理性因素探索
——基于社会心理学的研究

俞新天 *

在人们的言行中，非理性与理性因素同时发挥作用，这点经常被忽视。在两岸关系的研究中，理性因素的分析与研究占据绝大部分篇幅，而对于非理性因素的研究却严重缺乏。非理性因素涉及人们的情绪、情感，它时时与理性因素一样影响着人们，特别在涉及身份、认同、爱憎等社会文化的重要问题上，尤其在关于安全评估等至关重要的问题上，其作用甚于理性因素。而且，其影响是深层次、潜意识的心理情感，人们往往难以觉察。非理性因素的作用规律与理性因素的逻辑大不相同，有时甚至截然相反。在两岸研究中，应当突破研究的盲区，反服贸风潮更警示人们，对这一领域的探索迫在眉睫。

在研究非理性因素时，可以运用多种社会科学研究的成果和方法，本文所采用的主要是社会心理学的成果和方法。心理学一般以研究个体的心理、行为规律为基础，社会心理学则进而关注群体的心理特点。社会心理学比人格心理学更关注社会因素的作用和人们共同的人性，即总体而言，人们如何看待彼此，如何互相影响。社会情景如何使绝大多数个体变得友善或无情，从众或独立，如何使他们对他人产生好感或偏见。[①] 用社会心理学去研究和分析台湾人对大陆的负面态度，可以揭示出深层的情感与心理问题，使人们的认识更加透彻。

---

* 俞新天，女，上海台湾研究所所长、研究员。

① ［美］戴维·迈尔斯：《社会心理学》（第 8 版），侯玉波、乐国安、张智勇等译，人民邮电出版社，2006 年版，第 6 页。

一、反服贸群体行为的非理性因素

2014年3月爆发的"反服贸运动"，以反服贸为名掀起了一场群体行为风潮，其影响一直在发酵蔓延，波及后来又出现的几场"公民运动"和"九合一"选举，是一个典型案例。它集中而突出地反映出台湾青年对大陆负面看法的非理性因素，值得深入研究和分析。人们无时无刻不生活在群体之中，群体互动经常会产生戏剧性的结果，影响个体行为，反之，个体也会影响他们所在的群体。当然，并非在一起的人就被视为群体。澳大利亚国立大学的社会心理学家特纳认为，群体成员之间存在互动，是两个或更多互动并互相影响的人。群体成员把本群体内的人看作"我们"而不是"他们"。群体存在有其理由，如满足归属的需要，为了提供信息，为了给予报酬，为了实现目标等。"反服贸运动"即组成为群体的台湾部分学生，其目的是"反对服贸通过"。在这场群体行动中，学生的非理性情绪集中爆发，可以概括为以下三方面特点。

（一）不是思想决定行动，而是行动影响态度

一般来说，思想、观念和态度决定人们的行动。思想、观念和态度来自于家庭、学校和社会认识，个人的社会经验越长久巩固，其态度便会越坚定。然而，在群体行动气势汹汹时，情况恰恰相反，变为群体行为影响个人态度，个体会丧失独立思考的辨别力，被强大的非理性潮流所裹挟。根据媒体报道和个别访问，参加"反服贸运动"的绝大部分人都不了解何为服贸协议，服贸协议有什么具体规定，便开始大喊反对的口号。为何成千上万的学生乘坐大巴士到达台北集会示威，因为他们被一种"崇高的理想"所激励。3月18日晚，占领台湾"立法院"的"黑色岛国青年阵线"，发表《318青年占领"立法院"反对黑箱运动宣言》（以下简称《宣言》）。《宣言》称，服贸将会让中资企业"来台竞争"，使台湾人"生存都将面临威胁"。它号召台湾年轻人"掌握我们自己的未来"，"给年青人公平发展和竞争的环境与机会"，"站出来守护我们的台湾"①。"黑色岛国青年阵线"的

---

① "学生宣言：抗议马英九挟持'国会'，出卖台湾未来"/政治/新闻/风传媒，http//www.stormmediagroup. com/opencms/news/detail/ea954769 - aeb2 - 11e3 - 9135 - ef2804cba5a1/? uuid = ea954769 - aeb2 - 11e3 - 59135 - ef2804cba5a1#ixzz2zipMKRCO。

头目陈飞帆、陈为廷等人，是民进党蔡英文的青年爱将。他们深知，如果赤裸裸地打出"台独""反中"旗号，定会吓退许多人。现在他们通过反服贸的由头，打出"公平正义""世代正义""守护台湾"等口号，让许多不明真相的年轻人的热血沸腾，投身于群体行动。青年来自于千家万户，许多人出于关心爱护青年的情感，也就不假思索地选择支持学运的立场。学生们越参与到运动中，便越会将自己的行为崇高化、神圣化，自诩为道义代表，把凡是质疑他们言行的人视为"敌人""卖台"。

（二）群体会采纳愈益极端的态度

台湾人经常以多元观点引以为傲。然而，群体行动并不允许多元观点自由发表辩诘，而是在非理性情绪的作用下，态度愈益极端，最后往往最极端的观点占据主导，绑架所有人的行动。3月18日晚原本是"反黑箱服贸民主阵线"等50个团体在"立法院"前举行"守护民主之夜"集会。当时的抗议行动的目标只是有限的"反黑箱操作"，只涉及技术性的问题，台湾当局可以与其对话，对服贸协议进行公开解释，增加社会透明度，应当不难解决。然而，突然有200多名学生冲进"立法院"实施占领。他们提出"重审服贸""马英九道歉，江宜桦下台""暂缓两岸高层互访"等三项要求，极端程度已经升级。3月20日，学运更提出"退回服贸"和"中止和中国大陆的任何经贸协议"的激烈诉求，并且呼吁各地师生"自主罢课"声援，呼吁民众静坐包围各地国民党党部。由于这些要求过于极端，因此民众响应寥寥。3月21日，由52所大学组成的协会发表声明，要求当局速与占领"立法院"的学生对话，让事件和平收场。3月22日"行政院长"江宜桦到"立法院"外与学生对话，然而他不可能接受"退回服贸"的极端主张，学生的"唯我独尊"阻断对话之路。3月23日，学生又冲击"行政院"，占领"行政院"。同日，马英九召开国际记者会说明立场，认为与学生沟通已失去意义。学生立即进行了还击，除了强调"给我民主，其余免谈"的主张外，又增加了"召开公民宪政会议"的主张。3月30日学生发动游行，50万身穿黑衣的群众把"总统府"附近的街道挤爆。为什么在群体行动中，观点和行为会越来越极端？因为群体成员之间互为参照群体，他们的同质性高，目标相近，年龄相仿，都缺乏实际的工作和生活经验，具有很大的相似性。他们也讨论，但在讨论中越来越情绪激昂，越来越在不断的复述中认同这些观点。为了使群体接受自己，他们会把观点表达得更强烈，最终极端的观点占据主导。

参加反服贸的学生张晋宏后来发文公开向马英九道歉。他发现有人袭击警察，不符合民主法治的原则，于是在微博上表示自己不赞成的态度，结果引来一片责骂声。这使他反思学运的合法性与合理性。

假如在平时去询问学生，恐怕大部分人都赞成法治，反对暴力行为，但是在群体中就会"去个体化"，个人"匿名化"，自我觉察和自我意识减弱，盲目从众行为会增强。像张晋宏这样能够反思重拾自我的案例毕竟是凤毛麟角。群体会形成强大的从众压力，抵制试图质疑的人。

（三）以现在的感觉重构历史记忆

青年学生并未亲历两岸对抗、对立的历史，大部分人也没有与大陆有密切的实际交往，然而，李登辉、陈水扁的"去中国化"教育贯穿他们的成长过程，民进党的"台独"思潮对社会产生的毒害侵袭他们，从心理上说，他们根据现在的情绪和感觉重构历史记忆，更加强了台湾教育和社会给予他们的错误观念。在"黑色岛国青年阵线"3月18日发表的《宣言》中，把大陆视为"生存威胁"，威胁台湾的"言论自由"，"由大财团、大企业、少数执政者所组成的跨海峡政商统治集团"，"像吸血鬼一样""吸干青年的血汗"，"断送台湾未来"。这种颠倒黑白的论调却被不明真相的青年所接受，大陆对台湾通过服贸协议所施放的善意完全被扭曲为恶意，大陆的形象遭到妖魔化，两岸关系被他们弃如敝屣。在学运的队伍中，甚至出现了"支那人滚出去"的标语牌，使用了日本殖民者的语汇，侮辱所有的中国人，也侮辱他们自己，令人痛心。学生并未经历日本殖民时期，他们对于历史的认识来自于教育和社会影响。"去中国化"教育让他们对祖国大陆产生"外国"的生疏感和敌对感；"台独"社会影响却把日本殖民统治美化成给台湾带来现代化的时期。当他们被反服贸的怒火点燃起非理性的发泄时，中国大陆成了要"吞并"台湾的"敌人"，日本殖民者反倒是"文明""进步"的代表。

二、台湾人对大陆的错误心理

3月18日的"反服贸运动"的群体行动集中体现了青年对大陆错误看法的非理性因素。然而，青年只是社会中的一个亚文化群体，不可能脱离台湾社会的思潮和氛围。学运得到了台湾社会相当多的同情、支持和资助，民进党的大佬齐刷刷坐到"立法院"前示威，更起了推波助澜的作用，这些都反映出台湾社会更深层的背景，即很多台湾人对大陆持有错误认知，其中的非理性因素更值得深入剖析。

（一）偏见与歧视

偏见是一种态度，态度是感情、行为倾向和信念的独特结合物。偏见导致一个人不喜欢与自己不同的人，认为那些人无知而危险。有些偏见的定义也包括积极的预先判断，但在应用"偏见"一词时几乎都是指负面倾向。戈登·奥尔波特在其经典著作中界定："偏见是基于错误和顽固的概括而形成的憎恶感。"偏见是负面态度，歧视则是负面行为。歧视行为往往来自于偏见，但态度和行为的关系是松散联结，偏见并不必然导致敌意行为，有些敌意行为也不全因偏见而起。

2014年11月的一天，台湾媒体疯传一条信息，一个"陆客"带着孩子到台湾餐馆用餐，因孩子内急，便让他随便尿尿，影响他人用餐。一台湾人为此"丑行"拍照，"陆客"发急而与其争执，此事引发电视媒体和网民恶评滚滚。几天后当事人出面坦言自己非陆客而是台湾人，评论随之偃旗息鼓，几天来乐此不疲的舆论媒体对此毫无愧疚和反思。这是一个典型的偏见事例。在过去数十年来，总体而言，台湾的经济社会发展水平高于大陆，台湾人具有相当的优越感，对大陆与大陆人形成了强烈的刻板印象：大陆贫穷、落后，大陆人文化水平低，不卫生，不文明。从社会心理学看，人们普遍喜爱自己的群体胜于其他群体。相对于人口极其庞大的大陆人，台湾人口显得规模太小。较小的群体在面对较大的群体时，会明显意识到自己群体的成员属性，而大群体成员对此不太敏感。刻板印象一旦形成就难以改变。上述不文明案例系台湾人所为，很多台湾人把它仅作为个案，如果是"陆客"所为，他们会将它归结为整体大陆人的特性。

更为严重的是，台湾人对大陆所采取的政治制度具有刻板印象，给它贴上"不民主""专制"的标签而全盘否定，再与台湾已采用西方式"民主"选举制度对比，更加深了心理上的优越感。"台独"的思想代表者之一李乔说，"一个普遍民主的国家享有自由的言论表达，一个是专制集权的国家，要讲认同怎么可能。"① 蓝营著名文化人士龙应台写道，"中国现实"是"摧毁中国传统引进苏联的马列主义"，"贬抑"儒家思想现在又"为了政治需要而鼓吹"儒家思想，把"异见者"关进监牢，又对想"保持差异"的台湾"进行飞弹武力恫吓"。② 台湾领导人更多次把台湾称为"民主典范"。这些使台湾人民不假思索地接受"民主"与"专制"的标签，从情感上对于大陆的政治制度反感和反对。当然更深层的历史根源可追溯到冷战时期两岸分属两个阵营的对抗，以及台湾长期进行的反共教育尤其是深受西方反共势力价值取向影响。正如陈文茜所写的，"只是黄种人的悲哀，向来没有自己的黑眼睛看世界的观点，只能尾随美国人的世界观。"③

大部分台湾人浸润在这样的气氛中，对大陆看法的偏见从政治溢出到社会、经济、文化等各个领域。其实，连美国专家都在质疑美国的民主制度，认为共识民主比多数民主效果更好，④ 并且在重新审视中国的协商民主制度，但是很多台湾人却抱着刻板的偏见不放，态度似乎比美国人更僵硬。参加"反服贸运动"的青年一再强调其"独立性""多元性"，但是他们的"反中"情绪来自于民进党和绿营，他们征集10万个台湾签名向美国国会请愿支援，恰恰证明其"独立性"和"多元性"的脆弱和匮乏，也证明没有脱离社会心理的个人情感。

（二）恐惧与排斥

恐惧与排斥是人们面临安全威胁时的心理反应。安全威胁激发人们最强烈的反应，包括理性反应和非理性反应，但对大多数人来说，非理性因素的作用甚于理性因素。无数事例证明，很多预估的威胁并未发生，或者发生的概率很小，影响的范围不大，然而大多数人的心理却充满恐惧，担心万一发生在自己身上，必须追求万全之计。大陆经过持续30年的高速经济增长，目前的经济总量已是台湾的19倍，两岸关系实力对比的巨大悬殊也使很多台湾人产生恐惧，忧虑两岸经济更紧密的联系导致大陆控制台湾的经济命

---

① 施正峰主编：《台湾国家认同》，台湾"国家"展望文教基金会，2004年版，第202—203页。

② 龙应台：《百年思索》，台湾时报文化出版企业股份有限公司，2012年版，第74页。

③ 陈文茜：《只剩一个角落的繁华》，台湾时报文化出版社企业股份有限公司，2011年版，第240页。

④ ［美］阿伦·利普哈特：《民主的模式：36个国家的政府形式和政府绩效》，北京大学出版社，2006年，中文版序言第Ⅱ页。

脉，进而改变台湾的政治制度和生活方式，迅速实现统一。从各种民调看，八成左右台湾民众赞成两岸关系和平发展，应当是相当理性的态度，但是在理性态度下涌动着恐惧与排斥的非理性暗潮。

在2010年两岸ECFA签订前，台湾流传着一段谣言，说如果签了ECFA，"男人失业，女人不能嫁，孩子去黑龙江"。如此荒诞无稽的恐吓却让众多的台湾人信以为真，魂飞魄散，可见他们的恐惧之深。

2014年服贸协定签后，台湾又流传100万大陆人将进入台湾，抢占洗发美容印刷业，让中小业者失业，"洗发又洗脑"。如果稍微了解服贸协议的内容，便知道它完全限制大陆业者进入台湾。但是，台湾人没有吸取ECFA的教训，宁愿相信无根据的流言，在恐惧支配下排斥服贸协议。

偏见往往自傲，自诩优越，但它的另一面是自卑，缺乏自信，表现出恐惧与排斥。前文提到的"黑色岛国青年阵线"发表的《宣言》中还特别写到"我们不是不愿意接受挑战，不是不愿意面对竞争的青年"，其实是欲盖弥彰，透露出害怕挑战和竞争的心声。在相对富裕的环境下成长的台湾青年，吃苦打拼的竞争精神已经大大减弱。台湾当局对于大陆学生到台湾就读设定歧视的"三限六不"规定，也为了回应青年和社会上的恐惧，怕陆生占据更多资源，怕陆生竞争力强夺走台湾青年的就业机会。民进党的学者童振源也承认，大陆在服贸协定中的让利，呈现开放，而台湾设有完整的开放战略。台湾人民的"恐中，反中情绪泛滥""阻碍两岸经济大幅开放"，"因为台湾人民担心经济开放的国家安全因素"。①

尽管童振源将其原因归结为大陆对台湾的"打压"是错误的，但是台湾人对大陆的恐惧与排斥造成台湾更加保守与封闭，却是不争的事实。两岸关系进入和平发展的最佳时期，可惜很多台湾人由于毫无根据的安全恐惧而排斥两岸更紧密地整合，恰恰忽略了台湾事实上最大的安全威胁，即封闭和保守导致台湾发展缓慢，无法追求更好的前景。

（三）攻击与伤害。

非理性情绪发展到极度，往往表现为攻击与伤害。正如心理学家所叹息的，人类面临的最大威胁恰恰是人类本身。心理学家把攻击行为分为敌意性

---

① 童振源：《台湾经济关键下一步两岸经济整合的趋势与挑战》，台湾博硕文化股份有限公司，2014年版，第125页。

和工具性两种。敌意性攻击行为由愤怒引起，以伤害为目的，谋杀大多数是敌意性的。工具性攻击行为只是把伤害作为达到其他目的的一种手段。在台湾人对于大陆所表现出的攻击与伤害中，工具性占绝大多数，它们的目的与"台独"、"脱离大陆"、不认同两岸关系和平发展相关。国台办前副主任张铭清在访问台南时，曾被几个暴徒推倒在地。国台办前主任陈云林首次访台时，绿色示威者长时间包围会场，以致最后他只能从后门撤离。2014 年 6 月，负责两岸事务的国台办与陆委会领导人实行机制性交流，国台办张志军主任首次访问台湾，在台中遭到暴徒泼油漆，以致不得不取消赴高雄的行程。尽管这类案例在两岸大交流的潮流中并不多见，但是仍然应当引起极大关注，不仅因为这是非理性行为最激烈的表达，也因为其指向大陆负责两岸事务的最高领导人，具有很强的象征意义。

从个体来说，基因、神经系统对某些人采用冲突和暴力手段确有影响，然而科学家们共识，把冲突与伤害归结为社会群体的"本能""天性"是不正确的。即使是绿营人士，并非一定仇视大陆人，更不必然采用暴力等伤害手段。社会心理学的挫折——攻击理论帮助人们更好地理解冲突与伤害行为。

挫折产生愤怒，怒火会燃向"被认为"阻挠自己目的的人。在过去十余年来，台湾人累积了许多挫折和不满，如薪资不加、物价翻番、油电双涨、房价高涨和求职不易等；蓄积了引发攻击行为能量。"反服贸运动"以暴力冲击"立法院"和"行政院"，就是直接攻击"被认为"阻挠目标的人。除了直接攻击的对象，还有替代攻击的对象，即所谓"替罪羊"。由于种种复杂的原因，大陆几乎总"被认为"是阻挠台湾前行的"替罪羊"。攻击行为还有一种类型叫"内向攻击"，如采用绝食、自焚等方式，以残害自己的手段攻击他人。在台湾，绝食是一种常被采用的内向攻击方式。

人们一般以为挫折感来自于受到剥夺，但是实际情况并非完全如此。经济上最受挫的人并非最贫困者，恐怖主义行动中的"人体炸弹"也并非最低层者。有时候，经济不断进步，状况正在改善，反而可能增加挫折感的发生。恰恰是经济与社会的成就提高了人们的期望，当期望与现实存在差距时，挫折感会增强，这是群体行动或暴乱发生的直接的心理因素。在台湾这样相对富裕的社会中，绝对贫困很少，中产阶级在社会中举足轻重。由于城市化和文化水平的提高，他们对物质生活的前景更敏感。富裕群体通常只能缓慢扩展。因此中产阶级的期望与实际之间的差距越来越大，挫折感越来越强。在对待大陆的态度上，一些台湾人出现了双重的挫折感。一重是中产阶级的期待与现实之间的差距较大，认为没有分享到两岸关系的红利。两岸关系给大企业主和下层人民（出租车司机、卖茶叶蛋摊贩、农渔民等）带来了不少利益，但中产阶级获利较少而反应最敏感。另一重是大量陆客赴台游，台湾中产阶级看到某些陆客的"土豪"购物，产生相对剥夺感，自己获利少，却要承受交通拥挤、物价被抬高等后果，挫折感增强，在冲突情况下容易发生攻击伤害行为。

攻击伤害不仅是个体行为，而且也通过学习扩展到其他个体或群体。大众传媒对于扩散攻击伤害行为产生重要的影响。台湾卫生部门前负责人杨志良写道，台湾电视台的政论节目，不是请专家理性地讨论台湾面临的种种严峻课题，而是找民代和名嘴，以情绪性言辞煽动民众的情绪。"张牙舞爪的民意就成了暴力，我们要这样粗暴的民主吗？"[①] 他还质问，哈美族哈日族不会被批判，还会被说成流行文化，而"爱台湾又爱中国大陆"就被扣帽子说"卖台"。正因为台湾的一些传媒一直把大陆视为敌人，才造成了可能产生攻击伤害的气氛；而当攻击伤害事件发生后，传媒又大加渲染，火上加油，使局势更糟。

三、重视两岸人民交流的心理因素

自从"反服贸运动"后，非理性观点在台湾甚嚣尘上，造成了对两岸关系强有力的恶意情境，以至于必须先通过"两岸监督条例"，然后再审查服贸协议。一方面，台湾当局和企业呼吁进一步洽商两岸货贸协议，另一方面服贸协议都前途未卜，遑论其他？恶意情境正在压倒善意，使两岸关系增加不确定性，甚至出现倒退与逆转的可能。"台独"势力可能进一步煽动和利用部分人的非理性情感，以所谓"民意"推动民粹，以民粹挟持台湾命运，达到自己的政治图谋。因此，破解非理性魔咒成为两岸关系的新任务和新课题。

冰冻三尺，非一日之寒。融化坚冰，非一日之功。台湾人对大陆负面看法的非理性因素十分强烈，原因繁多。清廷割台与日本殖民50年，冷战与国民党的反共教育，美国对台湾的长期影响，李、扁20年的"去中国化"

---

① 杨志良：《台湾大崩坏：挑战没有希望的未来》，台湾天下远见，2012年版，第122页。

论述，"中华民国"的尴尬地位与两岸尚未达成政治安排的困境，使不少台湾人尤其是青年的文化认同、民族认同、政治认同、国家认同出现了错乱，毋庸赘言。本文要强调的是，尽管参与"反服贸运动"的学生不能代表所有台湾青年，对大陆有强烈负面态度的并非所有台湾人，但是上述非理性因素的作用却是普遍存在的，应当引起足够的重视。在两岸人民交流中只讲利益合作不够，一般地促进文化交往效果也不明显，必须重视从心理因素入手，逐渐解开台湾人的心结，让人民从心灵相通到心灵契合，两岸关系才能有稳固的基础和不竭的动力。

首先，把握说服的心理才能有效地进行观点的沟通。前文提到非理性因素与理性因素同时发挥作用，为了克服负面的非理性因素，只有批判性的理性思维才能抑制人们的直觉冲动和似是而非的感觉。

要进行有效的观点沟通，说服是不可避免的。在政治、经济、社会文化的各种场合，说服无处不在。说服的途径主要有两种，一种叫中心途径，一种叫外周途径。中心途径即提供有力充分的论据，令人信服。如果信息不明确充分，论据薄弱无力，就无法达到目的。外周途径即当人们还不能仔细考虑或不能专注于我们提供的信息时，可以关注令人不假思索就接受的外部线索，而不考虑论据是否信服。例如各种广告和电视购物把要推销的产品和漂亮的令人愉悦的形象联系在一起，影响人们对产品的感觉。当然两种途径并非泾渭分明，互不相干。由于中心途径能够使个体更持久地改变观点和行为，最具说服力和影响力，所以通常用外周途径的广告商和媒体的最终目的还是要改变受众的观点与行为，例如食品和保健品的推销商们常常动用"专家"来讲解，以增强信服力。另一方面，即使乐于思考的人也会利用外周途径来形成自己的初步观点。例如当面临不熟悉的问题时，往往会首先选择相信自己的朋友、亲人或专家，然后才会继续深入思考。两岸的有识之士都赞成两岸同祖同宗、同源同文、同属中华民族、同属一个中国的论述，在阐述这些理论推翻形形色色的"台独"论述时，可以针对不同对象，同时有意识地采用中心途径和外周途径。

大部分的听众或受众的脑海中已经形成一些观念，说服他们改变观点非轻而易举之事。当要说服他们接受的观点与他们的既有观念一致时，那么单方面的阐述观点更为有效，会加强其既有观念，受众过后也不大可能考虑相反的观念。但是，相当多的台湾人民和青年仍受到"台独论""两国论""一边一国论""同心圆论"等错误论述的影响，并不容易接受大陆的正确观点，因此包含正反两方面的信息会更为有效。例如，大陆促进两岸经济贸易金融交往的政策无疑会给台湾注入巨大的活力，给台湾企业和人民带来利益，然而，政府发言人如果只是单方面讲正面结果，效果不大，甚至引起副作用。这会升高台湾人民的期望值，由于任何经济政策都不能同时平均惠及所有的人，结果是希望越大，失望也越大。受惠的人往往不发声，而不满的声音却最响亮。相反，如果政府发言人同时给予正反两方面的信息，既说明政策会惠及哪些领域与人群，也指出暂时还不能考虑其他领域和人群的原因，既预测可能造成的正面效应，也评估可能带来的负面影响，既表示大陆方面的努力，也提出台湾方面应当如何配合的必要，其说服力将大大提高。

今天人们生活在媒体无所不在的环境中，但是关于说服的研究表明，最主要的影响不是来自于传媒，而是人们之间面对面的接触。社会心理学家们做了大量实际案例，证明无论对于政治选举，还是推广健康生活方式降低冠心病的危险，面对面接触的影响都比传媒的作用更大。[①] 大多数青年人从亲人、朋友和同学那里学到的东西多于从书本和课堂中获得的知识。课堂外的人际关系对于大学生的身心成熟有重要的影响。青年人的思想比其他年龄层的人更不稳定，但是青年时期对形成一个人的态度至关重要，可能延续到中年甚至终生。因此，应该更多地与青年接触，加以引导，帮助他们慎重选择自己的社会影响因素，包括所加入的组织、所关注的媒体、所扮演的角色等等。正因为青年的观念尚不稳定，面对面的接触才会有更大的实际效果。

尽管面对面的接触通常比媒体的影响更大，但还是不能低估媒体的作用。能够对社会、公众或个人产生影响的人，其想法必然有一定的来源，媒体是来源之一。媒体起作用往往分两步走，先传播到意见有影响力的人，再到普通群众。它提醒人们，媒体不仅以直接方式也会以间接的方式对人们产生影响。即使没有看过电视的孩子也会受到电视的影响，如唱电视中的歌曲，模仿电视中的游戏等。网络技术革命正在改变世界。今天，网络技术、青年和反传统政治互相结合，互相促进，台湾的"反服贸运动"就是典型的案例。

其新特点是跨国性强，速度快，情绪强烈，对抗行动高度个人化。然而人们往往误读新媒体，没有深入揭示令人眼花缭乱的表象下的实质。网上激

---

① [美] 戴维·迈尔斯：《社会心理学》（第 8 版），侯玉波、乐国安、张智勇等译，人民邮电出版社，2006 年版，第 194 页。

进政治仍然具有激进政治的弱点：只管抗议，不愿进行长期的改良；参与之声响亮，但不设计政策，或者政策不确定；为行动而行动，不确定直接后果或终极目标。从更深层次上看，尽管互联网创造了更加多元、个性和互动的空间，但它不可能改变资本主义自由主义的本质，它本身并不等于民主，反而可能促进公民社会的碎片化。因此，哈贝马斯认为，对协商民主而言，广义的多元主义是威胁，而不是救星。① 在说服台湾青年时，应当减少和消除他们对于网络的误解和迷信，充分应用新媒体的技术手段进行说服是必要的，关键还在于传播的内容。

其次，努力消除台湾人对大陆的负面感情，减少偏见和刻板印象，从心理上拉近与大陆的距离，逐渐变为喜欢和热爱。由于偏见源于许多关联的因素，所以消除偏见极其困难，并无简单的方式。不过仍然可以找到一些方法来减少偏见。有些台湾人的偏见来自于傲慢，认为台湾先进，大陆落后，那么随着大陆的现代化、城镇化，两岸之间的经济社会差距逐渐缩小，更广泛的交流交往能够帮助减少傲慢。

有些台湾人的偏见来自于恐惧，法律与制度的建立能为减少恐惧提供保障。随着两岸关系和平发展的巩固与深化，两岸政府如能不断减少对于对方人民的限制法规，更多地实行国民待遇，对于减少偏见至关重要。另外，在社会上形成与论，即将个人行为视为个人行为，而不将其简单概括为"大陆人"群体特性或"台湾人"群体特性，以便有意识地摆脱刻板印象和偏见。

消除偏见还只是第一步，更加重要的是如何使两岸人民之间心意相通，互相欣赏，互相喜爱，真正达到"一家亲"的境界。从心理上看，除了谈恋爱的情人，人们最喜欢与自己相似的人，这是出于社会归属感的需要。当人们有归属的时候，感觉到被亲密的关系所支撑，会更加积极和快乐。如果被群体所排斥，人们会反应出抑郁、焦虑和沮丧。实验证明，即使在虚拟世界中，被一个永远不可能见面的人拒绝，也会引起挫折感。被排斥是一种实在的创伤。因此，地理性距离不是关键问题，功能性距离才是关键，当人们的生活轨迹频繁相交时，就会建立更多的友谊和亲近感。从两岸人民来说，本来就具有巨大的相似性，只是由于历史的分隔和人为的破坏模糊了归属

---

① ［英］詹姆斯·柯兰、娜塔莉·芬顿、德斯·弗里德曼：《互联网的误读》，中国人民大学出版社，2014 年版，第 173、190 页。

感，人为地制造了"我们"和"他们"的疏离。两岸关系和平发展推动两岸人民的生活轨迹频繁相交，逐渐可以打破疏离，为建立友谊和亲近关系奠定基础。两岸婚姻已经超过 35 万对，还在以每年一万对的速度增长，就是最好的证明。喜爱是相互的，人们喜爱那些喜爱自己的人。充分地真诚地表达喜爱的感情，往往得到同样的回报。两岸在各自的发展中分别积累了经验，分享经验，互相帮助，互相学习，一定能造成共同参与，共同进步的结果，增强共同的归属感和相似性，逐渐达到心灵契合。

在生活中，坏事总比好事更有影响力，而且影响更持久。破坏性行为对喜爱关系的伤害程度要比建设性行为的促进作用更大。坏心情比好心情更能影响思维和记忆，当人们心存愤怒时，就无法建立良好的关系。坏事比好事更能引起人们的思考和注意，其持续的效应也更长。人类对于坏事如此关注的好处是提高警觉，随时准备去面对危险，保护自己远离死亡和残障。因此，在两岸关系和平发展时，要严密观察可能出现的坏事和破坏性行为。一旦发生坏事和破坏性行为，要立即反应，尽早反应，随时跟进及时反应，始终做出正确反应。这不仅意味着采取危机管理的一切措施，而且应当评估所采取的反应和措施可能造成的心理效应，防止其破坏性作用的蔓延和持续。当然，正因为有坏事的消极作用，才会让人们更加珍惜良好关系，创造更多积极的事物，去抑制消极的事物。

（原载《台湾研究》2015 年第 3 期）

两岸东海合作：推进领域与路径研究

严安林[*]　季伊昕^{**}

前　言

2012 年 11 月，中共"十八大"做出了建设海洋强国的重大战略部署。2013 年 7 月 30 日，中共中央政治局就建设海洋强国进行第八次集体学习。习近平总书记在主持学习时强调，建设海洋强国是中国特色社会主义事业的重要组成部分，推动并实施这一重大战略部署，对于经济持续健康稳定发展，对于维护国家主权、安全与发展利益，对于小康社会的建设，进而实现中华民族伟大复兴的"中国梦"都具有重大而深远的意义。两岸海洋合作的最终目标是达到共同捍卫中国国家主权与领土完整的政治性问题，而短时期内两岸海洋合作可从资源开发着手，尤其是两岸在东海合作问题上，资源的开发与维护应是当务之急。两岸东海海洋合作涉及三个层面问题：两岸执政当局的意愿、国际社会的态度与合作涉及的领域与范围。本课题主要从两岸东海海洋合作的可能领域与推进路径上进行务实探讨。

一、两岸东海合作的可能领域

2001 年联合国在其公布的《21 世纪议程》中，提出 21 世纪是海洋世纪，海洋将成为国际竞争的场域。"肯取势者可为人先，能谋势者必有所成"。两岸只有在东海开展合作，才能在未来海洋的发展中争取先机。

近年来东海纷争上升与两岸关系和平发展，客观上为两岸海洋合作提供

---

 * 严安林系上海国际问题研究院副院长、两岸关系协创中心教授、上海市台湾研究会会长。
** 季伊昕系上海国际问题研究院台港澳研究所研究实习员。

契机。同时，两岸在东海若干领域的合作亦可为两岸关系中政治分歧的解决提供可资借鉴案例和方法。然而两岸如欲进行实际有效、并形成可复制模式进而后续推广的东海合作实践，必须设定兼顾国际规则、两岸关系与区域特殊性的原则。故两岸可考虑在"和平合作和谐之海"大框架下，秉承中国大陆在参与国际海洋事务交流与合作中历来提倡的"互信、互利、平等、协作"宗旨，考虑到两岸关系包括尚无明确政治定位、尚无法展开军事合作等特殊性，先易后难，循序渐进，将两岸人民福祉放在第一位，在低政治敏感领域展开合作，兼顾两岸关系特殊性与东海所牵涉的地区稳定性和敏感性，特提出在维护东海海洋安全、开发东海海洋经济、保护东海海洋环境与培育海洋人才等领域先行先试的若干建议。

1. 关于东海安全合作领域。似可从以下方面开展：

其一：共建东海海上灾难预警机制。由双方海洋管理部门的海洋监测网对海啸波传播、台风等情况进行密切监测，跟踪监测地震带潜在海啸源，交换、对比模拟数值，共同分析两岸沿海面临的台风与海啸风险，及时发布警报并通报对岸主管部门与相关单位。

其二：共建东海联合搜救机制。自 2008 年两岸两会在台北签署《海峡两岸海运协议》以来，截至 2012 年 6 月底，两岸海上货运量累计完成 2.2 亿吨，集装箱运量近 600 万 TEU，客运量 550 万人次。[①] 航行船舶数量不断增长，运输量随之上升，为航行安全带来了挑战。长江口、环渤海湾、台湾海峡被视作三大重点海上救助区域，其中台湾海峡事故险情列居高位。而自 1995 年开始，大陆交通运输部救捞局就以中国航海学会救捞专业委员会的身份与台湾民间组织台湾中华搜救协会取得联络，实质性交流在 2000 年救捞体制改革之后，双方关于搜救方面信息交流进一步密切。2008 年中国航海学会救捞专业委员会与中华搜救协会签署《加强海峡两岸救助打捞合作意向书》、2009 年交通运输部救捞局华德海洋工程（香港）有限公司在台设立办事处、2011 年"东海救 113"作为 60 余年来首艘访台的大陆救捞公务船，先后访问台中、高雄、花莲、基隆四港，圆满完成文化和救捞技术交流，两岸形成东海联合搜救机制具有良好的合作基础。两岸宜由目前的金厦海上联合搜救演习发展扩大到定期海上联合演习，建立海上安全互信。为此

---

① "交通运输部出台惠台新政，增辟两个两岸直航港口"，中国城市低碳经济网：http://www. cusdn. org. cn/news _ detail. php? id = 221713

建议台方先行修订"台湾地区与大陆地区人民关系条例"第 28 条与第 29 条规定，适度放宽海巡署船只与空勤总队飞机进行海难搜救任务时，在适当范围内可航行至大陆海域协助进行人道救援。同样，台方也应允许大陆搜救船舶或飞机进入台湾相关海域协助搜救。集结与训练专业的海上搜救队伍，形成两岸配合默契、专业高效的东海联合搜救机制。另一方面，两岸人民同根同源，如能将妈祖文化与现代救援文化有机结合，可折射出联合救援行动蕴藏的民族凝聚力与深厚文化底蕴。由目前海峡两岸海上联合搜救演练发展到两岸海上联合搜救机制的建立是一条可行路径。2008 年 11 月 4 日，第二次"陈江会"签署《海峡两岸海运协议》，第七点（海难救助）中就提出："双方积极推动海上搜救、打捞机构的合作，建立搜救联系合作机制，发生海难事故时，双方应及时通报并按照就近、就便原则及时实施救助"。当然，两岸两会在非传统安全领域的合作不断获得扩大与完善，并非局限于台海两岸，能够扩大到东海甚至南海。"将两岸在东海南海的非传统安全合作，发展成区域的非传统安全合作，促进区域的和平稳定发展，让两岸的和平稳定发展与区域的和平稳定发展连接起来。"① "两岸在非传统安全领域的合作，其实不必要只局限在台海两岸，而应扩大到覆盖东海及南海领域，甚至可以签署两岸在这两区域的非传统安全合作框架协议，并进一步以此协议为杠杆，在九二共识的基础上，将两岸在东海南海的非传统安全合作，发展成区域的非传统安全合作，促进区域的和平稳定发展，让两岸的和平稳定发展与区域的和平稳定发展连接起来。"② 而"要扩大两岸非传统安全的合作效应，必须通过提升两岸经合会的角色功能，才能获得实现"。③

其三：两岸东海海上共同执法合作。海峡两岸拥有共同的海上利益，也面临着共同的海上挑战。例如东海海域污染形势严峻，海洋生物生存环境有恶化趋势。而两岸偷渡、走私、非法采违法倾废、电炸毒鱼等犯罪行为也屡见不鲜。两岸海上联合执法具有现实需要。近年来，两岸已在打击海上走私、海上犯罪等领域展开一定程度的共同执法合作，但仍缺少机制化与规范化的保障。两岸东海海上共同执法合作具有法律基础，两岸海洋法律政策存

① 李英明："两岸非传统安全合作，延伸东海南海"，台湾《中国时报》，2014 年 3 月 3 日，A12 版。

② 李英明："两岸安全合作应覆盖东海南海"，台湾《中国时报》，2014 年 3 月 5 日，A 版。

③ 李英明："两岸非传统安全合作，延伸东海南海"，台湾《中国时报》，2014 年 3 月 3 日，A12 版。

在许多共性，如大陆在《中国海洋 21 世纪议程》中提出海洋事业可持续发展的法律政策，"合理开发利用海洋资源，实现海洋资源、环境的可持续利用和海洋事业的协调发展"；台湾地区也提出了"落实永续发展，世代均享海洋，要永续渔业，加强生态保育"的海洋法律政策。① 过去一直困扰两岸涉海管理部门众多造成执法力量分散的问题，在 2013 年 3 月，根据国务院机构改革和职能转变方案提出，重新组建国家海洋局，并设立多层次议事协调机构国家海洋委员会。此举将推进海上统一执法，提高执法效能，终结海洋维权"九龙治海"局面，也为两岸在东海共同执法奠定良好基础。两岸除应明确包括走私枪械弹药、走私毒品、农渔畜与管制物品走私、偷渡、破坏海洋与海岸、海岛或海上抢劫等执法针对内容，还应建立相应的辅助机制，确保合作能顺利有效展开，如两岸东海海域执法人员的交流与培训，考察并学习彼此在队伍建设、管理和执法专业业务相关的法律法规、政策文件、数据信息、行动指南与理论成果等材料，实现部分信息资料共享；与此同时，开启并定期举行两岸东海海上巡航、联合打击海上犯罪活动等共同执法合作演练。

2. 关于携手开发东海海洋经济与保护环境。两岸构建稳定的东海合作关系，共同发展海洋经济、利用海洋资源、探索海洋奥秘，为发展区域经济做贡献。尽管两岸当前无法在东海海域展开政治与军事合作，但可考虑以 ECFA 为载体，将两岸经贸合作延伸至东海，协商制定适应这些区域特性的合作框架协议。可由以下几个角度思考：

其一：两岸进行能源合作，共同勘探与开发东海油气资源。在能源方面，两岸都面临相似困境。首先，两岸能源进口量不断扩大，对外依存度持续升高，能源安全度随之下降；其次，东海等领海主权之争，使领海能源大规模开发受阻，且受他国侵占有所流失；再者，两岸在能源来源地、油田开发项目及股份购买方面存在激烈竞争。有鉴于此，应从中华民族整体利益出发，维护中国领海主权完整，提高能源安全，减少内部摩擦，走能源合作之路。根据有关单位评估，东海盆地石油资源量超过 7 亿吨，天然气达到 40 千亿立方米，约合油当量 110 亿吨，而且大多数的油气井位于水深 100 米左右的大陆架海域。不仅如此，更为重要的是，东海海域蕴藏着丰富的锰、钴等矿物资源。因此，东海油气合作勘探可分为联合研究、共同探测、联手勘

---

① 马明飞：《论海峡两岸海上共同执法合作机制》，《大连海事大学学报》，2012 年第四期。

探与共同开发四阶段。目前双方可通过民营石油公司合资进行油气资源的探勘与开发，据了解已有一家在加拿大注册的台商油气探勘能源开发公司——超准能源控股公司，已经与大陆进行了东海油气的探勘及合作开发。同时，应利用各类能源研讨会、经贸合作论坛等互通信息，加强沟通并形成磋商机制；考虑设立"两岸东海油气合作勘探专区"共建开发管理机制，整合全球最先进勘探技术，实现两岸要素的最优配置，创造良好合作开发环境。这样可以增加两岸石油企业国际竞争力与海外市场谈判实力，以解决台湾岛内油气供应短缺。

其二：两岸携手养护与开发东海渔业资源。东海海域内主要经济鱼类均属两岸共享鱼种。如何适应国际渔业资源管理的发展趋势，实现区域内渔业资源可持续利用，是两岸皆需重视的课题。当前，两岸在养护与开发东海渔业资源方面主要面临以下问题：一是在鱼类资源普查领域，缺乏直接交流合作。长期以来，两岸在东海的捕捞力量基本上处于一种持续增长状态，对其渔业资源的利用状况经历了一个由利用不足、到充分利用、再到过度利用的发展变化过程。由于多年来海洋渔业捕捞强度过大、结构不够合理，结果导致现有渔获对象日趋小型化、生命周期缩短、低营养级渔获物比例增加。[①]二是两岸在渔业养护与捕捞方面未达成共识，双方休渔期的差异造成渔民间的矛盾冲突，也不利于鱼类的休养生息，严重影响了东海渔业资源养护效果。三是双方未就渔船管理、协调渔业纠纷等建立协商管理机制。针对上述问题，两岸间应尽早采取实际行动，健全东海渔业携手养护模式。可考虑签署《两岸东海海洋资源合作开发与保护协议》以及细化的《两岸东海渔业资源合作与保护协议》等，协商共同规范两岸在东海海域捕捞船只，调整捕捞结构，实行统一的捕捞作业许可制度；实行统一的禁渔时间，对违规出海捕捞渔民船只依法进行处罚，且共同商讨两岸捕鱼用具规范，在共同限制或禁止使用捕鱼用具上达成共识，制定规范守则；两岸可考虑携手探索发掘东海休闲渔业市场的潜力，以减轻渔业资源所承受压力；促进渔业多元化发展，使之成为东海海域经济新的增长点。可喜的是，2014 年 10 月 23 日，台湾陆委会副主委吴美红已表示，2 月两会第 10 次会谈时，已与陆方提出渔业养护资源合作作为协商的议题，其中范围包括台湾海峡在内的渔业合作

---

① 刘千稳、邓启明："海峡两岸海洋渔业资源联合开发与养护研究—以东海为例"，《科技与管理》，2014 年第 1 期。

协议。

其三：两岸共同建立东海污染防治与紧急应变机制。两岸在开发东海的同时，善待海洋生态，保护海洋环境，共同将东海建设为人类可依赖、可栖息、可耕耘之海。两岸关于东海的研究尽管从未间断过，但尚未从国家战略层面的高度，全面地进行系统梳理与细致规划。面对日益复杂、不断变化的东海局势以及海洋生态环境，非常有必要设立类似南海研究院的专门研究机构，对东海事务进行专业深入研究，并邀请台湾专家学者加入，集合两岸政府部门、智库、高校等力量，加强两岸东海研究实力，共同开展关键核心技术与地区战略研究；尤其是两岸之间应建立日常联系与紧急事故应急机制，共同努力减少如河川港湾污染、海洋放流管理、废弃物管理等陆源污染；携手建立海域环境监测（如遥测）与污染预警机制；通过联合成立紧急事故应变小组，进行常规联合培训与演习。另外，设立海洋环境保护人才库与数据库，关注国际上重大海洋污染事故处理模式与技术手段，共同学习研究，并以共同体身份参与相关国际研讨会等。

3. 关于培育海洋人才。至少包括两个方面：

其一：两岸联合培养海洋人才。两岸对制定海洋战略、发展海洋经济都有越来越迫切的需求，涉海专业人才的培养工作已成为两岸的紧迫任务。应制定海洋高等教育的中长期发展战略，制定教育计划与教学纲领，推进教学内容、教学方式与课程设置等方面的系统改革；主动吸纳国际前沿海洋科技文明成果，借鉴先进高等教育管理模式；培养适应世界海洋经济与海洋科学发展所需求的创新型人才。[①] 两岸现有中国海洋大学、台湾海洋大学、高雄海洋科技大学、上海海洋大学、广东海洋大学、大连海洋大学和浙江海洋学院等多所海洋院校，有大连海事大学、上海海事大学、厦门大学、河海大学、集美大学等20多所涉海高校，还有中国科学院海洋研究所，中国科学院南海海洋研究所，国家海洋局研究所以及中国水产科学院黄海、东海和南海水产研究所。基于此，可借鉴美国、日本等海洋国家培养人才的先进理念与模式，重视与行业、企业、国际合作，专业课程设置强化与社会需求对接等，使教学与科研紧密结合，同时加强与产业机构合作，拓宽学生知识领域，又保证专业能力、创新与务实精神。与此同时，依托现有合作成果与机

---

① 何真、谭树明、林年冬："两岸海洋高等教育的展望与策略"，《航海教育研究》2010 年第4 期。

制，围绕海洋议题举办各类两岸青少年交流项目，增强两岸青少年海洋意识的养成。

其二：两岸携手推进涉东海学术研究。一是由两岸联合或各自成立东海研究院，统筹安排涉东海事务研究机构、人员、课题等，将两岸东海研究人才与资源登入人才资源库；二是两岸可考虑成立东海研究与合作的专项基金，管理与资助两岸涉海研究人员对东海的专题研究，评估研究成果；三是可由两岸共同创立东海研究学术期刊，集中刊登两岸及国外学者有关东海的最新研究成果；四是定期召开两岸或国际性有关东海研究的学术专题研讨会与论坛等；五是两岸应通过学术渠道，学者先行方式，尽快建立有关东海问题共同的、全方位的话语体系，由共同的历史证据与法理依据发展至共同的政策立场与舆论导向，如组建两岸共同专家组，进行钓鱼岛等相关档案整理与甄别，发掘台湾"国史馆"等拥有历史上丰富的对外交涉资料，以备未来如果开展国际裁决之用。

二、两岸东海合作的推进路径

两岸东海海洋合作成功与否，既受制于两岸关系和平发展进程，也取决于合作领域的选择，同时又与恰当的推进路径有关。为此，特提出两岸开展东海海洋合作推进路径的若干思考与建议。

1. 两岸东海合作推进路径的思考。

其一：正确认识两岸东海海洋合作的必要性与可能性。在海洋问题上必须坚持寸土不让、滴水不让的原则。"中国梦"的实现需要具有中国特色海洋战略，需要制定海洋强国战略，"海洋战略决定了一个国家的海洋地位"。[①] 中国海洋战略的实施需要两岸合作，中国海洋战略中不能没有台湾地区的位置，海洋战略制定中需要考虑到台湾地区的战略位置，否则即使实施，其中过程也会困难重重，且影响两岸间的和平发展。值得特别注意的是，"台湾独特的地理位置在整个中国大陆崛起的海洋之路上，就像一个砝码"。[②] "期望民进党能够认识到，中国是两岸同胞共有的中国，台

---

① 思想者论坛："两岸海洋战略圆桌会议"，香港《中国评论》月刊，2013 年 12 月号，第76 页。

② 思想者论坛："两岸海洋战略圆桌会议"，香港《中国评论》月刊，2013 年 12 月号，第76 页。

湾人民也有权利和责任对中国的未来表达意见，民进党切莫剥夺后代子孙到中国大陆发展的机会。"①

其二：正确认识两岸东海海洋合作所面临的障碍与困难。两岸东海合作存在共同性与差异性认知，两岸执政当局对东海海洋合作的决心与意愿是能否开启合作的关键，也包括对东海合作是否存在紧迫性的认知。两岸关系和平发展尚处于初级阶段，即两岸之间协商议题的"非政治性"决定了两岸东海合作的有限性，两岸关系进展的局限性决定两岸东海合作的有限性，双方目标上的差异性也决定合作的有限性。

其三：正确规划两岸东海合作的可能领域。宜从强调经济性、功能性、实务性、学术性、非政治性领域渐次开展：一是积极作为，主动运筹，而非被动反应，消极应对；二是民间先行，民生为重，辅之官方支持，政策配合；三是先易后难，先经后军，功能性大于政治性；四是两会渠道，共同研究，多做少说，甚至只做不说。

其四：积极规避与排除外在干扰因素。一是两岸东海合作中不能不考虑到美国的因素，避免其成为重要的干扰与障碍；二是在两岸关系与对外关系中树立"一盘棋"做法，在增加对日本压力的同时，尽力维护两岸关系的和平发展。

2. 两岸东海合作推进路径的建议。

其一：站稳两岸合作的道德制高点。一是在舆论上，两岸应共同确立"珍惜海洋生态，善用海洋资源，维护海洋秩序"的东海海洋治理理念；二是高举东海和平、稳定与合作的大旗。从稳定东海局势着手，两岸联手在"和平东海"上下足功夫，以共同探讨与维护东海和平为起点，推进两岸进入政治议题的接触与协商。这样的做法符合马英九提出的"东海和平倡议"，而且他也多次提出希望把东海变成"和平与合作之海"。② 香港人士江素惠认为中国大陆"主张两岸共同保钓，不妨以共同探讨'东海和平倡议'为起点，由此也可促成两岸进入政治谈判"，"从解决东海争端出发而探讨'东海和平倡议'，回应马英九政府的呼吁，台湾当局无法回避，可说是两岸进入政治谈判的最好切入点。""这是最自然而且符合两岸期望的方式，

---

① 社论："建构两岸命运共同体的正确认知"，台湾《中国时报》，2014 年 5 月 21 日，A13 版。

② 张凯胜："马盼台日合作东海成和平之海"，台湾《旺报》，2013 年 5 月 2 日，A2 版。

双方既可在政治谈判僵局中有所突破，亦可在同一立场下迫使日本支持东海和平倡议，这是彻底解决东海争议之方。"①

其二：共同反对日本的主张为两岸合作的起点。两岸都否定日本对于钓鱼岛主权主张的合法性，反对日本对钓鱼岛"国有化"政策，包括两岸各自在国际上与日方开展舆论战，均在国际社会产生钓鱼岛非日本领土的印象。2012 年 10 月 10 日，马英九在演说中称：从历史、地理或国际法来看，钓鱼岛列屿是"中华民国"的领土、台湾的附属岛屿，当局船舰将持续在这个区域保护渔民、捍卫海疆。② 同年 10 月 19 日，台湾立法机构通过"国会宣示钓鱼岛主权决议文"，要求当局全体须坚守"宪政"义务，持续以具体、明确作为，宣示钓鱼岛列屿主权属于"中华民国"，"中华民国对此一主权立场永不动摇"。③

其三：通过巩固两岸政治互信开启两岸东海海洋合作。两岸东海合作有赖于两岸之间政治互信的巩固与深化，通过两岸关系和平发展的深化，使两岸合作由两岸之间延伸到东海海域。

其四：推动建立"民事互助、经济合作、政治默契"的两岸东海海域合作新局面。其具体方式是"官民一体"或"官方默许、民间主导"甚至"官方主导、民间配合"，以达成"维持（钓鱼岛）争议、保持存在"的目标。

其五：合理拟定两岸东海合作推进路径。一是合作主体多元性，民间、半民间、半官方与官方。由民间探讨、信息沟通、个案处理、学术交流发展到半官方与官方层面，先行推动两岸学术界以及行政执法部门之间的交流，推动交流常态化与制度化。二是合作领域的多样性、合作议题的广泛性与合作内容的层次性，特别是要以经济为先导，即把经济合作摆在两岸东海海洋合作最突出位置。三是合作途径的多重性，可在台湾海峡之内先试先行。四是合作手段的多元性，在合作进行到一定阶段时，以军事为辅助，以外交为保障，以法律为依据。根据"全球火力"（GFP）2013 年 8 月 1 日的最新军力排名，中国大陆与台湾分别居全球第三及第 18 名，海军则是排名第 3 与第 12 名。因此，海峡两岸军力应该是中日甲午战争之后最强盛的时期。五

---

① 江素惠："以保钓为起点开启两岸政治谈判"，香港《太阳报》，2013 年 3 月 16 日。

② 罗印冲："马：钓鱼台处理原则适用南海"，台湾《旺报》，2012 年 10 月 11 日，A2 版。

③ 郑宏斌、陈乃绫、赖昭颖："捍卫钓岛主权，立院通过决议文"，台湾《联合报》，2012 年 10 月 20 日，A2 版。

是合作思维的开放性与包容性，两岸应跳脱旧有思维，开展积极合作，建构"两岸命运共同体"的正确认知。六是合作进度的阶段性，由小到大、由点到面，由企业合作甚至商业模式开始进行。七是双方合作的机制性与长期性，经济合作先行，非政治性项目优先实施，事务性与功能性领域合作紧随。通过官方默许、民间先行、先易后难、先保护后开发的模式，共同开发海洋资源以维护中国对东海的主权与主权权利。

其六：强化法律途径维权。加强国内立法举措，特别是依据《联合国海洋法公约》等国际法来指导立法程式；海协会与海基会两会受权讨论东海合作议题，或设立专门工作小组进行研讨；探讨《两岸海洋合作框架协议》（MCFA）或《两岸东海合作框架协议》，甚至是《两岸共同维护东海渔业资源合作协议》等，由小型项目开始则是可行路径。

其七：构建两岸海洋或东海事务常态化沟通平台。推动构建两岸海洋事务与信息沟通对话机制，初期从二轨开始，由两岸民间组织、学术团体与智库机构对东海问题沟通交流着手，加大两岸研究与讨论东海问题力度，再发展到逐步建立有官方背景的合作机制。

其八：建立东海事务通报机制。可在两会框架内先行设立通报小组，或是专业性委员会，也可设在国家海洋局与台方"海巡署"之间。彼此涉东海政策出台前通过机制提前沟通或让对方知晓，以有助于深化彼此间政治互信。

两岸东海海洋合作，可谓任重而道远。但不能因为存在困难而踌躇不前，也不能因为面临障碍而不思进取。海洋问题是海峡两岸共同面临的重大课题，不仅是两岸经济发展的问题，而且是国家主权与国家安全的重大问题，事关中华民族的未来发展与长远利益，也关系到两岸关系和平发展的进程。

合作尚未开始，两岸仍需努力！

2012 年以来民进党两岸政策的变化及其制约因素

严安林[*]

2012 年 1 月蔡英文挑战马英九失利，两岸政策成为其走向执政"最后一里路"。从而在苏贞昌接任党主席后，两岸政策的调整动向成为观察民进党政策转型与否的核心指标。本文试就苏贞昌就任民进党主席以来的两岸政策的发展动向、与制约因素及前景进行探讨。

一、民进党两岸政策的调整变化及其特征

2012 年 1 月蔡英文败选已证明民进党"台独"政策是阻碍其走向执政的最大障碍，而党主席苏贞昌要显示民进党有能力挑战 2016 年，首要工作是带领民进党调整两岸政策，放弃"台独"主张，顺应两岸和平发展潮流。为此，苏贞昌在 2012 年 4 月 11 日宣布参选民进党主席所发表的《更大、更好、更符合期待的民进党》声明中提出："我们不能以不变应万变，我们要积极自信与中国交往互动"，"我们要用对话代替对抗，用互动追求互利互惠，促成共存共荣"。民进党的两岸政策必须发展出能够凝聚台湾内部共识的"两岸战略路线，提供人民一个既不陷入经济依赖、又可确保经济生活安全感的政策选项，摆脱'反中锁国'的刻板印象。"[①]

(一) 民进党两岸政策的变化动向

1. 民进党中央开始推动两岸政策的讨论。苏贞昌领导的民进党中央主

---

 * 严安林系上海国际问题研究院副院长、两岸关系协创中心教授、上海市台湾研究会会长。
 ① 林政忠："绿最大的共识就是没共识"，台湾《联合报》，2013 年 11 月 14 日，A4 版。

要做了三件事：一是召开几场"面向中国"座谈会，苏贞昌亲自参加以示重视；二是恢复"中国事务部"与设立"中国事务委员会"，前者作为民进党中央党部内设机构，汇整两岸关系信息与提供两岸政策意见，后者作为民进党内部各方势力交换两岸关系的意见平台；三是召开九场次的系列讨论两岸政策的会议——"华山会议"，最终于 2014 年 1 月 9 日，提出"2014 年对中政策检讨纪要"。无论是座谈会召开还是"中国事务部"恢复，或者是"中国事务委员会"的成立及"华山会议"的讨论，应该有助于民进党对中国大陆了解，也显示了苏贞昌和民进党认识到面对与处理大陆事务的重要性与必要性。

2. 民进党内部出现两条路线的分歧。民进党各派系在两岸政策上逐渐形成了两股势力与两条路线的分歧和斗争。一是以谢长廷为代表的是主张"和中"的政治路线。谢长廷个人在两岸关系政策上的政治理念本来就是民进党最为务实的，包括在担任高雄市长期间提出"一个国家，两个城市"，期待到厦门访问，进而提出"宪法一中"等主张。2012 年蔡英文选举失利后，以谢长廷为首的"谢系"深切感受到，在两岸关系和平发展潮流下，民进党必须调整既有政治路线，务实面对中国大陆崛起，台湾不能自外于中国大陆，需要开展与中国大陆交流与合作，和平相处。只有这样，才能为台湾未来寻找到出路。"深知两岸关系是其罩门"，"亟思有所作为，以为 2016 年铺路"。① 这是谢长廷毅然决然登陆访问，并推动民进党内部讨论两岸政策的主因。谢长廷并相继提出"宪法共识""宪法各表"甚至"一个中华"等理念。二是苏贞昌是"反中"路线代表。苏贞昌本来在两岸关系政策上并没有流露出太多个人理念和主张，但在 2012 年 5 月就任民进党主席后，尽管出于党内和社会压力，恢复设立"中国事务部"，甚至推动成立"中国事务委员会"，但基于与谢长廷和蔡英文等的竞争关系，特别是出于谋求在 2016 年代表民进党参选的考虑，在两岸政策上采取了保守、僵化的政治路线，与民进党内部的"台独基本教义派"、"反中"力量等纠缠在一起。为此，苏贞昌在访问日本期间，不惜抛出"民主价值同盟"等，与日本的右翼等政治势力相唱和，谋求"围堵"中国大陆。苏贞昌在美国华盛顿演讲时虽然表示："透过国内和解促进两岸关系的正常化，未来将从

① 社论：《自外于中国，任何两岸政策都枉然》，台湾《中国时报》，2013 年 5 月 27 日，A15。

政治、安全、社会与经济四层面，全面而有战略高度地规划民进党中国政策",① "两岸之间没有可以解决所有歧见的'魔术公式'，现阶段两岸在政治发展和军事平衡都存在很大差距，两岸关系的改善，必须循序渐进，不能仅赖'四个字的公式'"。② 他强调："台湾不是中国的一部分"，民进党绝不愿意被锁在"一个中国"的框架中，"希望中国不要逼人到绝地。"③

3. 民进党部分人士进行调整两岸政策的实践与探讨。包括：一是谢长廷登陆访问厦门与北京，并与大陆涉台研究智库联合在香港召开两岸关系学术研讨会。二是提出"冻结台独党纲"主张。2013 年 12 月 26 日，在第 9 场"中国政策"扩大会议上，民进党"立委"柯建铭提出"新世界观下的民进党两岸政策"书面稿，认为"台独党纲"是民进党与共产党往来障碍，主张"冻结台独党纲"，④ 为民进党与大陆交流问题解套。"⑤ 三是蔡英文阵营以"小英教育基金会"名义邀请大陆中国银行首席经济学家曹远征访台谈："人民币在未来国际货币体系中的角色"，这应是"代表蔡英文对发展民进党与大陆对话关系的另类思考"。⑥ 之后小英基金会人员登陆，"意味着民、共交流的政治层次往前又迈进一大步"。⑦ 四是洪奇昌与童振源等提出"民进党三支箭"——"冻结台独党纲"与"通过'中华民国'决议文"、推动成立两岸和平发展委员会、推动"宪法各表"的"台湾共识"，替代"台湾前途决议文"等前三个文件，以排除民进党与大陆交流交往的障碍。这是民进党目前务实可行的两岸政策转型思维，代表了民进党部分人士积极建立两岸对话基础的努力。

（二）民进党两岸政策发展变化的基本特征

1. 两岸交往政策有变，"台独"本质不变。民进党两岸政策主要有三个文件构成：一是 1991 年民进党全代会通过的追求台湾成为"独立国家"的

① 林河名："苏贞昌：4 层面规划中国政策"，台湾《联合报》，2013 年 6 月 14 日，A21。
② 林河名："苏贞昌：4 层面规划中国政策"，台湾《联合报》，2013 年 6 月 14 日，A21。
③ 林河名、郑宏斌："苏贞昌批一中架构：对岸不要逼人到绝地"，台湾《联合报》，2013 年 6 月 15 日，A2。
④ 郑宏斌："柯建铭建议冻结台独党纲"，台湾《联合报》，2013 年 12 月 27 日，A2 版。
⑤ 翁路易、罗印冲："柯建铭吁民进党冻结台独党纲"，台湾《旺报》，2013 年 12 月 27 日，A16 版。
⑥ 短评："蔡英文路线"，台湾《旺报》，2013 年 7 月 15 日，C5 版。
⑦ 陈淞山："为民共关系解套"，台湾《旺报》，2014 年 1 月 27 日，C2 版。

决议文，即外界指称的"台独党纲"；二是 1999 年全代会通过的"台湾前途决议文"；三是 2007 年 9 月 30 日全代会通过"正常国家决议文"。而在民进党一般政治人物尤其是苏贞昌等认知中，"正常国家决议文"不是民进党两岸政策核心内容，"台独党纲"也已被"台湾前途决议文"所替代（即后法替代前法），所以，民进党两岸政策的核心内容在"台湾前途决议文"中，要点是"台湾已经事实独立"，"现在名称依照宪法是中华民国"，"任何改变台湾主权现状需要台湾人民公投决定"。两年来民进党两岸政策尽管发生若干变化，特别是对与大陆的交流交往政策发生变化，党内能够不再受限地讨论两岸关系，与大陆交往也不再是党内禁忌，但民进党既没有废除"台独党纲"，也没有废止"台湾前途决议文"，包括苏贞昌恢复设立的"中国事务部"，其名称彰显民进党"一边一国""台独"立场。"2014 年对中政策检讨纪要"分成前言、基本立场与核心价值不变、确保台湾自由民主的两岸政策定位与交流、强化优势共享利益与平衡发展的经济战略、自由人权与经济发展并重的两岸公民社会交流、外交国防与两岸关系均衡并重的国家安全战略等五章，仅仅在两岸智库与城市交流，善待陆生、陆配等方面达成共识，因此，郭正亮批评该报告"偏向消极防范或政治对抗，比 2011 年《十年政纲》更脱离现实，并未提出突破民共僵局的积极构想"，回避民共核心矛盾，陷入政治挂帅误区。媒体称其内容"乏善可陈"，"既无检讨，连'报告'都称不上，最后仅能以'纪要'勉强充数"。①

2. 党籍公职有变，党中央核心不变。民进党不少党员以个人身份登陆访问，进行了解与沟通之旅，包括许添财访问上海、厦门，民进党籍县市长苏治芬、张花冠等登陆卖农产品，高雄市长陈菊再次访问天津、福州等。但民进党中央核心领导人的政治理念未见改变，苏贞昌除了提出"和解"的概念外，依然强调"台湾是主权独立的国家"，否定"一中"原则和"九二共识"，在民进党追求"台独"的目标上，看不出"有如何松动"。② 苏贞昌在接受媒体访问时提出："海滩之鸥"与"中国加一"论述，所谓"海滩之鸥"，比喻两岸关系如同人和海滩的海鸥，各走各的，互不相干，顶多是彼此欣赏。如果人要去抓海鸥，反而让海鸥惧怕而对人敌视。"中国加一"，是借用"东盟加三"概念，"这样的比喻充分说明苏贞昌内心中的两岸关系

① 林河名："谢苏重演 2007 年互砍"，台湾《联合报》，2014 年 1 月 23 日，A3 版。
② 傅建中："苏贞昌两岸政策，待用功"，台湾《中国时报》，2013 年 6 月 28 日，A31。

是一边一国"。① 事实上是"新台独理论"。②

3. 政策主张的功利性与投机性。由于"民进党显然是一个选举导向的既得利益型政党,党内领导阶层只关心选举利益,至于攸关社会公道正义与两岸关系、人权、安全等价值观的议题,却被领导菁英们集体忽略。这个结果只会让民进党越来越权力垄断化、内造化,一个提不出国家愿景、不关心国计民生的政党、一个只能以追求民主光辉历史诉求大众支持的政党"。③因此,表现在两岸政策上,民进党所有表态都是一种"重返执政"的"选举权谋","无可能是民进党在台独体质上的脱胎换骨"。④ 连提出"冻独"主张的柯建铭也承认:"此主张是着眼 2016 总统选举",因为民进党若要重返执政,"必须积极务实踏出一步,去除民众对民进党的刻板印象。"⑤

4. 政策论述目的的权宜性。民进党两岸政策调整步骤、内容与党内权力分配是纠缠在一起的。如苏贞昌个人理念是坚持"台湾前途决议文"精神要旨,但由于民进党的两岸政策事实上存在三个文件,外界一直批评民进党的两岸政策混乱,所以苏贞昌曾想举全党之力整合一个全新的文件以替代过去三个不同的政策文件。但由于民进党内部派系理念不同,要用新的文件替代"台独党纲"遭"独派"反对,游锡堃也反对废除"正常国家决议文",所以,苏贞昌通过公开举办党内会议,进行社会化讨论,但不限定会议具体的政策目标,秉持"开放的立场",目的是避免为了达成某一目标而破坏全党团结。蔡英文对民进党两岸政策调整也不积极,不仅在"中国事务委员会"第一次会议时先行离席,也不曾出席其他会议,但在新加坡演讲大谈"要做世界的台湾,而非中国的台湾"。⑥

二、民进党两岸政策发生变化的原因

2012 年 5 月当选并出任党主席后,苏贞昌原本计划等 2014 年"七合一"选举结束后,再来讨论民进党的"中国政策"。但"形势比人强",为

---

① 社论:"民进党两颗太阳格局大不同",台湾《中国时报》,2014 年 1 月 21 日,A15 版。
② 王崑义:"民进党两条道路的抉择",台湾《旺报》,2014 年 1 月 23 日,C3 版。
③ 社评:"权力结构老化,民进党前途何在?",台湾《旺报》,2013 年 5 月 28 日,C5 版。
④ 社论:"甩掉台独,比推翻一个政权还难",台湾《联合报》,2014 年 1 月 6 日,A2 版。
⑤ 李昭安:"党争论:选民唾弃 VS 鸵鸟心态",台湾《联合报》,2013 年 12 月 28 日,A2 版。
⑥ 郑宏斌:"总结对中政策,蔡又缺席",台湾《联合报》,2013 年 11 月 15 日,A2 版。

了应对内外形势发展演变，苏贞昌调整原先规划和部署，渐进开展两岸政策讨论。

1. 走向执政"最后一里路"需要完成。蔡英文选举中与马英九民调支持度一直差距不大，"执政有望"成为民进党提振士气的信心所在。但选举结果昭示：民进党不能取信于多数民众是其无法走完"最后一里路"的主因，其中关键则是其"台独"政策无法让多数民众放心。因此，2012 年 1 月 14 日"大选"失利，加剧民进党调整"台独"政策的压力。因为，作为政党，当然是以走向执政为最高目标，但政策主张如果有碍于走向执政，无疑需要检讨与修正。为此，民进党内主张调整"台独"政策的声音开始出现，甚至有加大趋势。郭正亮指出："如果民进党在两岸经贸深化的过程中，始终只能扮演除弊监督的反对角色，而不能扮演积极兴利的领导功能，这些依靠两岸经贸维生、利益更加复杂、队伍更加庞大的经济选民，四年之后仍将继续成为国民党经贸安定牌的俘虏，民进党选情只会更加雪上加霜。"① 两岸问题是"民进党不可回避的重大挑战"，民进党如果再要执政，对两岸关系的处理"一定要获得人民认同"。②

2. 民进党内主张调整"台独"政策的声浪涌现。谢长廷不仅在两岸政策问题上频频发声，而且通过登陆推动所谓民共"另类交流"。谢长廷动向尽管无法撼动民进党内部传统基本价值，却让民进党的两岸政策面临社会与舆论双重的压力。包括民进党内部特别是新生代要求党中央检讨两岸政策的声音也是越来越大，这些要求和主张对民进党中央构成了一定的压力，苏贞昌不能不有所应对。柯建铭的"冻结台独党纲"主张也是调整民进党"台独"政策的积极性主张，从民进党长远发展看，从让民进党成为负责任政党着眼，从有利于台湾社会经济发展看，废除"台独党纲"是民进党最为正确与最为积极性的做法，因为只有彻底地与"台独"主张告别，民进党才能正确地认识中国大陆，正确地认识两岸关系和平发展的潮流，站到顺应历史发展的正确一方。而鉴于民进党内部派系与主张的多元化，"冻结台独党纲"的主张也不失为目前阶段处理"台独"主张的做法之一。因为"台独党纲"是民共交流的重大障碍，如果能够冻结，可望推动民共和解的第

---

① 郭正亮："民进党何处去"，香港《中国评论》月刊，2012 年 3 月号，第 29 页。

② 思想者论坛："民进党的发展路向与大陆政策"，香港《中国评论》，2009 年 9 月号，第 74 页。

一步。"① 既暂时与"台独"主张告别，又使用"冻结"的字眼，可以减缓"台独"基本教义派的反对力道。

3. 台湾社会民意与两岸关系发展需要民进党调整两岸政策。2008 年以来，两岸关系出现和平发展新局面，这是符合台湾主流民意的发展趋势，符合台湾民众的利益包括支持民进党的群众利益。但民进党的"台独"主张与两岸关系和平发展潮流相违背，台湾主流民意与社会媒体尤其在关注民进党的"台独"政策调整的可能与时机。

4. 民进党面临调整两岸政策的两大外在因素。一是美国压力。美国等国际社会对民进党执政的不放心与民进党要有稳定两岸关系能力面临必须调整两岸政策的迫切性。美国在维持西太平洋地区稳定的前提下，希望民进党的两岸政策是"理性并保有弹性"，否则，不仅民进党未来难以再执政，而且即使侥幸上台，也会由此破坏美国乐观的两岸和平局面，美方甚至担心"可能被迫与北京联手处理《台独党纲》问题"。② 二是中国大陆的压力。民进党要体现其一旦执政有稳定两岸局势的能力，是否能与大陆打交道是关键，其中对话基础就在是否承认"九二共识"。从而，民进党人士郑文灿就认为，民进党大陆政策应该秉持三个原则：一是"要面对中国。中国在政治上、经济上的崛起，是一个事实"，"台湾离中国大陆这么近，必须小心谨慎、步步为营，去面对中国的崛起。"二是"要立场坚定。民进党作为一个守护台湾主权地位的政党"。三是"要务实前进。随着两岸各方面的经贸文化互动越来越密切，民进党必须务实地处理每一个问题。"未来一段时间，民进党"要有一个让多数人可以接受的、整合性的主权论述"。③

三、民进党两岸政策调整面临的制约因素

1. "台独"主张是民进党内的"道德标杆"。一是"《台独党纲》在台湾，有如一种'信仰'，现实上难以如愿，但却是许多深绿民众心中的'神

① 卢素梅："冻台独党纲，愿推民共和解第一步"，台湾《旺报》，2014 年 1 月 6 日，A4 版。
② 张胜凯："民进党未冻独，美感失望"，台湾《旺报》，2014 年 1 月 15 日，A10 版。
③ 思想者论坛："民进党的发展路向与大陆政策"，香港《中国评论》，2009 年 9 月号，第70 页。

主派'，也是民进党证明其不会卖台的护身符"。① 民进党内部主流认知是
"台湾主权独立"，"台湾人不是中国人"、"本土"与"主权独立"、不能承
认"台湾是中国的一部分"等已是民进党内的主流体认，在"台独"成为
民进党内部的"道德标杆"后，民进党两岸政策论述就难以走出"台湾主
权独立"的怪圈。因为在民进党的"主权论述"中，包括"反倾中"与
"护台湾"两个不同层面。所谓"护台湾"，就是要形成一个积极性的"保
台运动"；"反倾中"，主要是对马英九的两岸政策的直接批判，这个"反倾
中"的意思，当然包括"主权"、"民主"、经济等不同的层面。② 尽管民进
党多数政治人物都已认识到"台独"不可能，台湾社会"台独"市场也在
越来越小，"台独党纲存在将会妨碍民进党赢得政权，持续成为两岸冲突焦
点"。③ 但不少政治人物特别是要选举的政治人物，基于选票极大化考虑，
谁也不敢、谁也不愿去挑战"台独"，包括民进党内许多人士认为："冻结
台独党纲之类的动作，会改变民进党的 DNA，失去对独派的号召力，不利
于争取执政。"④ 陈其迈称："台独是民进党的 DNA，把 DNA 拿掉，这个党
就会'谢谢收看'，不能贸然把台独工具化，作为跟大陆交流的预设前
提"。⑤ 所以，陈芳明批评民进党："华山会议召开无数次，就是没有人敢于
触动这块崇高的神主派。"⑥ 二是"台独"基本教义派与保守派势力对民进
党调整"台独"政策形成的重大牵制。"台独"在民进党内部尚有一定市场
与势力，民进党之所以从成立之初的主要是反对国民党的政党演变成为一个
主张"台独"的政党，党内的"台独"势力起了非常大的作用，也由此逐
渐将民进党内的统派、反"独立"派清除出民进党。陈淞山认为苏贞昌就
是用"中国事务委员会政治鸟笼困住民进党的两岸务实路线发展空间"。⑦
三是民进党社会支持基础中有相当部分是"台独"信仰者。民进党长期以
来对支持者的"台独"教育，不仅在社会基层形成一定的"台独"市场，

---

① 潘锡堂："论民进党两岸路线整合与转型的可能性"，上海国际问题研究院编：《第 18 届世界新格局与两岸关系——繁荣与和平的新情势》（论文集），第 136 页，2014 年 1 月 11—12 日。

② 思想者论坛："民进党的发展路向与大陆政策"，香港《中国评论》，2009 年 9 月号，第 74 页。

③ 童振源："两岸政策破冰：民进党也需要 3 枝箭"，台湾《联合报》，2014 年 1 月 8 日，A15 版。

④ 庞建国："冻结台独党纲只是好的开始"，台湾《旺报》，2014 年 1 月 8 日，C3 版。

⑤ 李昭安："党争论：选民唾弃 VS 鸵鸟心态"，台湾《联合报》，2013 年 12 月 28 日，A2 版。

⑥ 陈芳明："民进党的历史与现实"，台湾《联合报》，2014 年 1 月 8 日，A4 版。

⑦ 陈淞山："当蔡英文不再是蔡英文"，台湾《旺报》，2013 年 6 月 3 日，C3。

而且形成"台独"的集体意识与惯性，包括民进党选举造势场合难以见到民进党党旗以外的旗帜，都说明"台独"主张在民进党内有一定的市场。民进党"一直无法形成共识之因，还是出在整个党员的结构"，"民进党的主流是主张台独"。① 因此，台湾学者指出：由于"'台独'已经变成民进党的最高、也是唯一的价值，民进党人无法透过民主的方式选择'台独'以外的议题。这就造成民进党人只要碰触到中国大陆相关的议题，就可能触犯到党内的禁忌。"② 郑文灿也承认陈水扁"所代表的深绿路线，在民进党的政治传统中有根深蒂固的一面，这也是我们的党应该面对的。即使阿扁个人的影响力降低，但阿扁路线仍然存在"。③ 在此情况下，民进党与大陆的互动当然就非常困难，因为，当民进党仍然坚持"台独思维"与"台湾前途决议文"，大陆就"不可能对蔡英文任何动听的善意表达心动"，大陆"不会去接受当民进党右手捧出'和解'的胡萝卜，但左手却仍拿着'独立'的狼牙棒"。④

2. 不同的认知降低民进党两岸政策调整的必要性与迫切性。蔡英文挑战马英九的选情开高走低以致最后落败，除了台湾社会选民结构蓝略大于绿、副手苏嘉全因素及党内整合不力等因素之外，其两岸政策不能让各方放心应是其中关键，这也是外界比较客观而普遍的评估。但民进党内部主流却未必这样认为，甚至蔡英文个人也没有认为无法走完"最后一里路"的关键是因为其"台湾共识"内涵的空乏与两岸政策的不能让人放心。因为蔡英文选票有成长，所以，民进党不认为败选主要问题是路线问题，而是认为策略与对手掌握资源是导致民进党败选关键。由蔡英文主导出笼的败选报告已说明这一点。而民进党人士在认识上也始终存在误区，认为一旦承认"九二共识"，民进党就会崩盘，甚至"独派"出走。其实，"深绿"与"深蓝"支持群众一样，在大选时除了支持民进党候选人，别无选择，尤其是"深绿"群众对掌握政权的重要性看得比"深蓝"还要重。在蓝绿严重的对立下，"建国联盟""台联党"等"深绿"势力的出走，其结果都是被边缘化，台湾政局中没有第三势力发展空间，因此，"大选"时"深绿"选民别无选择。马英九施政满意度低也让民进党不少政治人物认为民进党稳操

---

① 王崑义："整个政策辩论，苏贞昌能翻盘吗？"台湾《旺报》，2014 年 1 月 15 日，C3 版。
② 王崑义："评民进党的民主"，香港《中国评论》，2009 年 2 月号，第 29 页。
③ 香港《中国评论》，2009 年 1 月号，第 74 页。
④ 邵宗海："民进党还缺临门一脚"，台湾《旺报》，2012 年 2 月 28 日，C5 版。

胜券。正是因为民进党选情评估建立在国民党不佳基础上，所以认为民进党无需调整两岸政策，无需调整"台独党纲"，甚至认为与其去放弃"台独党纲"，搞得内部一团糟，不如静待马英九与国民党犯错，到时坐收成果即可。

3. 民进党传统与习惯的对立思维及"反中"心态的影响。一是台湾内部严重的蓝绿对立与民进党内部主流文化中的斗争思维，决定了民进党难以通过调整两岸政策向国民党所坚持的政策立场靠拢。民进党在其成长与发展的过程中一直以反对国民党起家，与国民党站在对立面是其传统与习惯思维，从而在两岸政策上进行调整，最后要与国民党不分彼此与差异是民进党尚难以做到的。民进党 2008 年失去政权、陈水扁被起诉后，"绿营人士陷入一种被国民党迫害、被清算的集体自囚心态中"[1] 表现在民进党讨论两岸政策的时候，一个基本的前提是"民进党的政策必须一定要跟国民党有所区隔"。[2] 因为是二元对立思维，所以，民进党人士认为如果承认"九二共识"，就是等于是在和国民党的政策对立中"输"了，承认"九二共识"就是和共产党的对立斗争中承认"输"了。所以，谢长廷提出向国民党政策靠拢，就被党内人士批评为"投降主义""失败主义"。蔡英文提出"全民保台运动"，意在与马英九当局两岸开放政策相对立，但无论是蔡英文还是民进党都没有深切地体察到马英九当局开启的密切两岸关系的路线正是台湾社会的主流民意，而蔡英文要与台湾主流民意相对立，又如何能够给民进党一个光明的未来呢！这正是民进党的困境，也是蔡英文的困境所在。二是"反中"意识形态作祟。民进党对大陆的主流思维在本质上带有敌视性与对抗性，民进党对待两岸关系的对立心态也存在严重的问题，即使是蔡英文，也只是用理性的言语来包装内在对立的心态而已，从而民进党的"反倾中"色彩相当浓，罗致政承认"反倾中"已成为民进党必须遵守的一块"神主派"。因为民进党无视世界形势的演变，不仅没有及时调整与改变政策，反而把"反共"政策上升为"反中""仇中"政策，提出了"连结世界"还是"依附中国"二元对立。苏进强认为民进党现在是"反中"和"反共"，陷入一种"反中"及"保扁"的迷思，甚至把到中国大陆访问都当成"亲

---

① 思想者论坛："绿营人士如何看待马英九兼任国民党主席"，香港《中国评论》，2009 年 8 月号，第 77 页。

② 思想者论坛："民进党的发展路向与大陆政策"，香港《中国评论》，2009 年 9 月号，第 71 页。

共"，尤其是在 2008 年后陷入一种"反中等于爱台，爱台又要护扁的结构性症候群"。① 台湾战略协会秘书长王崑义也认为，民进党面临的三座大山之一是"过度反中国的心态"②。如果"民进党不跨越仇共拒中的冷战氛围，两岸政策永远迈不开一步"。③ 这样的评论应该是比较切中民进党要害的。

4. 民进党缺乏两岸政策论述的能力。李明峻认为："民进党没有真正的大陆政策，只有口号式的东西"，"民进党其实一直没有真正的大陆政策，民进党只有谢长廷的政策、陈水扁的政策，但整个党的政策是很模糊笼统的。"④ 即使在经过八年执政后，民进党两岸政策的论述能力依然不足，其要因：一是误判当今国际发展和平发展大趋势，因为民进党所坚持的"分裂与对抗，则始终是国际社会的逆流"。⑤ 二是国际政治、经济形势变化，两岸关系形势大变，但"民进党却始终不改其志，仍然不改冷战思维，仍然以围堵作为与中国（大陆）互动的最高战略，也仍然自困于台独党纲与'台湾前途决议文'的旧絮之中，让民进党变成了全球唯一至今仍对中国（大陆）进行冷战的政党"。⑥ 三是民进党内部在两岸政策上相对封闭与对立的思维，两岸政策缺乏理性辩论的空间与氛围。四是民进党长期以来重选举布局、轻政策规划，所以面对马英九当局的执政危机，在野民进党的政策论述也是乏善可陈，没有能够让人看到强有力的针砭，或者是令人信服的另类对策，这是其"长期重选举、轻政策的结果"。⑦

5. 两岸政策调整与党内权力分配纠缠在一起。民进党内部虽然出现不少主张调整两岸政策声音，但发表意见的动机其实不一，有的是出于对民进党路线调整的真正迫切性的考虑，不少则是基于争取曝光需要，甚至有为了抢占媒体与舆论版面的需要，借两岸政策的论述进行权力分配的斗争。包括对于柯建铭的"冻结台独党纲"主张，反对最力者就是新潮流派系，其"目的则是挡下柯建铭的冻独提案，好让苏贞昌、蔡英文都战死在 2016 年沙

---

① 思想者论坛："绿营人士如何看待马英九兼任国民党主席"，香港《中国评论》，2009 年 8 月号，第 77 页。

② 香港《中国评论》，2009 年 1 月号，第 76 页。

③ 孙庆余："'两岸之路'，才是民进党'第一里路'"，台湾《苹果日报》，2012 年 2 月 20 日，第 2 版。

④ 思想者论坛："民进党的发展路向与大陆政策"，香港《中国评论》，2009 年 9 月号，第 73 页。

⑤ 社论："民进党两岸政策的迷思与缺失"，香港《中国评论》，2009 年 8 月号，第 1 页。

⑥ 王健壮："民进党要走的第一里路"，台湾《中时电子报》，2012 年 2 月 15 日。

⑦ 施正锋："装傻的小英，气若游丝的党"，台湾《联合报》，2008 年 10 月 6 日，A14 版。

场后，由赖清德收拾战果、接棒演出！"① 再如"对中政策纪要"的出笼也是充满权力纷争后的产物，苏贞昌主持"华山会议"的策略是在就任党主席后面临调整两岸政策压力，而真正要调整又难，于是，"以讨论换时间"，只要有讨论，是否有调整并不重要，重要的是"在过程中首要防止的就是论述大权旁落，尤其不能让谢长廷整碗捧去，甚至促成可能的谢、蔡联盟"。② 最终因为苏贞昌挡住了谢长廷提出的"宪法各表"，没有得罪深绿。蔡英文的策略是防止苏贞昌垄断两岸政策论述，也要避免具体结论对其未来参选造成制约，因此蔡英文是"低度涉入"，"显然是以消极方式抗拒论述成型"，蔡英文并在最终出手将"会议结论"降格为"检讨纪要"。所以陈景峻承认："派系与路线是影响民进党进步的最大阻碍"，③ 九场"华山会议最多只发挥汇聚意见的程序性功能，最后并无任何实质结论产出，民进党的两岸论述还是僵在原地，哪里都去不了"。④

总之，民进党既存在需要调整"台独"政策的压力，又面临难以真正放弃"台独"党纲、难以承认"九二共识"、难以真正实现两岸政策主张与路线的转型的障碍，从而民进党要成为一个成熟、健康、有能力处理两岸关系政党，还真是有相当一段路要走。民进党"逃避两岸议题长达20年，似乎许多既成的事实，已经远远超出党的智慧范围。华山会议提出的言论，恰好证明民进党早已沦为历史的因犯。对国共两党会商的任何指控，显然已不能帮助自己向前移动。一个要解决台湾问题的政党，到今天也无法解决自己的落伍"。⑤ 陈芳明的评论可谓一针见血。

（原载《现代台湾研究》，2013 年第 3 期）

---

① 陈淞山："派系利益角力，冻独难乐观"，台湾《旺报》，2014 年 1 月 9 日，C3 版。

② 陈以信："谢长廷成唯一输家"，台湾《旺报》，2014 年 1 月 14 日，C3 版。

③ 思想者论坛："绿营人士如何看待马英九兼任国民党主席"，香港《中国评论》，2009 年 8 月号，第 79 页。

④ 陈以信："苏贞昌的党主席成绩单"，台湾《旺报》，2014 年 1 月 28 日，C2 版。

⑤ 陈芳明："民进党的历史与现实"，台湾《联合报》，2014 年 1 月 8 日，A4 版。

蔡英文上台后的两岸关系走向

严安林[*]

2016 年 1 月 16 日，台湾地区领导人与"立委"选举结果揭晓，正如选前所预料，不仅国民党惨败失去政权、蔡英文上台，而且民进党在行政、立法两方面全面执政。决定与影响选举结果的核心原因是台湾内部经济、社会等因素，不是两岸关系因素使然，更非大陆对台政策与对台工作的问题，但毫无疑问，这样的选举结果对两岸关系的影响却也是显而易见的，两岸关系和平发展面临着诸多的挑战。

一、蔡英文上台后所面临的问题与矛盾

正如投票前所指出，蔡英文的问题不在能否当选，而在当选之后如何开启新局与稳定两岸。大概而言，蔡英文上台后所面临的问题众多，主要在：一是选举中所反映出来"求变"的民意期待如何落实？蔡英文在选举中对选民的承诺如何兑现？二是事实上分裂的台湾社会如何进行弥合？三是台湾所面临的外在区域整合的严峻局势如何应付？台湾如何参与区域经济整合以避免边缘化的危机？四是两岸关系的挑战如何处理？如何实现蔡英文信誓旦旦的"维持两岸现状"的目标？具体讲有五大矛盾亟待蔡英文上台后给予解决：

其一：民进党全面执政与民意信任度有限之间的矛盾。从"中央"到地方、从行政到立法，经过"九合一"选举与这次的两项选举，民进党"全面执政"得到了落实。但是，蔡英文个人得票只比 2012 年选举得票增长 80 万票。这显示台湾民众对蔡英文的上台依然存有相当大的疑虑，台湾

* 严安林系上海国际问题研究院副院长、两岸关系协创中心教授、上海市台湾研究会会长。

民众对蔡英文的信任是有限的。

其二："团结台湾"的目标与分裂台湾的现实之间的矛盾。台湾是一个分裂的社会，蓝绿之间一直高度对立，迄今并没有根本性的改变。所以，蔡英文当选后提出"不因选举而分裂，会因民主而团结"。她说"知道自己有一个很重大责任，就是去团结"，尽快与主要政党召开"共商国是机制"，让台湾摆脱政治恶斗的旧思维，迎接"新政治"。① 甚至提出"未来改革的路上不能没有"朱立伦与宋楚瑜。② 当然，台湾政治社会不会因为蔡英文提出"团结台湾"这样的口号而真的团结了，却是因为"选举民主"而一直陷入"民主内战"！况且，当马英九在职期间，一心一意要与在野党领导人蔡英文见面时，蔡英文何曾愿意与马英九团结过！人们何曾见过"马（英九）蔡（英文）会"？如今蔡英文上台了，要国民党与民进党团结，谈何容易！

其三：民意期待改变台湾经济社会现状与民进党执政能力不足之间的矛盾。蔡英文在竞选中提出的发展经济、落实分配正义等难题，如何在就任后实现，其实都是问题。施正锋就认为蔡英文最大的挑战，"对内是提振经济和落实年轻人的分配正义"。③ 特别是许诺容易兑现难！正如《联合报》社论所指出："选举领先的幅度越大，代表选民的期望值越高，也就意味着蔡英文要迅速向人民回应及展现的政绩越多，才不致让人民感觉期待落空。"④

其四：外在国际严峻的局势与台湾内部寻求共识困难之间的矛盾。区域经济整合是国际与亚太地区发展潮流，台湾无法不参与区域经济合作，但台湾社会民众在开放台湾市场上恐怕难以取得共识，连"美猪进口"都是问题，谈何开放其它的市场！

其五："维持两岸现状"的目标与不放弃"台独"立场之间的矛盾。蔡英文为求当选提出了"维持两岸现状"的承诺，提出在两岸之间要"积极沟通""不挑衅"与"无意外"，但在其否认"两岸同属一中"的"九二共识"情况下，即在坚持既有"台独"立场情况下，如何实现"维持两岸现

---

① 郭琼俐、郑宏斌等："民进党完全执政"，台湾《联合报》，2016年1月17日，A1版。

② 郑宏斌、郭琼俐、丘采薇："谦卑再谦卑，改革第一里路开始"，台湾《联合报》，2016年1月17日，A3版。

③ 施正锋语，"解读2016年大选"，台湾《联合报》，2016年1月17日，A18版。

④ 社论："期待蔡英文开展新局，不只带一半人民前进"，台湾《联合报》，2016年1月17日，A2版。

状”的承诺与目标，是大有疑问的，特别是蔡英文能否摆平民进党内"台独"基本教义派的牵制，实在是一个不小的难题。

二、从"当选感言"看蔡英文两岸政策动向

1. "当选感言"透露出蔡英文两岸政策核心内涵。主要有四：

其一："维持现状"论。蔡英文重申将会建立具有一致性、可预见性与持续的两岸关系，强调"以中华民国现行宪政体制、两岸协商交流互动成果以及民主原则与普遍民意作为推动两岸关系基础"。①

其二："超越党派"论。蔡英文提出："我也会秉持超越党派的立场，遵循台湾最新的民意和最大的共识，致力确保海峡两岸关系维持和平稳定的现状，以创造台湾人民的最大利益和福祉。"②

其三："两岸共同责任"论。蔡英文提出："我也要强调，两岸都有责任尽最大努力，要求一个对等尊严、彼此都能够接受的互动之道，确保没有挑衅，也没有意外"。"维持台海安全及两岸和平稳定，是大家共同期待，也是两岸要一起努力的事。"应该指出的是，蔡英文提出这一点，是为了强调两岸互动是两岸双方共同的事情，不是蔡英文与民进党单方面可以做到的，有了互动之道才能确保"没有挑衅，也没有意外"，即如果最终出现了"挑衅"或"意外"，则也是大陆的责任，不能完全归罪于民进党。

其四："新民意"论。蔡英文强调其选票高出国民党 300 万、以 56% 得票率当选台湾领导人，是"台湾民意的展现"，是"台湾新的民意"。因此，蔡英文今后做什么，都是台湾的民意要求，有民意做基础与后盾，从而要求大陆必须给予正视。

2. 从"当选感言"看蔡英文两岸政策基本特征。主要有三：

其一："维持两岸现状"信心不足。蔡英文由选举期间向国际社会与台湾民众承诺当选后一定会维持台海两岸现状，到正式胜选后强调维持两岸现状是两岸共同的责任，这样的转变，这不仅是在推卸责任，而且也是其内在自信不足的表现。因为蔡英文深知在不承认两岸和平稳定的政治基础——"九二共识"的情况下，要维持两岸现状谈何容易！

---

① 管婺媛："蔡：寻求对等尊严的两岸关系"，台湾《中国时报》，2016 年 1 月 17 日，A4 版。
② 管婺媛："蔡：寻求对等尊严的两岸关系"，台湾《中国时报》，2016 年 1 月 17 日，A4 版。

其二：坚守基本立场依旧强硬。蔡英文强调："今天的选举结果，是台湾民意的展现，中华民国做为一个民主国家，是 2300 万台湾人民的共同坚持。"她声称："我们的民主制度、国家认同与国际空间，必须被充分尊重，任何打压，都会破坏两岸关系稳定。"①

其三：调整两岸政策空间有限。蔡英文的"当选感言"既没有正面回应"九二共识"这一两岸和平稳定的政治基础，也没有提出未来如何推动两岸关系，反而强调其当选是反映了台湾新的民意。这似乎昭示民进党所坚持的"台独"主张，在蔡英文未来的执政路上将难以改变。

三、如何看待蔡英文接受《自由时报》专访所透露信息

1. 蔡英文接受《自由时报》专访主要内容。2016 年 1 月 16 日，蔡英文在当选后首度接受《自由时报》记者 100 分钟专访，提出了"提振经济当作重点要务"。蔡英文说："这次大选的结果，显然我所主张的'维持现状'，就是台湾的主流民意。维持台海和平以及两岸关系的稳定与发展，是各方共同的期待，但这不是单方面的责任，两岸都要一起努力，来建立一致性、可预测、可持续的两岸关系。"蔡英文再次表示重申了在开票后记者上所说："未来将以中华民国现行宪政体制、两岸协商交流互动的成果、以及民主原则与普遍民意，做为推动两岸关系的基础。我愿意以总统当选人的身分再一次重申，今年五月二十日新政府执政之后，将会根据中华民国现行宪政体制，秉持超越党派的立场，遵循台湾最新的民意和最大的共识，以人民利益为依归，致力确保海峡两岸关系能够维持和平稳定的现状。"②

2. 蔡英文这次专访表态的积极意义。应该说，蔡英文这次有关两岸政策的表态较以往有值得肯定的积极性的调整，她说："在 1992 年，两岸两会秉持相互谅解、求同存异的政治思维进行沟通协商，达成了若干的共同认知与谅解，我理解和尊重这个历史事实。我也觉得，九二年之后二十多年来双方交流、协商所累积形成的现状及成果，两岸都应该共同去珍惜与维护，在

---

① 管婺媛："蔡：寻求对等尊严的两岸关系"，台湾《中国时报》，2016 年 1 月 17 日，A4 版。
② 邹景雯："蔡英文：九二历史事实，推动两岸关系"，台湾《自由时报》，2016 年 1 月 21 日，A1 版。

这个基本事实与既有政治基础上，持续推动两岸关系的和平稳定与发展。"①

这里，蔡英文不仅承认 1992 年两岸两会想香港有会谈，而且承认"达成了若干的共同认知与谅解"，她也表示"理解与尊重这个历史事实"，并且提出"在这个基本事实与既有政治基础上，持续推动两岸关系的和平稳定与发展"。对蔡英文与民进党而言，能够有这个表态，应该是一个进步。尤其是蔡英文透过《自由时报》，实质上也是向民进党的支持者进行思想与思维转化的工作。

3. 蔡英文迄今为止的表态尚不足以稳定台海局势。当然，需要指出的是，蔡英文迄今的调整性的表态尚难以稳定台海局势。一则是这样的表态离"两岸同属一中"的"九二共识"核心内涵尚有一定的距离，需要继续努力调整。二是这样的表态并非通过正式场合而是一般性的媒体专访，不属于正式文件。三是蔡英文所提出的"既有政治基础"内涵特殊，如蔡英文认为其中包含四个关键元素，第一是 1992 年两岸两会会谈的历史事实、以及双方求同存异的共同认知。第二是"中华民国现行宪政体制"；第三，是两岸过去二十多年来协商和交流互动的成果；以及第四，是"台湾的民主原则"以及普遍民意。她说"台湾是民主社会，民意与民主，是政府处理两岸政策的两大支柱，如果悖离民意与民主，就难以稳固长久，甚至可能会失去民心。我们坚持依循普遍民意，坚持遵循民主原则，坚持确保台湾人民对于未来的选择权，这就是新政府跟马政府最大的不同。"② 四是尽管做了有积极意义的表态，但其两岸政策到底如何推动，更是关系到台海能否稳定的核心所在。

四、蔡英文上台对两岸关系的影响

蔡英文上台让两岸关系和平发展的方向与道路面临波折，和平发展的进程受到冲击，无论是发展速度、发展程度与两岸之间的协商、互动都受到阻碍，大陆对台工作面临着新的挑战。具体表现在：

其一：台湾政权的"台独化"给两岸关系造成巨大冲击。民进党的全

---

① 邹景雯："蔡英文：九二历史事实，推动两岸关系"，台湾《自由时报》，2016 年 1 月 21 日，A1 版。

② 邹景雯："蔡英文：九二历史事实，推动两岸关系"，台湾《自由时报》，2016 年 1 月 21 日，A1 版。

面执政、势力大扩张是台湾政治发展的新趋势与新常态，这不仅深刻规范与制约台湾政治生态的发展走向，而且对两岸关系和平发展也形成了全面性的冲击。特别是南台湾的进一步"绿化"也将造成大陆对台湾中南部工作的困难。

其二：马英九所推动的和平和解政策可能被扬弃。国民党的再次在野，其因虽然并非其两岸政策与路线的问题使然，但马英九八年来所推行的两岸和平与和解路线会因国民党的下台而遭到扬弃。蔡英文与民进党恐怕难以继承马英九所确定的两岸政治路线。

其三：民进党当政后将加速推动"去中国化"教育。加上台湾社会自身在发展的社会运动，台湾社会的自我孤立，导致台湾地区对中国大陆的离心力越来越大，台湾社会中统一市场将更趋狭小。

其四：台湾民意可能产生新的变化。在主张"台独"的民进党执政下，特别是"台湾意识"的极大强化，可能演变为"台独意识"的社会基础与温床。这当然不利于两岸关系和平发展，也不利于未来两岸的和平统一。越来越多的台湾民众通过选举，逐渐形成"台湾命运共同体"的感觉与意识，表现在自我认同上，也不再认为自己是中国人，而是台湾人，甚至不再是"既是台湾人，也是中国人"。

其五：台湾媒体的绿化倾向进一步加剧。随着民进党再次当政，台湾政治发展中日益突出的媒体政治、名嘴政治、民粹政治都将对两岸关系和平发展形成负面影响。

五、蔡英文上台后两岸关系走向

1. 2016 年两岸关系区分为两个阶段。以 5 月 20 日为界，分为两个阶段：之前的两岸关系，因为依然是马英九与国民党当政，基本上沿着既有和平发展轨道前行，两岸各方面交流持续进行，两会协商与两办（国台办与陆委会）联系机制应能正常运转，两岸关系保持和平发展方向与道路不变。"520"之后的两岸关系则端赖上台的民进党当局的两岸政策而定，特别是 5 月 20 日蔡英文的"就职演说"中的有关两岸政策的立场如何。

2. 蔡英文无法模仿柯文哲模式来进行两岸政策调整与稳定两岸。因为柯文哲登陆模式有其特殊性，民进党无法期望可以模仿或比照柯文哲模式办理。原因在：

　　第一是柯文哲登陆立基于"两岸城市交流"的定位。不少评论者都将柯文哲登陆的"密钥"着眼于柯文哲提出了"了解与尊重""九二共识"，其实不尽然！首先是上海市与台北市均有持续推动两地城市交流的意愿，正是在此意愿的驱动下，双方多次展开了沟通与协商，柯文哲不仅公开表达了"在当今世界上并没有人认为有两个中国""一个中国不是问题""尊重两岸过去已经签署的协议和互动的历史，在既有的政治基础上，以互相认识、互相了解、互相尊重、互相合作，让两岸人民去追求更美好的共同未来"等主张，而且柯文哲提出两岸交流的目的是"促进交流、增加善意"，两岸交流的前提是"互爱、互信、互谅""两岸一家亲"。其次是柯文哲明确地将台北市与上海市的交流的定位是"两岸城市交流"，他说："因为我们把台北与上海的交流定义成两岸城市交流。因此，我们在台北市政府秘书处之下设立了大陆小组专门办理大陆事务，另有国际事务小组处理外国事务。我们了解两者的不同。"正是柯文哲在两岸关系的性质上做了清晰的说明，明确了两岸两地——台北市与上海市的双城论坛的定位是"两岸城市交流"，即不是"国与国"的关系。这是双城论坛能够具备、柯文哲能够顺利登陆的重要政治基础，而不是柯文哲所概括的"一五新观点"。当然，蔡英文与民进党如果也能够在关系两岸关系性质的核心问题上说清楚、讲明白，强调两岸关系不是"国与国"的关系，或者明确说是"一个中国的内部事务"等，这才是真的掌握了两岸关系通关的密钥。

　　第二，作为政党的民进党与柯文哲并不一样。或许有评论者会提出柯文哲个人政治理念属于"深绿"或"墨绿"以及说过类似的"两国一制""殖民文化论"等大陆方面并不认同的言论。大陆既然能与柯文哲开展交流，也就应该能与蔡英文进行对话！这里其实需要明确区分蔡英文与柯文哲两人的不同。首先，柯文哲是无党派人士，不是民进党党员，柯文哲的若干说法属于个人理念层次；而蔡英文是民进党主席，民进党迄今没有放弃"台独党纲"。这样蔡英文背负有民进党"台独党纲"的包袱。其次，柯文哲的若干说法只是其个人意见或主张，只是停留在"说说"的层次，并没有形成什么样的恶劣结果，况且柯文哲之前来过大陆18次，进行有意义的医学交流。而蔡英文作为党主席的民进党，不仅一直缺席于两岸交流，而且不断地在阻碍两岸交流，包括带领民众围攻陈云林的访台、煽动学生发动"太阳花"反服贸运动、鼓动支持中学生反课纲微调等，民进党破坏两岸关系发展的纪录历历可见。可以说，在两岸关系和平发展的进程中，民进党的角色一直是负面的，而不是积极的，是破坏性的，而不是建设性的。

第三，柯文哲至少对"九二共识"表示了"了解与尊重"，而蔡英文对两岸关系和平发展重要政治基础——"九二共识"看法迄今仍然是"三不"，即"不存在""不承认"也"不接受"，甚至污蔑两岸关系是"国共关系"，声称财团垄断了两岸交流的全部红利，等等。

3. 蔡英文的两岸政策论述难以稳定两岸关系。大陆致力于推动两岸关系和平发展的政策立场，不仅明确而清晰，而且一贯性、延续性强，反复强调"台独"没有和平，分裂难以稳定！尽管自 2015 年 6 月访美以来，蔡英文在两岸政策上也采取了若干似乎有些变化的政策论述，包括"维持两岸现状""在现有宪政体制上推动两岸关系"等，但实质上，民进党的两岸政策并没有因为蔡英文论述上的若干变化而有做实质性的调整：首先，蔡英文始终没有去推动废除"台独党纲"，也没有"冻独"，甚至连"不独"都不敢讲。其次，蔡英文在事关两岸关系能否稳定的核心问题——两岸关系的性质定位上依然采取模糊立场，甚至就是坚持民进党一贯的"一边一国"的"台独"分裂立场。第三，蔡英文声称要维持现状，但对于究竟是什么样的现状、如何维持现状都采取模糊与打马虎眼的方式应对，这不能不让人怀疑其稳定两岸现状的意愿是真是假？第四，蔡英文说过要推动"两岸协议监督条例"的通过，以展现其处理两岸关系的能力，但人们不仅未见其动静，而且如果按照民进党的定位两岸为"一边一国"版本实施，恐怕不仅难以通过，而且即使通过，两岸关系恐怕不会是"风平浪静"，而是"波涛汹涌"了！总之，蔡英文与民进党如果寄望不放弃"台独党纲"、不承认"九二共识"，而是比照柯文哲登陆模式来处理两岸关系，甚至能稳定两岸关系，恐怕是自欺欺人的想法，或者就是打错了算盘！

4. 未来两岸关系总体局势。应在可控范围，和平发展方向应能保持，但其中出现反复与转折的可能性都是存在的，不排除两岸关系"由热转温""由温变凉"甚至"由凉转冷"乃至于出现对立与紧张的局面。

第 二 编

台湾政局变动

2008 年以来民进党发展面临的困境及其根源

严安林[*]

民进党在执政八年后于 2008 年再度成为在野党，历经蔡英文与苏贞昌两任党主席迄今已近六年，尽管其恢复比一般预期要快，但民进党所面临的挑战却也是无从回避，党内派系整合难、政党道德形象堕落、不会做称职的在野党及政策论述贫乏化等困境，是民进党未来重新东山再起的重大障碍与制约因素。

一、民进党存在派系难以整合的困境

2012 年 5 月 27 日，苏贞昌当选民进党主席。但其当选是"高兴一天就好"，因为苏贞昌当选后面临的挑战众多，检验苏贞昌党主席成绩的是 2014 年五市市长、市议员、17 个县市长与议员等"七合一"选举的战绩，但关键则是他上任面临的第一个挑战：如何在党内派系纷争中整合与团结民进党？民进党人士也承认："团结才是最需突破的罩门。"[①] 这是苏贞昌党主席任内面临的第一座大山，症结在于党内派系政治生态与权力分配中的结构性矛盾。具体而言是苏贞昌既面临民进党内部的结构性矛盾，又缺乏整合派系的"利器"及难以处理与三方关系等问题。

1. 民进党内部权力结构性矛盾。首先是党主席选举后遗症。民进党主席表面上由党员选举产生，但实际由派系操纵。民主是一定要透过选举来实

---

* 严安林系上海国际问题研究院副院长、两岸关系协创中心教授、上海市台湾研究会会长。

① 郑闵声、陈文信："管碧玲：估票太乐观，未把握决战双周"，台湾《中国时报》，2012 年 1 月 19 日，A4 版。

施与进行的，但并非有了选举就是有了民主。选举并不能与民主直接画上等号，尤其是民进党主席选举，事实上是由派系来操纵与分配的。民进党党内文化的最大特色是"派系共治"，各派系在党内权力分配上维持"恐怖平衡"！如果一派独大，就会被围剿。2012年党主席选举，苏贞昌之所以被参选的其他四人"围殴"，就是因为苏贞昌有"新、苏、联"，不仅有自身派系——"苏系"，而且获得新潮流系的主要部分与薛凌夫妇（民进党内党员大户）"绿色友谊联线"的支持，而其他四人则是获得民进党内其它派系或支持，或资助甚至力挺。尽管有若干自主性党员根据自身意愿投票，但人数不多。民进党"人头党员"问题所反映的正是派系操纵党员的症结。在苏贞昌参选过程中，其他四位参选人对苏贞昌提出的"共同要求"是苏贞昌要答应"只选党主席、不选2016"。提出这样要求当然不尽合理，作为政治人物，苏贞昌不能答应四年以后一定不选。但要求苏贞昌不选2016年的要求确实是碰触了苏贞昌参选党主席的敏感神经：先选党主席，再选2016年。苏贞昌的标准答复是："没有2014，如何有2016！"意思是如果民进党不能赢得2014年的"七合一"选举，哪里有2016年赢得政权的可能！"七合一"胜选与否确实是决定苏贞昌是否有希望问鼎2016年的关键。因此，苏贞昌主持民进党党务工作后所面临的第一大挑战是能否整合民进党内部各派系，不仅是要团结党主席选举中支持苏贞昌的新潮流系与绿色友谊连线，而且需要整合谢长廷系、蔡英文系统及以陈水扁为"精神领袖"的"一边一国"连线及其他"独派"势力。因为各方势力对2016年有不同的期待，苏贞昌假如不能有效整合与团结党内各派系，又真的如何能够赢得"七合一"？尤其是经过"刀刀见血、刀刀见骨"的党主席选举，民进党已然是一个很难团结的政党。从民进党内部派系生态林立、反苏（苏贞昌）势力庞大及苏贞昌个人人缘欠缺、人和不足，几乎注定在采取"共识决"的民进党内部的权力决策中无法掌握多数，面临其它派系严重的牵制。

　　其次是民进党内部政治力量的分散化。民进党内部的基本政治生态是派系共治，包括新潮流系、苏贞昌系、谢长廷系、绿色友谊连线、"一边一国"连线等派系共同决定与影响着民进党权力分配与发展走向，因为"权力晋升必须仰赖派系支持的规则"① 是民进党党内游戏规则，从而受制于

---

　　① 朱真楷："罗文嘉：只看党内不看社会，很难扩张"，台湾《中国时报》，2012年1月19日，A4版。

"中执会""中常会"等党内决策机构中派系间的合纵连横，苏贞昌作为党主席可发挥的空间实在不大。

再次是苏贞昌旨在问鼎 2016 年的政治目标与党内其它各派支持蔡英文再战 2016 年共识之间的矛盾难以调和。苏贞昌参选党主席的最终目标是为了能够在 2016 年代表民进党挑战国民党，表面上是强调"只有心中没有2016，才会有 2016"。但其实，苏贞昌旨在参选 2016 年，恐怕是民进党内人尽皆知的"秘密"。而民进党内部较多派系则认为只有蔡英文再战 2016年才最有可能胜选，所以，作为党主席的苏贞昌难以在党内的权力分配中非常有高度地让各派系来共享资源，但正因为苏贞昌要参选 2016 年，各派系就会纷纷与苏贞昌及其支持系统争抢权力与资源，包括地方党部主委职位，由此形成恶性循环。

2. 苏贞昌缺乏整合与团结各派系的"利器"。一是苏贞昌缺乏整合与团结民进党的"高度"。因为苏贞昌旨在参选 2016 年，就难以完全站在党主席位置上做全党的战略布局与考量，就难以完全真正地"超越"自我，其所作所为也难以取信于党内各派系。二是苏贞昌缺乏整合与团结民进党的"身段"。要整合民进党需要柔软的政治身段，而苏贞昌从政以来的最大问题就是身段不够柔软，尽管苏贞昌拥有"有魄力与执行力"的优势，[①]"人和"与"人缘"欠缺，"霸性有余，弹性不足"是民进党人士及社会、媒体对苏贞昌的普遍评价。三是失去政权后民进党缺乏整合与团结全党的资源。苏贞昌不仅派系力量不足，完全靠新潮流系支持，而且由于民进党在野，可供党主席支配的政治、经济资源相对不足，而其刻意保持的清廉形象，也造成与企业家人士的关系相对平淡，从而用以笼络各方的筹码和资源有限。

3. 苏贞昌与蔡英文的代表权竞争关系难以调和。首先是难以处理好与"持续成为选项"（这是蔡英文公开发表的要保有参选的机会）的蔡英文间的关系。苏贞昌与蔡英文是陈水扁时代的上、下级关系，但政治现实是蔡英文比苏贞昌更有人气，2011 年两人在党内初选中搞得"刀刀见骨"，2012年党主席选举又有"卡位"与"卡苏"之争，加上新北市、台北市党部主委的"代理人之争"，两人间的"情结"难以化解，而蔡英文要"持续成为选项"与苏贞昌旨在参选 2016 年的结构性矛盾，无法让两人关系缓解。

---

① 思想者论坛："民进党的发展路向与大陆政策"，香港《中国评论》，2009 年 9 月号，第 72页。

其次是苏贞昌与谢长廷间心结难解。苏贞昌与谢长廷关系不仅因为2008 年候选人之争及竞选中的"皮合肉不合"纷争而存在严重心结,而且苏贞昌与党内其它派系头面人物,包括游锡堃、吕秀莲等关系,也都是"相敬如冰",苏贞昌强势行事风格固然在社会与媒体上颇有好评,但在党内却是"政治孤鸟",真心拥戴他的核心人士与派系头面人物不多。

第三是苏贞昌与陈水扁及"独派"间关系难以处理好。苏贞昌一贯追求清廉的社会形象,此目标与陈水扁的贪腐形象则是一对矛盾,所以在是否"特赦"陈水扁等一系列问题上,苏贞昌既要兼顾自身形象,又要在陈水扁案件等问题上做表态,恐怕不易。而民进党内部极端"独派"对苏贞昌一贯视为"非我族类",只要"独派"不离开民进党,双方关系就难以好转。

4. 民进党的斗争性文化决定了派系矛盾难以解决。民进党内部政治文化主要在"斗争性极强""派系操纵党员"及"缺乏理性辩论空间"等,其斗争性不仅表现在善于斗争国民党,也善于"内斗"。民进党由选举起家,通过选举逐步发展壮大,选举需要讲究与对手的差别和不同,需要通过贬低与斗争对手来凸显自身以争取选票。因此,民进党不仅善于选举,而且善于斗争对手。国民党过去一直是台湾执政党,自然也就是民进党揭露与斗争的主要对象。通过斗争国民党,民进党逐步成为台湾第一大反对党,也依靠国民党分裂而赢得了八年执政,从而,斗争性强是民进党的第一大特性。既然会斗争,既然要代表民进党与国民党斗争,当然首先要经过民进党内部的竞争,也免不了在竞争中使用对付国民党的那一套方法:斗争。通过把对手斗臭、斗倒,实现政治上的自我。在民进党主席选举中,斗争的方法随处可见,许信良、苏焕智、蔡同荣及吴荣义等四人几乎是一致地"围殴"苏贞昌,其手段不亚于对付国民党那一套。所以,民进党多数人士也是"外斗内行,内斗也内行"。

二、民进党面临陈水扁"魔咒"的困境

陈水扁曾经带领民进党赢得八年执政,这是陈水扁对民进党的"唯一贡献",但同样,民进党执政权也是因为陈水扁的贪腐而被台湾民众抛弃。对民进党而言,确是"成亦陈水扁,败亦陈水扁"。问题在,民进党不仅因为陈水扁而失去政权,而且陈水扁持续成为民进党的包袱。民进党不仅无法与已经入监服刑的陈水扁做切割,而且陈水扁提出的重新入党也将是民进党

挥之不去的"魔咒"。

1. 陈水扁要求重新入党的政治算盘是其个人及家族利益。首先，陈水扁重新入党是企图挟民进党以自救。陈水扁因贪腐被三审确定入监服刑后，一直既不认错，也不认罪。原本寄望蔡英文当选后特赦出狱，不料马英九连任成功。特赦无望转而谋求"保外就医"，无奈也不符合保外就医条件。这样陈水扁要离开监狱就只能寄望民进党开展"政治救扁"行动。而要引起民进党全党一致的开展救扁活动，最佳路径就是要让民进党及其高层领导害怕陈水扁，重新入党就能够达成这样的目标。一方面，通过重新入党，让民进党为陈水扁贪腐"背书"，甚至让陈水扁贪腐案披上"国民党对陈水扁搞政治迫害"外衣，以此欺骗社会和媒体，也以此继续蒙骗深绿群众。另一方面，也让民进党政治人物无法置陈水扁于不顾，只有在"挺扁"道路上，按照陈水扁编写的剧本，继续演下去，继续施压马英九，让陈水扁离开监狱。

其次，重新入党有利于陈水扁派系力量的凝聚。陈水扁尽管目前只能在监狱服刑，但因为陈水扁重新入党，告诉民进党支持者，尤其是深绿群众，"陈水扁回来了！""政治动物"——陈水扁又将在台湾政治舞台出演。这不仅会让一贯支持者的信心被再度鼓起来，而且有利于原"扁系"——"一边一国连线"的发展壮大。事实上，因为陈水扁入狱服刑，原扁系在运作、发展上在趋于低迷。面对陈水扁选在 2014 年"七合一"选举前入党，无疑就是要给原扁系打政治上"强心针"，告诉扁系成员与支持者："精神领袖"陈水扁需要他们，陈水扁会领导他们。

再次，重新入党有利于陈水扁继续担任"台独"教父。因为陈水扁是打着搞"台独基金"旗号贪腐而被诉入狱，因为陈水扁一直通过推动"极端台独"活动来为其贪腐行为开脱，所以，陈水扁一直披着"台独"领袖的"国王新衣"。通过重新入党，通过对"台独"基本教义派蛊惑，陈水扁无疑可以继续其"台独"教父的面目进行各种活动，从而在台湾政坛与民进党内部政治生态中占据一方，发挥其政治影响力。

第四，重新入党有利于陈水扁培养其儿子从政。陈水扁一直企图通过让其儿子陈致中从政，继承其力量，发挥其影响。无奈其儿子一直无法代表民进党参选。通过陈水扁个人重新入党，实际上也为其儿子从政铺道路打基础。随着 2014 年"七合一"选举与 2016 年"二合一"选举的渐次展开，陈水扁动作将越来越大，而所有政治动作的意图会是提携其儿子从政，以维持家族的政治利益。

2. 陈水扁重新入党对民进党负面影响巨大。第一，让民进党成为陈水扁贪腐与抗拒认罪的"人质"。由于陈水扁及其家族贪腐，不仅民进党原先良好的社会形象毁于一旦，而且丢失已掌握八年之久政权。失去政权后的民进党在多次选举中也依然受到陈水扁贪腐影响而不能获得多数台湾民意支持，陈水扁成为民进党挥之不去的"梦魇"。本来随着时间推移，民进党采取与陈水扁贪腐"柔性切割"方式进行社会形象再造，希望走出陈水扁阴影。不料，陈水扁却是借民进党不当规定而再度入党，挟民进党以自救。民进党内不少人士，或是因受过陈水扁恩惠，或是因基于权力分配和斗争需要考虑，不敢对陈水扁重新入党说"不"。这样，陈水扁重新入党不仅堂而皇之，而且披上了由民进党这个政党作为其贪腐的"护身"。民进党也就成为陈水扁抗拒认罪的"人质"，社会形象因此蒙羞。所以，陈水扁重新入党带给民进党的绝不是什么他贪腐所得"海角"多少亿新台币，而是一笔巨大的负债。

第二，陈水扁重新入党让民进党内部权力斗争加剧化。由于"超级天王"陈水扁下台与入狱，"后扁"时代民进党再度进入派系纷争的"战国时代"，但围绕 2012 年与 2016 年两次"大选"，民进党基本上呈现的是"两个太阳"（即蔡英文与苏贞昌），当然也有人认为是"两个半太阳"（半个是指谢长廷）。随着 2014 年 5 月民进党主席选举和 2016 年"大选"临近，民进党内部蔡英文与苏贞昌间权力斗争趋于剧烈，陈水扁此时重新入党，无疑给民进党内部的派系纷争不只是"助威呐喊"，而是"火上浇油"。

3. 陈水扁是民进党的负债而非资产。陈水扁在被起诉前主动退党，根据民进党党章规定，陈水扁可以重新申请入党。问题是，按照民进党规定，在被一审有罪时，民进党中评会就应给予陈水扁除名处分。但是陈水扁却没有被除名，也没有被开除。不是因为陈水扁先退党的因素，而是民进党诸多政治人物的"陈水扁情结"所致，这也留下了陈水扁重新申请入党、绑架民进党、带着民进党一起向下"沉沦"的后遗症。陈水扁的算计也只是其个人的政治算盘，民进党真正问题是全党居然甘愿被陈水扁绑架，甘愿向下"沉沦"。如党主席苏贞昌把陈水扁贪腐行为说成为是"政治迫害"，这样的表态当然只能是让民进党与陈水扁一起"沉沦"，无法让民进党脱胎换骨。

三、民进党陷入"政党关系敌我化"的困境

1. "政党关系敌我化"成为台湾政治文化的核心。台湾政局发展最重要特征是蓝绿对立的严重化，蓝绿两大阵营之间不是一般性的政治立场对立，而是对立到使整个台湾社会分裂成蓝与绿两大阵营、南部与北部，影响深入到一般社会生活中，不存在灰色地带，特别是在民进党当政期间，蓝绿对立中没有人可以不选边站。正如苏贞昌所言：每次选完，总有一半民众认为要过着四年"失去政权"生活。由于蓝绿严重对立，政党之间的敌我意识十分强烈，台湾政坛中出现"纯粹竞争""只有破没有立"的政党关系，遇到问题非要拼个"你死我活"不可，政党政治不再是"内部矛盾"，而是"敌我关系"，这样，让台湾任何政党执政，都永远有将近一半的人在扯后腿，特别是民进党不会做"忠诚的反对党"，坚持"为反对而反对"，如"逢马必反"，"拒绝对话、沟通，采行对抗政策"。[①] 出现这样的政治文化，与台湾目前的民主制度是分不开的。台湾"中央研究院"院士金耀基就认为："以台湾的民主言，台湾对民主理念的拥抱是很坚执的，但台湾民主作为一种治理制度却粗糙而欠缺效能，民粹常常淹没了民主。"[②] 台湾著名政论人士王健壮也指出问题症结所在："过去几十年，台湾在追求现代化的过程中，虽然陆续完成了许多制度的现代化，但制度的现代化只是现代化的'硬体'，文化才是现代化的'软体'。没有'软体'的现代化，其实只有现代化之形，而无现代化之实。"台湾只完成了"制度的现代化"，距离"文化的现代化"仍然有一段漫漫长路要走。[③] 正是在民粹主义盛行、政治对立文化遍布的情况下，民进党坚持对抗性文化，不仅党内对抗，不仅在两岸进行对抗，甚至民进党执政期间搞国际对抗，与美国也一度"对着干"，奉行"只要我愿意，没有什么不可以"的信念。

2. "政党对话"无法举行的症结也在于"政党关系敌我化"。2012 年大选中，马英九曾经提出连任后每半年召开一次政党领袖会议的主张，1 月

---

① 杨力宇："台湾乱局与马英九困境"，台湾《中国时报》，2013 年 7 月 3 日，A16 版。

② 金耀基："台湾在'文明转型'中的新文化思考"，台湾《中国时报》，2013 年 6 月 26 日，A10 版。

③ 王健壮语，"思辨人生价值，种下文明希望"座谈会，台湾《中国时报》，2013 年 6 月 26 日，A10 版。

14 日马英九当选后再度强调了政党领袖会晤的意愿；就职后，马英九办公室也曾经希望推动与落实马英九提出的这项有助于朝野和蓝绿对话的主张，但迄今未见任何可能的迹象，前景并不乐观。

首先，"政党对话"提议既是选举主张，也是弥平蓝绿政党对立严重的需要。马英九在选举中提出连任后筹备政党领袖会晤机制、进行政党对话主张有争取选票需要考虑，也是回应民进党等在野势力对马英九过去四年领导风格批评的回应，民进党等在野势力动辄批评马英九愿意花时间推动海峡两岸之间的和解，但不愿意推动与民进党的对话与和解。基于弥平蓝绿矛盾、弥平执政党与在野党之间对立，马英九提出政党领袖会，就台湾发展中重大问题交换意见。这是非常好的提法，如果能够推行，对蓝绿对立缓解、政党矛盾缓和乃至于政治文化建构，不无裨益。

其次，"政党对话"知易行难，症结在台湾政治缺乏"合作"文化。政党要进行政党对话，首先要具备政党合作的氛围与文化，但台湾政治中最缺乏的就是合作意识，尤其表现在台湾最大反对党——民进党的文化中。从民进党成立之日起，党内就盛行"结盟"而非"合作"，政治人物迷恋的是"斗争"而非"竞争"，思考的是"打击"而非"团结"，这也是党主席选举中苏贞昌为何大喊民进党要团结，如果他的参选不能让民进党团结也就失去参选意义的缘由，民进党党内派系之间都不能团结，要民进党与国民党谈对话，只能是奢求！

四、民进党面临道德异化与政党形象不佳的困境

民进党执政后，政党形象每况愈下，尤其是面临道德异化的困境，对此，高雄市长陈菊也承认民众对民进党的"热情正在消退，支持民进党的光荣感不再，民进党正面临很大的危机"。①

1. 民进党道德异化的主要表现。第一，民进党的贪腐。最核心表现是陈水扁及其家族贪腐。"绿色执政，品质保证"曾是民进党历次选举中响亮口号，也一度吸引不少民众支持。但陈水扁执政后，不少官员就深陷贪污弊案，腐败速度非一般人可以想象，腐败严重程度更是一般民众难以明了。陈水扁及其家族贪腐更是引发施明德领导的百万民众的"反贪倒扁"运动。

---

① 台湾《财讯》月刊，2005 年 10 月号，第 72 页。

陈水扁在卸任后也因多起舞弊案件，或被起诉，或被判刑而入监服刑。

第二，理想性丧失。民进党人士只知道执政，不知道执政目的是什么。选举社会中政党的目标当然是在执政，但执政目的在于将政策主张通过执政来落实与推动，谋求社会进步与民众福祉，并不是为了掌握政权而选举。从而民进党一直停留在为了赢得政权而选举，表现在选举中是不择手段地要赢，无论竞选手法是否符合道德规范，表现在日程政治生活中是"逢马必反"，无论马英九提出政策主张是否有理、是否符合台湾多数民众需求，只要是马英九所主张的，民进党就要反对。

第三，袒护贪腐不知耻。陈水扁家族成员，或被起诉，或已锒铛入狱，但因为陈水扁明了唯有与拥有一定支持群众的民进党相挂钩，才可能"翻身"，所以，虽然一度宣布因做了法律不允许的事情而退出民进党，但在正式成为"阶下囚"后，却是频频借助少数"扁迷"要挟民进党，挟民进党以自救，甚至重新加入民进党。而民进党及其成员，既不能与贪腐陈水扁家族做切割，居然道德堕落到纷纷到监狱探视，甚至视之为政治上是否"挺扁"、是否正确标准，一会要求"特赦"陈水扁，一会儿又以"人道"为名要求将陈水扁"保外就医"，不少人甚至签字要求陈水扁重新回到民进党。民进党既被陈水扁所拖累，却还不知道如何自救，不能与陈水扁做切割，甚至不知羞耻！

2. 民进党道德异化的原因。第一，民进党内许多人接受过陈水扁资助。基于选举需要，基于陈水扁当时掌握着几乎是民进党可分配的大多数经济资源，民进党内不少人都曾接受过陈水扁经济上资助，若干人甚至与陈水扁属于一个贪腐集团，形成了一个贪腐链。面对陈水扁咄咄逼人"要么挺扁，要么被爆料"的威胁，不少人选择了"挺扁"。

第二，"台独"目标"道德正确"论。所谓只要"台独"目标正确，在政治斗争上可以不计手段，甚至贪腐，陈水扁在贪腐被起诉后提出"建国基金"（即所谓贪腐是为了筹措"台独建国"资金）之说便是由此而来。民进党许多人士更是借着这样的歪理，大肆地进行贪腐行为。

第三，权力的巨大诱惑。民进党人士因为执政过八年，品尝过权力滋味，一旦尝过，无法忘怀。于是，在道德与权力天平上，倾向于权力，道德异化甚至堕落成为必然！

五、民进党面临政策论述"贫乏化"困境

民进党在台湾经济与政治发展中曾提出过一系列主张和观点，有些主张甚至成为推动社会进步动力。但在取得执政甚至失去政权以后，民进党政策论述能力逐渐匮乏，呈现"贫乏化"倾向。表现在立法机构中是"为了反对而反对"，民进党几乎没有提出过比较像样或者成熟主张，即使蔡英文为了选举需要而动员多方力量、花了相当多时间搞出的《十年政纲》也并不符合台湾社会发展尤其是外在环境的演变趋势。

1. 权力的诱惑让民进党只在乎选票，无心政策论述。通过选举，民进党逐渐掌握地方政权甚至在 2000 年掌握台湾地区政权后，权力的诱惑让民进党人士沉迷于金钱与权力，无心进行符合社会期待的政策论述。原先就是竞选人才充分而政策人才匮乏的民进党，越来越多的人开始迷恋于权力，或者是走向选举场合，通过选举而掌握更多权力。即使是基于选举需要而开展的政策论述，也多是流于形式而缺失实质内涵，更难以契合民众需求及社会脉动。对此，台湾媒体有非常贴切的评论："民进党显然是一个选举导向的既得利益型政党，党内领导阶层只关心选举利益，至于攸关社会公道正义与两岸关系、人权、安全等价值观的议题，却被领导菁英们集体忽略。这个结果只会让民进党越来越权力垄断化、内造化，一个提不出国家愿景、不关心国计民生的政党、一个只能以追求民主光辉历史诉求大众支持的政党"。①

2. "台独""神主牌"束缚民进党的政策论述思维。由于"台独"成为民进党内部"神主牌"，加上不少政治人物基于个人政治利益需求，"台独"主张成为民进党内无人敢去撼动的"道德标杆"，也由此使民进党人士的政策论述思维受到了严重束缚。基于中国大陆崛起，基于东亚经济一体化趋势，"台独"前景越来越小，既然如此，在两岸政策论述上，如何提出适应两岸关系和平发展趋势的开放政策，这是民进党无法回避的问题。而在两岸关系发展对台湾内部影响越来越大情况下，台湾内部任何问题的解决与政策提出，都无法不面对大陆，无法不考虑到大陆因素，但"民进党一味的

① 社评："权力结构老化，民进党前途何在?"，台湾《旺报》，2013 年 5 月 28 日，C5 版。

'反马'、'反中',最后可能是把自己推入历史的深渊中"。①"台独""神主牌"成为民进党在两岸政策上进行论述的重要障碍。

3. 狭隘的"本土化"思维让民进党缺乏国际大视野。在本土化潮流下,似乎越本土,就越是"爱台湾",《自由时报》就一直鼓吹"爱台湾"的政治人物与其多到外国走走,与其到中国大陆访问,不如多到地方乡下走走,甚至以此作为衡量人们是否"爱台湾"的标准。因为要选举,因为忙于争取选票,民进党政治人物眼光自然只盯着地方基层,而对于国际形势、国际经济趋势的了解和把握就十分有限,具有国际观的人物在民进党内寥寥无几。经常有人批评苏贞昌的国际视野不够,两岸关系视野不足。其实,类似苏贞昌的情况,在民进党内又何止他一人,应该是"苏贞昌们",是一大群"苏贞昌们"!

4. 道德异化使民进党人士的内在修养不足,政党内部缺乏政策辩论理性的空间。香港《中国评论》月刊社论提出了民进党"道德异化"问题,可谓一针见血,切中民进党要害。而民进党道德异化后的其中一个重要影响就是使民进党人士自身的内在修养不足,当然也就难以提出符合时代发展要求的政策主张与论述。由于权力斗争需要,民进党政治人物思维是只看党内,不看社会,思维与社会发展脱节。原先人们寄望许信良 2012 年参加党主席选举以带动民进党在两岸政策上进行辩论,甚至带动民进党政策转型,或者能够放弃"台独"主张,务实开展与大陆的交流交往。但民进党主席选举实际情况是:各位参选人忙于斗争,疏于政策辩论;忙于攻击对手,疏于提出政见。即使是最被看好提出政策的许信良,也只是提出"特赦陈水扁"、不要"油电涨价"等主张,甚至进行绝食,把斗争目标瞄向马英九,把民进党内部斗争方向转向国民党。

5. 民进党社会支持基础的"乡村化"。由于过去长期在野党身份,造就了民进党扮演反对党是如鱼得水,而作为反对党,民进党就自始至终停留在"只要反对就够"的原始立场上。这样的思维,难让民进党有"进步"!再加上民进党目前主要社会支持基础是在中南部的乡村地区,更加造就与极端化民进党的"乡村化"思维。政策论述的"贫乏化"也就习以为常了。

（原载香港《亚洲研究》,2015 年第 70 期）

---

① 王崑义:"寻找力量的根源:台湾绿营再起的契机",香港《中国评论》月刊,2009 年 1 月号,第 35 页。

民进党与台湾社会运动的关系

季伊昕*

引　言

民进党与台湾社会运动间的关系，是认识与研究岛内政治的一个重要角度。两者是岛内政治发展进程中共生交叠、相互依赖的重要角色。共同的政治对手、相似的社会基础以及斗争路线是民进党与社会运动间合作属性的基础，民进党掌权后向社运界释放一定参政空间无疑强化了双方的合作。然而，执政后的民进党却使社运界相当失望，双方关系因路线转变、贪腐、政治机遇等因素变得尴尬矛盾乃至冷漠疏离。蔡英文任民进党党主席后，两者间关系出现新的特征与模式：民进党对社会运动的"再发现"暗藏政治算计，培植激进社运侧翼、操纵青年投入社运中以打击国民党并夺取政权，对未来岛内政治生态与发展埋下伏笔。

一、民进党与社会运动的共生交互属性

首先，从历史脉络看，民进党的发展与社会运动的酝酿、兴起与巩固同时展开，皆与岛内民主转型进程密切相关。民进党脱胎于社会运动，接连不断的社会运动为民进党的成立营造了相对宽松的政治环境，提供了成立政党的社会基础，培养充沛的政治人才。而民进党的投入也扩大了社会运动的规模与效应。蒋介石逝世后台湾社会追求政治民主的呼声渐强，先后发生了中坜事件、美丽岛事件等重要政治事件，民进党创始人物黄信介、康宁祥、许

* 季伊昕，女，上海外国语大学国际关系和公共事务学院国际政治专业博士研究生。上海国际问题研究院台港澳研究所研究实习生。

信良、吕秀莲、林义雄、张俊宏、姚文嘉、施明德、陈菊等为首的党外人士高度活跃，在上述事件中扮演关键角色，掀起了岛内反国民党威权统治、争取民主的社会运动浪潮。20 世纪 80 年代，蒋经国加速民主改革，先后作出解除解严、开放党禁与报禁等决定。80 年代后期，党外人士对国民党当局双重施压：一方面针对当局，组织街头运动迫使其释放被关押人员，并呼吁开放党禁；另一方面针对民众，运用街头演讲、成立后援会与动员民众游行抗争等方式，促使社会运动由孤军奋战向组织化与规模化升级。1986 年 9 月 28 日，党外后援会在台北圆山饭店集会并宣布正式成立台湾战后第一个在野党"民主进步党"。众多在社会运动中起策划和领导作用的党外人士成为民进党建党初期的灵魂人物。

其次，从国际背景来看，民进党和社会运动的兴起与现代世界"第三波民主化浪潮"以及"中华民国"在国际社会失去合法地位相呼应。随着台湾经济腾飞与现代化发展，岛内民主化诉求不断上升，民众反抗国民党威权统治的民主意识增强，并伴随各类环保反核、原住民运动、农工运动等"自力救济式抗议"层出不穷，使"民主化"成为台湾社会普遍诉求。在70 年代中美关系正常化、中华人民共和国恢复在联合国合法席位等一系列转变下，国民党政权所代表的中国"法统"地位在同时期从根本上失去基础，长期塑造的"反共"意识形态被冲击，在台湾的威权统治和强制认同"中华民国"的民族主义失去了权威，留下了意识形态的真空地带，而民进党和社会运动的"自主性""本土化"乃至"台独"意识觅得机遇，得到公开、极大的提升，互相形成支援，以台湾"本省人"为抗争主体的社会运动形成高潮。[①] 可以说，20 世纪 70 年代以后的社会运动基本上是本省人要求对政治资源进行再分配的政治运动，虽然有少数外省人参与其中，但很快被边缘化。社会运动与民进党的领导人几乎都是本省人。民进党成立时，16 位主要干部中，仅有费希平一人是外省籍。[②] "台湾意识""本土化"可谓是民进党与社运共有的潜意识。另外，部分对时局敏感的政治人物意识到台湾的政治重心已不在国际，而将在"立法院"，故目标明确地投入岛内政治选举中。[③] 正式建党后，民进党遂成为岛内社会运动主力军。作为一个新

---

① 郝时远："台湾的'族群'与'族群政治'析论"，《中国社会科学》，2004 年第 2 期。
② 刘国深等著：《台湾政治概论》，九州出版社，2006 年版，第 53 页。
③ 康宁祥语。李筱峰：《台湾民主运动 40 年》，自立晚报出版社，1987 年版，第 113 页。

生政党，手中的政治资源十分有限且对组织的掌控能力也较弱，点燃民众对现行政权的不满情绪显然最为便捷有效。民进党因而提出具有高度民粹色彩的政治纲领，在行动模式上采取基层动员与街头抗争等激进手段，渗透入民间社会，刻意培植自身"本土化""平民化"的政党形象，频繁发动以"本土化"与"台湾化"乃至"台独"为主题的社会运动，夹杂民主意识与分离主义意识横扫台湾社会，埋下分离主义与民粹主义的种子。

再者，民进党与社会运动的共生交互属性还体现于两者在组织架构及人才上的相互依附。民进党脱胎于街头运动，两者为开拓更广阔政治空间联手，选举时也常常将社运团体作为组织"桩脚"，因而党内众多干部长期与学运、文化团体间维持紧密关系。民进党创党初期即在党内设立负责同各社会运动团体联系与合作的"社运部"（后更名为社会发展部）。另外，民进党内部派系林立并广泛深度介入到社会运动中，许多社运团体公开或半公开成为民进党的外围组织，与民进党保持密切联系。

民进党派系	社团组织名称
新潮流系	"台湾环境保护联盟""台湾劳工运动支援会" "台湾农权会""妇女进步联盟""原住民权利促进会" "台湾教授协会""外省人独立促进会""台湾人权促进会""开拓文教基金会"
正义连线	"福尔摩沙基金会""福尔摩沙联谊会""扶轮社""医界联盟""首都基金会"等
福利国连线	"新文化基金会"
"台独"联盟	"世界台湾人大会""现代学术基金会""台湾安保协会" "共和国杂志社""台湾建国运动组织"
主流联盟	"公民投票委员会""全民电视"

（根据郑明德《一脉总相承—派系政治在民进党》时英出版社与杨毅周《民进党组织派系研究》九州出版社二书整理）

最后，社运团体与外围组织是民进党重要的干部与人才储备库，社运骨干也将其视为进入政界的关键渠道。再者，民进党内部派系中的"学运世代"直接源自于社会运动，在民进党内精英中所占比例较高。学运世代是民进党内的特殊群体，指于20世纪80年代中期参与学运，尤其是1990年参与"野百合学运"并在之后加入民进党的政治人物：如前任民进党秘书长林佳龙、前任"总统府"副秘书长的马永成、前代理高雄市长陈其迈、前后任民进党中央副秘书长钟佳滨、颜万进以及大批绿营"立委"如李昆泽、郑丽文等都是其中的代表人物，① 对民进党内部生态、执政理念与具体政策有较大影响。民进党与众多社运团体间维持较松散的联盟关系，随民进党不断收获新的政治机遇，尤其是 1992 年"国会"全面改选后急需大量专业政治人才，社运界便成为民进党主要而关键的人力资源库。

总体而言，民进党与社会运动在岛内政治活动中成为相互交叠、共生依赖的两个角色。民进党透过社会运动探测社会变动的风向，攻击政治对手的机会，并寻求社运界的支持；而社运界则借助民进党扩大运动的能量与效应，并仰赖政党制度化的支撑。可以说两者间存在较深的交互共生关系。

二、民进党与社会运动的可合作属性

民进党在建党前后与执政初期，同社运界保持紧密合作关系，具合作空间大、程度深且摩擦小等特点。

首先，两者都对当时台湾政治状况不满，渴望通过激进运动手段达到变革社会的目标。两者皆把国民党视为需打击的政治对手。而可合作属性不仅取决于两者的相似之处，也建立于两者并无重大利益冲突基础之上：民进党作为政党以执政为重要目标，而社运界不会与民进党争夺政权。双方根据现实需要互为枪支与弹药。当年环保运动主导者之一、前环保署长林俊义曾说"环保运动只是民进党执政的手段"，真正的目的在于反体制、反独裁，达到颠覆国民党统治。但鉴于两者可实现互惠互利，达成赔偿、迁厂、停工为主的环保运动目标，民进党长期与环保运动组织者、环保 NGO 组织结成了"战友"关系与情谊。② 社运界拥有民进党极度需要的社会资源与动员力量；而民进党作为新生政党包袱与束缚较少，与国民党及旧体制对抗时冲击力与破坏力都较大。

其次，民进党与社会运动支持者的社会基础有较大重合。为与大资产阶级代言人国民党有所区隔，民进党在 1986 年成立时便宣称将其政治基础建筑在大多数中产阶级、劳工、农民、弱势团体和其他长期受国民党压迫的各阶级身上。③ 而社会运动主要由受害者及为弱势群体发声的中产阶级组成。

---

① 徐青："民进党'学运世代'两岸政策主张的特点及其影响"，《台湾研究集刊》，2008 年第 3 期。

② 杜强："台湾环保运动的范式、影响及其与政党关系研究"，《台湾研究》，2009 年第 4 期。

③ 1986 年《民主进步党党纲》。

民进党成立初期的成员与支持者主要由包括工人、交通运输业工作者、普通职工等在内的劳工阶级与包括自营商、企业家在内的小资产阶级为主。随民进党实力与执政欲望皆上升后，20世纪90年代中后期始，为消除中上阶层与大资产阶级对其可能上台执政所怀有的疑虑，民进党展开了系列拓展社会基础的转型动作以争取中产阶级与大财团支持，并成功利用省籍矛盾与南北经济差距吸引本土意识较为强烈的中南部农民的支持。① 支持者社会基础重叠度高是双方合作的奠基石。

再者，民进党建党初期倡导的路线与社会运动相契合。民进党创始阶段以本土工农社会阶层和自由知识分子的政治代言人自居，针对国民党"金权合流"弊病提出一系列照顾中下阶层利益的财经政策与社会福利政策。借由反抗国民党威权统治出道的民进党党内存在一种模糊的、源自台湾现代化初期左翼思潮的"民主社会主义"思想。如建党初期民进党内部"新潮流系"与"福利国连线"等派系，反映出部分派系人士认同左翼思想。② 而这正与当时此起彼伏的包括农民运动、劳工运动、"原住民"运动、妇女运动、环保运动、"反核"运动、老兵还乡运动、学生运动等社会抗争运动路线主题相吻合。

最后，民进党执政时期开启部分社会议题的决策参与管道。以往，国民党政府决策机制的特点是由上而下，社会运动团体，尤其是环保被视为麻烦制造者。民进党一方面缺少中央执政所需人才，另一方面对国民党所遗留下的统治机器存在不信任心态。如此环境下，环保运动者较易获得进入体制的机会并从内部产生影响力。从人选与机制两方面入手，可更好理解民进党如何将社运力量纳入决策参与过程：（1）以"环保署长"人选为例，民进党当局任用了有"反核运动之父"之称的林俊义，此任命具特殊意义，代表环境运动朝体制内发展的巨大跨越。林虽任期不长（2000年5月—2001年3月），却是首位具民间运动声望的最高环境行政长官。另有三位分别有绿党、环保联盟、野鸟协会社运经历的人士担任署长机要秘书工作。通过他们居中协调，绿色团体与政府的沟通较以往更容易。更重要的是：社运界开始理解官员处境，而官员也开始信任他们以往认为激进具破坏力的社运团体。

---

① 陈桂清："浅析民进党社会基础的变迁与新特点"，《台湾研究》，2015年第5期。
② 郑振清："台湾贫富分化与民进党'中间偏左'路线演变（2008—2012）"，《台湾研究》2012年第3期。

（2）以"环保署环评委员会"为例，这一新开启的参政机制被授予实质审查权，能够否决被认定有重大负面环境影响的开发案。2001年6月，"环保署"正式修改环评委员的提名任用办法。根据新规定，"环保署长"允许社会组织、专业团体与学术单位提出他们的建议人选，改变原先单方面遴选全部审查委员的模式。而提名资格方面尤其向社运界倾斜：民间环保团体的三年参与经历被视作获得认可的条件之一。① 总体而言，上述体制内的机制性改革证明社运团体获得官方的认同与接纳，官方对社运界也一定程度有所改观。

除环境运动外，女性运动也在20世纪80年代兴起并谨慎介入政治体制内，新团体小心探索解严后新开启的空间。80年代末期妇女组织进一步转化，开始显露头角，获得民进党关注并引为合作对象。1988年，新妇女团体"进步妇盟"成立，公开支持当时甫成立不久的反对党民主进步党。1990年，妇女新知基金会透过跨党派操作，将"男女工作平等法"送进"立法院"，获得国民党与民进党"立委"支持，这也是后来妇女团体特别注重修法工作的先声。1994年，陈水扁当选台北市市长后，依照竞选承诺成立"妇女权益促进委员会"，许多妇女组织参与其中，介入地方政府的妇女政策制定与执行。②

三、民进党与社会运动的矛盾排斥属性

20世纪90年代后期，民进党调整战略，由体制外街头抗争转向参与体制内选举，拉开了与社运界的距离。2000年民进党首次获取政权时，深孚社运界众望，但民进党上台做出一系列违背其在野时期主张的决策，使社运团体相当失望，两者间矛盾与相互排斥的属性显露得愈发明显，之前基础并不牢靠的策略性结盟出现裂缝。民进党与社运界的冷漠疏离乃至相互排斥有来自双方的原因。首先是民进党方面因素。

第一，执政后，民进党改变原先定位，不再采取与社运结盟策略。民进党对自身定位从运动政党转型为议会政党，谢长廷直言"民进党在建党的

---

① 何明修：《绿色民主：台湾环境运动的研究》，群学出版有限公司，第218页。
② 庄雅仲：《民主台湾：后威权时代的社会运动与政治文化》，香港中文大学出版社，第31页。

第一阶段已经和革命团体做了划分，明确我们不是要革命；第二阶段，我们给民进党的定位为运动政党，在我们执政后的第三阶段，其实民进党就是一个议会政党。"民进党清楚认识到"我们就是要执政"。① 尽管社运协助民进党夺取执政，但在后者掌握政权后，社运团体因其自身抗争属性与具高度理想性的特质，成为"发泄不满"的反对力量，挑战民进党执政地位，给其制造麻烦。调整自身定位的民进党渐渐拉开与社运界距离，变得冷漠而疏离。

第二，将政党利益放在首位，官商勾结，牺牲社运界诉求。民进党执政后优先考虑政党利益，抛弃竞选期间对社运界许下的改革承诺，与大财团及资本力量紧密合作。陈水扁执政八年间与大企业联手，建立政商寻租联盟，不仅收买了台湾主要工商团体，还大力推行有利于大企业和大财团的公营事业民营化。② 2004 年扁当局推动"二次金改"，背离强化金融机构体质进行整并的初衷，行拉拢财团、操控选举之实。政治上的出尔反尔与背信弃义使民进党逐渐失去社运团体与中小企业主的支持。另外，政党为获得最大选民支持与政治资源，不得不在政策上向中间靠拢，以争取人心以及最多的选票。但此举却忽略了社会分歧与异质性，而社会运动所代表的社会利益正是具有边缘化、异质性等特点。由于政党趋同化，往往抢夺中间选民，放弃边缘选民以规避争议风险。执政与在野的矛盾是天然存在的，此时更为突出。民进党执政后放弃原先先锋与激进立场，在社运议题上的保守化趋势备受社运界批评。

第二，民进党利用政治资源吸纳社运界人士进入体制内，却限制其发挥作用。民进党无法再代表社运团体利益，也不愿在体制内对社运界释放出更多立法、选举与执政空间，认为社运界要价过高无法合作而有意边缘化后者。反核与相关环境议题一直是台湾重大社会与政治问题。在野时期的民进党为在选举中争取反核团体选票支持，公开站在反核社团一边并参与反核活动，以至将"非核家园"主张纳入选举纲领中。2000 年"大选"中，陈水扁为展现决心，甚至公开签署"反核同意书"承诺一旦当选便撤销"核四计划"。执政后，在反核团体强大压力下，民进党当局于 2000 年 10 月 27 日

---

① "民主的包容，进步的取向—谢长廷先生访问记录"一文，选自《从建党到执政》陈仪深主访，玉山社，2013 年。

② 郑振清："台湾贫富分化与民进党'中间偏左'路线演变（2008—2012）"，《台湾研究》，2012 年第 3 期。

仓促宣布"停建核四"以兑现选举承诺。但立马遭台工商团体与在野国民党的强烈反弹，"核四"机组主要供应方美国也高度关切此事。民进党腹背受压，在虚晃一枪给反核团体一个"交待"后在2001年2月14日宣布续建"核四"。这一举动激怒了相关社运界人士并宣布与民进党决裂。① 更多团体在静观了昔日战友四年执政表现，从希望到失望、从忍气吞声到割袍断义。社运界明确指出：民进党执政后推动许多对环境不友善的政策，痛批民进党政府四年以来的种种破坏环境生态的施政是"永续骗局""绿色政府架空绿色""扼杀母亲台湾"，认为这是传统偏离的环保团体，在被民进党以资源及位置收编后，经过四年的被出卖惨痛教训，终于在民进党再度执政后，对这个长期共同对抗威权的战友不再期待。② 同时认识到，环境团体必须摆脱昔日环境运动战友变成环境破坏凶手的失落之情，培育专业能力。然而，社运界又表现出对民进党无法彻底切割与欲拒还迎的摇摆心态。如在重要场合，社运团体仍需民进党政治明星为其"站台"，吸引社会关注并扩大影响。尽管多次在会议宣言及文件中痛陈民进党背叛，2004年起的每届全台"NGOs环境会议"开幕首日，主办单位仍邀请陈水扁莅临致辞，便展示了这一矛盾姿态。③

其次，社运界自身转变因素也在两者矛盾与排斥属性中起到重要作用。

第一，社运界对民进党严重的贪腐问题非常失望，早期形成的理想化印象破灭。民进党在早期与国民党长期斗争中发展出"民主"与"清廉"的政治价值诉求，但上台后利用执政优势不断扩大政商关系的经营规模，构建起强固的利益共生结构，加速推进"黑金政治"步伐，弊案频出，对台湾社会观念与价值伦理造成很大冲击。④ 陈水扁当局因其"失德、失政、失言和缺乏反省能力"，致使民进党的政治声望急剧下降。⑤ 在2006年下半年，众多社运团体包括一些亲绿的社运界人士更是站出来发动和参与大规模的"反贪腐倒扁"运动。⑥ 施明德聚集公民社会力量全面反制了由陈水扁挑起

① 刘国深等著：《台湾政治概论》，九州出版社，2006年版，第64页。
② 苦劳网2004年5月14日发表，题为"不只抛离民进党情结，环保团体再出发"。
③ 杜强："台湾环保运动的范式、影响及其与政党关系研究"，《台湾研究》，2009年第4期。
④ 陈星：《民进党结构与行为研究》，九州出版社，2011年版，第39页。
⑤ 杨立宪：《民进党当局陷入执政困境》，《人民日报（海外版）》，2006年5月19日，第3版。
⑥ 林劲、聂学林："民进党基层经营初探"，《台湾研究》，2008年第3期。

的"省籍－族群"政治斗争路线，[①] 除泛蓝阵营外，许多具有独立色彩的知识分子纷纷出来以各种方式批判，"民主行动联盟"首先发起"倒扁联署"运动，紧接着各社团与社运界人士进行广泛的社会动员，发起"百万人倒扁"运动，将运动定调为"公正"与"民主价值"，使运动进入更有力量与实践意义的抗争阶段。

第二，社运界认清民进党政治投机主义，渴望摆脱政党的干预。环保运动在发展过程中，在野的民进党各派系人马积极介入，以谋求环保运动可能带来的政治资源和票源。民进党通过参与、主导等操纵环保运动赢得民众的支持和拥护，特别在受环境污染之害较深的中南部地区具有广泛的群众基础，从而在县市长、"立委"的直选中赢得较多选票，不少县市逐渐由"蓝天"变"绿地"，由民进党执政并深耕。民进党获得社运界大力支持并最终在 2000 年夺取政权，后者对民进党兑现诺言深度改革台湾社会抱有很高期待，但最终认清现实。如台湾资深环境运动人士、学者何明修表示"我发现自己完全无法预测民进党上台之后的发展，未料想到废核改革的挫败、种种反制运动的兴起，乃至民进党政府的保守化。民进党的执政使得原有的政治联盟彻底断裂，在环境政策上的保守化是明显趋势。"[②] 社运团体代表人物公开或私下批评民进党背弃承诺，变相打压环保、劳工、性别等社会抗争运动，使许多社运丧失其动员能量，运动进展受挫，许多议题处于"守势"阶段。2003 年 8 月，原民进党"新潮流系"核心人物、台湾促进和平文教基金会执行者简锡堦鉴于政党轮替后民进党已经背弃对弱势人民的承诺，于是联合数十个原来支持民进党的社运团体，成立代表弱势群体利益的"泛紫联盟"，试图形成泛蓝、泛绿之外的第三势力。尽管此举并不成功，但彰显了社运界在政治上欲与民进党政权形成区隔，不再愿受后者操控摆布的政治态度与决心。

第三，社会运动自主性上升，对民进党依附性降低：台湾民主化进程对岛内政治、经济、社会等各领域影响加深，释放了较强的"社会力"，各类社会组织与民间团体兴起，不仅具有岛内支撑，同时开拓了部分海外联系与国际影响，故拥有更多的自主选择，对民进党依附性降低。20 世纪 80 年代

---

① 王茹："台湾当前的政治危机与'省籍－族群－本土化'进程"，《台湾研究集刊》，2006年第4期。

② 何明修：《绿色民主：台湾环境运动的研究》，群学出版有限公司，序言。

后期岛内相继成立台湾农民党、绿党、红党、客家党、第三社会党等以社会议题为导向的"第三势力"小党，尽管尚不可能对台湾政治生态形成较大影响，挑战蓝绿两极格局，但客观上保有自身发展的空间与机遇。

四、蔡英文上台后民进党与社会运动间关系新趋势

过去八年民进党在野期间，民进党可以说是"重新发现"了社会运动这个"老战友"，重拾"社运路线"对台湾社会进行广泛动员，对国民党政权形成重大冲击。尽管蔡英文声称近年来台湾公民社会高度成熟，主导议题与组织动员能力强大，并"谦虚"表态"现在是公民社会要不要接纳民进党，而不是民进党能不能领导公民社会"，失落表示"民进党只是社会运动参与者不再受邀上台发言"，[1] 但民进党却多次收割社会运动成果，夺取政权的重要因素之一，且与先前的合作本质与模式已有很大不同。

首先，在野期间，民进党党主席蔡英文高度重视社运运动，重新举起"公平正义"的旗帜与社会运动紧密结合。接任党主席不久的蔡英文启动了检讨民进党政治定位和路线的改革措施。2009 年 2 月民进党召开临时中常会，蔡英文宣示 2009 年为"社会运动年"，试图重建民进党与社会运动界的联系，重获社会支持。[2] 2012 年岛内"大选"时，蔡英文更以"公平正义"作竞选主轴，此为台湾选举史上首次以这一概念为主导议题。然而，这并不意味着"公平正义"真的就是民进党或蔡英文的核心价值与政治理念，更多反映出他们足够敏锐，体察到新的社会动向：台湾进入抗议年代，以"公平正义"口号为国民党政权贴上"亲商"标签，给两岸共享和平交流成果贴上"图利大财团""红色资本"标签，激起民愤，培植社会运动的土壤。

审视民进党如何与社运界合作，可以观察到两个特点，折射出民进党重新投向社会运动的真实目的。2014 年 5 月，蔡英文在回锅民进党主席的交接仪式上，明确表示将基金会与公民团体的互动，作为重返执政的三大任务之一。即充分重视、利用公民团体的力量，分进合击，共同对付国民党，最终实现重新执政的目标。第一，民进党培植青年世代参与社运来推翻国民党

---

① 蔡英文：《英派》，圆神出版社有限公司，2015 年版，第 92 页。
② 郑振清："台湾贫富分化与民进党'中间偏左'路线演变（2008—2012）"，《台湾研究》，2012 年第 3 期。

政权，采取了多种具体做法。（1）制度化培养。蔡英文 2012 年卸任党主席后宣布成立"小英教育基金会"，通过基金会实施青年政治工作实习计划，招募大学生进入立法机构办公室、非政府组织实习，透过参与实践，近身观察政治实务。蔡英文对下个世代的重视显然有其长远计划。将高达 1.68 亿元新台币的补助款及结余款全部注入，明确资金用途为结合在地公民团体，并"鼓动全民参与的社会力，让每个人都是改变社会的参与者"。2013 年，民进党支援台湾大专院校开展政治工作实习计划，提供民进党议会党团服务处、议员服务处、其他"公民团体"暑假实习生每月近二万台币的薪资，让年青学子有机会成为政治工作者的实践以及实习的机会为诱饵为民进党直接招兵买马。① （2）政治明星加持。而"小英教育基金会"首批公开活动即安排蔡英文与其他党内"大佬"以"讲师"身份，为民进党各派系的青年军讲课。其中包括，扁系的"凯达格兰校青年营"、新系的"春雨台湾新青年领袖营"、谢系的"新文化工作队"，使学生能近距离接近民进党的"大佬"，用"领袖魅力"对青年施加影响。（3）政治前途利诱。除了诉诸理念外，民进党对青年们具现实诱惑借 1990 年的"野百合运动"大批青年学生直接跻身政坛，其中不乏林佳龙、郭正亮与郑文灿般的民进党政治明星。对于部分具参政野心的青年而言，学运是步上政途的捷径。② 反服贸风波过后，蔡英文招募运动骨干陈子瑜担任社运部副主任。名噪一时的林飞帆、陈为廷、魏扬、黄郁芬等人，正是"学运模式"的"模板产品"。（4）深耕校园与社区。这一策略使台湾高校沦陷为政治较量的场所，年轻学子成为政党、社团争夺的力量。一些民进党政治人物与学者明确提出，社运、民主、人权是可以利用且能吸引青年民众的王牌。在近几年的社会运动中，可以看到受到民进党诱惑的一批批年轻人已经成为这些运动的街头前锋，或是深耕社区的草根工作者。这种将抗争运动重心放在高校与青年上的好处在于核心决策者可以躲藏在运动之外，而又能实际收割运动的成果。而且利用青年学子开展运动的好处，还在于互联网并未改变政治规律，青年学子虽然可塑性强，但极易被煽动。

第二，民进党塑造社运流水线，批量制造多次社会运动。一条"生产

---

① 杨仁飞："台湾'新公民运动'的'异化'与'绿化'"，《台湾政治》，2014 年第 3 期。
② 刘强："'绿色生产线'上的'芒刺青年'——民进党这样导演青年社运"，《团结报》，2015 年 8 月 13 日，第 3 版。

线"制造了七场街头运动。事实上，自2012年"大选"败北，民进党明确提出进一步争取中间选民与青年世代的战略。自2012年起，蔡英文用心经营四年"青年战场"。间接为"反媒体垄断大游行"（2012年9月）、"洪仲丘凯道抗议"（2013年8月）、大埔"拆政府"抗议（2013年8月）、反服贸风波（2014年3月）、"反核四"运动（2014年4月）、"割阑尾"运动（2014年5月）、"反课纲"运动（2015年7月）等输出运动理念、口号、组织力量与参与者。这些社运事件中的带头者或抗争主力，基本都是深受民进党培训和引导的青年学生。

其次，民进党将社运重点从环保、劳工、性别等传统议题转移至"反权贵财团"与炒作大陆因素议题，煽动人心，以达到排挤传统社运团体，重新塑造话语权目的。2008年民进党下台以后，台湾社会运动再次呈现出不断高涨的趋势，并且社会运动与学生运动相互结合，相互渗透，各种政治势力尤其是泛绿阵营纷纷插手其中。以"反马"为明确目标的社会运动，多数都有政党推动的背景，借社运之名展开政治斗争。如2009年5月17日和2012年5月19日，由民进党发起并主导的"517呛马保台大游行"和"519呛马踹共大游行"。① 在台湾北高两市举行。2013年9月29日，台湾民间团体再次联合发起"呛马"大游行，迫使国民党全代会不得不延期。以反对两岸交流为直接目标的社会运动。最早的是2008年11月的反对第二次"陈江会"的"野草莓运动"。2014年6月25到28日，国台办主任张志军访台，也遭遇少部分社运团体的反对，期间还发生了"乌来铁链事件""高雄西子湾泼漆事件"等蓄意抗议冲突。另外还有一类把"反马"与"反中"结合起来的社会运动，如以"反服贸"为号召的"太阳花学运"，以及"反课纲运动"，带有鲜明的"反马反中反统"的政治色彩。②

再者，民进党试图培植隶属于自己的社运激进侧翼。反服贸风波直接孕生的"时代力量"吸收大量激进社运干将加入，民进党亦在2016年台湾"大选"中倾力相助"时代力量"党，为其"辅选"助力。按照台湾政治板块结构与选举制度，分区选举如民进党不放出地盘，小党出头相当困难，而不分区政党票如无地方议会"桩脚"奠定基础，争取亦艰难。可见民进

---

① 按："踹共"为闽南语，意为"出来讲清楚"。
② 张文生："2008年以来台湾社会运动的政治化倾向研究"，《台湾研究集刊》，2015年第6期。

党不仅是"礼让"时代力量，更视之为侧翼辅佐培育。黄国昌为民进党点名礼遇候选人，苏贞昌等党内要人皆助力选举；在台北，谢长廷、游锡堃等纷纷为林昶佐站台拉票，蔡英文更是与之一同拍摄竞选文宣；在台中，林佳龙甚至担任洪慈庸竞选总部主委。表面上，"时代力量"的政治效应较强，政治主张与实际政策较为模糊，但通过本次竞选，已展露以下特质：（1）"台独"色彩浓重。"太阳花"学运突显了台湾社会"独"与"左"的两条路线：反中与反自由贸易两个极端诉求通过反黑箱的中性诉求链接。而"时代力量"即由此脱胎孕生的"独派"政党。选举中与"独"派政党整合结盟，在民进党向政治光谱中间靠拢之时，代其巩固深绿地盘。胜选后当选"立委"与主席团成员拜会李登辉，向其"取经"，并获得其允诺支援"时代力量"智库与人才运作，助时力拓展海外关系。（2）借民生议题销"台独"理念。紧贴社会岛内热点政治与民生议题，重新集结"独派建国"的社会力量。表面上在经济领域倡议打击"分配不正义"的社会福利主义政策，实质攻击国民党一切政策主张，选举后"时代力量"火力全开，在短期内已连续就"中嘉案""农损补助""原住民自然主权""松绑白领外劳门槛"等议题向当局发难，借机推行"台湾主体性"理念。（3）"修宪"与"追求国家地位正常化"为核心目标。时代力量从不掩藏其建党目的即追求台"国际地位正常化"，进"立院"后，便可能逐步将理念转化为"修宪"实际运作。并向执政党施压将国家定位与两岸关系问题说清楚，提出"解冻宪法"推动"由下而上"的修宪改革。

传统社运团体经过第一次政党轮替看清民进党与其合作的真面目，当前谨慎处理与民进党关系。绿社盟与"时代力量"同为第三势力，社民党同样脱胎于"太阳花"社运，同样采取结盟策略，但后者进"国会"，前者却前途堪忧，除却缺少政治明星，与绿社盟不认同民进党理念、不松口合作并与之保持距离有关。但大多团体因资源有限，不得不争取有限度合作。而国民党在历史上从未有与社运界合作倾向，心态上畏惧并排斥，社运界也不向其靠拢。故民进党全面执政后在操纵社会议题与社会运动上有较大空间与较少阻力。

五、民进党与社会运动未来关系展望

尽管民进党操弄民意、掌控社运打击国民党，并最终夺取政权看似成功，手段亦日趋成熟老练，但上台后，台湾外部环境与内部问题对执政党的挑战始终存在。全球经济复苏缓慢而国际贸易竞争日趋激烈，两岸关系在民进党上台后走向仍旧不明朗。而台湾内部今后几年就业不稳、薪资停滞、发展空间压缩等问题接踵而至，台湾将进入"少子化"和"老龄化"日趋严重时代，大学倒闭、经济动力匮乏等后果将会浮现。民进党在过去八年给人深刻的印象就是反对和抗议，但经济与社会的结构性问题不仅没有解决，反而日趋严重。蔡英文一再描绘的美好经济创新图景如空中楼阁虚幻不实。民进党面临新的政治周期，新的政经与社会问题，更加脆弱的社会心态与更上涨的民粹主义以及自身并不乐观的政治领导力，可谓挑战重重。

民进党与社会运动间的关系前景也可谓按潮涌动。尚未执政的民进党已受到社运界诸多批评与抗议。如台湾社运界一年一度由劳工、教育、土地、性别界组织的"秋斗"大游行将终点设在民进党"总统"候选人蔡英文的竞选总部，对民进党在重大劳资争议（如关厂案）、自由贸易协定谈判（两岸货贸、TPP）等重要社会经济议题上立场态度与国民党一致猛烈攻击。[①]而妇女团体在民进党公布"内阁名单"中女性阁员仅占10%后前往民进党中央党部进行抗议。另外，"时代力量"是民进党一手培植的激进侧翼小党，但两党间对彼此的定位与政治算计不同，既能促成选举中成功配合，亦暗藏未来争拗乃至决裂的伏笔。在两岸政策与重大政经议题上对民进党是"加分侧翼"抑或"扣分负能量"尚未可知。新的政治周期内，民进党与社会运动间的关系更加复杂多变，有待进一步观察与分析。

---

① "当街火烧蓝绿小猪，秋斗重申反右决心"，林佳禾报道，苦劳网：http://www.coolloud.org.tw/node/83994

"马王之争"：法律与政治制度根源探析

严安林[*]　童立群[**]

2013 年 9 月初，台湾"立法院长"王金平因涉嫌为民进党大党鞭柯建铭关说检察官，引发马英九与王金平之争乃至于国民党内部的政治纷争，民进党进而提出罢免马英九等政治动作，引起台湾政坛"九月风暴"。事件如何了结？何时能够告一段落？目前都难以下结论。不过，如果跳脱事件本身视角，台湾政治与司法发展中的一些特征和发展趋势倒是值得特别注意，马王之争为观察台湾法律政治制度提供了一个鲜活案例。

一、"马王之争"事件始末

2013 年 9 月 6 日，台湾"法务部长"曾勇夫涉嫌接受关说而介入弊案审理的丑闻掀起政坛风暴。根据台"特侦组"所公布的电话监听译文，"立法院长"王金平向"法务部长"曾勇夫和"高检署检察长"陈守煌"关说"柯建铭司法案。9 月 6 日，曾勇夫请辞后，社会与媒体关注焦点指向进行关说的王金平。9 月 8 日，马英九召开记者会，痛批王金平对司法个案关说，称这是侵犯"司法"独立最严重的一件事，也是台湾民主法治发展最耻辱的一天。但国民党荣誉主席连战却是抛出重话，认为马英九的做法欠周，不利国民党团结，不该公开"羞辱"王金平。9 月 10 日，王金平发表声明表示，台湾检察机关滥权上诉造成民众痛苦。他与关说风暴相关当事人

　＊　严安林系上海国际问题研究院副院长、两岸关系协创中心教授、上海市台湾研究会会长。
＊＊　童立群系上海国际问题研究院台港澳所副研究员。

的电话通讯并非关说；特侦组未审先判、滥权监督，"违法违宪"。他本人明辨大是大非，捍卫民主法治的决心与马英九一样强烈；他与中国国民党同舟共济，不离不弃，希望国民党中央考纪会勿重蹈特侦组覆辙，等等。对此，马英九一方迅速回应称，不是他不尊重王金平，而是王金平不尊重"司法"，并反诘连战：难道是要团结在纵容司法关说的风气里？9月11日，马英九以国民党党主席身份，在国民党中央党部一楼中山厅召开记者会，表示对于王金平涉入"司法"关说相当失望，王金平已不适任"立法院长"，党员同志必须站在大是大非这一边。同日，国民党中央考纪会做出对王金平撤销党籍处分的决议。王金平方面随即立即向台北"地方法院"提出"确认国民党党员资格存在"的诉讼，并声请裁定暂时状态"假处分"。① 12日，台北"地方法院"受理案件，13日台北"地方法院"裁定在诉讼判决确定前保有王金平行使党员权利。9月16日，针对台北"地方法院"的裁定，国民党方面委托律师向台湾"高等法院"提出抗告，30日，台湾"高等法院"裁定驳回该抗告。10月5日，国民党主席马英九在与各界人士研商后，决定针对王金平党籍案不提出再抗告，让事件本质回归"本诉"，以尽速厘清是非。12月4日，台北"地方法院"首度开庭审理王金平方面提起的"确认国民党党员资格存在"的诉讼。在马、王拉锯战的同时，台北地检署开始分案侦办"检察总长"黄世铭"泄密案"，并以被告身份传唤向马英九报告的黄世铭，并以证人身份传唤马英九及他的幕僚、"总统府秘书长"罗智强、"行政院长"江宜桦到庭讯问；11月1日，"检察总长"黄世铭被台北地检署检察官以涉嫌"泄密罪"起诉，成为第一个在任期内因职务行为被起诉的"检察总长"。12月14日，台湾检察官评鉴委员会认定，王金平确实向台湾"高检署检察长"陈守煌关说，要求对柯建铭案不再上诉，陈并向承办检察官林秀涛转述，林也接受。

二、"马王之争"的法律与政治焦点

虽然马英九方面一直强调此次事件是"司法事件"，认为事件的核心症

---

① 依据台湾地区相关规定，"假处分"是诉讼程序完成前的一种保全程序，用来保护请求"法院"判命被告做出一定行为（或"不行为"）的原告，在"法院"做出终局判决前，不会因为被告的行为（或"不行为"）造成其权利难以实现的状态。

结是"司法"关说，并指出马英九所有的决定都是为了阻止"司法"尊严被继续践踏。但许多评论则认为，这是一场"政争"，是"权力争夺"。也有学者提出这是价值观的冲突，是"价值之争"。相关的质疑表现在：第一，关说的性质问题。王金平涉嫌的关说，是一般性的关照还是马英九所言干涉"司法"的关说，并没有严格的法规条文的规定，这给王金平拒绝承认"关说"留下空间。第二，"检察总长"直接向"总统"报告本案的适法性，即马英九的"违法"和干涉"司法"问题。台湾多数媒体报道认为，特侦组将监听内容直接向"总统"报告，存在"违法"泄密的嫌疑。第三，政党与司法的关系问题。相关的争议包括：国民党党籍存在争执，并不适用民事诉讼法的标的，提起本诉有违法嫌疑；国民党考纪会处分的动机不当，违反党章；国民党考纪会是否违反民法公序良俗原则，恣意认定事实，并滥用制裁权；国民党考纪会的组成、决议方式和过程，是否符合"人民团体法"的民主原则，等等。正因为该事件涉及的面向如此之多，牵涉"总统"、行政、立法、司法等方面运作，导致各种声音和争议此起彼伏，也是仁者见仁、智者见智。从法律角度看，有关的程序正义、罪刑法定主义等原则被讨论最多；从政治角度看，有关行政、立法与司法的"三权"的关系和操作被关注最多。

总体看，不能以简单地以"是"或"否"的标准来划分"马王之争"的领域。客观上说，"马王之争"绝非是一场"有预谋的政治斗争"，"马王之争"涉及的因素的确是很多，实质上是"司法"与政治交互交织，既有政治干预"司法"，也有"司法"干预政治的倾向。如果进一步挖掘事件背后的根源，必须从台湾政治文化、台湾的社会民情、国民党的政党文化以及马英九、王金平二人个性等方面深入分析。

三、"马王之争"凸显当前台湾法律与政治制度的困境

（一）政治制度设计及运行现状中的结构性问题

1. 政治上选举民主有余，但制度约束不足。20年来，台湾民主畸形发展及其所培养的政治土壤和氛围使得任何政党执政都会深陷泥沼。台湾"中央研究院"院士金耀基认为："台湾对民主理念的拥抱是很坚执的，但

台湾民主作为一种治理制度却粗糙而欠缺效能，民粹常常淹没了民主。"①
台湾"国安会"前秘书长苏起认为，台湾这20多年的"民主化"实际上只
完成了一半，也就是"自由化"；还没有完成另一半即"制度化"。因为没
有"制度化"，所以台湾的头脑被"自由化"冲得"发烧"同时，躯壳仍
陷在"半民主半戒严""半法治半人治"的制度中。台湾的政治制度很像一
辆"民主"与"戒严"法规杂陈、法治与人治习惯并存，另外添加台湾独
有的设计的"拼装车"。如台湾政治中心——"立法院"，其制度设计就不
能因应当前台湾内外大环境的需要，表现在：一是效率低下、封闭保守。目
前平均一年通过法案仅为210个，远低于相同国家或地区的立法系统。二是
大多数通过的法案是个别"立委"提案（多为单条或少数条文），不是行政
部门提案，执政党团无力推出重大法案。三是政党协商制的破坏性。具有台
湾特色的"朝野协商"（党团协商）制度。参与"朝野协商"的"立法院
长"及政党代表一直掌握着大部分法案"生杀大权"，而每个政党不论多少
席次只有两名"立委"参加，不仅"彻底阉割了多数党的权力"，而且提供不
为人知的黑箱操作空间，让民主选举失去意义。另一方面，"朝野协商"可以
将委员会审查中根本未交付委员会审查法案径付二、三读，如此一来专业性
常设委员会被架空，"朝野协商"成了密室政治。四是由来已久的"立法院"
肢体冲突伤害台湾民主尊严和政党形象，甚至严重妨碍民主制度运行。五是
"立法院"成为蓝绿政党"敌我关系"拼搏沙场，也是各自利益团体巧取豪夺
的利益交易平台。台湾的民主政治存在利益团体"集体分赃"的特质。

2. 公务机关和公职人员缺乏创新动力。一是公务机关以"管理"为使
命，缺乏创新意识和机制，大多数机关没有独立研究部门或相应智库储备。
二是"民主化"后公务人员奉行"多做多错、少做少错、不做不错"原则，
尤其是公务人员在"立法院"及检、警、媒体和在野党随时可能"找麻烦"
情况下，做事原则就是"寻求自保"。三是政务官人数过少，动员及激励部
属手段有限，加之文官制度"分官设职"，缺少弹性等，让政务官或执政党
很难依照新的执政理念推动政务。四是政务官来源问题，公布财产、待遇偏
低、在两岸交往上受限等对政务官的限制和监督，让不少社会精英不愿意
"跳火坑"进入公务员队伍。

---

① 金耀基："台湾在'文明转型'中的新文化思考"，台湾《中国时报》，2013年6月26日，
A10版。

3. 执政监督体系混乱。"立法院"与新闻媒体在执政状态、执政过程及执政结果等方面的非理性监督问题比较严重。包括：一是大众媒体是导致当下台湾"官不聊生"最重要原因。台湾电子媒体的新闻报道策略显露出一个清晰路向：批评当局与监督官员。苏起认为媒体甚至已是台湾政坛"第一权"，各级主管高度重视媒体，花在回应媒体的时间多得超乎想象，任何政坛人士都要小心拿捏与媒体的相处分寸，导致媒体不再只是"观察者"，而是"参与者"。台湾媒体已走到"极端化""民粹化"和"弱智化"的地步。二是"立法院"与新闻媒体缺乏客观标准的非理性监督，把执政团队和推进台湾社会发展力量置于"能量耗散系统"中。能有助于执政或推进台湾发展的各种机构或个人，要么学会"隐形"，要么学会"借力使力"，最终导致"立法院"与新闻媒体每天关注对象未必是对台湾发展有助益者，反而对各种社会顽疾都装作"看不见"或"争吵不休"。

（二）政治文化整合功能的失灵或失效

1. 蓝绿对立严重化。蓝绿两大阵营间不是一般性的政治立场对立或政策主张不同，而是对立到使整个台湾社会分裂成蓝与绿、南部与北部，对立到社会生活中，特别是在民进党当政期间，蓝绿对立中没有人可以不选边站。正如苏贞昌所言：每次选完，总有一半民众认为要过着四年"失去政权"生活。

2. 政党关系敌我化。由于政党间的敌我意识十分强烈，台湾政坛中出现"纯粹竞争""只有破没有立"的政党关系，遇到问题非要拼个"你死我活"不可，政党政治不再是"内部矛盾"，而是"敌我关系"，这样，让台湾任何政党执政，都永远有将近一半的人在扯后腿，特别是民进党不会做"忠诚反对党"，坚持"为反对而反对"，如"逢马必反"，"拒绝对话、沟通，采行对抗政策"。[①]

3. 选举政治民粹化。选举政治后提出的挑战之一是如台湾大学前校长孙震所言："民选政府倾向满足短期需求却忽视长期努力，造成经济成长潜力衰退。"[②] 因为选举的影响，台湾由西方式的自由民主主义异化为民粹主

---

① 杨力宇："台湾乱局与马英九困境"，台湾《中国时报》，2013 年 7 月 3 日，A16 版。
② 戎抚天、张芷雁："孙震：中国是世界经济唯一希望"，台湾《旺报》，2013 年 5 月 14 日，A1 版。

义，选举政治不是真正地进入"民主巩固"阶段，而是步入"民主衰退"阶段。政治人物为了选票讨好选民，从而政策短期化，追求短期利益，不做长远思考和规划。

4. 台湾社会多元化。所谓"庙小妖风大"，所以，苏起说"放眼今天台湾的政坛，几乎人人吵、事事吵、时时吵，吵得浑然不知台湾的大环境已经悄悄的变了天"。① 正是存在上述严重的结构性问题，使台湾在当前政治与社会结构下，任何人做领导人，都难以满足民众多元化的期待，何况让"政治洁癖者"马英九面对如此多元化的台湾社会，难免不陷入"父子骑驴"的困境！

5. 多数媒体"反政府化"。台湾媒体在全面开放后如雨后春笋涌现，但由此带来的问题不仅是媒体之间竞争激烈化，而且是多数媒体基本上站在当局的对立面进行报道以博取观众眼球，尤其是"三（三立电视台）、民（民视）治（《自由时报》）"对马英九当局采取全盘负面报道方式进行"毁灭性批评"。

6. 政治文化人情化。在此次"马王之争"中，也充分表现了台湾政治文化中的人情文化盛行、没有对错与是非观念。社会大众与媒体的关注点既不在王金平是否关说、关说是否合理上，而是在马英九处理王金平的做法、程序及是否顾及了人情等细节上，包括王金平去马来西亚参加女儿婚礼，马英九在这样的时刻做处理也被大众所诟病。真的不知道是媒体等故意强调细节而忽视核心问题，还是这就是台湾政治社会的人情文化?! 因为在台湾政坛，"马英九没有朋友，王金平没有敌人"是普遍的共识，所以，"马王之争"，不再在"是"与"非"的争议，而变成是人脉之争、人情之争。正是王金平日常的广结善缘，在短期内得到了社会广泛的情义相挺及舆论支持而暂时居于优势，民进党桃园县党部主委郑文灿就认为，"从一个角度看，他（王金平）是和稀泥的代表，但从另一个角度来看，他是一个政治协商艺术的代表"，理由在"因为台湾的制度还不成熟，现处于转型期"，"立法院能够在冲突中完成这些法案或政策，王金平扮演了很重要的角色。""王金平也算是台湾政治协商文化的代表"。②

---

① 苏起："台湾就像一条船"，台湾《联合报》，2011年5月11日，A4版。
② 思想者论坛："马王博弈对台湾政局和两岸关系的影响"，香港《中国评论》月刊，2013年11月号，第76页。

（三）马英九个人与执政团队政治意识问题

1. 马英九领导风格"重细节无方向"。马英九重视细节，凡事亲力亲为，动辄打电话给"部长"、局长甚至科长，提醒应该做什么。其结果是行政团队人员凡事都在等候马英九指示再做事。对此，苏起就暗喻马英九应是最被期待替台湾建立外部宏观的稳定环境，但"却长期深陷内部微观事务的泥淖中"。目前台湾社会中因为对马英九开骂已成为"显学"，从而马英九则是忙于进行辩解。

2. 同构性高的"少数人决策模式"。马英九团队的决策有两个鲜明特点，一是决策者人数少；二是决策者同构性高。纵观马英九和国民党执政所遭遇危机，几乎都遵循同一个模式：在酝酿政策和出台政策时，都由马英九本人或马决策团队少数几人处理和决定，事先并未知会党、政、军、情系统高层。待起争议，马指示低阶官员对外说明，内容完全围着技术性问题打转，至于高层必须承担的政治责任，马又噤声不语，导致事件如野火燎原，最后则是马英九亲上火线说明决策过程。类似场景，从"八八水灾风波"到"美牛进口事件"、商签 ECFA、"核四续建与否"，议题不断地被复制，往往是一波未平一波又起。这种决策模式存在弊端在：一是其出发点隐含着对其他决策参与人和普通民众不信任；二是基于马英九或少数精英"有限理性"做出的政策判断，出台的政策往往不具备良好社会效应，效益较低；三是与"立法院"决策模式形成巨大反差，因为"立法院"决策模式都是反复磋商，要求最大限度满足多元利益方。所以，有人批评："主要是决策和施政过程错估形势、低估民意、高估党意所致。马英九个人或专断或反复的决策风格，应负主要责任。"①

3. 马英九是"机械式法治主义"。马英九被称作"法匠"，他具备法律人性格，学法、知法、守法，一贯是个守法好官员，马英九"温、良、恭、俭、让"的好人性格，讲究正派经营，不会以邪对邪，包括对所掌握政权机器不善运用，也包括对司法体系上丧失主导权。所以，国民党空有执政权力和资源，但却背负执政包袱，难以发挥执政优势，其因在"在合法、合理的范围内马英九不能充分盘活手中资源，不得不说是一个固执于清廉的

① 耿荣水："以党辅政？以党乱政？"，台湾《中国时报》，2013 年 6 月 11 日，A15 版。

'机械的法治主义'者"。① 当然最根本的还是马英九政治性格——决策及执行政策时的瞻前顾后，导致马英九团队陷入政治困境。此外，马英九在人情世故上缺乏"人情味"，这是与马英九熟识者的普遍认知，被称作"马无情"。所以，台湾媒体评论认为：在各种"主客观因素交互作用下，马英九对于新时代的脉动缺乏洞见，对新议题的挑战拙于面对，对于基层小民的心声感情难以体察，无法呼应。这样的政治领袖，或许在个人操守与作为上能够达到'清廉、勤政、爱乡土'的标准，或许也可以成为盛世守成的明君，但却断难成为乱世中开拓新局、振衰起敝的中兴英主。"②

4. 马英九出身的"历史原罪性"。由于出生于"外省人"家庭，马英九背负有"出身不正确"的"历史原罪感"。遇到民进党"爱台湾"诉求，马英九就害怕；碰见民进党人士谈出身，马英九就低人一等；对反对党，马英九的抗压性明显不足，斗争性不强，往往遇到反对就改变，不敢坚持正确的政策。

5. 马英九的改革过于理想化。马英九所推动的改革不仅过于理想化，与现实脱节，引不起社会共鸣，而且远离群众，包括公务员年金制度改革，也是出力不讨好的"蜂窝"，改革所伤害的是国民党铁票支持力量——军公教人员利益，包括选举中基于提升国民党政党形象"刺客牌"，③ 往往忽视了地方派系与在地利益而遭到抵制。

（四）党政关系运作长期不畅的后遗症

长久以来存在的立法与行政的关系不畅问题是"马王之争"的重要导火索。作为党主席的马英九不能有效领导"立法院"党团，双方矛盾尖锐。马英九曾提出"党优政强"口号，坚持连任党主席也体现了马英九对党政关系重要性有认识，2013 年 6 月 10 日，马英九接受采访时提出："当了总统后发现，党政一定要合一"，"一定要以党辅政，施政才会顺利"，④ 党政应该合一，因为"党政同步有利于政治稳定，也是国民党权力结构的常态

① 高天赐："选举观察：蓝绿皆出，橘聪明投票定胜负"，http：//www.chinareviewnews.com 2011 - 11 - 13。

② 社评："当选会是更大失败的开始"，台湾《旺报》，2013 年 7 月 23 日，C5 版。

③ "刺客牌"是指马英九为了去除国民党地方选举中存在的"黑金"色彩，刻意在选举中提名形象清新、学历高、与地方没有渊源的青年人为候选人。

④ 王光慈："七月内阁改组？马：没考虑"，台湾《联合报》，2013 年 6 月 11 日，A4 版。

与特色"。① 但党政关系不畅依然是影响国民党执政的最大困扰。行政团队每一项重大施政举措，在国民党内部鲜少获得一致支持，例如"进口美牛案"在"立法院"意见相左，"证所税""油电双涨"，党内意见也不统一；军公教福利待遇改革就遭到党内强烈反弹。其中症结在于：

1. 党主席没有领导权威。马英九不善于运用党组织资源，也不会发挥党组织作用，既导致行政、立法关系失衡，也进一步削弱马英九作为党主席驾驭全党的能力与权威。其实，李登辉能在其执政的 12 年中高度集中权力，依靠的就是国民党主席职位与资源。

2. 党政缺少事前沟通机制。"政"不尊重"党"，"党"不理睬"政"。马英九所强调党政关系——"以党辅政"，其实是"政优党弱"，甚至"政府"替代"政党"。所以，国民党内不少"立委"认为，马英九及行政团队在推出政策时，往往缺少事先沟通，决策不透明，"只有告知，没有协商"，决策过程太粗糙。马英九极少出席党团会议，而却只在"进口美牛案"过关受挫、意识到问题严重后，才会"亲临督军"。因为对"立法院"掌控力道变弱，党主席不得不多次在重大决策时"御驾亲征"。国民党的基层实力派"立委"甚至认为他们与党中央的互动不是"从属关系"，要寻求更多独立性和自主性，加之民意压力和"监督行政"角色，导致无法或不愿"辅政"。

3. 国民党的纪律不彰。国民党严格的党团制度对"以党辅政"做了充分的制度保证，国民党出台"党团组织暨运作规格"及惩罚条款，规定投票时"跑票"现象一旦发生，国民党中央考纪会以"停权""申诫"处理党籍"立委"。但由于党中央权威不足，党纪防线不能奏效。如台湾"通讯传播委员会"人事案等法案是无记名投票，无法得知投票人，党纪不再是控制党籍"立委"的万灵丹。

4. 各方利益博弈不顺。这是深层次的机制性原因，由于马英九将国民党组织定位为"选举机器"，实质是取消党的领导核心地位，"党""政"的权力结构已出现微妙变化，虽有理念结合，但更多的是利益关系，并非单纯党员对党中央的权力与义务关系。包括在"立法院"中，由于不少"立委"都是利益团体代表，从而行政团队推出的"证所税"方案就被自己的"立委"改得"四不像"，其结果是"既伤股市，又失改革民心"，"最后是两头落空"，"解决贫富差距、实现公平正义"的"改革大梦"成为笑谈，

---

① 耿荣水："以党辅政？以党乱政"，台湾《中国时报》，2013 年 6 月 11 日，A15 版。

成为"烟花一梦"。① 王金平利用"立法院"的政治生态，透过利益交换广结善缘，甚至左右议案通过的进度，不完全配合马英九施政的需求，更是凸显了国民党内部各方深层次的利益博弈。

5. 上（中央）下（地方）权责不明。在"中央"层面，国民党表面上是执政党，控制"中央政府"，而国民党地方党部对地方政府则没有这种权力。正是由于这种权力与责任的不匹配，马英九团队与国民党组织也就始终无法形成合力。

四、"马王之争"的影响深刻而长远

首先，从政治层面来看，马英九最初希望通过对"司法"和"民主"的价值表达，解决王金平的"关说"问题。然而，由于处理过程中确实存在手法粗糙问题，加之民进党的介入和利用、国民党大佬们近乎"选边"的表态，使得原本的所谓"价值坚持之争"逐渐转变为马、王的权力之争、"行政院"与"立法院"的对抗、程序是否合法的法律考量、过程是否过于粗糙的情义考量，等等。随着事件发展方向的转移，"王金平关说案"几乎被"马王之争"所代替，在愈演愈烈的复杂态势中，原本的关于"司法"公信力等问题被掩盖起来，演变为一场国民党的分裂危机。据《联合报》的调查显示：67% 民众认为国民党中央撤销王金平党籍的处分过重，仅19% 认为该处分恰当。此外，还有 48% 的人认为民进党应该党纪处分柯建铭；虽有 33% 民众认为王金平意在"关说"，但认为他只是"关心"的却有 41%；调查还发现，马英九虽然一再强调"挥泪斩王"是为了"捍卫司法正义"，不过，高达 66% 的民众认为此事是国民党内的政治斗争，仅19%认为马英九是为了"司法"而战。马英九自己却是身陷在野党罢免及弹劾的风暴中，成为全民指责的焦点，民调支持度屡创新低，这是马英九始料未及的。

长远来说，旷日持久的政治争议将会进一步造成政治效率的低落，甚至对 2014 年底"七合一"选举和 2016 年"大选"产生影响，对两岸关系的影响也不可小觑。事件恰好发生在"两岸人民关系条例"修订、《两岸服务贸易协议》以及"大陆地区处理两岸人民往来事务机构在台湾地区设立分支机构条例草案"这三大与两岸关系和平发展相关性极高的"法案"正在

---

① 吴典蓉："马英九的改革大梦"，台湾《中国时报》，2013 年 5 月 31 日，A25 版。

"立法院"审议之计，因此，"马王之争"对两岸关系的影响可能具有比一般政争更直接、更深远的影响。"马王之争"后续的发展，不同的结果对两岸关系也会有不同的影响。另一方面，从乐观角度看，如果这次争议能够带来台湾政党政治与"立法院"政治改革的契机，则不失为台湾政坛的一次重大转折。

其次，从司法层面来看，"马王之争"进入新一个回合的法律战。根据台湾相关规定，民事庭三审判决可耗时四年，一旦进入这个司法程序，将会沦为一场诉讼游戏，而其过程中的人情、特权、利益交换盘根错节，将可能再次成为政治的潜规则。此外，"司法"与"宪政"的关系到底如何划分是台湾"司法"界未来将要面对的重要议题，批评者认为，台北"司法"机关判决王金平"假处分"，实际上是以"民事利益"的视野处理"宪政"层次的争议，显然存在适用性的问题，"司法"裁判的聚焦重点应在检视双方提出的法律论述是否完整、是否有充分的判例、解释、学说支持。而民进党"立委"的相关言论，攻击行政体制的违"宪"、毁"宪"、违"法"乱政，但至于违了哪条"法"、毁了什么"宪"却没有实质性的"法律"依据，这也反映了台湾"司法"与"宪政"的微妙关系，也无怪乎人民忧心未来台湾会出现"政治胜、法律败"的倒置现象。

第三，从社会层面看，此案发展至政治、"法律"和"宪政"交相纠缠的地步，经由此次政争所带给台湾民众的观感，将会更加复杂和多元。支持马英九者认为马英九掌握到了道德和法理上的优势，作为最后一道防线的"司法"，没有和稀泥的空间；而"反对者则批评操作的手法不够细腻，程序正当性有瑕疵，不可能回避法律执行中人的因素"等等。在社会的评判标准上，坚持"清廉政治"还是承认政治上存在某种"灰色地带"，两种不同的价值观和道德判断将会加剧台湾社会的裂痕。

总之，无论在哪一层面，都不应小视此次"马王之争"。"马王之争"只是一个符号，其背后反映了各种本质的问题。政争的热度虽然是短期的、一时的，在冗长的"司法"环节之后，马、王二人的胜负已经不再重要，而就台湾地区长远影响去思辨其中分寸，才是根本。如果此次争议仅仅是一场权力斗争，没有带来任何制度的变革，那么即使事件落幕，一切又回归原点，对台湾的政治制度与政治生态没有根本上的改变，那么未来必然再次发生类似的"某某之争"也将是其制度的必然。

（原载《现代台湾研究》，2013 年第 6 期）

台湾"太阳花"运动：性质、根源及其影响探析

严安林[*]

2014年3月18日，台湾数百名大学生以"反对黑箱服贸"为由，以突袭方式占领立法机构，30日又动员10余万民众与学生上街游行。学运一直持续到4月10日学生退出立法机构，历时24天。这场以"反服贸"为核心的"太阳花"运动堪称近几年来台湾最大的社会运动，是台湾政治发展中的重大事件，也是马英九"执政以来最大危机。"[①] 这场运动不仅再次延宕已经审查九个月没有通过的两岸服贸协议，而且对台湾政局与两岸关系产生相当程度的影响。如何定性这次运动？其深层根源为何？对台湾政局与两岸关系和平发展将产生何种影响？值得各方关注与深入探讨。

一、"太阳花"运动的性质

1. 这是一场反马运动。无论是这场运动的组织者还是参与者，都把运动的目标与对象指向马英九当局与执政党——国民党，即运动的普遍性目标是马英九当局，参与学生和民众都抱有对马英九当局执政的愤怒与不满，两岸服贸协议对台湾是否存在伤害及其审查过程是否"黑箱"，其实都只是一个引爆点，因为台湾不少民众感到失落的，"不只是经济不如人意或朝野恶斗不休"，也包括对马英九执政当局施政软弱的不满，从而对台湾发展前景感到忧心。[②] 因此，反马与反国民党应是这场运动的核心所在。

---

* 严安林系上海国际问题研究院副院长、两岸关系协创中心教授、上海市台湾研究会会长。
① 王光慈："黑潮下反马情绪，马执政危机"，台湾《联合报》，2014年3月31日，A2版。
② 社论："总统还以为座谈可以救台湾"，台湾《联合报》，2014年4月17日，A2版。

2. 这是一场反全球化运动。运动中提出的所谓"反黑箱服贸",美其名曰"反对审查过程的非程序正义",其实核心是"反服贸",反对两岸经济合作。而两岸经贸从本质上讲也是台湾经济全球化中不可或缺一环,从而反对两岸服贸协议即是反对台湾经济对外开放,所以,这场运动其实也是"反全球化"。"反全球化"现象在一般国家和地区的表现形式是"反美国化",而在台湾的"反全球化"则是首先表现为"恐中反中",因为两岸经贸关系是台湾经济全球化的重要一环,全球化的结果是贫富差距扩大,所以许多人"反全球化",也反"两岸化"。其实,在台湾经济边缘化"已成为台湾生存最大危机"① 的情况下,台湾无法不走向全球化,也无法不先行"两岸化"。台湾"不能只追求与其他国家签订自由贸易协议而自外于中国大陆市场",② 也正如台湾媒体评论所言:台湾"躲不过全球化,也躲不过两岸连结","台湾不可能妄想一个'没有中国的全球化'",因为一方面,"台湾的全球化必定要包含中国大陆(如 ECFA 体系)";另一方面,"台湾全球化(如加入各种 FTA),亦必须建立在于北京的互信之上"。③ 台湾需要"先藉改善的两岸政经关系来推进台湾全球化,再藉台湾全球化的政经成果来节制两岸关系"。④ 台湾"以 ECFA 体系来稳定'两岸连结',虽只是台湾全球化生存战略的一块拼图,但若少了这一块拼图,就拼不上 TPP 及 RCEP,也就拼不成台湾全球化生存战略的全景"。⑤ 因此,台湾民众需要认真思考的是:有利于台湾发展前途的路径到底是要"连结大陆、布局全球"还是"孤立闭关""孤芳自赏"?

3. 这是一场反中国大陆运动。运动主要组织者不仅一直是近几年来各种社会运动参与者,而且与王丹、吾尔开希过往甚密,"反中"立场鲜明,从而运动矛头既是指向马英九,实质也是反中国大陆,"假民主监督之名,行反中之实",因为运动,"让有心人抓住机会,将'反马'和'反中'挂钩在一起,整个社会突然掀起巨大的反中浪潮。"⑥ 运动"本质上是出于反中恐中的心态"。⑦ 其中原因则是"台湾民众对中国大陆的心理疏离和对两

---

① 陈秀兰:"企业出走潮,台最大伤害",台湾《旺报》,2014 年 4 月 8 日,A9 版。
② 陈一新:"两岸关系顿挫,美对台战略再保证",台湾《旺报》,2014 年 4 月 10 日,C3 版。
③ 社论:"台湾全球化生存战略的抉择",台湾《联合报》,2014 年 4 月 4 日,A2 版。
④ 社论:"台湾全球化生存战略的抉择",台湾《联合报》,2014 年 4 月 4 日,A2 版。
⑤ 社论:"台湾全球化生存战略的抉择",台湾《联合报》,2014 年 4 月 4 日,A2 版。
⑥ 短评:"学运后,经济呢?",台湾《旺报》,2014 年 4 月 10 日,C3 版。
⑦ 短评:"学运并非只反中",台湾《旺报》,2014 年 4 月 14 日,C5 版。

岸统合的重重疑虑"，① 尤其是台湾社会"有着很大一股恐中和反中的心理，碰到了两岸的议题，几乎没有理性沟通的空间。在这种情况下，大陆的善意，对某些人来说，却是包藏祸心的阴谋。"② 正是因为这场运动存在着反中国大陆的倾向，其中所表现出来的"台独"行为也相当明显，台湾媒体报道，运动主要组织者的政治立场偏绿，曾经、甚至在运动期间还主张"台独"。台湾中国文化大学教授邵宗海认为这场运动"实际上内中含有'恐中'或'反中'的情结，已让这项运动凸显出对'统'的排斥，以及迈向'独'的倾向"。③ 台湾媒体评论称："虽然参与学运的众多青年学生不能全然等同于台独分子，但是就学运的主要政治倾向、主要领导人物和幕后势力的政治态度而言，确实是台独色彩鲜明。"④ 正是在这场对现况不满的"反服贸"的旗帜下，集中了包括对中国大陆不信任、"反中"、要捍卫台湾主体、支持"台独"等各种程度不一者，其中"集结的台独意识可谓相对宽松的交集：否定中国"。⑤

4. 这是一场反民主的民粹式运动，不是公民运动。运动声称追求两岸服贸协议审查的程序正义，其实是在破坏程序正义，以维护民主为名、行破坏民主之实，无论是学生占领立法机构与行政部门，还是瘫痪立法机构正常议事，均是暴力行为，不是民主，而是民粹，是利用社会与媒体对学生的高度同情来进行反民主活动，只有在"畸形民主"状态下，才会将这种破坏民主的暴力行为称之为"民主行为"。正如台湾媒体所言："一路以来口口声声说民主，讲打破黑箱，要改革代议制"，"但是却也一路走来让台湾民众看到反服贸学运者，所表现出来的做法是以黑箱反黑箱，以专制反民主，无法容纳不同声音的一言堂言论"⑥，"运动的过程却愈来愈反民主"。⑦ 也正如台湾学者所强调：学生虽然高举"捍卫民主，退回服贸"标语，"其实他们捍卫的是反民主、反法治、反宪政的台独学运"。⑧ 美国卡内基国际和

---

① 洪鑫诚："中共灵活务实，释倾听善意"台湾《联合报》，2014 年 4 月 16 日，A15 版。
② 庞建国："大陆释善意，台湾要争气"，台湾《旺报》，2014 年 4 月 14 日，C2 版。
③ 邵宗海："如何扭转认同趋势"，台湾《旺报》，2014 年 4 月 17 日，C3 版。
④ 社评："'太阳花'对两岸关系的正面讯息"，台湾《旺报》，2014 年 4 月 14 日，C5 版。
⑤ 陈郑为："台独世代交替，路线正移转"，台湾《联合报》，2014 年 4 月 16 日，A15 版。
⑥ 林永富："一言堂学运，让民主变'民王'"，台湾《旺报》，2014 年 4 月 10 日，A4 版。
⑦ 社论："当民主已成事实，革命就是背叛"，台湾《联合报》，2014 年 4 月 18 日，A2 版。
⑧ 黄友吉："谁是黑道？谁在独裁？谁该革命？"，台湾《中国时报》，2014 年 4 月 5 日，A20 版。

平基金会副总裁包道格也公开表示："台湾的民主，美国与有荣焉"，他"不认为美国政府会欢迎对立法程序的破坏"。① 台湾有学者认为运动存在"三大迷思"：一是"以程序正义为名却行反程序正义之实"；二是"以捍卫民主为名却行反民主程序之实"；三是"以集会自由之名却妨碍自由经济之实"。② 因此，这场运动虽然组织方式是采用各种最新式网络传播来组织，是年轻人所特有，但也不能由此认定是"公民运动"，因为"公民运动"讲究理性表达诉求，合法进行抗争，而非破坏体制，影响社会正常运作。

需要注意与强调的是，参与这场运动阵营的"反者"也是多元的，并非是一元的，是在目标对象明显定于执政党——国民党与马英九当局的情况下，运动成功地动员了反程序正义、反自由贸易、"反中"、反马等各路势力一起"造反"，各方诉求不尽相同，集中了台湾社会各种多元、复杂的诉求与主张。

二、"太阳花"运动产生的深层根源及其昭示的矛盾

台湾爆发太阳花运动的原因是多方面的，绝非单一因素造成。马英九当局执政不力、政绩不彰、失去公信力、社会发展没有方向感、经济缺乏推动力、民众对两岸关系发展存在疑虑等都是其中原因。从台湾政治与社会深层考察，其根源包括以下五方面：

1. **政治根源**：蓝绿二元对立严重化。历经陈水扁执政八年，台湾社会蓝绿对立的严重程度超乎想象，民进党不仅"逢中必反"，而且"逢马必反"。蓝绿严重对抗的症结问题在于台湾社会的对抗性文化，朝野缺乏妥协文化。基于年底"七合一"选举需要与政治利益算计，民进党一味阻挠两岸服贸协议审查。因为蓝绿政治上的对抗，所以运动能够得到民进党等绿营的"精神和物质援助"；③ 因为蓝绿严重对抗，特别是蓝绿"立委"在立法机构中的打闹行为被视为习惯与正常，一般民众与媒体也将立法机构被学生暴力霸占的事情见怪不怪。

2. **制度根源**：立法与行政的二元对立化。台湾立法机构与行政部门对

---

① 刘屏："包道格看服贸，台有什么好怕"，台湾《旺报》，2014 年 4 月 18 日，A2 版。
② 施正屏："台湾要走向世界"，台湾《旺报》，2014 年 3 月 24 日，C2 版。
③ "黑白集：看那些趁火打劫的人"，台湾《联合报》，2014 年 4 月 4 日，A2 版。

立严重，基本体制已由过去的"行政主导"走向"立法权独大"。马英九执政以来，行政与立法两个机构之间的关系一直不佳，加上反对党——民进党因素与"立法院长"王金平因素，以及立法机构中的"朝野协商"制度，让国民党在立法机构中多席次优势无法发挥立法辅助行政作用，两岸服贸协议就是因为民进党的蓄意阻挠被耽误九个月之久。台湾媒体评论道：在服贸协议问题上，"凸显议会政治逻辑'以案换案'的筹码交换常态"，民意代表在"这种筹码游戏中迷失，忽略了何者才是对国计民生最重要的事"。协议可以签署后超过一年生效，"也是另类的台湾民主奇迹"。[①]"立法院职权行使法"在1999年规定任何法案都需要朝野协商，其中第71条之一规定：协商无共识时由院会定期处理。[②] 正是这朝野协商制度，让"大党不敌小党，总统不敌议长，专业不敌政治"。再加上台湾政治实际中的问题——行政部门的学院派，擅长学理分析，缺乏解决实际问题的能力；立法部门的地方势力化，眼光短视，对于重大的政治、经济问题没有思考，导致一般民众对政治不再信任，对政治人物难以信任。

3. 经济根源：经济成长与就业所得双双下滑。台湾经济过去号称"四小龙"之首，如今则是敬陪在新加坡、香港、韩国之末座，蒋经国主政19年，台湾经济平均成长率9%，"后蒋经国时代"25年（1988—2013年）台湾经济平均成长率只有5.4%。李登辉主政前8年（1988—1995），台湾经济尚有7.4%成长；1996年后6年中，降低到平均5.1%的成长；陈水扁第一任期，台湾经济成长5.6%，后一任是5.5%；到了马英九第一任，只有3.4%的经济成长，2013年台湾经济成长勉强实现"保二"目标。而且，台湾社会薪资水平大体维系在15年前水平，但物价何止翻了一番！特别是青年、大学生就业困难，"青年贫困"问题突出，起薪只有"22k"，焦虑感日益强烈，所以多数民众的感觉是"薪资水准未能提升，都市房价高不可攀，求职不易"。[③] 运动便是反映"新一代年轻人对低薪、高失业的迷茫"。[④]

4. 社会根源：贫富差距扩大与部分民众对大陆发展的恐惧。台湾经济发展缺乏广大的市场，全球化是台湾经济必由之路，两岸经贸交流与合作是

① 黄佩君："立院民代，迷失在筹码游戏中"，台湾《旺报》，2013年12月21日，A3版。
② 陈冲："台湾出了什么差错？民主的最后一里路"台湾《联合报》，2014年4月3日，A16版。
③ 高朗："悲观与乐观声里的台湾经济"，台湾《联合报》，2014年2月27日，A21版。
④ 社论："总统还以为座谈可以救台湾"，台湾《联合报》，2014年4月17日，A2版。

台湾经济避免边缘化的唯一正确路径，但包括两岸经贸在内的台湾经济全球化难免出现贫富差距扩大的问题与社会阶层的 M 型化，运动所反映的正是台湾社会"阶级结构固化、社会分配不均加剧，以及财团强势行为的影响"，① 两岸经济合作的密切，台湾经济对大陆的依赖，让台湾不少民众产生经济上的不安全感，而且民众对"安全"的认知，不再是过去的军事领域，而是经济领域，特别是就业问题，涉及市场开放与个人就业问题。一部分人不仅将社会贫富差距的扩大归咎于两岸经济交流与合作，"将近年来的社会挫折如贫富差距、22K 等，一概归因于两岸关系"，② 而且两岸服贸协议也"被等同于独厚财团、陆企入侵与贫者越贫"。③ 这既是民众对马英九当局的不信任所致，也与台湾民间存在"恐中"心理有关。在中国大陆崛起、台湾经济发展面临困境及对大陆依赖度升高形势下，台湾一般民众不仅既有的经济自信心崩溃，而且产生严重焦虑感，结合尚存的"台湾民主与自由"等政治优越感，"恐中""反中"情绪自然滋生。一部分人是对大陆经济崛起的恐惧与担忧，《联合报》社论称："这场服贸协议风暴是出自台湾社会对两岸关系快速发展的恐惧与猜疑"，"恐惧陆资陆劳来台，会侵害台湾人的经济权益，并进而猜疑陆资陆劳将宰制台湾的经济命脉而致侵害了台湾的政治安全"。④ 一部分人是"因为政治疑虑而不愿开放，深怕最终导致中国（大陆）的经济并吞"。⑤ 台湾民众在两岸关系发展中所感受到的这种"威胁"，也不只是两岸间商业竞争上的压力，还包括台湾经济倚赖大陆背后的"政治危机"，⑥ "学生的诉求其实不是经济，他们担心的是两岸关系的走向"，⑦ "反服贸背后很大的因素是担心若经济过度依赖大陆市场，未来政治发展将陷台湾于不利"。⑧

5. 舆论根源：媒体泛滥助长社会议题极大化。台湾新闻媒体数量过多，不仅浪费资源，产生恶性竞争，而且助长社会议题被放大化与极端化。台湾

---

① 短评："学运并非只反中"，台湾《旺报》，2014 年 4 月 14 日，C5 版。
② 社论："国家能否由霸占国会者来领导"，台湾《联合报》，2014 年 4 月 5 日，A2 版。
③ 范世平："公民运动时代，北京对台新挑战"，台湾《联合报》，2014 年 3 月 31 日，A14 版。
④ 社论："两岸必须建立大屋顶架构"，台湾《联合报》，2014 年 4 月 6 日，A2 版。
⑤ 王伯元："经济、心态、智识和世界接轨"，台湾《联合报》，2014 年 4 月 3 日，A17 版。
⑥ 詹志禹："6 议题未解，还有牵牛花野菊花"，台湾《联合报》，2014 年 4 月 1 日，A15 版。
⑦ 邵玉铭："全面国是会议谈两岸论服贸"，台湾《联合报》，2014 年 4 月 2 日，A14 版。
⑧ 盛治仁："大家团结起来，分裂台湾"，台湾《联合报》，2014 年 4 月 2 日，A15 版。

社会由过去"经济治国"发展到"媒体治国"与"社会学者治国"，台湾社会的多元化加上媒体的推波助澜，各种形式社会运动由此泛滥。

学运昭示出台湾政治社会中存在的六大矛盾现象：

一是朝野矛盾。核心是蓝绿矛盾，即执政的国民党与在野的民进党之间的矛盾。拟参选台北市长的台湾大学医师柯文哲便坦承："台湾最大的问题就是蓝绿对立，已到了无理智的阶段"，结果是"看不见事情的真相"，蓝绿对抗造成空转。① 正是蓝绿之间"非理性的抗争，或是'为反对而反对'，则可能断送台湾的命脉，这将是全民的灾难"。②

二是行政与立法矛盾。其中不仅体现了在野的民进党、"台联党"、亲民党与执政的国民党之间矛盾，而且执政的国民党内部矛盾，包括连战、吴伯雄及王金平等各方势力之间关系及党籍"立委"与马英九行政团队矛盾，均表现其中。即使国民党籍"立委"也一直要求对两岸事务有更多知情权和参与权，对两岸服贸协议的审查与通过并不积极。海基会前董事长江丙坤认为："台湾目前的经济问题肇因于政治恶斗，拼政治代替拼经济，使台湾步入政局不安定、政策不确定的黑暗期。而立法院正是恶斗的主战场。"③

三是本土化与全球化矛盾。20年多来台湾社会、政治与意识形态全面本土化，并伴随政治权力与资源分配的选举为中心，其结果是政治人物与民众、媒体大都将眼光盯着选票，局限于台湾内部事务，"视野地方化"，④ 对外在国际与周边形势的巨大变化，或视而不见，或高高挂起，强调个人与个体利益，过度强调"台湾优先"，导致心态上的"锁国主义"盛行，也漠视台湾全局与长远利益。这势必与经济全球化包括两岸经济关系的发展趋势背道而驰，产生全球化与反全球化、台湾自我孤立化与"台湾社会两岸化"的矛盾。

四是台湾发展路线上的矛盾。即台湾经济发展是"国际化"优先还是"两岸化"优先？是"西进大陆"还是"孤守台湾"？这是两条不同的发展路径。事实上，台湾经济需要全球化，而全球化就无法不"两岸化"，"两岸化"是台湾经济全球化中必不可少的一环，也是台湾经济全球化的条件

---

① 林佩怡、朱真楷："柯文哲：蓝绿无理智的仇恨该停了"，台湾《中国时报》，2014年1月21日，A2版。

② 陈德昇："你难搞他玩焦土，我们玩死自己"，台湾《联合报》，2014年1月6日，A15版。

③ 短评："天下大笑话"，台湾《旺报》，2014年3月8日，C3版。

④ 社评："'太阳花'对两岸关系的正面讯息"，台湾《旺报》，2014年4月14日，C5版。

与基础。马英九执政以来正是看到了大陆发展对台湾经济所提供的机遇，推动台湾经济与两岸的连结，谋求"机遇最大化，威胁最小化"，也开启了台湾参与区域经济整合的路径。但台湾经济全球化，并没有解决心态与视野上的全球化，特别是本土化思潮下，部分台湾民众对大陆并不信任，对两岸间力量对比的"陆升台降"充满焦虑感，运动便是其中的反映，运动"参与者，对于未来生存困难的共同焦虑，是事件背后最大的推动力量"。① 由于两岸关系发展中存在利益分配不均的问题，在台湾不少年轻人看来，两岸服贸协议就是"成就大老板，却出卖他们的未来"。② 许信良认为："包括年轻世代的台湾多数人民，都感觉受到来自大陆的威胁"，大陆的两岸政策应该正视台湾民众这种心理上的"被威胁"感受。③ 因为"失业风险、起薪低迷、过高房价，恐惧来源被直接指向中国大陆崛起的威胁与经济掠夺"。④ "这回反马的大集合，很大一票是因为反中。"⑤ "很多人恐中，怕中共以经促统，怕台湾越来越依赖大陆，不知不觉被统过去。"⑥ "'恐统'的政治思维凌驾理性的经济分析，使得反弹四起。"⑦ "社会上有一股恐中、反中的力量，使学生的反民主抗争手段能得到暂时性支撑。"⑧ 因此，运动口号"反服贸"其实是假议题，真正问题核心，是"青年世代对抗中国因素的大对决"，是对马英九"推动两岸政策走向的大反扑"。⑨ 民进党之所以在两岸服贸协议问题上持坚定的反对立场，将两岸经贸问题"政治化"处理，不仅基于选举利益，而且是看到了台湾社会中存在的"反中反马的浓厚氛围"。民进党提出各种"为难"马英九的诉求，让马英九"难堪"，以打击马英九"摇摇欲坠的声望，意图一举击溃"马英九的"两岸路线"。⑩

　　五是蓝绿内部矛盾。体现在运动中国民党内部矛盾是王金平与马英九关

① 杜紫宸："经济不协调，两岸难政治谈判"，台湾《旺报》，2014 年 4 月 8 日，A2 版。
② 王美玉："台湾人，你累了吗？"台湾《中国时报》，2014 年 4 月 7 日，A15 版。
③ 陈秀兰、卢素梅："学运之怒，许信良：朝野被边缘化"，台湾《旺报》，2014 年 4 月 1 日，A5 版。
④ 王光慈："黑潮下反马情绪，马执政危机"，台湾《联合报》，2014 年 3 月 31 日，A2 版。
⑤ 沈珮君："台湾要不要变不丹？"台湾《联合报》，2014 年 4 月 3 日，A16 版。
⑥ 沈珮君："台湾要不要变不丹？"台湾《联合报》，2014 年 4 月 3 日，A16 版。
⑦ 范世平："公民运动时代，北京对台新挑战"，台湾《联合报》，2014 年 3 月 31 日，A14 版。
⑧ "黑白集：看那些趁火打劫的人"，台湾《联合报》，2014 年 4 月 4 日，A2 版。
⑨ 游其昌："民主危机还是民主转机"，台湾《联合报》，2014 年 4 月 5 日，A22 版。
⑩ 何明国："反中倒马，意在击溃两岸和平"，台湾《旺报》，2014 年 4 月 3 日，A2 版。

系，学运之初马英九想将"烫手山芋"丢给王金平，同时安排院际协调会议让王金平参加，而王金平从不愿被"请君入瓮"，发展到"将马一军"，而且凸显在"立法院"内是王金平说了算。苏贞昌与蔡英文间的"两个太阳"之争与运动纠缠在一起，特别是苏贞昌藉学生行动进行党主席选举的算计行为，"明打国民党，暗算自己人"①，让运动更趋复杂。

六是世代之间的矛盾。运动由"80后"与"90后"年轻世代所发起，其中所表现出的不仅是对个人前途的关注和追求，敢于和勇于表达诉求，而且个人主义更加突出，唯我独尊，自我感觉良好，特别是缺乏历史感与大局、全局观。由于是在"去中国化"教育下成长起来的新世代，对两岸关系与国际局势的认知也是相当肤浅。

三、"太阳花"运动对台湾政局的影响

作为一场以学生为主体的社会运动，"太阳花"运动带给国民党、民进党与台湾政局乃至台湾社会的冲击是"不可轻估的"。②

1. 运动对马英九与国民党影响巨大。一是重创马英九的执政地位。随着运动的进行，台湾社会升起两种情绪：一种是上街群众心中夹缠着"反马"的愤怒；另一种是沉默民众对于马英九当局"处理社会失序过度软弱的不满"。③ 因为马英九当局对运动处理问题能力的薄弱而让支持者与一般民众均产生怀疑与失望。马英九对学生暴力占领立法机构的违法行为的软弱，被台湾学者称之为"愚蠢的犹豫，牺牲了法治，伤害了民主，并让社会付出了重大的代价"。④ 二是加剧国民党内部的纷争。随着运动的进展，王金平与马英九间的矛盾斗争公开化与加剧化，马英九面临权力"跛脚"，党籍"立委"与国民党中央和马英九关系更加离心离德，国民党地方行政首长将更自行其是。三是冲击国民党的社会形象。运动让国民党推动两岸经济整合路线与两岸和平、和解路线遭遇困难，也让未来施政面临更多障碍，社会形象受损，社会支持基础特别是青年人对国民党的支持可能有所减少。

2. 运动对民进党的影响不小。一是民进党作为反对党的角色尴尬。民

---

① "黑白集：看那些趁火打劫的人"，台湾《联合报》，2014年4月4日，A2版。
② 社论："总统还以为座谈可以救台湾"，台湾《联合报》，2014年4月17日，A2版。
③ 社论："总统还以为座谈可以救台湾"，台湾《联合报》，2014年4月17日，A2版。
④ 徐宗懋："如果我是马英九"，台湾《中国时报》，2014年4月14日，A14版。

进党在运动中角色是"配角",即所谓"边缘化",运动也让民进党与社会组织、社会运动之间的关系更加微妙。二是民进党内部纷争尖锐化。围绕运动领导权问题,苏贞昌为首党中央备受党内各方势力批评,党主席选举也因此受到影响。苏贞昌虽因不敌蔡英文而宣布退选,但苏贞昌要与蔡英文竞争"大选"民进党候选人的企图并未因此改变。三是民进党两岸政策调整动力更加不足。由运动所凸显出的民进党在台湾发展路线上的分歧更加明显,本土意识与"台独"意识有所抬头,民进党调整"台独"路线的动力更加不足,党内"务实派"受到遏制。

3. 运动加剧台湾政局的不稳定。一是蓝绿矛盾斗争进一步尖锐化。民进党与国民党之间以及国民党内部、民进党内部等各方势力之间因学运而扩大了分歧,矛盾、冲突与斗争趋于复杂。二是民进党更加"逢马必反"。基于"七合一"选举需要与从运动中尝到了政治甜头,民进党势将强化对马英九当局的攻击力度,特别是马英九所面临执政危机让民进党看到机会。三是更加多元化的社会运动影响政局演变。由运动所衍生出更多的社会运动势属必然,并对政局演变产生实质性的影响。

4. 运动加深行政与立法部门间紧张关系。一是王金平与马英九关系缓和困难。王金平不仅没有因"关说案"失去党籍、丢掉"立法院长"宝座,而且因成功结束运动强化其在立法机构的领导地位及对马英九为首的行政部门说"不"的权威。二是"立法院"在两岸关系中地位提升。立法机构随着"两岸协议监督条例"的立法与通过,势将提升其在两岸关系中的参与地位及对行政部门推动两岸政策权力的制约。民进党可以凭借"两岸协议监督条例","自然就可以全程介入两岸谈判过程,等于扩大了自己在两岸关系中的发言权,其对两岸协议的实质影响力将大大增加"。①

四、"太阳花"运动对两岸关系的影响

台湾社会运动议题由过去的台湾内部问题转向两岸议题,这既客观地反映出两岸关系和平发展对台湾社会及民众心态的影响在加大与加深,但也是对两岸关系和平发展提出的挑战。

1. 影响台湾经济发展与两岸经济合作。台湾经济发展与两岸经济合作

---

① 王钦:"服贸危机中的赢家",台湾《旺报》,2014年4月1日,C2版。

相辅相成，台湾经济不佳不利于两岸经济合作，两岸经济合作不顺也无法为台湾经济再发展提供动力，正如台湾学者张亚中所言："两岸经贸自由化的协议是台湾经济发展的重要门槛，更是台湾经济全球化的必要过程"，"服贸协议不是万灵丹，它与 ECFA 一样，都只是台湾与全球接轨的必要自由化政策。两岸经济自由化协议并不保证台湾成赢家，但没有，台湾一定输"。[1]高希均认为："台湾经济之闷与衰，即来自政治之斗与乱。"[2]

2. 延缓两岸经济整合进程与台湾经济全球化参与。无论两岸最终是否将两岸服贸协议审查通过与两岸货贸协议的签署挂钩，因两岸服贸协议审查的困难而客观上给两岸未来签署协议增添了难度，两岸经济合作制度化进程面临挑战，也由此延缓台湾经济参与全球化。

3. 推迟两岸政治互动进展。运动不仅使马英九当局推动两岸关系发展进程受阻，如互设办事机构、修改两岸关系条例与张志军访台等，而且客观上削弱未来两年中马英九推动两岸关系发展动因，至少是社会支持动力会有所不足。

4. 影响两岸政治对话开启。在两岸经济合作尚且面临如此挑战与艰难情况下，会让马英九当局对两岸政治对话更讳莫如深，从而不利于两岸开始包括处理台湾国际参与在内的政治对话等合情合理安排，从而对两岸关系和平发展的巩固与深化产生一定的负面影响。

（原载《台海研究》，2014 年第 2 期）

---

① 张亚中："政府要省思社会正义责任"，台湾《中国时报》，2014 年 4 月 5 日，A20 版。
② 高希均："为何三位总统都搞不好经济?"，台湾《联合报》，2014 年 3 月 2 日，A14 版。

试论民进党再次上台后台湾"两大多元"政党格局的内涵与特点

童立群[*]　严安林[**]

政党格局是指各政党之间的力量对比关系和结构状态，力量对比的变化决定着政党格局的变化，是多方面复杂力量共同作用的结果。与政党制度（政党体制）[①] 的长期性和稳定性相比，政党格局更多体现的是相对动态和实时的反映及特征。本文认为，2016 年"二合一"选举结束后，台湾地区政党格局的新变化表现为"两大多元"，"两大"是指民进党与国民党，"多元"是指以"时代力量"、亲民党为代表的众多小党或"第三势力"。"两大多元"政党格局，其内涵既蕴含着台湾政坛"蓝绿对峙"的历史惯性，又体现出各方势力"多元"的变化发展。新的政党格局建立在实力基础之上，2016 年台湾地区"二合一"选举中民进党大胜、国民党大败是旧的政党格局发生变化的原因和根源。

一、"两大多元"的格局内涵

（一）"两大"——新的翻转

2016 年民进党候选人蔡英文在"总统"选举中以得票率 56.1% 的绝对

* 童立群（1980—），女，安徽肥西人，上海国际问题研究院助理研究员，博士，主要从事台湾问题与两岸关系研究。

** 严安林（1962—），男，江苏吴江人，上海国际问题研究院副院长、研究员，博士，主要从事台湾问题与两岸关系研究。

① 政党制度"是指由国家法律规定或在实际政治生活中形成的关于政党的社会政治地位、作用，执掌政权或参与政治的方式、方法、程序的制度性规定"，见王浦劬等著，《政治学基础》，北京大学出版社，2006 年，第 216 页。

多数当选，在"立委"选举中，民进党获得68席，占总席次60%，成为"立法院"第一大党；加上2014年11月台湾地方公职人员"九合一"选举中，民进党在22个县市长中获得13席，所掌控县市人口数已经高达1443万，占全台人口的61.71%。

表1：国民党与民进党 2009—2016 年参政实力对比

		国民党	民进党
"总统"选举	2012年	689万选票（当选）得票率51.6%	609万选票（落选）得票率45.63%
	2016年	381万选票（落选）得票率31.04%	689万选票（当选）得票率56.12%
直辖市长	2010"五都"	3席（台北、新北、台中）得票率44.54%	2席（高雄、台南）得票率49.87%
	2014"六都"	1席（新北）得票率40.81%	4席（台中、台南、高雄、桃园）得票率47.97%
直辖市"议员"	2010年	130席（得票率38.63%）	130席（得票率35.34%）
	2014年	151席（得票率36.49%）	167席（得票率41.63%）
"立法委员"	2012年	64席（得票率46.37%）	40席（得票率39.21%）
	2016年	35席（得票率32.81%）	68席（得票率44.56%）
县市长	2009年	12席（得票率47.88%）	4席（得票率45.32%）
	2014年	5席（得票率40.48%）	9席（得票率46.66%）
县市议员	2009年	289席（得票率43.94%）	128席（得票率24.42%）
	2014年	235席（得票率37.62%）	130席（得票率27.59%）

数据来源：台湾"中央选举委员会"网站，http://web.cec.gov.tw/bin/home.php

首先，两大政党参政执政实力发生了颠覆和被颠覆的变化。2000年以后，"蓝绿对峙"被认为是台湾地区基本的政党格局，浊水溪①一度作为"北蓝南绿"政治分水岭的代名词。随着2000年与2008年民进党和国民党交替上台执政，两大阵营在转换攻防角色中实践了"风水轮流转"，但选民结构"蓝大于绿""北蓝南绿"的版图基本得以维持。然而，2014年"九合一"与2016年"二合一"选举产生了颠覆性结果，彻底打破岛内既存的政治结构和权力版图。国民党从政坛的第一大党变为第二大党，民进党从第二大党变为第一大党，而且成为"立法院"多数党，主控"立法院"，第一

---

① 台湾的浊水溪，流经彰化、云林、南投、嘉义等中南部县市，被视为台湾自然地理上的南北分界线。

次实现从行政到立法、从地方到"中央"的全面执政，社会政治结构发展为"蓝小绿大""绿强蓝弱"的状态。

其次，国民党现阶段依然是与民进党同属"第一集团"的大党。选后，学界不少人对国民党的实力提出质疑，认为国民党小党化、泡沫化等唱衰者不在少数。笔者认为，国民党虽经过 2014 年和 2016 年两场选举的"大输"甚至"惨输"，但现阶段不能得出国民党就此溃散或甚至沦为小党的结论。当前无论从经费、党员数量、组织结构、选民结构等指标来观察，国民党都仍然可称为岛内第二大党，并对所谓的第三大党——"时代力量"保持了绝对优势。以党员数量为例，党员是政党借以实现其政治目标、政治纲领的主要力量源泉。尽管国民党基层党员流失情况严重，党员数量日益萎缩，[①]但仍然有近 34 万党员，超过民进党 14 万左右的党员数量。此外，国民党还保持有一套较为完整的组织系统。在"立法院"内，国民党仍然与民进党一起占据绝大多数席次。相较于民进党、国民党的整体实力，众多政党的实

表二：国民党、民进党党员数量对比[②]

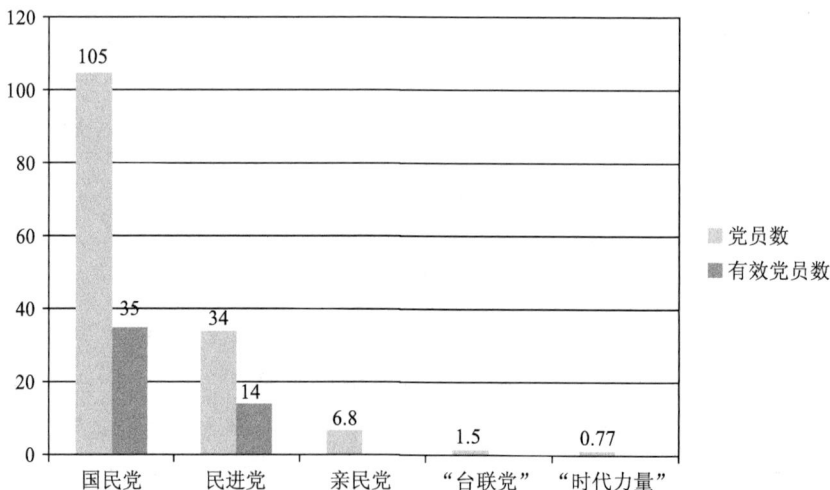

---

① 国民党近三次党主席选举合格党员人数，2009 年为 50 万人，2013 年 38 万人，2015 年 35 万人，五年多时间缩减三成、少掉 15 万人。2016 年洪秀柱以 7 万 8 千多票，56.16% 的得票率当选国民党主席，此次公布的有投票资格党员 33 万 7148 人。

② 此表格资料来源：维基百科、媒体报道、政党新闻稿等；国民党近期数据为 2016 年 3 月 26 日党主席选举、民进党近期数据为 2014 年党主席选举；有效党员数据仅国民党与民进党有资料可查。洪秀柱以 7 万 8 千多票，56.16% 的得票率当选国民党主席，此次公布的有投票资格党员 33 万 7148 人

力属于"小党",特别是在基层组织建设与基层民众支持方面,尤为薄弱。作为最大的反对党和在野党,目前国民党的综合实力还是处在远远强于"时代力量"、亲民党等"第二集团"的位置上。

第三,蓝绿对峙格局维持基本框架,但内涵发生了若干变化。本文认为国民党仍属于"两大"之一,由此引申出该观点。国、民两大政党依然是"蓝绿对峙"基本格局中的主导者,但内涵发生了如下变化:一是其所处位置发生了变化。即上文提到的"蓝大于绿"翻转为"绿大于蓝";二是它们在各自"阵营"内部的位置也发生了变化。泛蓝势力更多元,呈现出亲民党、新党等实力上升、国民党实力下降的趋势,新党和亲民党在此次"不分区立委"选举中都跨过3.5%门槛,亲民党还获得了三席"立委"席次,国民党在泛蓝中不占据绝对优势。反观民进党,挟"完全执政"气势已然成为泛绿势力"领头羊"。三是判断和观察泛蓝的角度复杂且混乱。林冈教授采用有效参与度(有效投票率)和蓝绿支持度的概念,[①] 推论出蓝绿的基本盘是28%比32%,剩下者则是游离于两者之间的中间选民和从不投票的政治冷漠者(各占20%左右),即两大党仍然维持了蓝绿对峙中的主体地位。学者王建民提出"非绿阵营"或"非绿基本盘"概念来解释台湾社会政治结构的变化态势。他认为,包括了国民党、亲民党、民国党、新党、中华统一促进党、军工教联盟党、信心希望联盟党、树党、健保免费连线党、和平鸽联盟党、无党团结联盟党等11个政党,选举合计得票数为536.4万票,可称为"非绿基本盘"(因其不是一个团结、有组织的有机整体,而是分散的、属于不同政党与组织)。与其对应的绿营内部虽然存在不同政党,但在支持蔡英文、对抗国民党问题上高度团结,结成战略同盟,形成一致对外的"泛绿联盟"。按照此算法,"绿营基本盘"与"非绿营基本盘"之比约56:44。[②] 笔者基本认同此看法,但更愿意从正面角度将"非绿"仍视为"泛蓝",进而延续"蓝绿对峙"的传统认知。本文认为,跨过1%门槛的九个政党由于实力、地位、角色、理念以及"统独"目标等的不同,在大政策上仍以国、民两党为基础划分为"蓝和绿"两个层次的区隔。

---

① 林冈:"大数据告诉你:台湾民进党、国民党两党体系能维持多久",上海观察,http://www.shobserver.com/news/detail?id=15349

② 王建民:"台湾"蓝营基本盘"与"非绿基本盘"的变化观察",华夏经纬网,http://www.huaxia.com/thpl/djpl/2016/02/4735210.html,2016年2月22日。

（二）"多元"：新角色与旧功能

多元格局可以简单概括为：政党林立、参选政党数量上升①、政党相互分化组合、跨过最低门槛数增加（详见下表）、少数政党迅速兴起。尤其是以是"时代力量"、柯文哲为代表的所谓"第三势力"进一步崛起，是当前台湾政局演变的一个重要动向。

第 9 届"立法委员"选举政党跨过门槛情况

门槛	政党
5%（可分配 34 席不分区"立委"席次）②	民进党、国民党、亲民党、"时代力量"
3.5%（可领取每年每票新台币 50 元补助款，共 4 年）	同上 + 新党
2%（下届"立委"可直接提不分区名单）	同上 +"绿党社会民主党联盟"及"台湾团结联盟"
1%（政治献金申报所得税抵减）	同上 +"信心希望联盟"和民国党

作者根据相关资料自制

根据得票数推估，民进党未来四年每年可获得新台币 2 亿 6854 万多元补助、国民党 1 亿 6404 万多元、亲民党 3974 万多元、"时代力量"3721 万余元、新党 2550 万元。

首先，"立法院"位置席次变化调整，但结构无根本性改变。"立法院"维持了"两大两小"的原有格局，"两大"（国民党和民进党）位置发生挪移，同时"两小"构成发生变化，由原先的亲民党和"台联党"变为现在的"时代力量"和亲民党。新成立政党"时代力量"在台北、新北、台中拿下三席"区域立委"，同时以 6.1% 的政党票、约 74 万票取得两席"不分区立委"，取代上届"台联党"成为"立法院"拥有党团的政党。与此同时，同属绿营的"台联党"从上届政党票 9%、拿下三席"不分区立委"的"立法院"第三大党，被挤压至仅获 2.5% 政党票、"立委"席次挂零的

---

① 第九届"立委"选举共有 18 个政党提出不分区名单，根据抽签号次依序为：民进党、亲民党、自由台湾党、和平鸽联盟、军公教联盟党、民国党、信心希望联盟、中华统一促进党、中国国民党、台湾团结联盟、时代力量、大爱宪改联盟、绿党社会民主党联盟、台湾独立党、无党团结联盟、新党、健保免费联机、树党。

② 根据台湾"中央选举委员会"规定：1. 若政党欲提名不分区，要看上次的选举是否提名正副"总统"候选人，且得票率超过 2%；2. 政党过去三次的"立委"选举得票率曾达到 2%；3. 某一政党拥有五名的现任"立委"；4. 某一政党需要提名满十席区域"立委"，即可提名不分区。只要满足上列任一条件，政党就可以提名不分区"立委"名单。其中第四项是针对小党及新兴政党设计。

"小党"。"两小"实力虽然有所上升，但不表示"立法院"已经产生结构性改变。亲民党主席宋楚瑜通过与民国党结盟，获得了超过12%的选票，但其推出区域"立委"候选人全部落败，仅靠获得6.5%的政党选票和三个不分区席次。与此类似，绿营的"时代力量"虽然跨过了5%政党票门槛，但其"区域立委"得票率仅有2.9%，在"立法院"席次率不及5%。

"立法院""两大两小"格局比例变化

	国民党	民进党	"台联党"/"时代力量"	亲民党
2012 年	64 席	40 席	3 席	3 席
2016 年	35 席	68 席	5 席	3 席

其次，多元格局下"新角色"的主要表现。多元格局的形成某种程度上说明台湾传统的政党政治开始遭遇新的挑战。"时代力量"的"崛起"代表了多元政党格局中出现"新角色"。一是利用新媒体的组织和宣传模式。新媒体便捷化的参与途径，帮助某些政党快速完成从发展吸收党员到选举组织动员的过程，并在短时间内获得选民认同。刘国深教授认为，这种类似网络商品直销的"网络政治"行销模式，已经开始抢占台湾政党政治"实体店"的市场份额，迫使台湾两大政党都必须改变行销策略和组织手法。[1] 二是长期聚焦个别议题的社会组织或有特殊背景的政党成长壮大。议题式政党包括核废料、石化工厂污染、环境保护，甚至学生营养午餐等，如主张终结政党恶斗的民国党、支持护树环保的树党、替"军公教"群体发声的"军公教"联盟党、要求和平统一的中华统一促进党及新党，主张生态永续、改变财团倾斜的绿党社会民主党联盟等。一些议题小党如绿党和树党，在2014年和2016年选举中都有所斩获。2015成立的民国党[2]则具有浓厚的宗教色彩，台湾知名的宗教人士妙天禅师与该党有紧密的往来。三是政策主张极端化。从政党政治的角度来说，小党与大党主张趋异、以极端化主张迎合特定立场的选民是其保证开拓票源、防止原有支持者逐渐被大党所吸收的策略之一。岛内几乎所有的第三势力都打出了标榜"超越蓝绿"、与国、民两党画清界线的招牌。当前最明显的如"时代力量"，虽在"反蓝""反中"

---

① 刘国深："'九合一'选后台湾政党政治发展的未来趋势"，载《台湾研究》，2015 年第 1 期。

② 2015 年 1 月 25 日，原国民党第八届"立法委员"徐欣莹宣布退出国民党，同年 3 月 18 日正式成立民国党。

问题上与民进党是一致的，但一方面其"反中"等立场比民进党更加强硬和嚣张，如针对民进党版"两岸订定协议监督条例草案"，提出"时代力量"版的"'我国'与中华人民共和国缔结协议处理条例"，大谈"两国论"；① 另一方面在若干具体政策主张上与民进党相异，政党运作也不受民进党控制。再如，"时代力量"与民进党"唱反调"，公开表达支持马英九登太平岛的立场等。② 四是通过选举积累参选经验、建立地方组织。如绿党在 2014 年选举后陆续成立桃竹苗、高雄、台南、北北基党部。"时代力量"在选后选举完成该党的决策层组织建置，由主席团的七位主席与八位委员会主席组成"时代力量"党的最高决策小组，4 月 15 日决策小组举行了第一次决策委员会会议，同时规划在一些"立委"选举有提名人选的地区成立地方党部，经营基层、培养人才，以作为该党发展壮大新的政治平台，为2018 年议员选举提早布局等。总的来看，多元格局下，以"时代力量"为代表的政党在问政、作风、组织建设等方面均试图展现与传统政党的差别，表明其"新角色"的定位。

第三，多元格局下小党和第三势力的功能无本质变化。虽然外在的形式产生了一些"新意"，但笔者观察，"新角色"并没有超出之前出现的若干政党和第三势力的功能范围。一是仍旧与大党维持微妙关系。选举中在第三势力的背后隐约或公开看到大党的影子。"政治素人"柯文哲在民进党"礼让"的前提下当选台北市长，"时代力量"选举在很大程度上也得益于民进党各方面的拉抬。③ 国民党前"立委"邱毅在 2016 年选举中代表新党出征，等等。同样是在"太阳花学运"中发展起来的绿社盟，因坚持"独立性"、缺少民进党的支持而败北。这种与大党之间千丝万缕的联系是人们诟病或质疑第三势力所谓的"自主"，实际上不过为民进党或国民党的附庸，更奢谈真的"超越蓝绿"。此外，一些小党或第三势力抽象的共识无法长期凝聚支持者，如时代力量"追求一个人人都向往、引以为傲的台湾"，社会民主党

---

① 丘采薇、胡有心："时代力量版两岸监督条例纳入'两国论'"，台湾《联合报》，2016 年 3 月 2 日。

② 周佑政、徐伟真、林敬殷："马登太平岛：民进党谴责马英九　黄国昌批美"，台湾《联合晚报》，2016 年 1 月 28 日。

③ 蔡英文及民进党抓住近年来岛内左派政治势力抬头、社会运动风起云涌、青年政治参与热情高涨和新兴政治势力崛起的新契机，在一些民进党的艰困选区大量启用新兴政治力量，给他们挑战国民党、寻求政治舞台的机会。比如在选举中民进党等大佬和柯文哲频频为"时代力量"候选人站台，拉抬选情。

的"打破两党寡占的政治、打破财团垄断的经济",绿党的"参与式民主、社会正义、生态智慧",民国党的"博爱、自由、平等"等,如果小党或第三势力的主张无法激起更多关注,将可能面临政见被大党吸纳的命运。二是多元政党之间的关系与互动。小党之间竞争又合作的现象非常频繁。如绿党通过认可"双重党籍",希望借此与其他政党等组建"政党联盟"①;民国党选择与亲民党合作,党主席作为宋楚瑜的副"总统"候选人。柯文哲为"时代力量"候选人站台,等等。然而,一个现实问题是各小党之间天差地别的路线差异,不寻求路线整合而单纯是拼凑出一股有别于蓝绿的"第三势力",常常流于"拼装车"的外在形式,小党之间合作与冲突的现象说明,某种程度上所谓的"第三势力"仍然只是"拆卸重组的招牌"。三是自身发展仍困境重重。包括支持者的不稳定性,例如"时代力量"将目标群主要定位年轻人②和"首投族"。虽然这次选举青年选民政治参与度急剧上升,但是年轻人的政党认同是极易发生改变的,年轻世代的热情能否在四年后维持下来值得怀疑。又如人才可持续的问题,亲民党的维系与党主席宋楚瑜个人密不可分,很多人将其称为"一人党",随着宋楚瑜的淡出,亲民党的发展前景并不被看好。此外,财政和资金也是困扰小党的难题。跨越政党票得票率3.5%的补助金门槛的亲民党和"时代力量",未来四年每年固定获得资金保障的总共也只有四个政党。台湾"选举法"规定,每名"立委"参选人要付20万新台币保证金,例如台湾"绿党"在第九届选举中提名12个参选人(10名区域和2名不分区),即要付240万新台币。对小党来说,因为如果不能顺利当选,保证金将会被没收,当局也不会向政党发放竞选补助金。

由是观之,与"两大"相对稳定的结构不同,"多元"格局仍然处于变动之中。相较于民进党、国民党,在政党竞争游戏中,有能力通过选举获得"立法院"席位并发挥影响力的政党只有超过1%门槛的七个政党,其中实力足以同时参与"执政权"争夺和"立法权"的政党则只有民进党和国民党两大党。因此,本文认为,传统主流政党仍是台湾政党格局中"压舱石"。

---

① 林雨佑:"盼与第三势力结合 绿党同意拥有双重党籍",台湾"新头壳"网站,http://newtalk.tw/news/view/2015-01-31/56471,2015年1月31日。

② 2014年后,20—39岁的青年人(超过715万,占1800万选民的39.7%)。

二、"两大多元"格局形成的原因

"两大多元"格局是由台湾地区选举制度和 2016 年选举的特殊形态所主导形成。

首先，单一选区相对多数制是"两大"得以维系的重要诱因。目前台湾的选举制度大致可以分为三种：一是"单一选区相对多数制"，适用于各级地方行政首长选举；二是结合"单一选区相对多数制"和"比例代表制"的"单一选区两票制"，适用于"立委"选举；三是"复数选区单记非让渡投票制"（single nontransferable vote，SNTV），适用于"直辖市"议员、县市议员、乡镇市民代表选举。总体来看，"单一选区相对多数制"是台湾地区最占优势的选举制度。迪维尔热提出，"单一选区相对多数制"的设计对大党是有利的，选票倾向于向两个主要候选人集中，容易形成两党对决的局面。[1] 2008 年国民党重新执政，台湾实现了第二次政党轮替后，有部分学者认为台湾的两党制已经基本成型，林冈认为，台湾两党体系已伴随着 2008 年选举制度改革而进一步成形，并将通过定期的政党轮替，达成动态性的权力平衡。[2] 但有学者分析后认为台湾"离稳定和均衡的两党制还有一定距离"。[3] 正是由于制度结构压缩了小党的生存空间，所以在全岛性的选举如"总统大选"中，最有可能出现的就是国民党或者民进党占据优势的两党竞争。在 2016 年选举中，即使国民党跌入最低谷，即使其选票受到来自各方的"分食"，仍然获得 31.04% 的得票率，国民党与民进党得票率相加达 87.16%，接近于 90% 的"两党体系"标准之一。[4]

其次，"比例代表制"在一定程度上为"多元"提供了生存空间。由于台湾采用并立式的"单一选区两票制"，"比例代表制"部分就会产生"分

---

① Maurice Duverger. Political Parties：Their Organization and Activity in the Modern State ［M］. NewYork：Wiley，1963. p124.

② 林冈："大数据告诉你：台湾民进党、国民党两党体系能维持多久"，上海观察，http：// www. shobserver. com/news/detail？id = 15349.

③ 陈星："简论台湾政党政治发展及其趋势"，载《台湾研究》，2010 年第 6 期。

④ 雷伊（Douglas Rae）对"两党体系"得票率根据雷伊的定义，两党体系指的是两大政党的得票率总和超过 90%，且没有一个政党的得票率超过 70%。Douglas Rae. The Political Consequences of Electoral Laws ［M］. New Haven，CT：Yale University Press，1971. p52.

裂投票"的现象。尤其在 2016 年选举中对大党有利的"弃保"① 效应发生改变。从选后数据看，选择"分裂投票"的选民不在少数。不少绿营选民或认为民进党与"时代力量"等政党属性相同，或认为民进党选情态势明朗化下，不会因为分票而使选情危险，从而选择将选票转给时代力量。最终选举结果显示，蔡英文拿下约 689 万的"总统"票，而民进党的政党票为约 537 万，支持蔡英文但不支持民进党的"分裂投票"数达到约 152 万。国民党面对的"分裂投票"情况则更加严重，众多泛蓝政党分食国民党政党选票。与国民党竞争泛蓝选票的除了亲民党及新党外，也包括了新成立的民国党，还有被认为是国民党票源——军公教人员的军公教联盟党等，国民党有众多支持者将政党票投给亲民党或新党等其他政党，甚至还有许多选民将在"总统"选举中许多蓝营支持者不愿意出来投票，或者改投宋楚瑜以教训国民党。② 总体来看，2016 年选举是台湾政党制度实施以来最大一次的政党混战，在国民党大幅衰退、民进党气势旺盛的情况下，小党瓜分的政党票策略基本成功。

第三，2016 年选举的特殊性是"多元"形成的重要原因之一。从 2014 年"九合一"选举后开始就有很多分析认为，台湾政坛吹起了一股"支持小党和第三势力"的风向，本文对此持否定看法。笔者认为，所谓的"参选政党暴增"、"小党分票成功"是基于 2016 年选举的特殊情形而产生的个别现象。理由如下：一是与选举法修改规定，将用当局预算补助政党的得票门槛调低（从 5% 降低到 3.5% ）有关，这一规定使得许多小党为了利益对参选趋之若鹜。二是"分裂投票"的现象并非选举中的常态。"弃保"或是"分裂投票"的程度是由选举中的非制度因素决定的，不同的情况会发生不同的"选票转移"的现象。在 2016 年选举中，民进党的选票向"时代力量"移动、国民党的选票向新党和亲民党等移动。但在 2008 年"立委"选举中，选票则由小党向同质性的大党政党转移，表现为新党和亲民党的选票向国民党流动，"台联党"的选票则向民进党流动。理论上，未来的选举也有可能会再次出现所谓的"弃保效应"。我们把这种现象称为双向"选票转移"现象，即"分裂投票"和弃保的效应在不同情况下均有可能发生。三是选举制度限制了"多元"在"中央"层面的发展空间。当年通过"修

① 台湾过去在选举中常被操作的"弃保"。这种弃保理论背后的想法是选民与其投票给明知不可能当选的小党，不如投给政治路线相近的大党，才不致导致选票浪费。

② 朱立伦与宋楚瑜的选票相加达到 539 万票，得票率达 43.87% 。

宪"达成的"立委"选举的"单一选区两票制",其制度设想之一即是要去除小党林立,促成台湾的两党政治。政党制度发展到尽头,"比例代表制"席位也仅有有限的 34 席,这一选举制度还是对两大政党相对有利的。

三、"两大多元"格局的未来走向

本文认为,"两大多元"未来发展走向大致存在两种可能性。一为较为稳定的结构,但"两大"和"多元"各自内部均保持不同程度的调整和变动;二为逐渐失衡,不排除"两大"和"多元"结构均发生瓦解与重组。其中国民党发展走势、中间选民的政党认同、"立法院"的博弈斗争等将是未来"两大多元"格局演变的重要变量。

首先,"两大多元"的政党格局前景如何,将受到多种因素的影响。其中,国民党能否在一片"唱衰"声中重新整合、重振旗鼓,将直接决定"两大"结构能否延续。如前所述,就目前情势来观察,虽然各政党的光谱仍然可以约分为泛蓝势力(国民党为主)与泛绿势力(民进党为主),国民党尽管仍然是"立法院"第二大党,但经历几轮选举失利的严厉打击后,国民党早已士气涣散,人才流失。在目前"蓝消绿涨""绿大蓝小"的政治生态下,国民党尚保持主导地位但影响严重下滑,以国民党"立委"的战斗力与团结程度,加上在地方仅剩六个县市的执政权,未来对"完全执政"的民进党的制衡力度或将相当有限。如果"蓝下滑、绿上升"的迹象持续,台湾政党格局走向民进党"一党独大"、国民党衰落为中型政党或区域型政党、政党格局失衡的局面也存在可能性。新任党主席洪秀柱上任后,推行新一轮针对基层和年轻人的党务改革,以"最大的反对党"的立场扮演政党角色,各项改革仍在初始阶段。未来国民党的发展和走向将是"两大多元"政党格局演变的关键要素之一。

其次,中间选民的政党认同是影响"两大多元"格局走向的又一因素。从当今大部分台湾选民对政治信息的判断方式来看,政党认同还是重要途径。虽然政治格局发生了"绿大于蓝"的重大变化,但中间选民仍是影响未来选举结果的关键变量。2016 年选举后,并没有数据显示,选民的政党认同因第三势力出现而大幅改变,选民对两大党的认同已经减少或流失,形成支持非两大党的多数独立选民。

事实上,由于中间选民往往会依赖议题来决定投票行为,因此在若干选举中发生政党认同变迁和选票转移的深层原因，是因台湾社会的治理问题和内部议题发酵而起。未来，岛内民众将更关注执政当局对关系民生、经济和文化教育等议题的执政绩效。在此基础上，选民的政见立场会不断地修正和完善，其后逐渐向"中间状态"靠拢，最终影响整个政党格局的变迁和发展。因此，在选民结构更新换代、政党之间角力竞争以及热点"议题"导向等因素的共同作用下，未来的"中间选民"仍然是一支影响岛内政党格局演变的重要力量。

第三，"立法院"内的博弈与斗争将是"两大多元"走向的直接反映。换句话说，在 2016 年选举中崛起的小党的走向，对未来政党格局的变化影响深远。外界尤其关注"时代力量"与民进党之间的关系如何发展。有观点认为双方之间的"同盟"关系可能发生变化，时代力量将对民进党执政形成挑战，主要是基于对"立法院"内党团制度有利小党的判断。根据"立法院"职权行使与议事规则规定，成立"党团"后，不论党团成员人数多寡，均受惠于"党团协商制度"，[①] 此外，可以党团名义提出"法律修正案"，不受联署人数限制。新一届"立法院"在"时代力量"的操弄下，已经"炮声隆隆"。"时代力量"进入"立法院"后，不断就各类议题进行了强势质询，展开交锋，抛出民间版"两岸协议监督条例"、提案抵制课纲微调、对"立法院正副院长"选举程序提出质疑等，表现出不甘于做一个尾巴政党或民进党附庸，而是发挥"关键少数"的决心。

面对这样的形势变化，民进党和国民党似乎已经有所体认，也做好一些准备。占据绝对多数的民进党不会甘于被"时代力量"抢夺话语权，也不愿意与其他党"协商"议政，未来不排除掀起触及小党团利益的改革，如此"立法院"的针锋相对不可避免。所以，2016 年"大选"之后，"立法院"内的党争会不会更加多元和激烈，究竟如何，只能拭目以待。

四、结语

"两大多元"的政党格局表明，两岸关系受岛内政局影响的规律尚未改

---

① 又称"朝野协商"，是指争议性法案在"立法院"表决生效之前，需要经过执政党"立院党团"与在野党"立院党团"进行协商，协商结论具有法定效力。这一制度为人诟病之处在于，其中有多少利益交换和复杂内幕，外界不得而知，所以多称之为"密室协商"。正是因为有了这个协商制度，小党才能够通过党团"以小博大"。

变。尽管两岸关系发展的中长期主导权在大陆，但短期而言，岛内政党格局仍是影响两岸关系的重要因素。由于台湾两大阵营的立场主张、两岸政策路线与对两岸关系发展态度存在很大差异，不同政党的政策将会导致两岸关系呈现不同的状况与格局。过去的历史经验与2016年选举都充分证明了这一点。在台湾立场不同的政党可以通过控制和监督政治权力，把自己的政治纲领、方针政策通过执政或问政的方式向社会推行，从而影响两岸关系的实际过程和发展方向。以"时代力量"为代表的极端政党极扮演与过去"台联党"一样的角色，不断为两岸关系"踩刹车"，民进党则始终拒绝接受一个中国原则和"九二共识"，为两岸交流交往设置重重障碍。总体而言，在"两大多元"、局势有利于绿的政党格局下，两岸关系的紧张与僵持似乎难以避免。悲观者预估两岸关系将会出现倒退或分化，进入"基础不牢、地动山摇"状态，保守看法也提出两岸关系发展从此进入一个新的调整阶段，面临更为复杂多变的新形势、新挑战。在这种情况下，我们要对未来两岸关系新状态形成新的认知和共识，特别是以正面心态看待两岸关系的回摆。台湾的政党轮替以及由此形成的新的政党格局，并非因两岸关系和平发展所致，而是由台湾岛内的自身因素所决定。对大陆来说，"以不变应万变"，坚持两岸关系和平发展、坚持两岸最终统一基本方向的长期性与稳定性，这一政策不能、也不会因岛内政局变化和干扰而发生改变。

第 三 编

亚太局势演变

台美日安全合作新趋势

严安林　张　建　王晓虎*

　　台湾与美国、日本之间的安全合作不但是东亚地区安全格局的重要组成部分，而且是与海峡两岸关系密切相关的安全因素。台美日安全合作的动向与趋势直接影响两岸关系和平发展与深化，更是未来两岸统一的重要挑战。

一、东亚安全格局：现状与趋势

　　普遍认为，在一定意义上，当前东亚地区形成了一种安全关系与经济关系明显分离的"二元格局"，即在安全上美国处于主导地位，而在经济上中国大陆表现出越来越强的中心地位。中国大陆成为这一地区大部分国家的主要经济伙伴，美国则是这一地区大部分国家的主要安全伙伴。这一认识有其合理性，但也存在局限性和片面性。经济上靠中国，安全上追随美国的二元分离状态只是亚太地区结构的表象，从深层次来说，无论是在经济还是安全方面，目前亚洲仍不合理地都以美国为中心。中国大陆正在努力改变这种单一的地区结构框架，以突破制约中国的"安全困境"。但就东亚安全格局来讲，目前正在形成的是"一元半格局"。"一元"指美国借助安全联盟体系在亚太地区构筑起安全主导体系，但这种安全上的主导地位正在出现松动。美国主导的"亚太安全雁行架构"仅在其联盟体系内发生作用，且处于深刻变动之中，美国越来越无法单独构建亚太区域安全合作机制。"半元"指中国大陆在安全上正努力塑造一个美国体系之外的框架，逐渐打破美国对亚太安全体系的"垄断"。中国大陆经济实力和军事实力的大幅提升，正在改

　　* 严安林系上海国际问题研究院副院长、两岸关系协创中心教授、上海市台湾研究会会长；张建系上海国际问题研究院台港澳所助理研究员；王晓虎系复旦大学台湾研究中心博士生。

变着亚太地区的地缘格局和安全空间，中国大陆正成为亚太安全格局中重要的因素。

亚太地区虽然发展出了多个多边安全制度，如东盟地区论坛、上海合作组织、六方会谈、亚信会议、南亚区域合作联盟等，但这些安全机制仍然是亚太地区内的区域性机制，都没能发挥有效的规制亚太地区安全秩序的能力。因此，有效整合或创建覆盖亚太地区的安全制度是当前亚太地区安全秩序构建的重要内容。美国主导的亚太盟国安全体系是亚太地区安全秩序的重要组成部分，甚至可以说是目前最重要的部分。但由于美国与其盟友之间存在巨大的"安全能力鸿沟"，导致这种安全体系必然是一种非对称性的组合，即美国独大、盟友跟随。中国大陆作为亚太地区的重要权力中心，对亚太地区的安全秩序既有需求也有责任。总体来说，东亚地区安全结构存在安全性产品的"供给－需求"不对称矛盾以及安全性产品的"成本－收益"不对称矛盾，这种不对称导致东亚安全结构的效能失灵。

总之，亚太安全需要形成一种稳固的战略平衡，大国在亚太地区的安全博弈将导致地区力量的两极分化，这不利于构建亚太安全架构，也不利于进行地区安全合作，对涉亚太安全的问题的解决更是不利。在脆弱的地区安全上，"外交—经济—安全"具有极大的关联性，三者互有影响和借重。

（一）美国亚太安全战略新动向

重返亚太或亚太再平衡政策是奥巴马自 2009 年就任总统以来极力推动的美国国际战略的重大调整，也是其重要的外交遗产。通过亚太再平衡战略塑造美国主导的亚太区域安全架构，凸显美国在地区安全上的不可或缺，从而确保美国在该地区的领导地位是这一战略的主要目的。由于历史因素使然，东亚形成了一种独特的地缘政治关联性，从而加剧了这一地区内在的不稳定性，这种历史惯性深刻影响着东亚的安全格局。与此同时，由于以美国为主的地理空间上的区外力量在这一地区也拥有相应的历史和现实的多重利益，并与这一地区的国家形成了无论是在政治外交、军事安全还是经贸人文等领域的某种足以影响国际格局的联动效应。

1. 美国将扩大在亚太地区的存在作为一项最优先的课题，而其中又以提升美国在亚太地区的军事能力和安全存在为主要内容，确保美国的军事能力能够在亚太地区捍卫美国的利益。美国在 2012 年公布的《维持美国的全球领导地位：21 世纪防务的优先任务》战略指南文件中就指出，要维持亚太的和平与稳定、商业活动的自由开展以及美国的影响力，部分取决于潜在的军事能力和军事存在的平衡。① 美国经济和安全利益与从西太平洋到东亚再进入印度洋和南亚这一弧形地带的发展有着无法回避的联系，这一联系既带来挑战又带来机遇，因此美国军队在维持全球安全的同时，需要向亚太地区再平衡。② 2014年3月美国发布的《四年防务评估报告》（QDR）更是直接将推进亚太再平衡作为美国防务战略日程的第一优先事项。③

2. 美国将亚太地区的安全盟友和安全伙伴作为其亚太战略的主要依托，并大力帮助盟友与伙伴提升防务能力和安全力量。在亚太地区，美国拥有日本、韩国、澳大利亚、菲律宾和泰国五大重要盟国。虽然美国与盟国之间在某些问题上间或有些许龃龉，但这些国家忌惮中国大陆的崛起，希望美国力量介入，牵制、平衡中国大陆的力量和影响，在这方面美国与盟友的目标是一致的。美国积极提升军事同盟关系，将其作为亚太再平衡战略的重要支柱。一方面应对国防预算削减的现实，另一方面是发挥盟友、安全伙伴等角色的"前沿"作用。《四年防务评估报告》明确将提升在大洋洲和东南亚的军事存在、强化与日本、澳大利亚等关键盟友的安全合作、深化与新加坡、越南等关键安全伙伴的防务联系作为强化亚太军事部署的重要措施。④

3. 美国在东亚的安全布局以平衡中国大陆的力量为主要目标，并采取以"遏制+接触"为主的对冲战略。美国认为，中国大陆正在采取一系列的渐进式战略步骤，逐步削弱美国在亚洲的影响力，同时削弱美国盟友对美国提供的安全承诺和保证的信心。因此，在奥巴马政府"亚太再平衡"战略蓝图中，中国大陆被锁定为今后美国在亚太地区的主要"假想敌"，从政治、经济、军事、外交等各个领域针对中国采取遏制政策。悲观者认为中国必定会谋求打破由美国制定的国际秩序，美国应当有所准备。他们认为美国应采取巩固与亚太海上安全伙伴的关系、在西太平洋和印度洋部署作战力量、重新承诺对亚太地区盟国的安全义务等手段来维持东亚的战略现状。⑤ 基于

① US Department of Defense, "Sustaining U. S. Global Leadership: Priority for the 21st Century Defense," January 2012, available at: http://www.defense.gov/news/Defese_Strategic_Guidance.pdf.

② US Department of Defense, "Sustaining U. S. Global Leadership: Priority for the 21st Century Defense," January 2012, p. 2.

③ U. S. Department of Defense, Quadrennial Defense Review Report, March 2014.

④ U. S. Department of Defense, Quadrennial Defense Review Report, March 2014.

⑤ Jeffrey A. Bader, Obama and China's Rise: An Insider's Account of America's Asia Strategy, Washington, D. C.: Brooking Institution Press, 2012, p. 3.

此，美国需要在亚太地区保留强大的军事存在，寻求盟友和安全伙伴支持，强化对这一地区的经济参与度并努力构建以规则为基础的地区安全秩序。

4. 奥巴马政府对亚太地区安全问题采取"两面策略"，由"挑拨转为管控"。在朝鲜核问题上，美国认为朝鲜目前还没有能力发射可携带核弹头的弹道导弹，对朝鲜发展核武器将继续采取"战略忍耐"[①] 政策。一方面，美国借助中国对朝鲜的影响力，督促中国在解决朝核问题上发挥建设性的作用；另一方面，利用朝核问题巩固美韩、美日同盟，推进亚太"再平衡"战略。[②] 针对朝鲜继续进行核试验恶化地区局势的举动，美国则选择继续通过加大军事威慑、经济制裁和外交孤立的方式来表面在朝核问题上的立场。主要表现是与韩国联合举行大规模军事演习威慑朝鲜。在日本问题上，一方面美国主张《美日安保条约》适用于钓鱼岛，将继续其"在钓鱼岛最终主权归属问题上不持立场"的政策，但也认为钓鱼岛"处于日本的有效控制之下"，并对任何想要改变现状的单方面行动表示反对。另一方面，在历史问题上美国继续对日本施压，避免日本与中国大陆、韩国关系的持续恶化对地区安全形势的冲击，以免陷入日本与中国大陆的冲突。

（二）日本亚太安全战略新动向

根据"正常国家"战略目标的需要、周边安全环境的变化和美国亚太战略的调整，近年来日本对其安全战略、军事战略、军事部署指挥体制、武器装备等进行了重大调整，以确保日本本土安全和日益拓展的地区和国际安全利益，同时适应日本迈向"政治大国"目标的战略需求。[③] 特别是安倍晋三二度执政以来，重点以"摆脱战后体制"[④] 为目标，加大军事安全投入，重构日本版式的安全体系，巩固日美军事同盟关系。这其中日本又以中国安全威胁为借口挑起中日冲突。2013 年《新防卫计划大纲》表明，日本对中

---

① Glenn Kessler, "North Korea Tests U. S. Policy of 'Strategic Patience'", The Washington Post, May27, 2010.

② 孙茹："奥巴马政府对朝'战略忍耐'与朝核问题"，《现代国际关系》，2013 年第 7 期。黄凤志、孙国强："中美在朝核问题上的互动及其前景探析"，《现代国际关系》，2013 年第 11 期，第 8—14 页。

③ 江新凤："日本的军事转型及其对中国安全环境的影响"，《日本学刊》，2013 年第 6 期，第 69—86 页。

④ 可参见王珊："试评析安倍政权'摆脱战后体制'的外交举措"，《现代国际关系》，2013 年第 9 期。

国大陆军事能力的提升和意图怀有疑虑，认为中国的军事现代化和频繁的军事活动对日本的安全构成了威胁，因此日本要采取防范和牵制中国的措施，与实力不断上升的中国大陆相抗衡。

1. 强化日本的安全防务能力是其亚太安全战略的首要内容。2013 年《中期防卫力量整备计划》确定了未来五年内日本的防卫预算最高可提高到 24.67 万亿日元（约合 2400 亿美元）。《国家防卫计划大纲》中也提出，要建立高效的综合防卫体系，构建一体化的"能机动、灵活、高效应对各种事态，以先进科技和情报、指挥通信能力为支撑，重视快反性、持续性、坚韧性和联通性的机动防卫力量"。

2. 日本的亚太安全战略以遏制中国为核心目标。[①] 近年来，日本大力鼓吹"中国威胁论"，并在周边安全问题上突出中国威胁，为其增强军事力量、扩大军事部署、强化安全合作提供借口。《2013 年度日本防卫白皮书》甚至称中国迅速扩大在日本周边海域、空域的活动，特别是侵犯日本领海、领空的行动存在引发不测事态的危险。在《国家防卫计划大纲》中明确指出对中国军事的"危险行为"感到"无比担忧"，并表示"强烈关注"。这一凸显"中国威胁"判断体现了日本面对中国崛起的战略焦虑，以及视中国为主要威胁的真实意图。[②] 日本右翼势力还炒作所谓的"中国拟划设南海防空识别区"，以煽动周边国家，特别是东南亚国家对中国的安全威胁。日本在安全议题上对华采取进攻性姿态的同时，对中日冲突的前景颇为忧虑，但在经济上仍期待搭中国快速发展的"便车"。[③]

3. 日本的亚太安全战略以深化美日同盟关系为重要依托。日本借助美国大力推行亚太再平衡战略的时机，积极充当美国亚太战略的前哨，并借此在钓鱼岛问题、历史问题上采取激进性的挑衅行为。2012 年 11 月，日本向美国建议，希望修改日美防卫合作指针，重新划定保护日本的"防御边界"，应对中国大陆对日本西南岛屿的威胁。

4. 东南亚地区是日本实施亚太安全战略的重点区域。2013 年 12 月，日本通过的《国家安全保障战略》首次把与东盟的安全合作纳入到国家战略的顶层设计。[④] 日本与东盟安全合作的战略定位是东盟在日本对外安全合作

① 肖晞："日本战略趋向与中国的应对"，《国际观察》，2014 年第 2 期。
② 胡琳："日本新版《国家防卫计划大纲》浅析"，《国际研究参考》，2014 年第 3 期。
③ 蔡亮："论安倍内阁外交政策的两面性"，《世界经济与政治论坛》，2013 年第 2 期。
④ 李秀石："试论日本对东盟的安全合作政策"，《日本学刊》，2014 年第 2 期，第 51 页。

战略中的地位位于美国、韩国和澳大利亚之后，但在印度之前。2013 年 7 月，日本主动提出通过日元贷款帮助菲律宾加强海上警备力量，并向菲提供 10 艘巡逻艇等海上设备。就具体国家而言，日本重点发展与越南的关系。日本考虑到越南的地缘位置以及越南在南海问题上的强硬态度，日本意图联合越南，形成南海、东海两翼策应之势，借扩大南海问题的国际影响给中国的东海政策施加压力，增加日本在钓鱼岛问题上对华谈判的筹码，逼迫中国大陆在领土领海问题上软化让步。[①]

5. 除强化日美同盟外，日本还积极加强与"第三国"的安全合作，以有效应对地区安全问题。在双边层面，加强与印度、韩国、澳大利亚等国的双边合作，并在此基础上推进"美日＋1"的三边合作模式，如美日印、美日澳等三边安全合作。日本还积极扩大与俄罗斯等国家的合作。2013 年 4 月，日本与俄罗斯建立外交与国防部长（2＋2）对话机制，并于 2013 年 11 月在东京举行了首次日俄"2＋2"会谈，这是日本继与美国和澳大利亚之后，与第三个国家建立这一重要的外交与防务对话机制。

（三）亚太其他主要国家的安全认知

澳大利亚将美澳安全同盟关系作为维护其安全的核心支柱。澳大利亚政府认为，美国以一种适时的、有效的方式对印度洋—太平洋地区的一系列突发事件做出反应，并以一种促进和平、稳定与繁荣的方式介入亚太地区，有助于澳大利亚的长期战略利益。同时，澳大利亚也认识到由于中国大陆的强势崛起，美国在亚太地区的战略优势在缩小。如何在强化与美国的安全同盟关系与增强与中国大陆的经济关系之间做出适当的平衡是澳大利亚面临的挑战。不容忽视的是，澳大利亚对中国力量的增强对亚太地区安全可能造成的威胁也怀有疑虑，正不断加强对中国的亚太安全政策、中国对美国亚太再平衡政策的应对、中国在东海和南海的行为以及中国战略需求的边界等给予极大的关注。

印度明确反对亚洲以中国为中心，并且视中国为主要的安全威胁。中印之间因领土划界问题、巴基斯坦问题、中国在印度洋的利益及印度"东向

---

① 韦强："日本与越南在南海问题上的战略互动"，《国际研究参考》，2014 年第 1 期，第 22 页。

政策"等问题，彼此互信度不高，甚至存在紧张的竞争关系。[1] 印度总理辛格总理就称，尽管依存程度不断加深，但印中两国在历史问题上仍然存在分歧，经济繁荣并没有使两国之间的矛盾完全消失，稳定与安全始终面临威胁。

东南亚国家联盟的成员国希望通过加强联系来应对中国，中国不断上升的国力以及在海上的军力让周围的国家感到不安。

二、台湾与美日安全合作的现状

自2012年台湾地区、美国、日本各自相继实现了领导层的延续或更迭。相较于以往，台、美、日安全合作框架的连续性大于变化，但随着中美关系持续深入发展，在中美双边关系中，台湾问题的地位趋降，而在美日安全合作中，台湾问题的地位趋升。在东亚安全格局新形势下，台湾地区与美国、日本的安全合作亦逐渐呈现出一些新变化、新趋势。当前，"岛内社会的氛围亦无法摆脱区域安全依赖美国的军事支援的概念"。[2] 因此，准确把握台、美、日安全合作框架延续性之中呈现的新变化、新趋势，对于理解当前东亚地区安全新态势并更有针对性地开展对台工作颇具参考意义。

（一）台湾与美国的安全合作

为了巩固和强化自身在东亚的战略优势地位，美国在延续"以台制华"战略的同时，也在根据亚太形势的新变化、美国战略的新需求以及美中关系的新进展，重新审视台湾对于美国亚太战略的现实意义。[3] 从美国角度看，一方面，美国担心中国大陆、日本和台湾在东亚海上领土问题上的对峙给各方造成误判，引发海上冲突，使美国面临卷入冲突的危险，这势必影响美国在该地区的安全利益。[4] 另一方面，美国希望台湾在其亚太安全战略中发挥一种独特的"隐形"作用，通过加强与台湾的安全合作和"间歇式对台军

① 韦宗友："美国在印太地区的战略调整及其地缘战略影响"，《世界经济与政治》，2013年第10期，第155页。

② 傅应川："两岸军事互信机制的回顾与前瞻"，香港《中国评论》，2014年3月号，第7页。

③ 王公龙、郭小琴："'重返亚太'视域下美国台海政策调整的新动向及其影响"，《台海研究》，2013年第1期，第71—78页。

④ Ben Dolven, Shirley A. Kan and Mark E. Manyin, Maritime Territorial Disputes in East Asia: Issues for Congress, CFR Report R42930, January 23, 2013, p. 1.

售"提升台湾的安全力量，以牵制中国大陆的军事力量在东亚地区的扩张。从台湾角度看，一方面，鉴于自身防务力量的有限性，希望通过"配合"美国的亚太再平衡战略以获得美国在安全上的"奖励"。另一方面，在两岸关系和平发展、中美构建新型大国关系的背景下，台湾也不希望被边缘化甚至可能被牺牲，希望参与到亚太安全的博弈中以谋求对己有利的情势。

1. 《与台湾关系法》是美台军事安全合作的基础，美国据此为台提供安全承诺，台湾将其作为"配合"美国亚太安全战略的依据。其一是《与台湾关系法》为美对台售武、"协防台湾"等提供"法理依据"。《与台湾关系法》主要有三个功能：一是记载美国对台湾政策的目标，包括维持台海现状，保障台湾安全等；二是在无外交关系的情况下，维持台美间经贸关系；三是授权成立美国在台协会（AIT）以代表新关系中的美方。该法试图通过长期维持"两岸分离现状"以制衡中国大陆的发展，并维持美国在东亚地区的霸权利益。? 美国根据《与台湾关系法》持续多年对台军售，这成为台方幻想如果台海地区发生军事冲突，美国据此"协防台湾"的"法理依据"。

其二是《与台湾关系法》与"对台六项保证"因应台湾要求美国提供安全保障的诉求。多年来台湾对美国一直存在安全诉求，并致力于寻求美国的安全保障，要求美国恪守《与台湾关系法》，保障台湾安全。美国提出与此法相关的"维持两岸军力平衡论""售台防御性武器是台湾防卫之必需论""优于中美三个联合公报论"等违背政治现实的论调，既可以因应台湾对美国的安全诉求，又可以制衡中国大陆军事力量的崛起，并借此强化美国在亚太地区的军事存在。另外，美国"对台六项保证"亦因应了台对美的安全保障诉求，其内容包括：（1）不设定对台军售的终止期限；（2）不变动《与台湾关系法》；（3）不在事前与大陆磋商对台军售；（4）不充当台湾与大陆之间的调解人；（5）不改对"台湾主权"的立场（6）不对台施加压力，促其与大陆谈判。2013 年 8 月，美国众议院外交事务委员会通过了"2013 年对台政策法案"，要求美国政府接受台湾关于 F - 16C/D 的采购意向并向台湾出售潜艇。2014 年 4 月，美国决定向台湾出售四艘佩里级护卫舰。这都是美国对台湾安全保障的主要内容。

2. 在两岸关系和平发展的背景下，台湾与美国之间在情报共享、军官培训等"软安全"领域的合作呈现上升趋势。近年来美、台情报合作更加及时，合作层次更高，合作范围更广。主要体现在：一是美台共享情报及情报设施。虽然情报设施属于高度机密，历来都是独立使用，但近年来美、台出于各自战略需要，开始"共享"部分情报设施。例如，台北的阳明山监听站即是由美国国家安全局和台湾"安全局""国防部电讯发展室"共同管理使用。二是美国帮助台湾构建情报系统。为利用台湾优越的地缘位置并提升对中国大陆的侦察水平，美国近年来正逐步改变单纯向台湾提供情报做法，积极帮助台湾提高自身的情报侦察能力。三是为台湾培训军官及情报人员。早在李登辉时期台湾与美国就建立了固定项目，派遣情报官员前往美国兰德公司接受培训。近年来，美国国安会、中情局等高级官员与台"军情局"等情报机构负责人多次秘密会晤，对台湾的情报搜集与研析流程提出具体建议，协助台湾优化安全与情报体系的决策程序等。总之，美台在情报共享方面合作日渐密切，且台湾坐拥离大陆较近的天然地缘优势，已成为美国重要的无线电情报基地。

3. 美国借助在安全上台美之间的不对称性依赖，对两岸军事安全互信机制的开展采取不支持、不鼓励政策，从"防独"向"防统"转变。由于台湾地区与美国的不对称性安全依赖，台湾地区对美国有较大的安全保障诉求，加之美国很关切在西太平洋的战略利益，所以借机抑制两岸建立军事安全互信机制。美国在 2008 年至 2009 年间，一度对两岸关系和平发展持鼓励态度，马英九发展两岸关系的一些政策也得到美国的赞赏。但是，美国终究以自身的全球利益来考量其对华及对两岸政策，维持两岸"和而不统"的现状正是美国试图维持其在西太平洋的控制力与影响力的表现。"台湾由于独特的地缘位置，再一次成为地缘政治的关键点，美国绝不会轻易放弃这个绝佳的地缘政治棋子。"[1] 另外，台湾方面拒绝在南海问题上与大陆合作、在中日钓鱼岛争端上升时同日本达成渔业协定，实际上也是美国在背后发挥了作用。所以，在美国推行的"亚太再平衡"战略中，台湾仍被视作抑制中国大陆的棋子。

（二）台湾与日本的安全合作

在马英九的"亲美、友日、和中"地区平衡发展战略中，日本占有重要角色。在台湾的安全架构中，台日安全合作是仅次于台美安全的部分。台

---

[1] 社论："建立两岸军事安全互信机制难处何在"，香港《中国评论》，2014 年 3 月号，第 1 页。

湾借中国大陆与日本争端升级的时机，加强台日关系，不进行两岸联合保钓，与日本签署《台日渔业协议》，加强双方的政治、经济和安全合作。

1. 台日安全合作虽然经历了起伏波折，但随着地区安全形势的变化，双方都呈现出提升安全合作的需求。台湾与日本的安全合作在民进党陈水扁执政期间和日本小泉纯一郎执政期间发展迅速，2005 年前后达到高潮，此后在日本两次政权更替的过程中持续弱化。至 2008 年马英九上台，双方改变了日台联手应对"中国军事威胁"的合作态势，军事合作趋向淡化。随着两岸关系不断改善，在军事问题上，日本对台方加强了戒备。① 所以，近几年台湾与日本在防务领域、武器装备技术等层面的军事安全合作既存在延续性也存在变化。马英九当局则希望通过与日本的安全合作提高其与中国大陆讨价还价砝码。

2. 日本积极加强日台安全关系，主动协助台湾提升双方合作层级和内容，其主要目的是应对中国大陆。一是提高驻台军界人士层级。日本高级别驻华武官以提前退休方式赴台，担任日本交流协会台北办事处主任等职，以此加强双方针对中国大陆的军事情报合作。二是谋求建立安全领域对话交流机制。始于 2000 年的"美、日、台三边战略对话"已成为日台交流与对话的固定管道之一，在东京成立的"台日论坛"探讨议题涵盖安保、应对中国大陆"威胁"的看法对策等。2008 年马英九上台之后，日本与台湾建立海上保安厅联系机制，对话层级从 2009 年起提升至局长级。其三：日本积极与台湾开展联合军演，并实现一定程度的情报共享。近年来，由日本海上自卫队退役军官组成的顾问小组一直秘密指导台湾海军水雷作战，并且可能还开展日台反潜联合作战军演等。此外，台湾和日本都在使用美国开发的战术数据信息链，二者通过美国在一定程度上实现部分情报共享。② 其四：台湾还加强在非传统安全领域与日本的合作，如 2013 年 11 月双方签署了"台日海上航机搜索救难合作协议"。

3. 《台日渔业协定》是台湾与日本在安全合作上的一项重要"共识"。日本在钓鱼岛问题上为缓解来自中国大陆的压力，采取"突破"台湾、离间两岸关系、制约中国大陆的政策。在台日渔业谈判上采取"让利"台湾的立场，促使谈判快速达成协议。台湾当局认为，台日双方同意在渔业项目

---

① 李秀石："马英九上台后的日本对台政策"，《日本学刊》，2010 年第 5 期，第 36 页。

② 马千里："日本新海洋安全战略中的对台政策"，《太平洋学报》，2012 年第 4 期，第 95 页。

上任何一方都不可在对方范围内执行内部法律，这可避免台日之间的直接冲突，扩大缓冲范围，增加台湾的区域安全。马英九更是认为该协议为台日解决争议的良好例证，符合他提出的"东海和平倡议"的精神。另外，2013年10月11日，日本首相安倍晋三在东京密会台湾"驻日代表"，这是1972年日本与台湾"断交"以来日本首相第一次会晤台"驻日代表"。在中日因钓鱼岛问题、历史问题，处于紧张对峙情势下，这一变化值得关注。

三、台湾与美日安全合作新态势

台湾基于自身利益的评估与考虑以及美国、日本的施压和利诱，一方面，在维护钓鱼岛、南海的主权和权益等安全问题上，马英九当局采取了"不与大陆开展合作"的政策立场。另一方面，台湾也希望在涉台的海洋争端中，特别是与菲律宾在南海的海洋争端问题上得到美国和日本的帮助与协调。

1. 台湾迎合并借重美国亚太再平衡战略为自身安全谋利，希望在美国亚太战略中扮演积极地角色。美国亚太再平衡战略或者说重返亚太战略起初是不包含台湾的，但之后美又将台湾纳入其再平衡范围之内，实质仍是美国传统以台湾制衡大陆政策的继续。"制衡中国大陆军力的持续壮大，是台湾在军事上迎合与借重美国'重返亚太'的核心需求；维持并尽可能深化美台军事关系的发展，既可满足美国军事'重返'当前对台湾的要求，又有助于减轻大陆的军事压力。""维持并尽可能深化美台军事关系的既有框架，保持美台军事关系的稳定，既能满足美国的对台布局要求，减轻台湾面临的来自大陆的军事压力，也符合台湾军费开支的实际状况，为台湾力所能及，同时不致在两岸间引起军备竞赛，在目标与利益交集上，最终对应了台美在新形势下对彼此的战略需求。"① 概言之，新形势下台美对彼此存在战略需求，在军事安全领域台湾借重美国抗衡大陆之势将会更加凸显。

2. 台湾与日本的安全合作将维持一种"在矛盾中谋合作"的趋势，以"各取所需式"的方式推进。安倍主政下的日本外交政策正处于剧变期，加之钓鱼岛纷争升温，与中国大陆的关系更是空前紧张。一是在防务领域。出

① 朱中博："美国'重返亚太'背景下的美台军事关系"，香港《中国评论》，2013年2月号。

于遏制中国大陆的需要，这种"安倍风险"可能使日本提出增进日台关系的具体措施。日本最近正研究修改"武器出口三原则"，修改的重点是，为确保石油等资源的海上运输要道安全，可以出口防卫装备给沿途的国家，包括印尼、菲律宾等，当然也不排除台湾。"目前台湾对美军购有无形的限制，也许在美方默许下，日本适当填报缺口，尤其是在潜艇自造技术转移上，可以有很大的协商空间。"① 二是在武器装备技术方面。日本在水下蓄电池动力、推进装置等技术方面有很大优势。鉴于中日关系紧张的现状，日本可能采取迂回方式转售武器装备技术，例如，可能通过台湾聘任日本退休军事专家等方式向台湾出口相关军事技术，或者经转以色列等国向台转售日本潜艇技术等。

3. 美国趋于更具选择性地对台售武，以制衡当前微妙的亚太局势。美国对台售武已持续多年，但在售武具体时间及具体武器规格方面将更具选择性，并将可能成为平衡中美关系及两岸关系的重要砝码。为制衡当前微妙的亚太格局，美国对台售武 2016 年之前可能不会有较大突破。在未来相当时期内，美国虽不会主动放弃对台售武，但对台售武方式将更具选择性。2014年 3 月 14 日，美国国会众议院外交事务委员会举行"《与台湾关系法》的承诺"听证会，美国国务院负责东亚事务的副助理国务卿梅健华（Kin Moy）出席作证时强调，"在安全关系方面，美国提供给台湾必要的防卫设备和服务，使台湾能维持充分自我防卫能力。这一长期政策贡献于维持台海和平稳定。加强与台湾人民长久友谊仍是美国亚太战略再平衡的关键元素。美国在《与台湾关系法》下与台湾持久关系是美国独特资产，也是美国区域影响力的重要放大器。"② 在台美安全合作中，更具选择性对台售武将成为美国制衡中国大陆以及台海形势的重要途径之一。

4. 台美日安全合作在传统与非传统安全领域界限逐步模糊，且协调加强。其一：在传统安全领域。一方面，美国趋于拉台湾在南海问题等领土争端方面牵制中国大陆。如有美国前官员建议美国与台湾讨论"九段线"的意涵，目的藉台湾对"九段线"的澄清，图使大陆接受《联合国海洋法公约》（UNCLOS）的规范。另一方面，美国继续通过再平衡战略强化在亚太

① 郭崇伦："马政府的新日本方略"，台湾《联合报》，2014 年 4 月 1 日，A14 版。

② Kin Moy, The Promise of the Taiwan Relations Act, Written Statement Before the House Foreign Affairs Committee, U. S. Department of State, Available from: http://www.state.gov/p/eap/rls/rm/2014/03/223461.htm.

地区的军事存在，不仅是在传统安全意义上的战略考量，其中也包含了应对新形势下非传统安全的现实需要。

　　其二：在非传统安全领域。美国与区域国家和地区的安全合作可能将会加强。马航 MH370 客机失事事件反映出区域国家和地区在情报合作共享、联合应对突发灾难等方面的不足，这种非传统安全领域合作日后将呈加强趋势。其三：当前传统安全威胁与非传统安全威胁呈相互渗透之势，并非只涵盖单一领域因素。在诸如马航 MH370 飞机失事、韩国客船沉没等突发灾难方面，传统与非传统安全领域界限逐步模糊，相应地，台、美、日安全合作在传统与非传统安全领域界限亦将逐步模糊。其四：在美日安全合作中，台湾地位趋升。虽然美日安保条约不太可能以"2 + 1"形势涵盖台湾，美国更愿意将台湾纳入多边框架之内，但美日之间安全合作正在加强，其中有更多部分牵涉台湾方面，所以，台美日在安全合作方面相互之间协调亦有加强。

中美"新型大国关系"构建及对两岸关系和平发展影响

邵育群　严安林[*]

构建中美"新型大国关系"是中国领导人于 2011 年提出的关于中美关系发展的战略构想和政治主张。自提出以来，其内涵与外延得到不断充实和扩大。目前，中美"新型大国关系"的构建机遇与挑战并存，它不仅是影响美国当前两岸政策制定和执行的重要因素，也对两岸关系和平发展的产生了历史性的影响。

一、中美"新型大国关系"的构建：机遇与挑战并存

自中美两国政府就构建"新型大国关系"达成共识以来，双边关系的发展总体稳定，但两国学界和媒体中关于双方能否成功构建"新型大国关系"的辩论始终没有停息，乐观派和悲观派都大有人在。本文认为，构建"新型大国关系"不仅对中美两国，对于亚太地区，乃至整个世界都具有重要意义。在此过程中，机遇与挑战并存，关键在于双方是否能保持足够的政治意愿、战略耐心和包容心态。中美构建"新型大国关系"主要有以下机遇：

其一：两国拥有良好的历史基础。自尼克松政府以来，美国的历届政府对中国执行的都是"接触"政策，旨在将中国融入国际体系。随着中国综合国力的逐步发展，美国对华政策出现阶段性调整，两面性很明显，但其核

* 邵育群系上海国际问题研究院台港澳所所长；严安林系上海国际问题研究院副院长、两岸关系协创中心教授、上海市台湾研究会会长。

心未变，始终认为一个强大、繁荣的中国符合美国的利益。中国自改革开放以来，一直高度重视中美关系，视对美政策为大国外交的"重中之重"。中国在美国领导的国际体系中成长壮大，成为实际的获益者。虽然中美关系"好也好不到哪里，坏也坏不到哪里"，且时有突发事件干扰大局，但总体而言，双边关系三十多年来和平发展，为今后的发展创造了坚实的基础。

其二：两国最高领导层都有此愿望。从中美关系发展的历史可以看到，双方最高领导层的观点对双边关系的发展具有重要的影响。这种影响不仅体现在各自的战略方向上，也体现在双方官僚体系的决策和政策执行过程中。从构建中美"新型大国关系"这一概念的提出可以看到，它源自中国领导层，反映了他们对中美关系未来的直接看法和战略思考。美国政府之后的正面回应也显示出其领导层对这一概念的积极看法。在最高领导层都有此愿望的情况下，双方在工作层面上将更容易就互相关切的问题进行对话与协调。

其三：双方经济不仅相互依赖，且都紧密地融入全球经贸网络中。经贸关系多年来被视作中美双边关系的"压舱石"，受到两国政府的高度重视。未来，尽管双方经贸关系的竞争性日益突出，但相互依赖程度的加深以及合作领域的拓宽都令人鼓舞。根据中美交流基金会的一份研究报告，在发展阶段、资源、劳动力、资本和科技等领域的巨大差异造成的比较优势奠定了中美两国在经济领域合作的基础和强大的互补性。而且中美两国的经济合作并不限于双边领域，在日益网络状的世界中，中美经济合作是全球货物和服务链；日益连接的全球资本流；技术、人力资源和商业机会的交换网络的重要部分。[1]

其四：双方发生直接军事与安全冲突的可能性很小。一方面，中国在相当长的时间内既无实力也无意愿挑战美国的霸权地位；另一方面，在牵涉到中国领土完整和主权独立的问题上，美国也不是直接的利益相关方，即使是台湾问题——这一中美关系中最敏感、最复杂的问题——也因两岸关系进入和平发展阶段而不再成为中美发生直接武力冲突的导火索。因此在核威慑存在的情况下，中美双方发生直接的军事与安全冲突的可能性很小。

其五：双方互为对方国内改革[2]的重要外部因素。自中国改革开放以

---

① US – China Economic Relations in the Next Ten Years: Towards Deeper Engagement and Mutual Benefit, Part II: Chapter 2, The Evolving Economic Complementarity between US and China, China – United States Exchange Foundation, 2013. http://www.uschina2022.com/? page _ id = 1450

② 这里的国内改革更多是指经济改革。

来，美国作为世界最大经济体一直对中国经济发展和结构改革产生着重要的影响，特别是其欢迎中国加入世界贸易组织的政策，对中国经济影响深远。现在美国力推的"跨太平洋经济伙伴协定"（TPP）对中国经济改革的影响也是历史性的。在中美关系发展的前30年，中国对美国国内各项公共政策的制定和改革几乎没有影响力。但随着经济实力的迅速增长和中美经贸关系的日益紧密，中国正在逐渐成为美国国内经济结构调整的重要外部因素，并间接地影响着美国的移民、教育等公共政策。这种趋势在未来将进一步加强。

其六：两国民间交往的蓬勃发展。不管官员们在政府层面如何绞尽脑汁寻找词汇为双边关系定性，两国民间交往都没有受到任何影响，持续多年一直蓬勃发展。近年，中美两国每年往来人员总数超过300万人次，平均每天有超过9000人往返于太平洋两岸。中美已建立起36对友好省州、161对友好城市关系。目前在美国留学的中国人约13万，而在中国留学的美国人也超过2万。在中国，约3亿人正在学习英语，而在美国学习汉语的人数也已达20多万。[①] 这种密切的民间交往是中国与其他任何一个大国间都见所未见的，虽然双方民众因为一时一事可能对对方的观感有起伏，但总体而言，两国的民间交往持续蓬勃发展，是双边关系发展的坚实基础。

当然，虽然构建中美"新型大国关系"存在上述诸多机遇，但挑战也同时存在，且难以回避。

第一，中美如何避免战略误判。中美双方都意识到战略互信缺失是双边关系发展中的重要问题，特别是王缉思和李侃如发表了共同研究报告后，[②] 这个问题更是引起了广泛关注。当然，战略互信缺失确实是个严重的问题，但考虑到中美两国目前已经自觉或不自觉地进入了一个崛起大国和一个守成大国关系的思考框架内，且双方的意识形态、发展阶段和战略文化差异巨大，要求双方达成全面的战略互信似乎并不现实。在此情况下，更大的挑战与其说是克服战略互信缺失，不如说是防止战略误判。造成战略误判的原因很多，有些是信息沟通层面的，容易克服；有些则是思维方式和战略文化层面的，难以消除。这也就是中国新领导层和连任的奥巴马政府都力推进行

---

① 汪巍："看中美关系，要用新思维"，环球网，2013年6月8日。http：//opinion. huanqiu. com/opinion _ world/2013 – 06/4014343. html

② Kenneth Liberthal and Wang Jisi, Addressing U. S. – China Strategic Distrust, John L. Thornton China Center Monograph Series, Number 4, 2012.

"庄园会晤"等高层会晤的最主要原因,即尽早通过对各自施政目标、政策,双边关系主要热点问题的政策立场的介绍和沟通防止战略误判。未来,双方防止战略误判的任务仍很艰巨。除了在最高领导人的层面进行战略对话外,中美战略与经济对话当然也是一个重要的平台,用好这两个平台的对话对于防止中美战略误判具有重要意义。2015 年 6 月 22—24 日第七轮中美战略与经济对话在华盛顿举行,双方的战略对话共达成 127 项具体成果,① 经济对话共达成 70 多项联合成果,② 首次同时举行的人文交流高层磋商也达成了 119 项联合成果。③ 这轮战略与经济对话的成功举行改善了双边关系发展氛围,为习近平主席 9 月对美国进行国事访问做好了充分准备。

第二个挑战是中美如何同时做好"机会管理"和"危机管控"。之前,学术界讨论的比较多的是危机管控,强调防止危机的负面效应外溢至整个双边关系。但是,如要成功构建中美"新型大国关系",单讲"危机管控"是不够的,还应同时做好"机会管理"。可以说,"机会管理"和"危机管控"反映的是中美关系的两个面向,一个是不断拓展双方的共同利益与相关合作,另一个是不断控制分歧演化成危机影响大局。

当然,危机管控非常重要,它是防止中美双边关系陷入全面危机的重要保障,而且现在中美在这方面的合作仍有较大的提升空间。但是,在双边关系的发展中,外界特别是媒体,更容易关注危机,也热衷于报道危机。相关的报道有把危机对双边关系的影响扩大化的可能,也有误导决策层、学术界和两国民众的可能。而相较于危机,机会则不太容易被媒体报道。

所谓的"机会管理"是指中美双方对各自利益的交汇点保持高度敏感,不断地在政治、经济、安全、文化等各领域寻找发现可以合作的机会,并且通过政策层面的沟通协调抓住并用好机会,使中美合作不断有新成果出现,为双边关系发展创造良好的气氛。"机会管理"不如"危机管理"吸引眼球,但其正面意义不容低估,要真正做好也有相当的难度。正是因其重要意义和较高难度,才有必要把它和"危机管理"放在一起同时强调。

---

① "第七轮中美战略与经济对话框架下战略对话具体成果清单",中国外交部网站,2015 年 6 月 25 日,http://www.mfa.gov.cn/mfa_chn/zyxw_602251/t1276058.shtml

② "第七轮中美战略与经济对话框架下经济对话联合成果情况说明",中国外交部网站,2015 年 7 月 1 号,http://www.mfa.gov.cn/mfa_chn/zyxw_602251/t1277572.shtml

③ "第六轮中美人文高层磋商联合成果清单",中国外交部网站,2015 年 6 月 25 日,http://www.mfa.gov.cn/mfa_chn/zyxw_602251/t1275910.shtml

第三个挑战是中美如何推动亚太地区安全机制的平稳过渡。亚太是中美两国利益交汇最为密切的地区，也是考验构建中美"新型大国关系"能否成功的关键地区。双方在本地区的安全关系相较于经济关系而言更难处理。目前，美国仍是亚太地区安全公共产品最大的提供者。虽然中国重申"和平发展"的战略不变，但由于中国自身的体量大，且经济发展的速度之快超出邻国预期，"中国威胁论"在地区国家中仍有相当市场。一些地区国家纷纷要求美国"重返亚太"为地区安全提供保障。

美国出于自身战略需要"重返亚太"后，在亚太主要依靠的仍然是其"二战"后建立起来的同盟体系。但是，该体系逐渐暴露出一些问题：一是它无法有效应对地区安全热点问题，如朝核问题；二是它以中国为潜在对手，对增进中美军事战略互信无益；三是同盟国关系的恶化和某些同盟国实力的削弱直接影响了该体系的威慑力。

目前，亚太地区还有一些多边安全机制在运作中，如东亚峰会、上海合作组织、亚洲地区论坛、亚信会议、"六方会谈"和东盟国防部长扩大会议等政府间对话磋商机制。除此之外，一些"1.5轨"和"二轨"对话机制也是政府间对话机制很好的补充。但是，即使有众多的多边安全机制，亚太地区似乎仍未摆脱"安全困境"的困扰，地区国家正积极讨论基本理念、规范和原则，试图构建符合地区安全利益的安全秩序。

在此构建过程中，中国倡导的是建立在"新安全观"基础上的安全合作机制，美国则倾向于以其同盟体系为主体的多边机制，如双方能从有效应对地区安全问题的角度出发，推进地区安全机制朝彼此都能接受的方向平稳过渡，那么两国都将成为受益者。

第四个挑战是中美两国如何有效加强国内协调，形成真正意义上的"新型大国互动"。由于中美关系的议题丰富，影响超出了双边的范畴，因此决策和执行过程通常是跨部门的，需要部门间的协调和整合。这对两国政府都是一个巨大的挑战。例如，奥巴马政府提出"重返亚太"战略后，国防部在各部门中动作最快，给亚太地区国家的印象是"重返亚太"战略的主要内容就是美国在军事和安全上遏制中国。奥巴马政府意识到问题后，不得不反复说明"重返亚太"战略不只是军事战略，它也关注经济和外交等其它方面。这个例子反映的就是美国政府内部存在机构协调的问题。大国的外交必定和国内问题、国内政治紧密相连。中美因各自政治制度和外交决策机制差异很大，在处理日常双边关系，特别是牵涉到第三方因素的问题时，提高各自国内机构间协调的水平有利于向对方发出清晰信号，从而避免战略误判。

二、美国在构建中美"新型大国关系"
背景下的两岸政策：主要议题与政策

中美就构建"新型大国关系"达成共识时，两岸关系已经进入和平发展阶段，两岸发生军事冲突的可能性大大降低，台湾问题虽然仍是中美关系中最重要、最敏感的问题，但其紧迫性也大大下降。在此背景下，美国两岸政策的大框架保持不变。美国当前两岸政策的主要议题和政策如下：

其一：支持两岸发展更紧密的经贸关系。两岸签订 ECFA 后，美国认为，总体而言 ECFA 对台湾有利，因此表示支持。同时美国一直提醒台湾，由于受到自身经济结构及地区经济一体化趋势的影响，未来台湾经济面临过度依赖大陆的风险，台湾应该引起重视。但是，当 2014 年台湾岛内出现抵制服贸协议的潮流并爆发"太阳花"运动后，美国也公开表示了担忧。美国著名学者包道格表示，"不明白服贸协议为什么不好"，"台湾服务业如果不参与大陆市场，大陆服务业反而会变得更具竞争力、更具主导地位，会威胁台湾的利益。所以应当现实地以经济为基础，而不是以政治为基础讨论这个问题。"① 这显示出美国的立场没有变化，一是支持两岸经贸交流继续发展，二是认为虽然有一定安全风险，但台湾只有发展与大陆的经贸关系才能提高自身竞争力。

其二：发展更为紧密的美台经贸关系。美国"重返亚太"后，其对台湾的经济定位非常清晰，既把台湾当作重要的投资引入对象，又将它视作亚太地区经济一体化的重要部分。美国认为，发展更为紧密的美台经贸关系，不仅有利于美国在亚太的经济利益，也有利于台湾保持在地区中的经济竞争力，防止其对大陆过度依赖。因此，美国在 TIFA 谈判上加大对台湾的压力，并对台湾参加 TPP 谈判持欢迎态度。

其三：支持台湾扩大"国际空间"。美国一直把台湾的"国际空间"问题作为其两岸政策的重要部分，目前美国对台湾扩大"国际空间"的支持

---

① "美学者评台湾学运：美国不会欢迎对立法程序的破坏"，凤凰网，2014 年 4 月 18 日，http：//news. ifeng. com/a/20140418/40003507_0. shtml

主要体现在支持其成为国际民航组织的观察员。美国也支持台湾的非政府组织参与国际活动，并要求大陆减少对它们的"打压"。另外，美国也支持台湾与地区国家签订自贸协定，支持台湾加入地区经济一体化进程。

其四：继续对台军售。对台军售是美国两岸政策的重要部分，虽然目前美国已经无法通过对台军售帮助台湾在军事上对抗大陆，但对美而言，军售的象征意义仍非常重要，直接牵涉到其在亚太地区盟国中的信誉和台湾的安全感。美国"重返亚太"后，在 2011 年前后在钓鱼岛、南海问题上大打"安全牌"，希望借此激化大陆与周边国家的安全关系，巩固其安全"平衡器"的地位。期间，之所以没有打台湾这张"安全牌"，是因为两岸关系发展较好，美国无法加以利用。中美构建"新型大国关系"后，美国明显地在打"安全牌"上有所收敛，但其不会放弃这张牌，因此不会在对台军售问题上有大的政策调整，但鉴于大陆方面的强烈抗议，其对军售的时间和内容将会更加谨慎。

其五：密切关注两岸政治对话进程。美方对两岸政治对话前景的基本评估是，台湾当局由于受到岛内政治的牵制，无法与大陆方面进行实质性的政治对话；而且两岸在很多问题上存在不同意见，因此即使相关对话开始，也难有实际成果；但由于国、共两党的密切接触令美国担心其利益受损，因此，美方密切关注两岸各种形式的"准政治对话"，及其对台湾内政及两岸关系造成的影响。

其六：密切关注民进党两岸政策的走向。民进党内围绕其两岸政策曾进行过激烈辩论，且谢长廷等提出民进党两岸政策新主张，并和大陆开始互动，美国认为，民进党的两岸政策走向对台湾岛内政治，特别是 2016 年"大选"及两岸关系将产生重要影响。但是，由于马英九当局执政表现差，民意支持度持续走低，国民党在 2016 年"大选"候选人问题上又踟蹰不前，民进党候选人蔡英文的优势被外界认为相对明显，美国因此评估蔡英文的两岸政策不需要调整。美国的关切点是，民进党的两岸政策如何既能摆脱"独派"的牵制形成党内共识，又能获得岛内中间选民的支持，同时还能稳定两岸关系的发展。

其七：密切关注台湾政局演变与 2016 年"大选"。台湾"九合一"选举很大程度上反映 2016 年选举的走势，2016 年选举又直接影响到两岸关系的稳定，因此，美国对两场选举高度关注。"九合一"选举后，美国高度关注大陆对选举结果的研判，认为这直接关系到大陆对 2016 年"大选"的评估。目前，2016 年"大选"已经临近，民进党候选人蔡英文吸取 2012 年的教训，已于今年 6 月访美。[①] 访美期间，蔡英文在华盛顿公开演讲时表示："将在中华民国现行宪政体制下，依循普遍民意，持续推动两岸关系的和平稳定发展"。[②] 这是其在无法对两岸关系和平发展的政治基础——"九二共识"表态的情况下，试图蒙混过关获得美国支持的说法。和 2012 年不同的是，此次美国没有对蔡英文的两岸政策公开表态，但美国不希望看到因"大选"导致两岸关系和平发展出现大逆转，台海和平及其利益受到威胁则是其一贯的立场。

其八：阻止两岸在钓鱼岛、南海等问题上联手。两岸在钓鱼岛、南海问题上主张相同，双方也都有要求加强合作的声音，以共同应对日本和菲律宾等国，这是美国不愿看到的。日本、菲律宾同为美国在亚太的盟国，是美国安全上"重返亚太"所依靠的重要力量；台湾是美国的"准盟友"，美国不希望在其盟友和准盟友间发生安全摩擦，影响其在亚太的安全战略。因此，美国已在台菲冲突中向菲律宾方面施加压力，也在日台渔业协定的签订上向日本施加了压力。未来，在美国谨慎使用"安全牌"的情况下，台湾与日本、菲律宾发生安全冲突的可能性不大；如有安全冲突发生，美国也将出面调停，防止两岸联手有所行动。

其九：提升美台安全关系。除了对台军售之外，提升美台安全关系是美国在军事上平衡大陆影响、强化其在亚太的安全同盟的重要手段。美国在军事人员交流、高层军官互访、军事技术培训、非传统安全演习等方面加强与台湾的合作，以确保台湾军队的软件和硬件都能与美国"接轨"，符合其"重返亚太"战略的需要。

三、中美构建"新型大国关系"
对两岸关系和平发展的影响

1. 两岸关系发展与中美关系密切相关。台湾问题自产生之日起，就与国际因素特别是美国因素息息相关。一方面，台湾海峡两岸关系的产生与存

① 2012 年"大选"前，由于担心蔡英文的"台独"立场损害美国的台海利益，美国相关官员和主流学者公开表达了对她的不满，直接影响了其选情。

② "蔡英文：中华民国宪政体制下 推动两岸关系"，《中时电子报》，2015 年 6 月 4 日。http://www.chinatimes.com/cn/realtimenews/20150604002766 – 260407

在迄今，就是东西方冷战与美国介入中国内战的结果，台湾学者邵宗海对此表示："两岸关系想要把美国因素排除，可能太天真了。"① 另一方面，台湾政治、社会与经济乃至于政策受到美国的影响至巨至深，另一位台湾学者郑安国称："台湾任何政党，都受到美国因素影响。甚至于台湾百姓也认为美国是两岸关系中必须考虑的因素。"② 从而，60 多年来台湾海峡两岸关系的起伏是与中美关系的大局分不开的，2008 年以来两岸关系的和平发展，也是在美国对台海两岸政策及其关系中展开的。因此，要巩固与深化两岸关系，需下大力气解决中美关系问题。而习近平总书记提出并推动的中美"新型大国关系"的构建当然对两岸关系的和平发展前景也会产生重要而直接的影响。

2. 构建中美"新型大国关系"为两岸关系和平发展的巩固和深化提供了一个良好的机遇。

其一：中美"新型大国关系"的构建为两岸关系和平发展营造了良好的外部环境。中美关系是影响两岸关系发展的重要外在因素，随着中美开始构建"新型大国关系"，中美战略由目前的"战略互疑"发展到"战略互信"，中美之间高层交往的日益增多，美国因素对台湾问题与两岸关系和平发展的负面作用与消极影响将开始降低，这就为两岸关系的和平发展的巩固和深化营造了良好的外在环境。对此，台湾学者蔡增家也认为："美国逐渐正视中国大陆的崛起，将是一项不可改变的趋势，同时也对两岸关系、台美关系产生质变。"③

其二：中美"新型大国关系"中台湾问题的分量在下降。台湾问题过去与现在一直是中美关系中的敏感问题，长期以来，台湾问题作为中美关系中的核心问题，也一直是两国领导人会晤中的重要议题，美国的对台政策及与中国大陆的关系一直是决定两岸关系发展的重要风向标。中美两国领导人对台湾问题的看法、政策主张及一中立场，对维护台海地区的和平稳定，推动两岸关系发展发挥了重要作用，台湾问题也因此牵动着中美关系的发展进程与发展程度。随着中国大陆实力上升，中国大陆与美国在诸多领域的合作

① 思想者论坛："国共关系的现状与前景"，香港《中国评论》，2013 年 6 月号，第 60 页。
② 思想者论坛："国共关系的现状与前景"，香港《中国评论》，2013 年 6 月号，第 62 页。
③ 蔡增家："美中新关系，两岸新契机"，台湾《联合报》，2013 年 6 月 10 日，A19。

开展后,"台湾问题已不再是影响'中'美两国关系发展的主要矛盾"。①
习近平与奥巴马的"庄园会"中,习近平向奥巴马提出希望美方停止售台
武器,奥巴马则是回应美方将根据《与台湾关系法》提供防御性武器给台
湾,两个人"在台湾问题上的针锋相对,并未影响双方在气候变迁、朝鲜
半岛非核化等其它议题上合作之共识",显示台湾问题对中美双方而言,
"已不再是横亘两国间无法跨越之障碍"。② 随着中美"新型大国关系"的
构建与两岸关系的和平发展同时展开,台湾问题在中美关系中的地位和分量
在开始下降,美国利用"台湾牌"来牵制和制约中国的战略空间减少,台
湾问题在中美关系中出现了"淡化"的倾向,台湾问题不再是中美关系或
中美矛盾中的焦点。或许,台湾问题今后仍然可能成为中美关系中的敏感问
题,但由于台海地区的和平稳定符合中美双方的共同利益,加上台湾问题在
中美关系中重要性的下降,台湾问题不再是中美关系中的热点问题应是发展
趋势。台湾学者因此认为:在美国与中国大陆关系"合作议题多元化的情
况下,台湾问题的比重将会逐渐稀释"。③

其三:中美"新型大国关系"的构建使中美两国的重大共同利益上升。
共同利益表现在:一是经济利益。随着经济全球化的发展,随着中国大陆成
为全球第二大经济体,中美两国之间的经济相互依存度在不断提高,美国著
名学者傅立民称:"我们无法再次将中国孤立。中美竞争是在两国经济互相
依存的语境下发生的。如果中国衰落,我们美国人也会陷入萧条,而不是享
受所谓的和平红利。"④ 二是战略利益。中国大陆在东亚、亚太乃至于全球
安全与稳定发展中作用的不断上升,将使美国开始认识到中国在美国全球与
亚太等利益维护和发展中的重要性。中国的崛起,中美关系深化,两岸关系
和平发展局面出现,改变了东亚地区政治格局,这对美国维护其既定的全球
与地区领导者角色的政策,尤其是从"防范"中国的视角而言,确实形成
了一定的新的压力,也有一定的挑战,但美国在巩固与强化其全球领导者地
位的战略目标与自身战略力量力不从心的矛盾中,中国的作用也将是美方能

---

① 马振坤:"双重战略角色——台湾面对'中'美新型大国关系之新选择",台湾《亚太和平
月刊》,2013年7月号,第6页,台湾亚太和平研究基金会编。

② 马振坤:"双重战略角色——台湾面对'中'美新型大国关系之新选择",台湾《亚太和平
月刊》,2013年7月号,第6页,台湾亚太和平研究基金会编。

③ 蔡增家:"美中新关系,两岸新契机",台湾《联合报》,2013年6月10日,A19。

④ 傅立民语,"探索美国对华政策新框架",《参考消息》,2013年6月7日,第10版。

够倚重的。三是政治利益。在美国战略力量相对下降与中国战略力量相对上升的互动中，中美合作对全球经济治理与秩序重组都具有重要的政治意义，也符合美国的政治利益。美国学者开始认识到："在21世纪的新环境下，旨在分裂亚洲的政策有可能将会使美国与亚洲产生裂痕。"[1] "亚洲人现在需要美国的支持，而不是需要美国对他们指手画脚"。[2]

其四：中美"新型大国关系"的构建不仅有利于中美关系的改善，而且有助于两岸关系的和平发展。因为，中国与美国之间的新型大国关系的构建，使美国在战略思维层面与政策执行层面，对台湾问题的处理都出现了向中美关系正常化时期的"一中"思维回归的趋势，这当然有助于中美彼此互信的建立。2008年两岸关系和平发展以来的实际也证明，两岸关系与中国大陆和美国关系这两岸关系几乎是同步相向、良性发展，因此，中国与美国关系中互信的建立与巩固，也可以增加海峡两岸之间的互信的巩固，因为，"至少台北不必经常在某些议题上于华府与北京之间选边"。[3] 所以，台湾方面在中国大陆与美国关系的改善环境下，其政策选择：一是持续巩固台美关系，二是发展两岸关系。这是唯一正确的战略选择。

其五：中美"新型大国关系"的构建让美国学术界开始思考什么样的两岸关系更加符合美国国家利益的新的倾向。如美国学者傅立民提出："现在还应该意识到，台湾和中国大陆之间某种统一的重新组合将对该地区和美国有益。在这种语境下，将台湾问题看作军事威慑已经不再符合美国利益。创造有利环境，鼓励台湾和北京选择谈判，则符合美国利益。"[4]

其六：中美"新型大国关系"的构建使台湾的角色定位开始有所调整。当中国大陆与美国关系处于"竞争大于合作"的氛围下，台湾的角色定位曾经是"反华急先锋"，而在"新型大国关系"下中国大陆与美国之间是"合作大于竞争"的氛围中，台湾的角色开始有所调整，不再"一边倒"向美国，台湾调整原先长期以来在台美关系与两岸关系中的矛盾性，扮演双重战略角色：一方面，"要扮演美国在亚太地区忠实盟友的角色，持续作为美

---

① 傅立民语，"探索美国对华政策新框架"，《参考消息》，2013年6月7日，第10版。

② 傅立民语，"探索美国对华政策新框架"，《参考消息》，2013年6月7日，第10版。

③ 陈一新："美国对再平衡亚洲政策的调整"，台湾淡江大学国际研究学院、上海国际问题研究院编：《第17届"世界新格局与两岸关系——和平与互惠的新机会"研讨会论文集》（未公开出版），2013年3月25日，第184页。

④ 傅立民语，"探索美国对华政策新框架"，《参考消息》，2013年6月7日，第10版。

国西太平洋第一岛链安全战略不可或缺的一员",另一方面,"要扮演两岸关系和平发展之促进者,积极建构和平稳定之两岸关系,不在区域安全及领土主权争端上有挑衅北京当局之举。"如此达成台湾"在'中'美建构新型大国关系的过程中,追求自身国家战略利益的极大化",而不至于落入边缘化的困境。①

3. 构建中美"新型大国关系"对两岸关系和平发展可能的消极影响。

首先,美国开始有将台湾议题脱离中美关系框架的思维。美国政要曾公开表示:美国无意通过发展美台关系来制约中国大陆,美国要发展与中国大陆的关系,也要发展美国与台湾的关系,美国认为两者是并行不悖的,甚至是相辅相成的。美国力图让美国和台湾的关系与美国和中国大陆的关系平行发展。这样的思维,实际上是美国对台海两岸的政策思维模式,开始视台湾问题或者美国与台湾的关系不再是美国与中国大陆关系中的议题。这实际上是回归到过去美国对台海政策的基本思维"一中一台"。这样的思维,显然对两岸关系和平发展与和平统一是存在消极作用的。

其次,美国在发展中美"新型大国关系"下深化与台湾的安全与经济关系。美国前国务卿希拉里·克林顿2011年11月10日所做的《敏感的太平洋世纪》演讲中,依然把台湾视作"一个重要的安全和经济合作伙伴"。因此,可以预期,在中美"新型大国关系"建构的进程中,美国将同步推进与台湾的关系,包括台美TIFA咨商甚至未来的FTA,乃至于支持台湾参与TPP的谈判,也包括美国继续加强与台湾的军事、安全关系,持续售台武器。

---

① 马振坤:"双重战略角色——台湾面对'中'美新型大国关系之新选择",台湾《亚太和平月刊》,2013 年 7 月号,第 6 页,台湾亚太和平研究基金会编。

中美"新型大国关系"：
台湾的观点与角度

童立群[*]

有关中美"新型大国关系"的讨论已经十分丰富了。国内外学者从不同角度和层次探讨了中美"新型大国关系"的建构问题，相关研究也取得不菲成果。[①] 与之相关的，台湾问题在中美构建"新型大国关系"中的作用和影响也被广泛提及。学界普遍认为，台湾问题作为中美关系中的最重要、最敏感、最复杂的问题之一，是中美构建"新型大国关系"必须面对且必须处理好的问题，是被中方寄希望为"能从中美关系的负资产变成正资产"[②] 的重要议题。事实上，作为利益攸关者，台湾岛内各界也格外关注中美关系发展的这一新动向，尽管台湾当局表态较为谨慎，但学界和智库却展开了大量的讨论，除了为数众多的评论，更不乏完整和系统论述的学术性文章。有鉴于台湾智库学者与政府各个部门之间存在的"旋转门"，本文主要观察和分析来自台湾岛内学者对中美构建"新型大国关系"的观点，试图勾勒出中美新型大国关系的"台湾角度"，供研究者参考和指正。

一、差异有别：乐观派、观望派和唱衰派

1. 对中美"新型大国关系"概念及其未来持肯定态度，可称之为"乐

---

* 童立群，女，上海国际问题研究院台港澳研究所，助理研究员，博士；研究领域：台湾问题的国际因素、两岸关系等。

① 张新平、杨荣国："中美新型大国关系研究述评"，《现代国际关系研究》，2014 年第 7 期，第 59—66 页。

② 王毅："希望美方把台湾问题变为中美关系的正资产"，中新网，2013 年 9 月 21 日，http://www.chinanews.com/gn/2013/09 – 21/5303499.shtml。

观派"。乐观派总体上看好中美构建"新型大国关系"的前景。首先，从大陆角度看，提出"新型大国关系"是"阳谋"而非"阴谋"。该派观点认为大陆的目的包括三个方面：一是开启以新的理念参与调整国际规则的路程。杨开煌认为，这是由习近平上任后倡导的新概念，大陆要求与其国力上升相称的地位与在国际建制内的更多话语权，以更好地维护中国的利益，是一种"另辟蹊径"的办法。① 二是降低中美的差异性，扩大双方共识。石之瑜提出，如果美国能接受"新型大国关系"，停止把中美的价值差异当成是威胁，就会体会到北京在与各国（尤其是小国）交往中，主要是让步，而不是扩张占领，就会认为中国大陆的崛起不等于威胁。② 三是应对美国疑虑的回应。周志杰认为，中美"新型大国关系"追根溯源是因为美国实行"亚太再平衡"政策，大陆认为这是以其为目标的"新围堵"。大陆提出"新型大国关系"是希望美方了解中方"和平发展不称霸、核心利益不退让"的外交原则，同时大陆不会依照美国期望的方式崛起，但也不愿在可预见的未来挑战美国的全球军政霸权。③

　　其次，从国际关系的角度看，"新型大国关系"是大国处理双边互动的全新模式。黄介正指出，"新型大国关系"已经成为中美关系的现在进行式。④ 还有人提出，虽在两国内部尚有论辩，但其雏形似已成形。⑤ 蔡玮认为，中美从战略层面试探讨如何建立双方新型的大国关系，这对中美关系、世界和平、区域安全都会有"正面的帮助"。⑥ 当然，中美需要遵循良性互动的原则，彼此以全新的视野和更高的战略眼光看对方，正确解读对方的意图，用务实的态度、求同存异的心态以及积极管理的方法，来妥善处理两国关系，"这才是正途"。⑦

---

① 杨开煌："台湾学者谈中国梦，认最大挑战在美国"，中国评论新闻网，2013 年 8 月 16 日，http：//www. zhgpl. com/doc/1026/8/2/0/102682004. html？coluid =7&docid =102682004。

② 石之瑜："习吴会迈向新型两岸关系？"，联合早报网，2013 年 6 月 15 日，http：//www. zaobao. com/forum/expert/shi – zhi – yu/story20130615 –216528。

③ 周志杰："加州'中'美峰会解析"，《亚太和平月刊》，2013 年（第 5 卷第 7 期），第 4 页。

④ 黄介正："中美新型大国关系'现在进行时'"，《联合报》，2014 年 11 月 13 日，A12 版。

⑤ 李中邦："中美新型大国关系会削弱美日同盟"，《观察》，2014 年第 8 期，第 40 页。

⑥ 蔡逸儒："台湾眼中的习奥峰会"，中国评论新闻网，2013 年 6 月 14 日，http：//hk. crntt. com/doc/1025/8/1/1/102581153. html？coluid =9&kindid =9590&docid =102581153&mdate =0614155949。

⑦ 蔡逸儒："台湾眼中的习奥峰会"，中国评论新闻网，2013 年 6 月 14 日，http：//hk. crntt. com/doc/1025/8/1/1/102581153. html？coluid =9&kindid =9590&docid =102581153&mdate =0614155949。

第三，"新型大国关系"具有学理价值。石之瑜是为数不多的从学理、学术角度分析和论证这一概念的台湾学者。石之瑜将"双边主义"① 作为"新型大国关系"的创新点和核心主张。他认为"新型大国关系"要旨在于，不因为双方立场或价值不同，就相互对抗，既反对一边说了算的单边主义，又反对利用多边框架掩护单边主义的图谋。发展"新型大国关系"，是首次在美国的世界观里注入了"双边主义"，是用"中美的双边关系"化解美国的"单边主义"。② 美国如果能接受这样的"双边主义"，好处很大，因为双边关系稳定而互惠，中国大陆就算继续崛起，但中美的关系不变，也就不会是美国的威胁。石之瑜还指出，大陆在随后的"习吴会"③ 中，同样是用"双边主义"启发台湾，大陆是将"习奥会"与"习吴会"贯穿于整体的"新型大国关系"概念之中。

2. 短期内不看好"新型大国关系"构建，但对其发展抱着"乐观其成"的态度，可称之为"观望派"。观望派认为构建"新型大国关系"在短期内未必有具体成果，但基于中美双方抱有的积极态度，反对全盘否定新型大国关系。究其原因，在于中美双方互信建设"知易行难"，中美对一个大国应该扮演的角色与承担的国际责任，各有不同的认知与期待。观望派认为未来如何发展出对于"新型大国关系"的共同理解，可能需要一段长时间的磨合。蔡明彦指出，"新型大国关系"未必就是美国希望建立的合作模式。④ 台湾前"国安会副秘书长"江春南甚至提出"中共党内对新大国关系也意见不一，举棋未定"。⑤ 形成不了战略互信，建立"新型大国关系"因此面临许多挑战和不确定性。

尽管困难重重，"新型大国关系"也可能会有积极的发展面向，因为美国不明确或公开反对大陆"新型大国关系"的倡议。学者提出，奥巴马在会谈中表现出对习近平阐述"新型大国关系"的聆听与尊重的姿态，至少

① "双边主义"（Balance of Relationship）是石之瑜教授及其中国学研究团队提出的有关中国国际关系思维模式的理论，他认为中国大陆外交策略的出发点是希望与每一个国家都维持良好双边关系，视国家状况而定，无放诸四海皆准的条规，而是稳定互惠关系为前提。

② 石之瑜："习吴会迈向新型两岸关系？"，联合早报网，2013 年 6 月 15 日，http://www.zaobao.com/forum/expert/shi – zhi – yu/story20130615 – 216528。

③ 即中共中央总书记习近平与国民党荣誉吴伯雄的会面。

④ 蔡明彦："台湾学者谈中国梦"，中国评论新闻网，2013 年 8 月 16 日，http://www.zhgpl.com/doc/1026/8/2/0/102682004. html? coluid = 7&docid = 102682004。

⑤ 专题："中美新型大国关系下的台湾"，自由亚洲电台粤语部，2013 年 6 月 19 日，http://www.rfa.org/cantonese/features/hottopic/feature – DPP – 06192013100910. html。

是"积极与正面的讯息"。① 美国的态度至关重要，显然，美国也认识到，美国需要中国在多边机制与区域争端等议题上的合作，即便中美两国的若干基本战略利益是显不兼容的，但至少通过双方领导人工作关系的建立、沟通机制的强化、广化与深化，有助于双方磨合，或至少减少误判。"新型大国关系"最困难之处是在其推出的过程中面临诸多不确定因素的干扰。② 双方关系"斗而不破"将是最好的写照。③ 在"斗而不破"的态势里，双方仍会尝试以"既竞争又合作"的模式建立"新型大国关系"。④

3. 基本否定"新型大国关系"，可称之为"唱衰派"。唱衰派对大陆提出这一概念的目的以及美国的态度均持负面看法。首先，中国大陆的真正目的是扩张和崛起。学者提出，中国大陆的最终目的还是要称霸和挑战美国。大陆一方面与美国发展"新型大国关系"彼此相互依存，一方面却积极布局排除美国，企图成为亚洲区域秩序唯一的支配者。⑤ 其次，国际政治现实是中美将不可避免地陷入"修昔底德陷阱"。由于两国事实上竞争已经在各个领域展开竞争，因此猜疑日增，合作日减，竞争已成为中美关系的新常态，中美关系的任何形式——包括"新型大国关系"都不再具有吸引力。⑥ 第三，"新型大国关系"仅止于口号而缺少内容，空洞的口号终难改变中美间结构性分歧。《旺报》社评提出，中美构建新型大国关系"始终'难有突破'，美国形式上接受了新型大国关系的概念，对在如何界定概念及其意涵却充满疑虑"。⑦ 陈一新认为，除了气候变化与经贸两项议题外，中美推动新型大国关系的其他议题（如叙利亚问题、朝核问题、网络安全等）都难以"打开心结"，难有共识、变数很大。⑧ 还有学者援引布鲁金斯研究院东

① 周志杰："加州'中'美峰会解析"，载《亚太和平月刊》，2013 年（第 5 卷第 7 期），第 5 页。

② 张登及："前瞻 2013 年美'中'关系：美方掌握战略主动的关键期"，载《亚太和平月刊》，2012 年（第 4 卷第 10 期），第 8 页。

③ 蔡逸儒："台湾眼中的习奥峰会"，中国评论新闻网，2013 年 6 月 14 日，http://hk.crntt.com/doc/1025/8/1/1/102581153.html?coluid=9&kindid=9590&docid=102581153&mdate=0614155949。

④ 李正修："美陆关系仍呈紧张态势"，财团法人国家政策研究基金会网，2014 年 9 月 30 日，http://www.npf.org.tw/post/3/14208。

⑤ 张智程："重新思考中国因素下的'台日关系'"，台湾"京都想想"论坛，2015 年 2 月 28 日，http://www.thinkingtaiwan.com/content/3769。

⑥ 孙国祥："从希拉里防'中'看近期'中'美关系"，《亚太和平月刊》，2012 年（第 4 卷第 10 期），第 11 页。

⑦ "两岸关系决策要看中美关系"，《旺报》社评，2015 年 1 月 19 日，D5 版。

⑧ 陈一新："王毅访美，能落实中美新型关系?"，《旺报》2013 年 9 月 23 日，D3 版。

北亚政策研究中心主任卜睿哲所提出的六点疑问，包括何谓"新型"？新在哪里？何种议题应该纳入大国关系之中来管理？等等。认为这些问题绝对是"新型大国关系"无法回避的内容，但是短期之内无法有令人满意的答案。①中美"新型大国关系"被形容为"同床异梦"。第四，美方明确拒绝"新型大国关系"的提法。学者提出，过去几年现实的互动模式来看，期望中美以建设性心态取代对抗性思维，只是大陆"一厢情愿"，美方从来就没有正视过中方多次宣示的"不争霸，不称霸"，源于美国自身不容全球新兴崛起强权挑战其领导地位。华盛顿尚未认真面对中国崛起后的亚太战略格局。②

总体来看，上述三个派别对中美"新型大国关系"的看法观点泾渭分明。最鲜明就是对大陆提出的这一概念目的以及美国回应的态度上分歧较大。

二、交叠共识：台湾在中美构建新型大国关系中地位和作用

如何看待台湾与中美"新型大国关系"的互动和作用？首先，"乐观派"承认台湾地位的下降趋势。即无论中美是否能建立"新型大国关系"、"新型大国关系"能够发展到什么程度，台湾问题在中美关系中地位下降的趋势不可避免，区别只是下降速度的快慢。③学者提出，在中美合作议题多元化的情况下，"台湾问题的比重将会逐渐稀释"。④邵宗海分析，"美国处理美中关系和'台美关系'，是在不同的天秤上，台湾不再是美国的棋子"。⑤"中美关系不好，台美关系就会好，那已经是上世纪的事情了"。"台湾已经没有角色，是置身事外的。"⑥还有学者认为，奥巴马和习近平会面时虽在台湾问题上针锋相对，并未影响双方在其他问题上的共识，显示台

① 卢业中："第五轮美'中'战略经济与对话评析"，《亚太和平月刊》，2013 年（第 5 卷第 8 期），第 10 页。

② 社评："两岸关系决策要看中美关系"，《旺报》，2015 年 1 月 19 日，D5 版。

③ 蔡逸儒："美中新轴心？"，联合早报网，2013 年 4 月 6 日，http：//www.zaobao.com/forum/expert/cai‑yi‑ru/story20100406‑55873。

④ 蔡增家："美中新关系，两岸新契机"，台湾《联合报》，2013 年 6 月 10 日，A19。

⑤ 邵宗海："台湾在中美关系中置身事外已没角色"，环球网，2013 年 1 月 17 日 http：//tai‑wan.huanqiu.com/taiwan_opinion/2013‑01/3514091.html。

⑥ 邵宗海："台湾在中美关系中置身事外已没角色"，环球网，2013 年 1 月 17 日 http：//tai‑wan.huanqiu.com/taiwan_opinion/2013‑01/3514091.html。

湾问题已不再是横在两国间无法跨越的障碍。① 石之瑜甚至提出"条件说"，认为"新型大国关系"之下，两岸关系最多只是中美关系或好或坏的条件，而并不是中美关系的内容。②

其次，"新型大国关系"对台湾利弊参半。"观望派"和"唱衰派"主要看法是，由于中美"新型关系"的存在和制约，中国大陆不会在台湾问题上轻举妄动，不会采取激进方式解决台海矛盾，美国则因各种利益考量，短期内不会"弃台"，这是台湾的"利"。正如台湾当局领导人马英九在回应有关"习奥会"的问题时曾表示，美国总统奥巴马在与中国国家主席习近平会晤的庄园会场合上，宣示美国政府"强烈支持"中国大陆和台湾改善关系，此举"意义重大"。③ 然而，"乐观派"据此看到了台湾自主性越来越低，台湾问题与中美关系调整过程中会"逐渐边缘化"的趋势，这是台湾的"弊"。郑又平认为，中美两大国确认"新型大国关系"，"台独要收敛"。④ 台湾方面还担心由此陷入"状况之外"，美国有可能会为此跨过台湾直接与大陆协商对台军售等问题。

第三，中美对"新型大国关系"中的台湾问题认知和期待都有差别。中国大陆坚持台湾问题在中美关系中仍具有指标性地位，美方则只是希望台海维持和平的现状。例如，有学者提出大陆试图通过"新型大国关系"突破当前美国对台军售的"困局"。对大陆来说，眼前的困境是，即使两岸关系再好，台湾也无法把自己的前途与安全寄托在大陆不确定的善意上，即使中美再友好，美国也要维持对台军售。似乎对台军售成为大陆面临的"无解的两难困境"，大陆、美国、台湾三方只能控制，无法彻底解决。⑤ 一些台湾学者认为，这反映大陆在核心利益上的重要关切，尽管习近平访美被称为"交心之旅"，但双方对台湾问题仍不免交锋。⑥ 中国外交部长王毅阐述

① 马振坤："台湾面对'中'美新型大国关系之新选择"，载《亚太和平月刊》，2013 年（第 5 卷第 7 期），第 5 页。

② 石之瑜："习吴会迈向新型两岸关系？"，联合早报网，2013 年 6 月 15 日，http：//www. zaobao. com/forum/expert/shi－zhi－yu/story20130615－216528。

③ "马：奥巴马强烈支持两岸关系改善"，中国评论新闻，2013 年 6 月 10 日 http：//www. zh-gpl. com/doc/1025/7/4/5/102574589. html? docid＝102574589。

④ 郑又平："中美确立新型大国关系 台独要收敛"，中国评论新闻网，2014 年 11 月 7 日，ht-tp：//3g. zhgpl. com/crn－webapp/touch/detail. jsp? coluid＝217&kindid＝0&docid＝103479148。

⑤ 社论："台湾应理性看待'习奥会'"，《中国时报》，2013 年 6 月 8 日，A12 版。

⑥ 左正东："从习近平访美看欧巴马政府对'中'政策之走向"，载《亚太和平月刊》2012 年（第 4 卷第 3 期），第 7 页。

"新型大国关系"的演讲中专门提及台湾问题,表示希望美方把台湾问题变成中美关系的正资产。显然,这一表态和立场说明中国对"新型大国关系"中的台湾问题有实质内容的期待和要求,一直强调台湾问题"核心利益"所在,强调其重要性仍高于其他核心利益,这与美方希望台海"维持现状"的政策立场是截然不同的。学者还称,大陆如果一再坚持台湾问题在中美"新型大国关系"中的核心地位,只会使得中国梦与美国梦愈行愈远。①

三、观点整合:"新型大国关系"下中国 大陆、美国与台湾的互动

未来在"新型大国关系"态势下,如何分析和看待中国大陆、美国与台湾的三角关系?首先,学者对美国在未来两岸关系所将扮演的角色看法不一致,但均对美国能够持续发挥作用抱有极大期待。有观点认为,随着中国崛起以及两岸关系持续发展,美国对两岸关系的影响力将逐渐式微。但也有部分学者认为,两岸关系若要能够获得进一步改善,美国仍将扮演重要角色。但是,三派学者基本共识是,认为稳固的台美关系,来自美方对于台湾政治及安全的持续坚定支持与战略保证对台湾是极其重要的。几乎没有观点认为美国对台湾撒手不管,从台湾的角度看,"台美关系"仍是台湾安全上的最重要保证。

其次,"唱衰派"等要求马英九当局检讨对美国和大陆政策。有学者提出,马英九当局在上任后一直采取"先两岸、后'外交'"的政策,如今中美要建立"新型大国关系",当局的这一政策需要检讨乃至调整。② 还有一部分学者担心美国国会改变对中国大陆看法,如果国会议员以选取利益为考虑,强调与中国大陆合作,将进一步压缩台湾在美国国会中的游说空间。学者以 2013 年 6 月美国战略与国际研究中心(CSIS)进行的一场美国国会对中美关系讨论中,与会的两位众议员 Charles W. Boustany, Jr.(R - LA)以及 Richard R. Larsen(D - WA)均表达了对大陆正面看法为例证。③ 学者据

---

① 陈一新:"中国梦美国梦相通,长路漫漫",《旺报》,2013 年 6 月 10 日,D5 版。

② 詹满容:"台湾参与国际民航组织之观察",《亚太和平月刊》,2013 年(第 5 卷第 8 期),第 4 页。

③ 卢业中:"第五轮美'中'战略经济与对话评析",《亚太和平月刊》,2013 年(第 5 卷第 8 期),第 10 页。

此提出，中美双方建构"新型大国关系"时，使美国更忽视或容易忽略台湾利益、政策与立场，"台湾要不断提醒美方不要损害台湾利益"。①

第三，避免台湾在中美关系中出现"选边"的状况。较为激进的观点认为，台湾在亚太地区面临在中国大陆和美国之间"选边"的抉择，台湾要慎防中美"新型大国关系"的负面冲击。②例如海洋争端，如果要维持台湾"主权"主张，将与大陆主张相符，如此又升高台湾和日、菲、越关系的紧张程度，同时招致美国对于两岸可能会合作或联合的疑虑；但如果完全配合美国的"再平衡"政策，则必须低调面对各国对争端领土的主权主张，如此又可能弱化台湾对钓鱼岛、南沙诸岛的"主权"主张，且会引起大陆不满，进而破坏两岸关系和谐。林浊水认为，"中美都不放心台湾"，但都不愿放弃台湾；都会对台湾施压，但也会另外给一些给台湾，又不会给太多。③学者进而提出，台湾问题不应该成为中美的冲突点，台湾可在中美试图建立"新型大国关系"中寻找"不同以往的积极角色"，以发挥台湾潜在战略价值，而非成为中美共管对象，也不必在中美陷于矛盾冲突时面临选边站的两难。④

有鉴于此，学者提出必须精准评估台湾在中美两大国建立新型战略关系过程中可能出现的利害得失，并且以此作为台湾在中美战略互动中的进退依据。例如，台湾应就中美动态关系做出判断。⑤切忌为短期政治利益贸然而行，避免美台关系与两岸关系同受伤害。⑥又如，台湾如果谨慎，在对外方面会慢慢累积出多一些的活动空间。⑦学者以奥巴马签署 H. R. 1151 法案，支持台湾成为国际民航组织观察员为例，认为这反映了台湾在中美"新型

---

① "中美建构大国关系使美更忽视台湾"，华夏经纬网，2013 年 6 月 9 日，http：//www. huax-ia. com/tslj/jjsp/2013/06/3374840. html。

② 赖怡中："慎防'欧习会'对台湾的冲击"，《民报》，2014 年 11 月 9 日，http：//www. peoplenews. tw/news/090a506e－53fc－4b49－a0bf－f211922bebbf。

③ 林浊水："习近平'中美新型大国关系'下的台湾空间"，台北论坛网站，2013 年 10 月 8 日，http：//140. 119. 184. 164/view/101. php。

④ 张百达："'习奥会'形塑新世局与台湾战略抉择"，天大研究院，2013 年 7 月 12 日，ht-tp：//www. tiandainstitute. org/cn/article/1442_1. html。

⑤ 社评："两岸关系决策要看中美关系"，《旺报》，2015 年 1 月 19 日，D5 版。

⑥ 社评："两岸关系决策要看中美关系"，《旺报》，2015 年 1 月 19 日，D5 版。

⑦ 林浊水："习近平'中美新型大国关系'下的台湾空间"，台北论坛网站，http：//140. 119. 184. 164/view/101. php。

大国关系"中有"做文章"的空间。① 第四，台湾不能发挥破坏者的作用。蔡玮提出，台湾应把握台美关系的上限和下限。他认为美国、中国大陆、台湾是"不对等的三边关系"，台湾居于最弱的一环，但台美关系的改善与变化也有一定的上限与下限。② 台美关系再好也不可能让双方恢复"外交"关系，这是上限；台美关系再坏也不可能让美国"出卖"台湾，美国不可能做出不合乎其国家利益的事情，这是下限。③ 美国现在只希望两岸维持现状，降低紧张，但又对两岸进一步接触保持警惕，这一切都是出自美国自身利益的考虑。因此，在中美构建"新型大国关系"的过程中，只要不是以台湾的利益为代价，台湾无意、不会，也不能破坏中美关系。

四、小结

站在台湾的角度分析中美"新型大国关系"，虽然鲜少有深入的理论分析，但大部分学者都是围绕中美关系一些具体议题展开了理性客观的讨论。相关研究或是反映了对于台湾角色的现实性焦虑，或是带着负面的态度看待中美关系，总体上表现出整个岛内研究视野和关注点。首先，学者对中美"新型大国关系"的看法主要源于学者本身对大陆、美国发展趋势以及对国际形势的判断的基础上。关于中美"新型大国关系"影响的分析不囿于台湾，也将其放到亚太甚至全球区域来看待。比如将中美"新型大国关系"与中日、美日关系放在一起讨论，其中不乏鼓吹以美日同盟为抗衡中国大陆的观点。其次，台湾学者的主张与其"蓝或绿"的政治背景存在一定相关性，的确，停留在臆测或持唱衰立场绝大多数是绿色学者，其论调类似"中国威胁论"或"中国崩溃论"。而蓝色背景的学者则能够相对客观分析。第三，在谈到台湾应该"怎么办"时，学者虽然提出了许多关于台湾应对的各种政策建议，但是仍不免理想化。在具体的议题操作上，台湾要结合谁，要依靠谁，要批评什么议题，要对什么争议采取什么态度等，提出的一

---

① 詹满容："台湾参与国际民航组织之观察"，《亚太和平月刊》，2013 年（第 5 卷第 8 期），第 6 页。

② 蔡逸儒："台湾中的习奥峰会"，中国评论新闻网，2013 年 6 月 14 日，http：//hk. crntt. com/doc/1025/8/1/1/102581153. html? coluid＝9&kindid＝9590&docid＝102581153&mdate＝0614155949。

③ 蔡逸儒："台湾中的习奥峰会"，中国评论新闻网，2013 年 6 月 14 日，http：//hk. crntt. com/doc/1025/8/1/1/102581153. html? coluid＝9&kindid＝9590&docid＝102581153&mdate＝0614155949。

些想法和政策建议相互冲突，有些可能会沦为假议题，有些则属于一种被动反应，而非慎思下的战略拟定。概言之，台湾学者对中美"新型大国关系"的看法虽有共识，但差异更大。这显示出台湾学者在对中美关系的认识、对台美关系的处理、对日本的态度、对越南菲律宾等南海冲突的对应等，尚未找到清晰的理路。

台湾即将迎来 2016 年新一届领导人选举，未来的岛内政局波涛诡谲。台湾问题一直是中美关系格局中的一个变量，中美"新型大国关系"这一概念本身也在完善和发展中。台湾学者对这一概念的认知也提醒我们，未来台湾问题到底在中美构建"新型大国关系"过程发挥"正"或"负"的影响，仍将继续考验着各方的政治智慧。

试论奥巴马第二任期以来亚太
安全政策的调整

张　建[*]

2012 年 11 月，奥巴马作为民主党候选人在美国总统选举中战胜共和党对手罗姆尼赢得连任。2013 年 1 月，奥巴马开始其第二任期。重返亚太或亚太再平衡政策是奥巴马自 2009 年 1 月就任总统以来极力推动的美国国际战略的重大调整，也是其重要的外交遗产。在经历了第一任期国内外形势的重大变化之后，奥巴马的亚太再平衡政策会有怎样的调整和变化？有学者就认为，奥巴马第二任期"重返"亚太的战略总体不变，但在该战略实施的态势、力度和进攻性方面则会有所调整。① 实际上，奥巴马政府第一任期末开始，由于受美国国内资源限制、政策失衡及亚洲民族主义高涨等因素影响，开始调整亚太"再平衡"战略。② 安全政策作为美国推动的亚太再平衡战略最重要的组成部分和基石，这种调整首先在安全领域推开。本文拟对奥巴马第二任期以来对亚太安全政策的调整进行分析。

一

首先，奥巴马政府把继续扩大在亚太地区的存在作为一项最优先的课题，而其中又以提升美国在亚太地区的军事能力和安全存在作为主要内容，以确保美国的军事能力能够在亚太地区捍卫美国的利益。奥巴马政府强调的

---

* 张建，上海国际问题研究院助理研究员，主要从事中美关系和国际战略问题研究。
① 金灿荣、赵远良："奥巴马连任后对外政策及中美关系前瞻"，《现代国际关系》，2013 年第 12 期，第 13 页。
② 郑安光："美国对华'灵活推回'战略评析"，《现代国际关系》，2014 年第 3 期，第 1 页。

是让美国的前沿部署更高效和更切实际，并确保美国的军事能力能够在关键地区捍卫美国利益。美军最佳的部署方案必须能够反映如下现实：即未来若干年的资源将受到限制，绝对不可能处处都有美国的身影。有鉴于此，奥巴马政府的防务重新部署将根据每个地区的紧迫程度和美国的当务之急来量身定做。① 美国在 2012 年公布的《维持美国的全球领导地位：21 世纪防务的优先任务》战略指南文件中就指出，要维持亚太的和平与稳定、商业活动的自由开展以及美国的影响力，部分取决于潜在的军事能力和军事存在的平衡。② 美国经济和安全利益与从西太平洋到东亚再进入印度洋和南亚这一弧形地带的发展有着无法回避的联系，这一联系既带来挑战又带来机遇，因此美国军队在维持全球安全的同时，需要向亚太地区再平衡。③ 2014 年 3 月美国发布的《四年防务评估报告》（QDR）更是直接将推进亚太再平衡作为美国防务战略日程的第一优先事项。④ 美国为了强化在亚太地区的军事存在，彰显美国主导亚太的战略安排，将亚太地区作为未来美国全球军事部署的重点区域。根据计划，到 2020 年，美国海军 60% 的舰艇将集中在亚太地区，包括 11 艘航母中的 6 艘。2013 年 4 月，美国宣布将在西太平洋关岛基地部署导弹防御系统以应对朝鲜半岛紧张局势，保护美国及其盟友的安全。同年 6 月 1 日，美国国防部长哈格尔在香格里拉对话会上重申这一战略部署，并宣布美国将继续实施亚太再平衡政策，亚太地区已经成为"全球重中之重和全球变化的核心"，为保障美国及其盟友的利益，打算把美国本土以外 60% 的空军力量部署到亚太地区，并将在亚太地区投入更多空中、地面力量以及高科技武器，以落实在亚太地区的"战略再平衡"部署。根据美国未来防务计划，美国将在未来五年采购 1 艘新的航空母舰、10 艘核潜艇、10 艘驱逐舰和 14 艘濒海战斗舰；空军将采购战斗机和轰炸机，包括 F - 35 联合攻击战斗机和远程轰炸机等；拓展新型作战能力建设，如网络战、太空战、空海一体战等。另外，奥巴马政府还调整军事基地来强化在亚太枢纽地区的安全力量部署。如美国压缩了驻冲绳军事基地的安全力量规模，撤出约

---

① Michele Flournoy and Janine Davidson, Obama's New Global Posture: The Logic of U. S. Foreign Deployments, Foreign Affairs, July/August 2012, p. 55.

② US Department of Defense, Sustaining U. S. Global Leadership: Priority for the 21st Century Defense, January 2012, available at: http://www.defense.gov/news/Defese _ Strategic _ Guidance. pdf.

③ US Department of Defense, Sustaining U. S. Global Leadership: Priority for the 21st Century Defense, January 2012, p. 2.

④ U. S. Department of Defense, Quadrennial Defense Review Report, March 2014.

9000 名海军陆战队队员及家属，将其中 5000 余军事人员转移至美国在太平洋的关岛军事基地，并对关岛军事基地进行大幅扩建，使之成为美国在西太平洋地区的军事枢纽。①

其次，奥巴马政府进一步强化与亚太地区的军事盟友和安全伙伴的合作，并大力帮助盟友与安全伙伴提升防务能力和增强其安全力量。在亚太地区，美国拥有日本、韩国、澳大利亚、菲律宾和泰国五大重要盟国。虽然美国与盟国之间在某些问题上间或有些许龃龉，但这些国家忌惮中国的崛起，希望美国力量介入，牵制、平衡中国的力量和影响，在这方面美国与盟友的目标是一致的。因此，美国积极提升军事同盟关系，将其作为亚太再平衡战略的重要支柱和战略依托，这一方面可以应对国防预算削减的现实，另一方面是发挥盟友、安全伙伴等角色的"前沿"作用。2014 年 3 月发布的《四年防务评估报告》将提升在大洋洲和东南亚的军事存在、强化与日本、澳大利亚等关键盟友的安全合作、深化与新加坡、越南等关键安全伙伴的防务联系作为强化亚太军事部署的重要措施。②

亚太地区的盟国是美国在该地区的重要战略资产。2013 年 3 月 11 日，时任美国国家安全事务助理汤姆·多尼隆在亚洲协会发表重要演讲，阐述未来一个时期奥巴马政府的亚太再平衡战略将建立在五大支柱之上：一是加强与日本、韩国、澳大利亚、菲律宾、泰国的盟国关系；二是深化与印度、印度尼西亚等新兴伙伴之间的关系；三是与中国建立稳定、富有成效和建设性的关系；四是强化东亚峰会等地区机制，防范安全冲突；五是加大对 TPP 的投入，建立覆盖亚太的区域经济结构。③ 这五大支柱又以加强与亚太地区盟友和新型安全伙伴的关系为首要，因此美国在安全上给予盟友和安全伙伴极大扶持，帮助他们提升安全力量。基于此，美国帮助日本、菲律宾等与中国存在领土争端的国家强化军事力量，举行联合军事演习。美国与日本有针对性地举行联合夺岛实战演习，如 2013 年 1 月的"铁拳"联合夺岛演习。另外，美国与菲律宾在南海周边海域举行了"肩并肩 2013"和"克拉克

① Shirley A. Kan, Guam: U. S. Defense Deployments, Congressional Research Service Report, April11, 2013.

② U. S. Department of Defense, *Quadrennial Defense Review Report*, March 2014.

③ Thomas Donilon, The United States and the Asia – Pacific in 2013, March 11, 2013, http://asiasociety. org/new-york/complete-transcript-thomas-donilon-asia-society-new-york, （上网时间：2014 年 1 月 1 日）

2013"联合军事演习，并在中国黄岩岛附近海域举行了"两栖登陆"演习。通过联合军演，不但加强了日本、菲律宾等国与美国的协同作战能力，还提升了他们的军事作战能力。2013 年 8 月 14 日，美国与菲律宾就《关于强化合作与轮换存在框架协议》举行首轮谈判。该协议一旦达成，将使美国增加在菲律宾轮换部署人员的数量，更大限度地使用菲军事设施和基地并且允许美在菲预置武器装备，这将进一步强化美国在菲律宾的军事存在。

进一步加强与安全合作伙伴的合作。2013 年 2 月，美国国会批准向印度尼西亚提供 15.6 亿美元的军事援助，帮助印尼购买坦克、火箭炮、24 架贝尔 412 型直升机和 20 架 UH - 60 "黑鹰"直升机等装备。[①] 另外，按计划美国还将于今年 7 月向印尼交付 24 架经过翻新的 F - 16C/D 战斗机。另外，美国还加强与越南的合作，为越南海岸警卫队提供援助，在海上安全、海洋预警研究和信息分享等领域合作。2013 年 10 月 28—29 日，在华盛顿举行的第四次美越国防政策战略对话上，两国一致认为东亚、东南亚海域各方应遵守《联合国海洋法公约》和《南海各方行为宣言》（DOC），通过对话磋商，以和平方式解决海上安全相关问题与争端，尽早推动《南海各方行为准则》（COC）制定进程。特别值得一提的是，2013 年 12 月 16 日，美国国务卿约翰·克里访问越南，宣布向东南亚国家提供额外的 3250 万美元的海洋援助，以帮助这些国家提高海岸巡逻和侦察能力，提升保护领海和确保海上航行自由的军事力量，而越南得到其中的 1800 万美元用于海岸警卫队购买五艘快速巡逻艇，以加强海岸巡逻能力。[②] 此外，2013 年 3 月起，美国"自由号"濒海战斗舰还开始在新加坡部署。

注重与其他国家和地区的安全合作。美国帮助缅甸进行军事培训，邀请缅甸参加 2013 年"金色眼镜蛇"联合军事演习。美国还增强与东盟的政治、防务和安全关系，如美国与东盟首次国防部长会议于 2014 年 4 月 1—3 日在夏威夷举行，共同探讨亚太地区的多边安全合作，建立有效、密切的安全合作伙伴关系。

第三，奥巴马政府加强在非传统安全、经贸领域对亚太地区的资源投

---

① http：//www. upi. com/Top _ News/World - News/2013/02/13/Indonesia - gets - 156B - in - US - military - aid/UPI - 39321360767598/（上网时间：2014 年 3 月 1 日）

② Deputy Prime Minister Pham Binh Minh held talks with Secretary Kerry, http：//vietnamembassy - usa. org/news/2013/12/deputy - prime - minister - pham - binh - minh - held - talks - secretary - kerry. （上网时间：2014 年 1 月 15 日）

入，实行战略多元化，以此巩固战略安全优势，弥补安全力量的掣肘。奥巴马政府逐渐认识到美国的亚太再平衡战略不仅是安全战略，更是包括外交、政治、贸易、投资、发展以及价值观在内的一项综合性战略。美国国务院负责亚太事务的助理国务卿拉塞尔表示，军力等"硬实力"是战略基石，经济、能源、教育、价值观、民间交流、公共外交等，才会产生重大和持久的影响，因此美国要多管齐下，实现战略多元化。① 大力开展经济外交是美国亚太安全政策的有力补充。② 在奥巴马第一任期后期，已经认识到亚太再平衡战略过度强调安全的不足，需要在经济领域有所作为。③ 大力推动由其主导、众多亚太国家和地区纷纷参与的"跨太平洋战略伙伴关系协议"（TPP），以此来弥补亚太安全力量的不足是战略多元化的重要步骤。美国将TPP称为"一个面向21世纪的、高标准全面的多边自由贸易协议"。TPP寻求缔约国10年内取消所有关税，实现贸易自由化。TPP协议一旦达成，就具有法律约束力，这将更有利于"亚太自由贸易区（FTAAP）"的尽快实现。TPP谈判如果能在2014年完成并缔结协定，不但将对亚太地区的经贸规则产生重大影响，而且也将令美国再一次主导未来的世界经贸格局。

除了加快推进TPP并将其作为经济"重返亚太"的中心任务外，美国还着力推动地区道路、铁路、电信、能源、水利等基础设施建设，以"互联互通"促成美国主导下的亚太次区域经济一体化，如在中亚南亚地区搞"新丝绸之路计划"，在东南亚搞"湄公河下游倡议"，2012年底以来更是将打造"印度—太平洋经济走廊"作为重点，企图实现南亚与东南亚经济版图的合一。④ 美国还加强了与东南亚国家在非传统安全领域的合作。2012年7月，美国宣布建立一个"亚太战略接触倡议"（Asia – Pacific Strategic Engagement Initiative），旨在应对迫切的双边和跨国性问题，主要由美国向东南亚国家提供援助，重点解决经济融合与贸易、河流开发与合作、处理战

---

① Daniel R. Russel, Assistant Secretary – Designate Bureau of East Asia and Pacific Affairs Before the Senate Foreign Relations Committee, June 20, 2013, http: //www. foreign . senate. gov/imo/media/doc/ Russel _ Testimony, pdf. （上网时间：2014年3月1日）

② 李巍："霸权护持：奥巴马政府的国际经济战略"，《外交评论》，2013年第3期。张继业："奥巴马政府经济外交评析"，《现代国际关系》，2014年第2期。

③ "Delivering on the Promise of Economic Statecraft", Remarks by Hillary R. Clinton, Secretary of State, Singapore Management University, Singapore, November 17, 2012, http: //www. state. gov/secretary/20092013clinton/rm/2012/11/200664. htm. （上网时间：2014年2月10日）

④ 张继业："奥巴马政府经济外交评析"，《现代国际关系》，2014年第2期，第17页。

争遗留问题等。2012 年 11 月，美国发起了"延伸经济接触倡议"（Expand-ed Economic Engagement Initiative），旨在帮助东盟国家提升在承担高标准贸易义务方面的能力，并将优先推进《美国—东盟贸易便利协定》《美国—东盟双边投资条约》和《美国—东盟信息与通讯技术协定》的谈判。另外，美国还积极推动与东南亚国家在人道主义援助与救灾、打击跨国犯罪、环境保护等领域的合作。另外，美国还与太平洋岛国"加强接触"，提升美国在经济、民间交流、战略、环境和安全问题上与太平洋岛国保持接触的"深度和广度"。主要表现就是推动"太平洋伙伴关系使命（Pacific Partnership Mission）"，提升与东道国、伙伴国和其他伙伴组织的关系，提高与这些国家在灾难救助、人道救援等方面的安全合作。2013 年"太平洋伙伴关系使命"以援助大洋洲地区为主要内容。①

第四，奥巴马政府对亚太地区热点问题采取"两面策略"，由"挑拨转为管控"。② 在朝鲜核问题上，美国认为朝鲜目前还没有能力发射可携带核弹头的弹道导弹，对朝鲜发展核武器将继续采取"战略忍耐"③ 政策。一方面，美国借助中国对朝鲜的影响力，督促中国在解决朝核问题上发挥建设性的作用。2014 年 4 月 1 日，美国国务院负责亚太事务的助理国务卿拉塞尔甚至表示，如果中国对朝鲜施加影响力促朝弃核，美国可以减少在亚太地区的驻军规模。另一方面，利用朝核问题巩固美韩、美日同盟，推进亚太"再平衡"战略。④ 2013 年 2 月 12 日，朝鲜进行了第三次核试验，之后又宣布《朝鲜停战协定》《朝鲜半岛无核化共同宣言》等文件无效，废除朝韩互不侵犯协议，并威胁要对美韩进行"先发制人的核攻击"，将朝鲜半岛局势推向战争边缘。美国则选择继续通过加大军事威慑、经济制裁和外交孤立的方式来表面在朝核问题上的立场。主要表现是与韩国联合举行大规模军事演习威慑朝鲜。在日本问题上，一方面美国主张《美日安保条约》适用于钓鱼岛，将继续其"在钓鱼岛最终主权归属问题上不持立场"的政策，但也

---

① 美国海军"2013 年太平洋伙伴关系"使命以援助大洋洲地区为主要内容，http：//blog. si-na. com. cn/s/blog _ 67f297b00102eass. html（上网时间：2014 年 2 月 10 日）

② 刘飞涛："奥巴马的亚太再平衡：降速纠偏？"，《国际问题研究》，2013 年第 3 期，第 页。

③ Glenn Kessler, "North Korea Tests U. S. Policy of 'Strategic Patience'", The Washington Post, May27, 2010.

④ 孙茹："奥巴马政府对朝'战略忍耐'与朝核问题"，《现代国际关系》，2013 年第 7 期。黄凤志、孙国强："中美在朝核问题上的互动及其前景探析"，《现代国际关系》，2013 年第 11 期，第 8—14 页。

认为钓鱼岛"处于日本的有效控制之下",并对任何想要改变现状的单方面行动表示反对。另一方面,在历史问题上美国继续对日本施压,避免日本与中国、韩国关系的持续恶化对地区安全形势的冲击,以免陷入日本与中国的冲突。2013 年 12 月 26 日,日本首相安倍晋三不顾国际社会和亚洲邻国的反对悍然参拜靖国神社,美国极其罕见地对此表示"失望",并督促日本加强与中国和韩国在历史问题上实现对话、和解。同时要求安倍晋三今后不要采取刺激中韩两国的行动,并要其重新确认对于历史问题的反省。为了强化美日韩三国的协作,美国政府还特别要求日本改善与韩国的关系。2014 年 3 月,在荷兰举行的核安全峰会期间,美国总统奥巴马召集日本首相安倍晋三和韩国总统朴槿惠举行美日韩会谈,在日韩之间做"和事佬"。

在中国划设东海防空识别区问题上,美国也是采取两面策略,整体上比较克制。一方面认为中国划定东海防空识别区的片面行动表明中国有意改变东海现状的企图,要求中国审慎而节制,不要执行其宣布的东海防空识别区的规定,并未要求中国撤销防空识别区。美国派出两架不装载制导武器的B52 轰炸机以"例行训练"的名义在中国划定的防空识别区外缘象征性地进行了飞行,以宣示美国有能力予以应对。另一方面,出于安全的考虑,美国也允许其民航公司按照中方的要求提前提交飞行计划。另外,美国还要求中国不要在本地区的其他地区采取类似的行为,尤其是在南海。一个明显的例证是,今年 2 月初,就所谓的"中国拟划设南海防空识别区"问题,美国白宫和国务院纷纷高调表达关切和反对。在中菲南海争端问题上,美国立场模糊且摇摆,宣布不选边站,黄岩岛问题不适用于《美菲共同防御条约》,也未给菲律宾实际的军事支持。①

二

自 2013 年 1 月奥巴马开始其第二任期以来,虽然对美国的亚太政策进行了调整,并承诺仍将继续推动亚太再平衡政策,但从包括美国联邦政府"停摆"、奥巴马缺席 APEC 峰会和东亚峰会等政治进程来看,奥巴马政府不得不将重心更多地放在国内政治议程上。2014 年 1 月奥巴马发表的国情

---

① 吴志成、陈一一:"美国在黄岩岛与钓鱼岛问题上的立场缘何不同?",《现代国际关系》,2013 年第 4 期,第 31—36 页。

咨文就凸显了国内问题的重要性。美国内外重点的调整正是根据国内需要和美国利益、实力变化等因素做出的及时调整。因此，奥巴马第二任期内亚太安全政策的调整势必受到制约。

首先，美国国内的新孤立主义思潮①影响美国的能动性。美国民众对美国发动的伊拉克和阿富汗战争带来的负担早就呈现厌倦情绪。根据美国布朗大学"战争成本"研究项目估计，美国在阿富汗、伊拉克和巴基斯坦的军事开支超过4万亿美元，这一数字几乎是当前美国债务总额的1/4。2013年12月皮尤研究中心的民意调查显示，52%的美国人认为美国在国际上应当只管好自己的事，让其他国家自己解决自己的问题，超过80%的人认为美国不应在国际方面投入太多，应该优先解决国内问题。② 这充分显示了美国民众的一种"孤立主义"心态。正是基于这种原因，美国在利比亚战争问题上，采取了幕后运作而不是冲锋在前的模式。实际上，在美国国内一直就有学者反对奥巴马的亚太再平衡政策，并认为这一政策得不偿失。以马克. E. 马琳为首的几位美国国会研究员和学者在2012年3月向国会提交的一份题为《重返太平洋？奥巴马政府对亚洲的"再平衡"》的研究报告，认为奥巴马政府的亚太战略表现出另一种失衡，即在追求美国安全利益时损害了中国的安全利益，增大了中美战略猜忌。③ 波士顿学院政治学教授罗伯特·罗斯在《外交事务》上撰文认为，奥巴马政府的亚洲"支点"战略并未促进亚洲的稳定，只会适得其反。这一战略让亚洲地区的局势更加紧张，有可能引发冲突。华盛顿应该重塑自己的亚洲政策，避免卷入该地区复杂的主权诉求争端。④ 有学者甚至认为，美国的亚太再平衡政策看起来更像是国防部以"强化联盟"为借口维持和扩大五角大楼人员数量、预算和新型武器研发的策略。不管是出发点还是实际效果，"强化联盟"都是对中国日益增长

---

① Jacob Heilbrunn, The Myth of the New Isolationism, The National Interest, November/December, 2013. Robert W. Merry, America's Default Foreign Policy, The National Interest, September/October, 2013.

② PEW Research Center, Public Sees U. S. Power Declining as Support for Global Engagement Slips: America's Place in the World 2013, http://www.people - press.org/files/legacy - pdf/12 - 3 - 13% 20APW% 20VI% 20release.pdf. （上网时间：2014年3月10日）

③ Mark E. Manyin et al, Pivot to the Pacific? The Obama Administration's 'Rebalancing' Toward Asia, Congressional Research Service, March 28, 2012.

④ Robert Ross, The Problem with the Pivot: Obama's New Asia Policy is Unnecessary and Counter - productive, Foreign Affairs, Vol. 91, No. 6, 2012.

的潜在安全威胁，并且正在助长危险的地区军备竞赛。①

另外，不可忽视的是，美国领导地区安全事务的意愿也正在下降。一方面是美国提供地区安全公共产品的意愿下降。以中国为代表的新兴经济体，随着其经济实力的增强，为国际社会提供安全性公共产品的能力得到提升，这导致安全性公共产品的供给者增多。另一方面，提供安全公共产品的收益下降，并且收益出现分散化趋向。美国认为，其提供公共产品的成本与收益越来越不成比例，越来越无法从公共产品的供给中获得最大程度的收益。而其提供的公共产品却令其他行为体获得更多的收益，这不符合美国的利益。美国必然要采取"收缩"方式，减少在国际上的"作为"。

其次，国防预算的削减可能对美国亚太安全政策造成影响。美国2015年财年计划安排基础国防预算4960亿美元，海外紧急行动项下战争拨款790亿美元，合计为5750亿美元，远远低于2010年财年的6910亿美元。而从2016财年开始，美国国防预算可能还有大幅度的削减。美国在力不从心导致全球战略收缩的情势下，力图整合战略资源以求最佳优化，确保战略重心成功转移亚太，深度介入该地区事务，实施战略扩张，形成战略网络以制约中国。但关键是，美国无法为在亚太实现更大规模的战略存在投入必需而巨大的财力和人力，能力与需求失衡是一个致命的弱点。② 奥巴马政府的亚太战略仍然是以谋求美国主导地位为宗旨的，要保持在太平洋上的传统军事优势，美国必须投入更多的资源。但在财政紧缩的情况下美国是否能够增加其在亚太地区的投入是有疑问的。③ 当然，也有观点认为，美国面临的国防开支紧缩并没有那么严重，美国目前的国防预算仍然超过了其他所有地缘政治竞争对手开支的总和。美国的防务开支不会大幅度削减，可能仅是以较慢的速度增长。而国防开支紧缩可能在迫使美国调整战略思维方面是有益的。④

第三，其他地区热点问题的管控对美国亚太政策形成掣肘。目前主要是

---

① Stephen Harner, Why Brookings is wrong About the U. S. pivot to Asia, http：//www. chinausfocus. com/foreign－policy/why－brookings－is－wrong－about－the－pivot－to－asia/，（上网时间：2014年3月10日）

② 俞正樑："美国亚太再平衡战略的失衡"，《国际关系研究》，2013年第2期，第8页。

③ 吴心伯："奥巴马政府与亚太地区秩序"，《世界经济与政治》，2013年第8期，第54—67页。

④ Melvyn P. Leffler, How Budget Cries Have Improved U. S. Strategy, Foreign Affairs, Nov. /Dec. 2013, pp. 32－43.

克里米亚事件导致美国在欧洲受挫可能影响美国的亚太安全政策。克里米亚加入了俄罗斯联邦，这已成为既成事实，美国已经无力改变。美国总统奥巴马还宣布，不会对乌克兰进行军事援助，不会以武力介入克里米亚危机，仍然会以经济制裁和外交孤立的方式制裁俄罗斯的所作所为。这种制裁的影响力必然有限，但美国有必要做出姿态，采取一些措施来弥补一下其受挫的"老大"身份。如果从地区秩序或地区格局上来说，克里米亚加入俄罗斯，冷战结束后的欧洲地区秩序被打破。美国可能要重新思考其战略重心转向亚太是否正确，战略资源配置如何平衡。这又出现了一个问题，美国会放缓亚太再平衡的脚步，去再平衡一下欧洲的地区秩序吗？

第四，亚太国家与美国、中国在安全上和经济上的矛盾互动可能导致美国主导的安全体系受到冲击。普遍认为，在一定意义上，当前东亚地区形成了一种安全关系与经济关系明显分离的"二元格局"，即在安全上美国处于主导地位，而在经济上中国表现出越来越强的中心地位。[①] 中国成为这一地区大部分国家的主要经济伙伴，美国则是这一地区大部分国家的主要安全伙伴。这一认识有其合理性，但也存在局限性和片面性。但就东亚安全格局来讲，目前正在形成的是"一元半格局"。一元指美国借助安全联盟体系在亚太地区构筑起安全主导体系，但这种安全上的主导地位正在出现松动。美国主导的亚太安全雁行架构仅在其联盟体系内发生作用，且处于深刻变动之中，美国越来越无法单独构建亚太区域安全合作机制。[②] 半元指中国在安全上正努力塑造一个美国体系之外的框架，逐渐打破美国对亚太安全体系的"垄断"。中国经济实力和军事实力的大幅提升，正在改变着亚太地区的地缘格局和安全空间，中国正成为亚太安全格局中重要的因素。除此之外，包括东亚峰会、东盟地区论坛、亚信会议在内的多边安全合作机制也正在发展。另外，除了美国和中国这两个形成"一元半格局"的力量之外，还有日本、俄罗斯、澳大利亚、韩国、印度等主要的安全行为体也是亚太安全格局中的重要变量。这两年来亚太地区各种矛盾和摩擦的多发，已使亚太国家感受到中美关系恶化带来的恶果。亚太各国在经济和安全上都与中美两国相

---

① 赵全胜："中美关系和亚太地区的'双领导体制'"，《美国研究》，2012 年第 1 期，第 7—26 页。王光厚、徐萍："亚太地区'权力转移'的基本态势"，《太平洋学报》，2012 年第 1 期，第 47—54 页。

② 蔡鹏鸿："亚太区域架构变动的现状与前景"，《现代国际关系》，2013 年第 7 期，第 8—13 页。

互依存。在美国的盟友或安全合作伙伴中，有的又与中国保持战略伙伴关系，这种交错的关系不能不使亚太国家在中美之间谨慎地寻求平衡，在利益互动中权衡。出于各自利益的考虑，不管是美国的传统盟友还是安全伙伴，都会重新评估如何在中美之间取得平衡。因此，亚太国家与中美两国的互动结果，也将影响美国的亚太再平衡战略。

<h2 style="text-align:center">三</h2>

奥巴马就任总统后，确定了对华政策的三大"支柱"，即美国欢迎中国的崛起、影响力的提升以及中国发挥积极的作用；美国将把中国的崛起纳入国际规范和法律体系之下；美国努力塑造亚太地区的环境，以确保崛起的中国成为地区的稳定性因素而非破坏性因素。[①] 第二任期开始后，奥巴马政府继续微调对华政策，避免与中国发生无谓的战略冲突，[②] "遏制"与"借助"并行。其对华"遏制"策略变得更加灵活，态度也较为软化，具体政策上更加注重"借力"，尽量避免与中国正面冲突，力求以间接和迂回方式"约束"中国日益增强的实力，消解中国不断提升的区域影响力。[③]

中国的快速崛起，美国切身感受到了战略压力。近年来，各种民调几乎都显示，无论是美国民众还是中国人，或者是其他国家的民众大都认为未来能对美国的全球领导地位构成最大挑战的只有中国。美国认为，中国正在采取一系列的渐进式战略步骤，逐步削弱美国在亚洲的影响力，同时削弱美国盟友对美国提供的安全承诺和保证的信心。因此，在奥巴马政府"亚太再平衡"战略蓝图中，中国被锁定为今后美国在亚太地区的主要"假想敌"，从政治、经济、军事、外交等各个领域针对中国采取遏制政策。从美国国内来讲，对于中国崛起的认识还存在很多争论，并没有形成共识。乐观者认为中国能够而且应该成为国际社会"负责任的利益攸关方"，他们认为美国必须对中国采取战略克制与和解姿态。悲观者认为中国必定会谋求打破由美国制定的国际秩序，美国应当有所准备。他们认为美国在亚洲最大的地缘挑战

---

① Jeffrey A. Bader, Obama and China's Rise: An Insider's Account of America's Asia Strategy, Washington, D. C.: Brooking Institution Press, 2012.

② Minxin Pei, "Memo to Obama: How to Handle China", http://globalpublicsquare. blogs. cnn. com/2013/01/10/memo - to - obama - how - to - handle - china/. （上网时间：2014 年 1 月 15 日）

③ 郑安光："美国对华'灵活推回'战略评析"，《现代国际关系》，2014 年第 3 期，第 2 页。

来自中国的崛起，因而需要采取巩固与亚太海上安全伙伴的关系、在西太平洋和印度洋部署作战力量、重新承诺对亚太地区盟国的安全义务等手段来维持东亚的战略现状。[1] 美国为了应对中国崛起，必须认真评估亚太地区安全环境变化并加强自身的地区存在。基于此，美国需要在亚太地区保留强大的军事存在，寻求盟友和安全伙伴支持，强化对这一地区的经济参与度并努力构建以规则为基础的地区安全秩序。

在亚太地区，美国扮演了安全"保护者"和"产品提供者"的角色，通过向传统盟友重申地区安全保障义务，获得部分国家的追随和支持，还向地区国家提供了大量的军事援助，提高了在关键区域的态势感知与战略介入能力。[2] 在亚太地区的安全领域，美国仍然拥有一枝独秀、一家独大的优势，并在支配和领导着这一地区。美国将大规模军事力量部署到亚太地区，以一种霸道式的形式在破坏地区秩序，造成亚太地区的震荡。因此，中国要以负责任的地区大国的姿态来积极地平衡美国在亚太的影响，特别是在道义上提升主导权和话语权，让亚太国家认识到美国的再平衡不会带来更加安全和繁荣的地区秩序，同时中国无意与美国争夺亚太主导权。

对于中国来讲，在解构和重构亚太地区的安全和经济发展架构时，都应有一个综合的战略考量，既要应对突发的危机的挑战，更要逐步推进中国长期的周边战略部署。中国正处于成长为全球性大国的关键时期，无论是实现两个"百年目标"，还是实现中华民族伟大复兴的"中国梦"，都需要稳定的、安全的周边环境。首先，维持总体稳定的周边安全环境、与亚太地区国家建立良好的安全关系以及避免中国卷入亚太地区危机和冲突是中国亚太安全的主要目标。影响中国国家安全的因素主要表现在周边地区存在不稳定事态和安全冲突，一些中国有领土、领海主权争议的国家对中国主权利益的侵害，以及美国的亚太再平衡战略给中国带来的安全压力等。[3] 中国与八个国家在南海（菲律宾、越南、马来西亚、印度尼西亚和文莱）、东海（日本）、黄海（韩国和朝鲜）三个方向存在程度不同、性质各异的海洋纠纷。目前，表现突出的是与南海的菲律宾和越南，以及与东海的日本之间的纠纷。中国

---

① Jeffrey A. Bader, Obama and China's Rise: An Insider's Account of America's Asia Strategy, Washington, D. C.: Brooking Institution Press, 2012, p. 3.

② 潘远强："稳固结构性权力：奥巴马政府塑造亚太安全秩序的认知偏好"，《当代亚太》，2013 年第 6 期，第 112—113 页。

③ 刘丰："中国周边战略的目标、手段及其匹配"，《当代亚太》，2013 年第 5 期，第 12 页。

要处理与周边国家的复杂的、棘手的甚至是决定中国大国特性的外交关系。对中国来讲，这是一个战略性和全局性的问题。事实上，当前中国与周边的关系进入了一个二元悖论时期。一方面，中国发展的溢出效应带动了周边国家和地区的发展，成为推动亚太经济发展的发动机。另一方面，中国的发展也让周边国家陷入群体性恐慌，一些国家心理出现失衡，恐惧中国的强大会危及他们的安全。因此，中国的周边外交亟需打破这个二元悖论，而周边外交工作座谈会正是对这一悖论的"破局"。

其次，通过多元化战略缓解美国在中国周边各种显性和隐性的安全"介入"给中国带来的负面影响。美国的亚太同盟体系会持续性地对中国形成战略和军事上的压力，缩小了中国试图通过改善双边安全关系来改变中国以及东亚地区安全环境的政策空间。① 中国必须通过努力塑造有别于美国安全体系的安全架构，以此来扩大自己的安全空间、战略利益和对亚太地区的安全"介入"，中国在东海划设防空识别区可以看作是这种努力的一个主要表现。如何平衡经济权益与政治、安全权益，如何平衡历史权益诉求和现实利益冲突是中国突破安全困境的主要挑战。笔者认为，中国可通过加强战略支点布局、建立战略伙伴支撑、运用多元战略手段等方式提升战略安全；通过增强军事力量、构建安全体系、提升安全关系、提供安全保障等安全性途径来确保安全资源的配置和均衡。

第三，中国应善用"外交—经济—安全"的关联性，提升对地区的安全影响。亚太安全需要形成一种稳固的战略平衡，大国在亚太地区的安全博弈将导致地区力量的两极分化，这不利于构建亚太安全架构，也不利于进行地区安全合作，对涉亚太安全问题的解决更是不利。在脆弱的地区安全上，"外交—经济—安全"三者互有影响和借重。因此，中国可将这个关联性打通，服务于中国的周边战略。2013 年，中国新领导层就任以来，通过主动提出多项重大合作倡议提升对周边的塑造力和引领力。为了使中国的发展更好地惠及周边，促进中国同周边国家的共同发展，中国提出了建设丝绸之路经济带和 21 世纪海上丝绸之路、筹建亚洲基础设施投资银行、建设中巴经济走廊、中印缅孟经济走廊等一系列重大倡议，这虽然都是区域经济合作战略，但无疑对地区安全将产生外溢效应。

---

① 周方银："美国的亚太同盟体系与中国的应对"，《世界经济与政治》，2013 年第 11 期，第 13 页。

第四，奥巴马第二任期开始后，在对华政策表态上呈现积极的变化，中国应利用这一时机加强与美国的沟通、对话，缓解来自美国的安全压力。近来，美国表达与中国建立"新型大国关系"的意愿，表明美国欢迎一个和平崛起的、繁荣的中国，美国不希望美中关系被定为竞争和冲突。① 认为美中两国在亚太以及世界范围内拥有共同利益，两国应建立更深层次的合作来管理彼此的竞争。② 中美拥有对亚太安全最重要的影响。东亚区域安全构造的未来，将在很大程度上取决于中美在亚太地区究竟以什么方式进行和管理彼此之间的战略竞争以及区域内的其他国家究竟如何对中美之间的战略竞争做出选择。③ 值得一提的是，今年中国还将首次应邀参加由美国主导的多边军事联合演习"2014—环太平洋军演"。另外，中美两军还要探讨制定中美重大军事行动相互通报机制和两军海空军事安全行为准则，增进彼此政策和战略意图的透明度。这是两国间在军事领域逐步开展对话并形成机制的重大进展。另外，中美双方还同意在中美战略安全对话框架下设立网络安全工作组。而中美战略安全对话是中美战略与经济对话框架下的一个分对话机制。

① Thomas Donilon, The United States and the Asia – Pacific in 2013, March 11, 2013, http: // asiasociety. org/new – york/complete – transcript – thomas – donilon – asia – society – new – york, （上网时间：2014 年 1 月 1 日）

② Susan E. Rice, America's Future in Asia, National Security Advisor Rice on U. S. – Asia Relationship, November 20, 2013.

③ 朱锋："中美战略竞争与东亚安全秩序的未来",《世界经济与政治》, 2013 年第 3 期，第 5 页。

试论奥巴马政府时期美国
对台军售问题

张 建[*]

一、引言

　　台湾问题事关中国的国家核心利益。在中美构建不冲突、不对抗、相互尊重、合作共赢为目标的"新型大国关系"的框架下，两国如何处理对台军售问题是整个中美关系中台湾问题的核心。美国对台军售是美国对华战略的重要组成部分，也是美台安全关系中最核心的议题。可以说，对台军售问题是事关中国大陆、美国、台湾"两国三方"战略互动与利益博弈的一个复杂性问题，其走向取决于三方的战略博弈和利益平衡，但关键的又是中国大陆与美国和美国与台湾这两对关系的互动。

二、中美关系中的对台军售问题

　　台海是中美战略博弈的焦点之一，台湾问题则是中美两国关系中最核心的问题，而不是之一。在中美关系中的台湾问题上，围绕对台军售问题开展的两国博弈与较量更是成为影响中美关系的关键节点，两国多次因为对台军售问题导致双边关系大幅动荡。从地区安全局势上来看，对台军售更可能导致两岸关系紧张，甚至造成亚太地区的不稳定。

　　美国深知随着中国大陆经济实力和军事力量的快速增长，对台售武也无力改变台海两岸军事力量对比的不对称，但美国仍以避免两岸军事平衡过度

---

　　* 张建，上海国际问题研究院台港澳研究所助理研究员。

向大陆倾斜，造成难以扭转的力量不对称为借口选择性地对台售武，并在售武的时机和武器的数量和性能上大做文章。美国认为，其对台军售的根本逻辑是售台武器是回应台北的弱势感，而台北之所以感到威胁是因为中国本身发展军力及部署的结果。因此，北京要让台北降低或终止向美方购买先进武器的最佳办法是让台湾在做威胁评估时得出正向的结论。①

美国对台军售已持续多年，在这个问题上美国负有不可推卸的责任。1982 年 8 月 17 日，中国大陆和美国就美国对台军售问题签署协议，即《八一七公报》。在中美《八一七公报》中美国政府承诺，它不寻求执行一项长期向台湾出售武器的政策，它向台湾出售的武器在性能和数量上将不超过中美建交后近几年供应的水平，它准备逐步减少它对台湾的武器出售，并经过一段时间导致最后的解决。中国则重申"争取和平解决台湾问题"。但在中美签署《八一七公报》之前，美国向台湾做出六项保证，所谓的美国"对台六项保证"其内容包括：（1）不设定对台军售的终止期限；（2）不变动《与台湾关系法》；（3）不在事前与大陆磋商对台军售；（4）不充当台湾与大陆之间的调解人；（5）不改对"台湾主权"的立场（6）不对台施加压力，促其与大陆谈判。美国对大陆通过《八一七公报》，对台湾通过"六项保证"，维持了三方互动的平衡。三十多年来，美国一直依据 1979 年 4 月通过的《与台湾关系法》向台湾出售武器，让这一问题成为中美关系发展的最大障碍。

2009 年 1 月，奥巴马就任美国总统。在中美建交 35 周年的 2009 年，两国关系发展顺畅。② 2009 年 11 月 15 日至 18 日，美国总统奥巴马对中国进行了国事访问。两国发表的《中美联合声明》指出，互相尊重主权和领土完整这一根本原则是指导中美关系的中美三个联合公报的核心，双方均不支持任何势力破坏这一原则的任何行动。双方一致认为，尊重彼此核心利益对确保中美关系稳定发展极端重要。奥巴马还表示美国在台湾问题上坚持一个中国政策，遵守中美三个联合公报的原则。美方欢迎台湾海峡两岸关系和平发展，期待两岸加强经济、政治及其他领域的对话与互动，建立更加积极、稳定的关系。正当世界关注中美关系将进入一个良好的发展时期之时，形势急转直下。

① 关于美国对台军售的分析可参见［美］卜睿哲著，林添贵译：《未知的海峡：两岸关系的未来》，远流出版事业股份有限公司，2013 年 4 月，第 337—346 页。
② 陶文钊：："奥巴马第一任期的中美关系"，《美国问题研究》，2012 年第 2 期，第 26—53 页。

2010 年 1 月 30 日，奥巴马政府不顾中方的强烈反对批准售台武器案，包括 60 架黑鹰直升机、"爱国者"三型防空导弹系统、2 艘翻修过的"鹗级"猎雷舰、12 枚训练用的鱼叉导弹以及与"博胜案"有关的指管通情系统，价值达 63.92 亿美元。这距奥巴马 2009 年 11 月对中国进行国事访问仅仅两个多月。这虽然是小布什政府时期已定下的军售项目，但也可看出奥巴马政府坚持美国对台军售政策的决心。美国自以为这批售台的武器中没有特别先进的武器，并认为选在一个中国的反应可能比较温和的时机做出决定，中方反应不会很大。但事实上并非如此。在奥巴马政府不顾中国强烈反对抛出对台军售案后，中国采取了数十年来在这一问题上最强硬的作法。① 在中美两国围绕此次美国对台军售进行激烈的"博弈"时，同年 3 月，美国派出常务副国务卿斯坦伯格（James Steinberg）和国家安全委员会亚太事务资深主任贝德（Jeffrey A. Bader）访问北京为此灭火。贝德说在这次中国之行中，中国提出美国应该就未来的对台军售及对各种军售的限制与中国进行谈判。而斯坦伯格则对此回应说，任何涉及台湾问题的讨论，不能把美国对台军售当作焦点，但是可以整体来谈区域的军事平衡，以及透过所有各方的行动而非仅是美方的行动来降低紧张。②

2011 年 9 月，奥巴马政府再次决定售台武器计划，包括为台湾升级 145 架 F－16A/B 型战斗机，为 F－16A/B 型战斗机提供飞行训练及后勤支持，出售 F－16A/B、IDF、F－5E/F 型战斗机和 C－130H 型运输机配件，总额达 58.52 亿美元。连续两年大规模售台武器且总额超过 120 亿美元这是美国与台湾自 1979 年实行《与台湾关系法》以来前所未有的。

2013 年 6 月 7 日至 8 日，中美两国领导人习近平与奥巴马在美国加州举行了举世瞩目的庄园会晤。在台湾问题上，习近平重申了中方在台湾问题上的原则立场，强调台湾问题涉及 13 亿中国人民的民族感情，希望美方恪守中美三个联合公报，坚持一个中国政策，以实际行动支持两岸关系的和平发展，停止售台武器。2013 年 8 月，中国国防部长常万全访问美国。中方

---

① 中方首次针对对台军售宣布了四项反制举措：一是暂时停止中美两军计划内的有关互访安排；二是推迟中美两军部分交往项目；三是推迟双方拟于近期举行的中美副部长级战略安全、军控与防扩散等磋商；四是对参与售台武器的美国公司实施制裁。虽然中方作出这样强烈的回应，但从后续发展来看，中国的实际应对还是相当克制的。暂停的两军互访很快就恢复了，而制裁参与售台武器的美国公司更是没有了下文。

② Jeffrey A. Bader, *Obama and China's Rise: An Insider's Account of America's Asia Strategy*, Washington, D. C. : Brooking Institution Press, 2012, pp. 76 – 77.

再次要求美国停止对台军售，并提出成立工作小组就售台武器问题进行中美对话。美方虽未直接回应，但对中方提出的建立相关工作小组的提议给予了积极回应。常万全特别列举数字指出，1982 年中美签署《八·一七公报》后，30 年来美国对台售武越走越远，其中第一个 10 年售武金额为几十亿美元，第二个 10 年达 190 亿美元，第三个 10 年更达 270 亿美元，这种高倍增长的趋势对中美关系的稳定发展极其不利，希望美方反思立场。

在未来相当时期内，美国虽不会主动放弃对台军售，但对台售武方式将更具选择性。2014 年 3 月 14 日，美国国会众议院外交事务委员会举行"《与台湾关系法》的承诺"听证会，美国国务院负责东亚事务的副助理国务卿梅健华（Kin Moy）出席作证时强调，"在安全关系方面，美国提供给台湾必要的防卫设备和服务，使台湾能维持充分自我防卫能力。这一长期政策贡献于维持台海和平稳定。加强与台湾人民长久友谊仍是美国亚太战略再平衡的关键元素。美国在《与台湾关系法》下与台湾持久关系是美国独特资产，也是美国区域影响力的重要放大器。"[1] 在台美安全合作中，更具选择性对台售武将成为美国制衡中国大陆以及台海形势的重要途径之一。

美国国会内部以"台湾连线"为代表的支持台湾力量要求奥巴马政府向台湾出售 F–16C/D 战斗机、"佩里"级军舰等性能更加先进的武器，这样才能加强台湾的防御。2013 年 8 月 1 日，美国众议院外交事务委员会通过《2013 年对台政策法案》，法案规定美方应鼓励美国和台湾高层互访，允许双方官员在所有美国政府部门办公室会面。法案还规定，授权美国总统同意出售四艘佩里级导弹巡防舰给台湾，增强台湾的国防实力。美国总统接受台湾对 F–16C/D 战机的要求，并在规定时间内向美国国会做简报，提交各项攸关台湾安全事务的报告。[2] 4 月 7 日，美国众议院无异议通过"2014 年确认《与台湾关系法》与军舰移转法案"，明确支持美国政府出售柴油潜艇以及 F–16C/D 型战机给台湾，并授权美国政府移转四艘佩里级飞弹巡防舰给台湾，要求法案通过三年内必须完成巡防舰的转移。重申《与台湾关系法》的重要性，《与台湾关系法》是美台关系的基石，这项承诺坚定不移；

---

① Kin Moy, "The Promise of the Taiwan Relations Act", Written Statement before the House Foreign Affairs Committee, U. S. Department of State, Available from: http://www.state.gov/p/eap/rls/rm/2014/03/223461.htm.

② "美众院通过 2013 台湾政策法案　拟扩大美对台军售", 环球网, http://world.huanqiu.com/exclusive/2013–08/4200686.html, 登录时间：2014 年 3 月 10 日。

其次，是对台湾民主机制的支持；三是为了亚太利益，台海必须维持和平；四是支持美国政府依据《与台湾关系法》的对台安全承诺；五是支持美台深化经贸关系，在解决影响美国出口的既有经贸问题后，适当时机支持台湾参与双边和区域贸易协定。①

中国与美国在对台军售方面存在巨大的认知差异。一直以来，中美双方在台湾问题的表态上都是"台湾问题，各自表述"。中国往往强调台湾对中国的重要性，希望美国不要介入、干预台湾问题，特别是美国不要支持"台独"及对台军售。而美国则一味地以表示坚持一个中国政策，以中美三个联合公报和《与台湾关系法》处理台湾问题，并强调台湾问题应和平解决。

三、美台安全关系中的军售问题

对台军售是衡量美台实质关系的关键指标之一，是美国将台湾作为"准联盟"看待的标志。每次的对台军售也是美台双方在售武的数量和质量上进行"讨价还价"的一次大博弈。根据美国的统计，近年来美国对台军售数额巨大，2008 年为 65 亿美元，2010 年为 64 亿美元。2011 年虽然有所下降，但仍然高达 59 亿美元。②

美国对台军售是美台安全关系中最重要的内容。在美国和台湾看来，对台军售不仅仅是武器交易，更具有深刻的军事和政治意涵。一方面，通过对台军售，提升台湾的军事能力以吓阻或对抗中国人民解放军。另一方面，通过对台军售，显示美国与台湾坚定地政治关系，同时也避免台湾在政治上受到过多中国大陆的胁迫。

美国学界和政界对售台武器重要性的论述也多侧重于军事和战略意义。如美国战略与国际问题研究中心研究员葛来仪（Bonnie S. Glaser）就指出，美国对台军售不仅有明确的军事意义，而且更有重要的地缘政治意义，发出一个美国遵守其义务的信号，那些在安全与稳定方面依赖美国的国家和地区可以放心，即美国的支持是可靠的、坚定不移的。③ 奥巴马政府第一任期国

---

① "法案挺台湾　美众院无异议过关"，台湾《自由时报》，2014 年 4 月 9 日。

② Shirley Kan, "Taiwan: Major U. S. Arms Sales since 1990," Congressional Research Service Report RL30957, October 21, 2011.

③ Bonnie S. Glaser, "Debunking Myths about US Arms Sales to Taiwan", PacNet Number6, Pacific Forum CSIS, Honolulu, Hawaii, February 17, 2010.

家安全委员会负责亚太事务的高级主任杰弗里·贝德也认为，美国售台武器可以起到三重作用：第一，一旦大陆进攻台湾，可以使台湾有足够的能力支撑到美国来救援；第二，对台售武是美国对台湾安全承诺的重要象征；第三，这是美国在地区安全上的信誉所在。[①] 但近年来，美国也不乏对美国对台军售造成中美关系动荡的反思之声。如美国前太平洋司令部总司令普理赫（Joseph Prueher）表示，美国与中国的关系经纬万端，可一扯上对台军售，往往就可能陷入死胡同，不免因小失大，所以不妨重新思考对台军售，以跳脱由此产生的恶性循环。[②] 美应对以下选项进行充分分析：一是停止向台湾出售武器，但承诺在中国无缘无故发动袭击的情况下保卫台湾；二是继续向台湾出售武器，但声明一旦发生冲突，美国将不会代表台湾介入冲突，即便挑起冲突的并非台湾；三是将继续支持台湾与台湾当局自我克制、不向"独立"方向发展的意愿联系起来。[③]

多年来台湾对美国一直存在安全诉求，并致力于寻求美国的安全保障，要求美国恪守《与台湾关系法》，保障台湾安全。从安全上来讲，台湾对美国存在依赖，将其安全寄望于美国的保护和介入。因此，台北必须与华府培养良好的政治关系，并增强美国的信心，相信台湾不会做出不符合美国在台海地区和平与稳定的利益之举动。李登辉和陈水扁时期，美国的信心曾经受损，但在马英九执政后已又加强。[④]

在美国推行亚太再平衡战略的背景下，美国希望台湾在其亚太安全战略中发挥一种独特的"隐形"作用，通过加强与台湾的安全合作和"间歇式对台军售"提升台湾的安全力量，以牵制中国的军事力量在东亚地区的扩张。从台湾角度看，一方面，鉴于自身防务力量的有限性，台湾希望通过"配合"美国的亚太再平衡战略以获得美国在安全上的"奖励"。另一方面，在两岸关系和平发展、中美构建新型大国关系的背景下，台湾也不希望被边缘化甚至可能被牺牲，希望参与到亚太安全的博弈中以谋求对己有利的情势。《与台湾关系法》是美台军事安全合作的基础，美国据此为台提供安全

① Jeffrey A. Bader, Obama and China's Rise: An Insider's Account of America's Asia Strategy, Washington, D. C. : Brooking Institution Press, 2012, p. 71.

② "军不军售，看美国利益"，台湾《中国时报》，2011年4月21日。

③ Shyu - tu Lee, Douglas Pal and Charles Glaser, Disengaging from Taiwan: Should Washington Continue Its Alliance With Taipei? . Foreign Affairs, Jul. /Aug. 2011, p. 182.

④ ［美］卜睿哲著，林添贵译：《未知的海峡：两岸关系的未来》，远流出版事业股份有限公司，2013年4月，第256—257页。

承诺, 台湾将其作为"配合"美国亚太安全战略的依据。

美国有限度地支持两岸之间的接触和对话, 乐见两岸关系的改善和进入和平发展阶段。但美国深知两岸关系的发展还在于台海两岸的中国大陆和台湾之间的努力, 美国在其中并不能发挥实质性的作用, 美国只能是"配角", 美国也不想让中国大陆觉得其在干预两岸事务。美国并没有因为支持两岸关系的和平发展而改变根据《与台湾关系法》进行的对台军售, 并认为适当、适量的售台武器有益于两岸的政治和军事对话。颇具讽刺意味的是, 美国在不断售台武器的同时却要求中国大陆主动撤出对台部署的导弹, 以释放进一步改善两岸关系的诚意。

为了确保台海始终处于美国可以控制的范围之内, 对台军售政策被赋予新的使命, 即一方面, 在一个难以测定长度的"现状"时期保持对中国大陆的约束力。另一方面, 传达提升美台关系的信息。强硬派认为, 为了保持两岸军事实力平衡, 美国应通过军售方式, 保持甚至加大对台湾的军事支持。温和派认为, 认为美国的对台军售政策有不可替代的战略价值, 但是考虑到中美关系和两岸关系的总体形势, 建议美国应根据当前的变化, 适当地调整其军售策略, 逐渐减少对台军售。①

不容忽视的是, 美国与台湾在售台武器问题方面也存在认知差异。如美国认为, 台湾主要强调军售台湾的政治意涵以及由此产生的心理信心, 往往忽视了军购的防务战略需求。如果台湾军购主要是为了降低对中国大陆的不安全感, 台湾应客观评价其威胁环境、防务战略、军力结构等层面, 并加强与美国的协同合作。② 美国国防部负责亚太安全事务的助理国防部长莱沃 (Peter Lavoy) 也认为, 台湾长期的安全不能完全依赖于购买数量有限的先进武器系统, 台湾还必须正视不对称的概念和技术, 以最大化台湾的持久力量和优势。③

从台湾角度来看则是另一种情形。台湾中国文化大学教授蔡逸儒认为, 美国对台军售问题当前的情况是, 台湾不管是为了心理上的安全感, 或实质

① 关于美国国内对美国售台武器问题的辩论可参见: 林红: "美国智库视野中的美台军售问题", 《中国评论》, 2011 年 10 月号。

② [美] 卜睿哲著, 林添贵译: 《未知的海峡: 两岸关系的未来》, 远流出版事业股份有限公司, 2013 年 4 月, 第 284—285 页。

③ "Prepared Statement of Dr. Peter Lavoy, Acting Assistant Secretary of Defense for Asian and Pacific Security Affairs," Testimony before House Foreign Affairs Committee, October 4, 2011.

上的国防自卫能力，一定会选择性的买；而美国则是不管为了军工企业的庞大利益，或内政、国际信誉，以及平衡两岸关系的需要，也一定会选择性的卖；北京方面则不管是出于国家颜面，或政策立场问题，必然是全面反对到底，但反弹的强度则要看军售种类而定。① 台湾智库副执行长赖怡忠指出，常万全会晤美国国防部长时要求停止对台军售，并提出成立工作小组探讨，这种越过台湾直接向美国提出具体要求的做法，显示中国大陆在处理美国对台军售的积极性与攻击性方面都在上升。② 台湾政治大学国际关系研究中心研究员刘复国也认为，在美国对台军售的问题上，在找到一个可以相互容忍的策略、政治谈判达成之前，台湾还是需要从美购买武器。③ 另外，台湾在购买美国武器方面处于被动局面也让台湾"不爽"。有评论认为美国售台的武器报价比原先上涨了千亿新台币，是"凯子军购"。④ 台湾目前最需要的是战斗机，其次是潜艇，第三是水面舰艇，而美国所卖武器并非"陆海空关键性作战装备"，也没有超过台湾现有作战性能水平，从长远看美国似乎重回1982年军售"不超过台湾现有程度"的状况。⑤

四、应对对台军售：中国视角

对台军售作为美国掌控中美关系和美台关系的重要手段，在短期内美国不可能放弃。由于对台军售既受美国府会权力博弈的影响，又受中美关系、美台关系的发展制约，因此，美国对台军售的未来走势将在这几个因素的复杂博弈对冲下展开。在中美两国构建新型大国关系的框架下，奥巴马政府在售武的具体时间及具体武器规格方面将更具选择性。在奥巴马余下的两年多任期内，不排除美国可能还会进行一次较大规模的对台军售行动。今年11月美国将进行中期选举，12月奥巴马可能来华出席亚太经济合作组织领导

① 蔡逸儒："从美国对台军售谈起"，《联合早报》，2012年5月16日。

② 赖怡忠："中方处理美军售台 积极攻击性上升"，http：//mag. chinareviewnews. com/doc/1026/9/0/0/102690099. html？coluid=7&docid=102690099&kindid=0. 2013年8月21日。

③ "台学者：对台军售大陆专家看法比较传统 与台无共识"，http：//news. ifeng. com/taiwan/4/detail _2013 _11/05/30964907 _0. shtml. 2013年11月5日。

④ "凯子军购，美售台武器报价涨了千亿元"，http：//www. chinareviewnews. com，2010年2月1日。

⑤ 张国城："美台军售默默走向'817公报化'"，http：//www. chinareviewnews. com，2010年2月1日。

人非正式会议并对中国进行访问，因此，在此之前奥巴马政府不太可能宣布对台军售以免破坏来华参加 APEC 会议的氛围。从中国视角来思考，美国对台军售问题始终是掣肘中美关系、两岸关系发展的沉疴痼疾。短期内，中美之间就这个问题仍然无解，但中国应有宏观、中观和微观三个层面的应对。

宏观上，塑造有利于中国的地区安全架构，推进地区安全体系"非美国属性"的发展应是中国在应对东亚安全问题上努力的方向，也是平衡美国对台军售的顶层设计。当下，东亚地区由美国主导的安全体系带来很多不确定因素，不利于中国安全空间的扩展。通过努力塑造有别于美国安全体系的安全架构，以此来扩大中国的安全空间、战略利益和对亚太地区的安全"介入"是一项长期的战略。一方面，中国可通过加强战略支点布局、建立战略伙伴支撑、运用多元战略手段等方式提升战略安全。另一方面，中国可通过增强军事力量、构建安全体系、提升安全关系、提供安全保障等安全性途径来确保安全资源的配置和均衡。将中国的政治影响、经济体量、文化魅力、军事规模、社会活力、价值感召等因素融合成一种"综合力"仍然需要全面的规划和设计。中国要对美国亚太再平衡战略进行"再认识"，要突破或超越简单地认为该战略就是针对中国、遏制中国的单一思维。台湾在美国的亚太安全体系中居于附属地位。① 中国通过提供地区安全公共产品，让台湾也从中受益，既能消解美国在安全上给中国的压力，也让台湾"多一个选项"。

中观上，台湾的安全保障归到底还是取决于两岸和平发展，建立两岸军事安全互信机制是消解对台军售的战略部署。"客观而论，和平发展才是建构台湾安全的最重要、最关键之屏障。"② 两岸应尽早建立军事安全互信机制以在复杂的台海安全问题上掌握主动权，而不是一直延续"美主台从""美国主动中国被动"。中共十八大报告提出"共同努力，探讨国家尚未统一特殊情况下的两岸政治关系，作出合情合理安排"，并提议商谈建立两岸军事安全互信机制，共同构建两岸关系和平发展的大框架。建立两岸军事安全互信机制是完全符合两岸民众意愿和共同利益的，得到台湾大多数民众的支持也是无安全可以预期的。③ 当前，台湾与美国的不对称性安全依赖，台

---

① 刘世龙："日美安全体系与台湾问题"，载《外交评论》2013 年第 1 期，第 110—125 页。

② 陈先才："台报：台湾安全战略不能既靠大陆又靠美国"，http://www.chinanews.com/hb/2013/11-12/5492736.shtml，2014 年 4 月 10 日。

③ 社论："建立两岸军事安全互信机制难处何在"，《中国评论》，2014 年第 4 期，第 1 页。

湾地区对美国有较大的安全保障诉求，归根结底还是台湾对两岸关系和平发展缺乏信心。而且，基于自身利益考虑，美国对两岸军事安全互信机制的开展从采取不支持、不鼓励政策，转变为抑制、阻碍两岸军事安全对话的趋势，而这正是两岸努力的方向。美国支持两岸关系改善是有限度的，必须处于其可控范围，不损害其长期利益。两岸关系恶化不符合美国的利益，但两岸走得太近也不符合美国的利益。如果两岸关系的发展超出了美国的预想和框架，美国也认为会损害其在台海的长期战略利益。

微观上，中美围绕对台军售问题进行的博弈仍将持续，但如何平衡中美关系整体格局与局部博弈，如何平衡台湾对美国的安全诉求和两岸关系和平发展是中国突破对台军售导致的安全困境的主要挑战。当前，中美之间在东海和南海的龃龉是近期两国博弈的焦点。包括对台军售在内，中美之间有许多结构性的矛盾。今年恰逢中美建交35周年。35年来，中美两国虽然围绕包括对台军售在内的众多结构性问题进行局部博弈，但两国整体格局的发展趋向是好的，也为中国的发展赢得了战略机遇。这就是中国的一个平衡问题。在未来，中国仍将维持这样一种平衡。另外，准确把握台美安全合作框架延续性之中呈现的新变化、新趋势，积极推动两岸关系和平发展，也是中国面对的另一项任务。在台湾问题上，美国公众与精英之间存在关注度的差异，由于台湾问题不是事关美国民众生活的重大问题，因此美国公众不太关注台湾问题，很少认为它会威胁美国的国家核心利益，大多数美国民众的理智选择是不愿以武力保护台湾地区，且对台湾问题的关注程度呈现下降趋势。而精英则多从维护美国霸权的战略角度来审视台湾问题，倾向认为美国是否使用武力保卫台湾要视中国大陆是否"攻打"台湾的具体情况而定。[1]基于此，可在民间层面，特别是"二轨"渠道，召开由中国大陆、台湾、美国参加的安全合作讨论平台，就对台军售问题提供一个涉及三方的对话和沟通的管道，为在对台军售问题上与美国进行博弈提供另一个场景。

---

[1] 张勇："论首任奥巴马政府对华政策的限度—基于公众与精英认知鸿沟的分析"，载《世界经济与政治》，2013年第11期，第53—54页。张传杰、付舒："美国公众涉台舆论取向分析"，载《世界经济与政治》2013年第7期，第91—112页。

第 四 编

台湾对外关系新动向

马英九任内"'务实'参与国际组织"策略：观察与评估

童立群*

台湾地区领导人马英九即将结束其八年任期。尽管岛内舆论已经进入"后马时代"，民众对执政团队的信任度和期待感已滑至低点，但必须指出，马英九团队对外关系的成绩单不乏可圈可点之处。经过近八年的积累和积淀，对外关系应当说是马英九当局既定政策目标中执行相对顺利、落实情况较好的部分，台湾的"国际空间"也在两岸关系和平发展大框架下得到极大拓展，"参与国际组织"作为核心部分，其成果也是显著的。众多的分析评论认为，马英九当局采取了"务实"策略，是台湾参加国际组织取得成果的重要原因。本文拟对这一"务实"策略进行分析，并就其发展趋势提出作者的观察。

一、"务实"策略的主要内容

在 2008 年上任之前，马英九就台湾对外关系提出了一个"两岸和平暂行架构"构想，认为如果两岸能达成有效期为 30 至 50 年的和平协议，那么在这一期间，双方可以就台湾"国际空间"问题找到一种暂行"架构"。[①]执政后，马英九以这一倡议为基础采取"活路外交"路线，并进一步提出了被称为"外交休兵"的具体策略。应用到台湾参与国际组织上议题上，该策略的要点为（1）不搞"法理台独"，强调"中华民国宪政体制"；（2）

---

* 上海国际问题研究院台港澳研究所、助理研究员。
① 台湾《联合报》，2006 年 3 月 23 日。

强调大陆政策位阶高于对外政策，不搞"烽火外交"，提出两岸在国际上和解休兵；（3）不排除在其误认为"国际空间"得不到解决时，会在一定范围内制造"两个中国"的问题；（4）对非政府组织在国际社会与大陆的博弈采取回避态度等。

具体到台湾参与国际组织问题上，"务实"策略主要做法是改变过去"强推入联"，转而提出参与联合国专门机构等诉求。马英九表示：台湾要参加的是联合国专门机构的活动，不是联合国本身的活动，"而在争取国际参与的过程中，要以务实、弹性的态度，循序渐进，不宜躁进，也不宜有务实以外的目标"。① 总体而言，马英九当局"务实"策略是力求在各方面规避有关主权的议题，兼顾点和面，以实质性地"参加""参与"国际组织的各类活动为阶段目标。

1. 从"加入"到"参与"，将目标进行"阶段化"分解。2008 年第 63 届联合国大会是"务实"策略调整的关键点。马英九当局一改过去民进党陈水扁直接挑战"联合国会籍"冲撞战略，对外宣称考虑"国际现实""法律局限"两大因素，不再强调"国家名义"和会员资格；战术上仍继续寻求"友邦"提案，提出"低调温和、务实参与"的口号。

其一：避谈"加入"，只提"参与"。2009 年马英九当局放弃提案"加入"或"重返"联合国，将目标定为务实争取"参与"（participate in）联合国体系，同时锁定若干联合国专门机构为重点突破的目标。马英九在接受媒体访问时提到"台湾参与国际组织要比双边关系还敏感"，因此身为执政者的他"必须步步为营，现阶段不会讨论参与国际组织的长程规划"。② 2009 年 5 月，台湾以"中华台北"名义，以观察员身份参与了世界卫生大会，被视为以"活路外交"参与国际组织的成功案例。

其二：分解目标，规划"先专门机构后联合国""先观察员后会员"的路线图。台湾"外交部"在马英九指示下，对联合国 18 个专门机构进行了充分细致的研究和调查，包括查阅章程，分析这些机构的性质，探讨台湾参与的可行性和具体方法。在详细研判之后，马英九当局决定选择政治敏感度较低、与民生密切相关，且章程也较有弹性的专门机构为"务实争取"的

---

① 马英九："未来参与国际组织不做无谓冲撞"，台海网，http：//www. taihainet. com/news/twnews/twdnsz/2009 – 04 –30/401705. html

② 阎光涛，专访："马：8 月决定联国推案 参与国际不躁进"，中央日报网络版，2009 年 6 月 16 日，http：//www. cdnews. com. tw/cdnews _ site/docDetail. jsp? coluid = 111&docid = 100803168

目标。参与国际民航组织（ICAO）和联合国气候变化纲要成为（UNFCC）成为继世界卫生大会之明确提出的两大具体目标。至于加入联合国这个最终目标，正如时任台湾"总统府发言人"王郁琦所表示的，台湾当局对于"重返联合国"的决心，至今没有任何改变，只是在作法上会更有弹性。①

2. 避开敏感性政治语言，化"权力话语"为"权利诉求"。2008 年 8 月 15 日，台湾"外交部"声称，已委托"邦交国"在联合国提案，要求将"需要审查中华民国（台湾）两千三百万人民有意义参与联合国专门机构活动的基本权利"提案列入第 63 届联大临时议程。这里，马英九当局首次没有主张直接"重返"或"加入"联合国，而是提出"有意义地参与"有利于岛内民生的联合国专门机构。在说帖中，马英九当局呼吁大陆和国际社会，两岸应该要相互合作、共存共荣，"正视台湾两千三百万人民在联合国无代表权"的问题等，这一提法反映其策略上的一个重要变化，即将参加国际组织的诉求从"权力"转向"权利"。"权利诉求"与西方的价值立场更接近，通过低调的姿态和对方可接受的话语换取国际社会的同情、信任和支持，最终经过国际社会认同台湾参加国际组织权利和民意的"事实积累"后，产生"国际承认"的效果，追求国际成员承认台湾"完全国际地位"的最终目的。

2008 年 9 月 23 日至 30 日联合国大会展开一般性辩论，先后共有 15 个台湾的"友邦"，声明支持台湾"有意义地参与"联合国专门机构、计划及公约，并呼吁国际社会"基于全人类的福祉考虑"，支持台湾参与联合国气候变化纲要以及国际民航组织。台湾"外交部"对此专门表示感谢，并称争取参与联合国体系是台当局既定的政策，符合"民意"的高度期盼，将继续依循"以台湾为主，对人民有利"的原则积极争取参与，以维护全民福祉及促进"国家"发展。2013 年 7 月 12 日，美国总统奥巴马签署了国会参众两院通过的"支持台湾参与国际民航组织"的 H. R. 1151 号议案，在此之前美国曾采取相同的手法支持台湾参与世界卫生组织（WHO）。欧洲议会则每年都出台内容相似的法案和声明。"支持台湾有意义地参与国际组织"成为美国和欧盟对台政策重要内容，也表明"务实"政策以"没有惊讶、而且低调"方式向美国、欧盟和日本等国家和地区"权利"游说显现成效。

3. 参与方式多样化，参与身份多元化。在参与方式和身份上，为不刺

---

① 台湾《中央日报》，2009 年 8 月 17 日。

激大陆，"务实"策略强调台湾参与国际活动重"实"轻"名"，谋求实质性参与国际组织各类活动，包括技术合作、参加会议、信息交换与共享。2009 年台湾工研院、台湾环境质量文教基金会及台湾永续能源研究基金会三个研究机构以"中国"名义参与哥本哈根气候大会，台湾代表在会上发表了正式演讲。此做法受到"台独"人士的强烈抨击，但马英九当局对此解释认为，类似气候变化会议的场合适合"分享经验及技术"，可以在会上"发声"，这才是凸显台湾国际能见度的关键。① 按照台湾方面说法，当局不会高调地"敲锣打鼓"，而是"恰如其分"地扮演好国际参与角色。

"中华台北"是目前马英九当局明确支持和接受的名称。2008 年以后大陆支持台湾参与的两个政府间国际组织 WHA 和 ICAO 均以"中华台北"为称谓。台湾当局曾因以"中国台北"（Taipei，China）名称留在亚洲开发银行（ADB）抗议至今，舆论普遍认为"中华台北"是最被"矮化"的名称。也正因为出去某种"名称"焦虑，2015 年当台湾加入亚洲基础设施投资银行 AIIB（简称亚投行）的名称问题摆在两岸面前时，马英九当局率先抛出名称上"中华台北"是底线、不接受"中国台北"。②

至于台湾当局参与国际组织的身份，则主要取决于国际组织本身的性质。政府间国际组织分为政治性组织和功能性组织。通常，在政治性的政府间国际组织中，大陆对台湾参与的态度较为谨慎，比如 APEC，经过几轮博弈，大陆最后接受台湾以"经济体"身份参加 APEC 活动，而功能性、非政治性国际组织，台湾多数作为观察员加入，或者以适合该组织的"准入标准"身份加入，身份的差异也意味着享受的权利、义务不同。例如亚洲开发银行是经济金融性国际组织，台湾在亚行的身份为"正式会员"，属于台湾当局加入的政府间国际组织中的最高身份。此外，还有由于台湾当局的特殊情况而为其专门设立的身份。2013 年，台湾获邀以 ICAO 理事会主席"特邀贵宾"身份，出席 24 日在加拿大召开的三年一度大会，其权利与观察员一样，只能出席，没有发言空间。"特邀贵宾"身份不同于"观察员"，是一种临时性安排。尽管如此，参加 ICAO 仍被马英九当局高度肯定。台湾"外交部"次长史亚平表示，虽然不是以观察员身份出席，但实质上没有差

---

① "台湾机构首次以'中国'身份参加哥本哈根会议"，网易新闻，http：//news.163.com/09/1201/08/5PED9MH5000120GU.html，2009 年 12 月 1 日。

② 郭建志："加入亚投行，毛揆：中华台北是底线"，中时电子报，2015 年 4 月 8 日，http：//www.chinatimes.com/cn/newspapers/20150408000095 - 260203

异，她认为"不论是参与大会、聆听会议讨论与资讯的获取，都跟观察员的待遇相同"。①

二、"务实"策略的原因

1. 倒逼大陆调整对台政策。"务实"策略采取"先专门机构后联合国""先观察员后会员"的路线图，表象来看与陈水扁、李登辉冲撞式"外交"路线有巨大差异，但"退一步进两步"，实质是以政策上的缓和与妥协，要求大陆表明态度，换取大陆对台"国际空间问题"的善意和支持。马英九当局公开宣称，以"活路外交"向北京当局释出善意，希望大陆能有所体会，落实"搁置争议"的政策思维，正视在现有的联合国专门机构中，有些对台湾利益有重大影响，应透过某种方式让台湾以适当的身份参与。与此同时，岛内和国际上学者也撰写相关文章，鼓吹大陆应呼应马英九当局的"务实"策略，落实大陆"合情合理安排"的承诺等，在事实上对大陆形成了舆论和道义压力。目前大陆面临的局势是台湾从官方到民间对其"国际空间"的"步步要价""步步紧逼"。

2. 塑造台湾国际参与的"正当性"和"正义性"。正如上文提及，马英九当局通过"务实"策略，在国际社会逐步建构出一套以"民意"和"权利"为基础的话语体系，其核心主张是借助台湾"民意"，化原本的"权力话语"为台湾民生的"权利诉求"。马英九称："我们希望在国际社会永远扮演一个负责任的利害关系者的角色。"② 在这个话语体系中，"主权"和"国家"不再是主角，取而代之的是台湾作为一个政治实体参与国际组织的"权利"。以人民健康、人道主义、安全保障等"具体权利"作为诉求，博取国际社会认同对台湾当局参与国际组织的所谓"温和立场"；另一方面，通过将台湾民众的"权利"保障，增强与大陆"寄希望于台湾人民"政策的一致性和适用性，也试图降低大陆民意的反感与抵制，进而实现其实质"参与"目标。

3. 通过非政府组织平台扩大台湾"国际参与度"。参加国际非政府组织

---

① "台湾受邀出席 ICAO 身分为'特邀贵宾'"，钜亨网，http：//news. cnyes. com. cn/Content/20130913/KHA9BWSJ0ATKQ. shtml

② 马英九："台湾有能力在国际社会扮演负责任的角色"，大公网，http：//news. takungpao. com/taiwan/shizheng/2013 - 08/1835381. html

相关活动自陈水扁时期就受到高度重视，一向被认为是国际社会充分展现"软实力"、有助提升台湾国际能见度与形象的重要平台。马英九当局的"务实"策略同样认同非政府组织的国际参与，但与陈水扁时期的做法不同，"务实"策略相对淡化了非政府组织的政治色彩，强调非政府组织自身目的的实现，尽量避免台湾非政府组织参与国际活动时由于身份或名称原因无法发挥作用。该策略鼓励岛内非政府组织以较为低调隐蔽方式参加国际活动，避免直接冲撞大陆，最终目的是要通过扩大台湾非政府组织的影响提升其"能见度"。

在马英九当局支持下，慈济功德会、国际佛光会、红十字会、路竹会等岛内非政府组织出席国际会议、参加国际活动及协助邀请重要国际非政府团体负责人赴台访问已形成常态化机制。2010 年海地强震后，世界展望会、路竹会救助海地的计划均由台湾当局资助的"国合会"提供经费支持。2010 年 6 月初，台湾"外交部"率领台湾路竹会、慈济等九个团体参加"美国国际志工行动协会"年会；6 月底，"国合会"举办 2010 年"东亚 NGO"论坛。有观点认为，岛内非政府组织如国际人道及医疗援助、消除贫穷与疾病、促进民主与人权及维护生态环境等，其表现专业且广受认可，有望为台湾当局加入政府间国际组织做铺垫和衔接。总之，重视与支持非政府体现了"务实"的政策思路，岛内非政府组织的国际参与在马英九任内取得了长足发展。

自 2008 年 5 月马英九上任后，"务实"策略交出了不错的"成绩单"。例如台湾当局加入世界贸易组织的"政府采购协定"（GPA），还连续以观察员身份参加了世界卫生大会（WHA），并在 2013 年 9 月以主席特邀贵宾身份参加了国际民航组织大会（ICAO）。大陆主流观点认为，2008 年以来台湾参与国际组织已经获得了突破性进展，世界卫生大会将台湾的观察员身份长期固定下来更是一项标志性的成果。然而即便如此，马英九当局仍然通过"务实"策略不断加码，宣称民意对参与国际组织抱有很高的期待，台湾仍有参加联合国专门机构的需求等等。继参加世卫大会后，马英九当局紧随其后确立了加入 ICAO 和 UNFCC 具体目标，2010 年 8 月和 2011 年 4 月，马英九当局两次发布"台湾参与国际民航组织说帖"，进行在国际上游说和营造声势，"务实"策略仍是这一目标的主要方式和手段。

三、结 论

1. "务实"策略本质上没有改变台湾参加各类国际组织的终极目标。陈孔立教授认为，马英九所谓"活路外交"与过去的李登辉"务实外交"在精神上是一致的，而在策略上则会有所不同。[①] 他认为二者在原则、宗旨、具体做法上都是内在一致的。李登辉时期参加国际组织确定"不因名义更改而不参与"，例如，当时选择继续留存亚洲开发银行（ADB）、加入亚太经合组织（APEC），寻求加入世界贸易组织（WTO）等等，与马英九的"活路外交"有着较高的相似度。笔者赞同上述观点，"务实"策略非马英九首创，但相较之下，马英九在落实和执行时"策略更弹性，身段更柔软"。例如，不与大陆对抗，改变过去有意与大陆对立的动作；在参加国际组织方面，只要能够参加，不排除采用其他利于加入的名称等等。因此，从效果来看，马英九当局是将这一策略运用的最为灵活的执政当局。

综上所述，马英九当局所采取的"务实"策略本质上是"以量变累积质变，以时间换取空间"，是在综合评估国际支持、岛内和两岸关系等多重因素后做出的政策，是基于"接受现实"的选择，并不表示其终极目标的改变。

2. "务实"策略取得成效的根基是两岸关系和平发展的背景。既然马英九的"务实"策略本质上与其前任没有区别，为何只有马英九在任内交出了参加国际组织的成绩单？关键点是取决于大陆的态度。大陆学者普遍认为，马英九上任以后，出现了台湾参与国际活动和两岸关系和平发展之间的良性互动局面。大陆把处理台湾国际活动问题纳入两岸关系和平发展进程中，作为进程一部分，与整个进程协调推进，二者基本上是同步推进，不是相互孤立。从马英九上任以来台湾在国际组织方面所取得的成果来看，这一点是不容否认的。这也可以解释为什么马英九与李登辉实行政策的本质一致，但效果却大相径庭。失去了大陆对台政策的支持，"务实"政策就好比无水之源、无本之木。换言之，台湾扩大国际组织的活动得益于两岸关系和平发展大局，是大陆善意与"务实"策略共同作用的结果。进一步来说，

---

① 陈孔立："马英九的'活路外交'与谁'精神一致'？"，载陈孔立著：《走向和平发展的两岸关系》，九州出版社，2010 年版。

大陆对台释放善意则是以马英九当局承认"九二共识"、不搞"台独"为制定政策的基础。

3. "务实"策略未来难以继续延续。接下来的问题是，马英九当局"务实"参加国际组织的策略在未来是否能够延续呢？是否下一任的台湾当局是否只要仍然坚持"务实"的策略，就能够继续坐享更多的红利，获得更多国际组织的参与？笔者对此持悲观态度，认为"务实"策略恐将面临无法延续的困境，牵涉到以下三个主要方面。

首先，岛内政局是一个重大变量。到目前为止，民进党对外政策仍然迷雾重重。民进党在《2014年对中政策检讨纪要》明确表示反对"一中框架""外交休兵"，主张"两岸关系发展不应妨碍台湾的国际地位"，提出"台湾对外关系应以价值外交为主轴"，实现"台湾的永续存在"。与李登辉、陈水扁的"外交政策"比较，民进党上述政策主张只是语言有所缓和，而实际的"台独"立场则坚持不变。蔡英文批评马英九当局"国际事务两岸化"，"矮化'国格'"，[①]似乎是要打算打破马英九的"务实"路线。可以说，如果2016年民进党重新上台执政，其台湾参与国际组织问题的实际政策走向如何，现在都很不确定。这种不确定性，导致两岸在国际上有可能重新发生"台独"与反"台独"、分裂与反分裂相对抗的前景，对抗的激烈程度则仍然要取决于民进党的态度和行为。

其次，大陆方面政策空间弹性的现实困境。执政以来，马英九当局为了确保其执政成绩，总是试图在国际组织上接二连三实现"突破"，大陆不得不面临内部台湾当局挟岛内民意"要价"与外部国际社会要求大陆给予台湾更大国际空间的双重压力。但是，对大陆来说，在国家尚未真正统一之前，让步和释放善意都需要以"一个中国"为政策底线，台湾参与国际组织只能在合理范围内有条件、有限度地进行处理，当前难以给予彻底解决当前台湾扩大国际活动和国际参与的核心难点，本质上可归结为一个中国的主权原则与两岸的政治定位问题。即使是在两岸关系和平发展时期，台湾国际参与问题也是大陆对台"让利""弹性"系列政策中政策空间最小的部分。换言之，马英九当局的"务实"策略不能不能寄希望大陆无限制地让步获得延续。对大陆来说，现阶段的任何方案都属于一种过渡性质的权宜性安

---

① 陈慧萍："亚投行争议，蔡英文：政府把国际事务两岸化"，台湾《自由时报》，2015年4月1日。

排，并非长久之计；台湾国际参与问题的真正解决和圆满解决只能是在两岸完全统一之后，而不可能在此之前。

我们观察到，由于纷乱的岛内政局和所谓"民意"带给大陆对台政策的困扰，也由于台湾当局始终不愿意开展两岸政治性对话而放缓了两岸关系和平发展的进程，大陆在台湾国际空间问题上缺少了持续释放善意的动力和理由。《香港商报》评论说，台湾原本以为大陆会盛情邀请加入亚投行，没想到这回大陆决定话不多说，让台湾自己决定，显示"大陆不会再像以往那样热情纵容，以免让台湾变得傲娇"，[①] 似乎也代表和说明了大陆内部"常态化"处理台湾参与国际组织问题的一种观点和声音。

第三，国际组织等第三方的认知变化。从马英九上任以来在国际组织方面所取得的成果来看，不论是参加新的国际组织（如世界卫生大会），还是提升已有会议层级（如 APEC 会议台湾代表提升至前副领导人级别），台湾获得每一次的参与机会都是两岸、国际组织及其他外在因素相互博弈、相互妥协的结果。既不存在"一方要价、一方买单"，也没有"一损俱损"、无任何转圜空间的情况，所谓台湾参加各种"模式"皆经历了数个回合的较量、协商与协调，最终为大陆、台湾当局和国际组织所共同接受和认可的。

两岸加入国际组织顺序变化反映了"陆强台弱"的发展趋势。最初，台湾当局占据国际组织中的席位，中国大陆政府申请加入；后来到两岸同时申请加入某一国际组织；现在则是台湾申请加入大陆已为成员的国际组织。由于大陆实力的不断增强，大陆主导台湾参加国际组织的能力在不断上升。许多国际组织更愿意尊重大陆的意见来解决台湾参与的问题，更甚至，当类似亚投行等由大陆主导的国际组织的出现，会在两岸与第三方之间建立一个更加失衡的格局，这将是台湾在未来参加国际组织时不得不面对和考量的一个重要因素。

概言之，自台湾问题产生以来，台湾参与国际组织及其活动的问题，一直是两岸之间较量的焦点，它在实际中成为影响两岸政治互信与和平发展程度的核心议题，如何妥善地处理台湾的国际参与也成为中国大陆涉台外交的难点所在。2008 年 5 月两岸关系走上和平发展轨道后，虽与台湾当局以

---

① 吴亚明、王鸣蔚："'中华台北'显台傲娇心态：入亚投行障碍在台自身"，环球网，2015年4月15日，http：//world. huanqiu. com/exclusive/2015 – 04/6189199. html

"务实"策略参加国际组织实现良性互动，但显然已经走向了发展的困难期，不论是两岸关系进入"深水区"或是两岸关系不稳定，都会导致二者相互影响、相互制约、相互牵扯。未来，台湾当局"务实"参与国际组织的策略是否能为两岸关系和平发展注入持续动力，两岸关系和平发展是否能为台湾扩大参与国际组织继续提供依据，都充满了不确定性。

从国际因素看台湾反服贸风波

季伊昕*

2014 年 3 月爆发的台湾反服贸风波，尽管参与者标榜为"自发的""学生自主的行动"，实际上却受到国际因素有形与无形的影响。反服贸风波体现出近年来世界范围内的反全球化特点，不仅在诉求上，而且在形式上都是各地此类运动的翻版。国际媒体，尤其是新媒体为反服贸参与者提供与国际各方互动平台。美国、日本等国的政府、智库、专家等都关注台湾的反服贸风波，而台湾的学生、专业人士、政治人物等，也都有意识地与之保持联系，产生互动效应，对风波进程有一定影响。从国际因素角度审视这场风波，为观察此次服贸事件及当前台湾政治与社会生态提供一个新切入点，使画面更完整。

一、反全球化运动对台湾反服贸风波的影响

反服贸风波的爆发涉及台湾固有的制度体制、政治文化、经济背景、社会结构与媒体舆论等多方面的深层根源，[①] 但其导火线与争议焦点是《海峡两岸服务贸易协议》。服贸协议的签署与实施不仅是两岸经贸交流合作更加密切的体现，联手融入全球区域经济合作潮流的制度性安排，也是一次检验两岸相关制度是否完善、市场开放程度、行业成熟力度、人民心理接受尺度的挑战。而台湾部分民众，用一场疾风骤雨般的民粹运动，推翻了由政治精英筹划"搭大陆顺风车"振兴岛内经济，并努力融入全球经济的安排。这

---

* 季伊昕，上海国际问题研究院台港澳研究所研究实习员。

① 严安林："台湾'太阳花'运动：性质、根源及其影响探析"，《台湾研究》2014 年第 2 期。

场反服贸风波具备近年来在全球范围出现的反全球化运动的特质，可以说成为其中一个环节。由于民进党近年来大力传播"阶级斗争"的说辞，致使大部分民众与青年将贫富差距扩大归之于"权贵""财团"，甚至"两岸资本财团联手"，反全球化、反开放情绪严重，民粹意识不断抬头，辅之以媒体负面催化，社会运动呈频繁化态势，梳理反全球化运动的新特点与台湾所受到的无形影响极有必要。

首先，全球金融危机造成反全球化运动在世界各地爆发，台湾学生反应尤为激烈。2008 年美国金融危机爆发后，很快演变为全球金融危机，使全球化带来的贫富差距扩大、分配不均的状况雪上加霜，许多国家经济恶化，民众难以承受，导致反全球化运动的频率和规模不断升级。[①] 冰岛、爱尔兰、希腊等国受金融危机直接冲击，经济重创，失业率升高，在 2009 年相继爆发以青年人为主体的抗议示威活动。2010 年失业的突尼斯年轻人布瓦吉吉自焚事件，引发大规模民众抗议事件，推翻了本·阿里政权，在西方国家的煽动下，意外延烧至埃及、利比亚、也门、叙利亚等国，在阿拉伯世界兴起了系列以"民主"和"经济"为主题的反政府运动。2011 年的占领华尔街更是将"占领"模式推向全球反对运动。上述抗议示威运动，轻则中断议会，影响社会秩序，重则造成流血冲突与政权更迭，形成一股浪潮，可以说，反全球化与全球化相伴而生，成为全球化的必然产物，其影响与规模已构成另一种全球化。[②]

反服贸风波折射出全球化时代青年对前途焦虑的深层问题。从突尼斯，到土耳其，再到华尔街抗议人群中，青年皆因受全球衰退影响严重而成为街头运动的主力。进入全球化深入发展的阶段后，由于西方国家对劳力需求减少，而发展中国家人口巨幅增长，在劳工市场功能不彰效应下，缺乏提供工作机会补充至劳动市场的能量。青年失业已经成为全球普遍的发展趋势。[③] 台湾学生与青年的反应尤为激烈。反服贸占领风波由大学生组织与主导，在"318 青年占领立法院，反对黑箱服贸行动宣言"中开篇即提出"我们不愿看到台湾青年十年后，还过着 22K（月薪新台币二万二千元，源自台湾教育

---

① 刘颖：《新社会运动理论视角下的反全球化运动》，复旦大学出版社，2013 年 3 月版，第 78 页。

② 庞中英："透视反全球化现象"，《人民日报》，2001 年 8 月 17 日。

③ 马财专："失业的世代青年就业力"，国政基金会网站，2013 年 7 月 4 日，http://www.npf. org. tw/post/1/12430。

主管部门推动的大专毕业至企业职场实习方案，后引申为形容台湾青年劳动力底薪化借代词。）的生活！我们相信，台湾是个可以让青年实现创业梦想，开咖啡厅、开个人公司，可以靠自己打拼就能变'头家'的创业天堂。"① 反映出青年对社会现状的不满与对前途的焦虑。学运干部、台大学生江昺仑表示，"世代正义"问题很严重，未来年金、保险、照顾老人等财政压力，都会落到这一代年轻人身上，而年轻人不只买不起房子，就算房地产下跌，经济发生问题，最先被解雇的还是没有社会经验的这群人。台湾中研院林宗弘认为，新自由主义给台湾社会带来世代不正义，他将此命名为由财团化、贫穷化与少子女化危机带来的"崩世代"。② 尽管"22K"是个被过度炒作的伪命题，台湾就业与工作环境较发生"阿拉伯之春"的国家，甚至美国而言都有优势，但台湾确实存在学历贬值、满街都是大学毕业生，能力却并未提升等现实问题，反服贸的学生以自己的行动呼应了全球反抗运动的声浪。

其次，反全球化运动带来民粹主义负面作用，台湾学运以民粹绑架民主。反全球化运动的内在缺陷通过激进的理念与行为显现出来：第一，大声质疑，无力自答。反全球化运动虽然揭露和批判了当代世界诸多非理性、不公平的现状，但认识大多停留在表面，未厘清全球化弊端的根源问题，反而使反对开放的保守主义思想大行其道。正如诺贝尔经济学奖得主史迪格里兹（Joseph E. Stiglitz）所透彻分析：比起过去，关税已经降到很低的今日，各国的自由贸易协议往往不是要建立真正的自由贸易体系，多半是为了政治考量，并强调环保、文化等利益在典型贸易协议中常常被牺牲。③ 但正如齐泽克对占领华尔街运动本身的质问"然后呢?"④ 反对者往往提出理想主义的要求，但却提不出建设性解决问题的方案，让人不禁质疑，这些运动的"遗产"究竟是什么？《外交政策》杂志曾用数据统计对埃及、利比亚、也门、叙利亚四个经历"阿拉伯之春"的国家"算算账"，国内生产总值蒸发

① "318 青年占领立法院，反对黑箱服贸行动宣言"，台湾："中央通讯社"，2014 年 3 月 18日，http：//www.cna.com.tw/news/firstnews/201403185013－1.aspx

② "崩世代大进击——透视学运背后的青贫现象"曾嬿卿、王柔雅，台湾《财讯》，第 447期，http：//www.wealth.com.tw/index2.aspx? f=201&id=4098&p=1

③ "诺贝尔奖得住史迪格里兹：错误的贸易，伤害公众利益"，《天下杂志》，2014 年 4 月 2日，http：//www.cw.com.tw/article/article.action? id=5057060&page=4

④ "齐泽克：占领华尔街——然后呢?" 齐泽克，朱伟新译，观察者网，2014 年 5 月 2 日，http：//www.guancha.cn/QiZeKe/2012_05_02_71884.shtml

约 200 亿美元，公共财政也损失超过 350 亿美元。动荡造成的死亡人数、难民人数与经济成本更是触目惊心。① 第二，民粹主导，社会分化。美国前国家安全事务助理布热津斯基在目睹占领华尔街与茶党兴起后曾说道："我们正在迎来一个新的时代，这不是民主的时代，而是民粹的时代。"人民抛开现有政治秩序，直接发声，否定现有民主和政治规则，质疑正在运行的社会体制。民粹运动的发起都有客观存在原因，却不能保证带来合理的政治结果，其必然结果是，在进程中挑起群众的非理性情绪，激化群体之间的矛盾，分化社会的团结和稳定。

民粹盛行正是反服贸与其他反全球化运动的共有特质。此次风波中，台湾社会由草根民众至知识阶层，从社会名人到政治高层反智主义的民粹言论频出。统计显示，台湾民众对服贸协议本身有 80.9% 表示一知半解或不了解，83.9% 认为政府沟通不足，56.3% 不支持签订服贸协定，仅有 22.3% 支持。② 占领风波发生后，政治色彩极右的知名乐团闪灵乐团主场 Freedy 用"相信直觉吧，不懂服贸又怎样！"的口号，在"脸谱"上进行反服贸动员；③ 甚至连部分知名政治人物都公开发表"连有五个博士学位的我都看不懂"反智言论。④ 再加上反对政党针对服贸协议的阻挠攻防，与媒体炒作联合，以"国家安全"与"公平竞争"为口号，在社会上宣扬大陆居民只要4.8 万元即能移民台湾的言论，煽动"恐中"民意。近年台湾公民社会运动兴盛，几场抗议后，"只要我敢主张，又有什么不可以"的情绪蔓延开，一部分所谓"民意代表"高喊民主与公民意识，却忽视其他人的利益与主张，裹挟绑架民意，激进地促使"人民"与官府、政权兀自对立，造成民粹盛行，社会分化逐渐 bihaku 严重。⑤ 或是从另一角度宣扬所谓的"台湾小清新"，认为台湾本土的人文价值与很多遐想的空间，可能会因为卷入全世界的浪潮，还有中国的大结构内，失去就业或创造的空间。形成一种"让资

---

① 朱永磊："给'阿拉伯之春'算算账"，观察者网，2014 年 7 月 4 日，http：//www. guancha. cn/comment/2012 _07 _04 _82564. shtml

② "台媒民调：服贸争议民众基本一知半解"，香港：南华早报网站，2014 年 3 月 26 日，http：//www. nanzao. com/sc/hk/23922/tai－mei－min－diao－fu－mao－zheng－yi－min－zhong－ji－ben－yi－zhi－ban－jie

③ 向前、伍逸豪："不反服贸的反服贸运动"，《海峡评论》，2014 年第 281 期。

④ "宋：我有五个博士　也看不懂服贸"，台湾《自由时报》，2014 年 5 月 13 日，http：//news. ltn. com. tw/news/politics/paper/778509

⑤ "旺报：两岸政治难题 民主或民粹"，中评网，2014 年 4 月 29 日，http：//www. crntt. com/doc/1031/5/7/0/103157040. html. coluid = 5&kindid = 22&docid = 103157040&mdate = 0429105457

金流出去叫做掏空台湾，让资金溜进来叫做买下台湾；让人才走出去叫做人才外流，让人才走进来叫做木马屠城"的自缚手脚的政策困境。[①] 但实际上，这类"小清新""小确幸"如无高效有力政府支撑，根本无出路可言。台式民粹兼具街头抗争与浪漫小清新等多种形态，却不可能给台湾带来光明的前景。

最后，暴力冲突与非法占领对法治造成损害。此轮反全球化中出现了标榜非暴力的"占领"形式。然而，对城市公共空间进行"非暴力的暴力"占领本质上触犯法律。热那亚八国首脑会议期间暴力冲突造成反全球化第一件流血个案，之后兴起占领运动主导与参与者一直强调自己"和平非暴力"的抗议方式，然而，占领重要商业场所、行政与立法场所，瘫痪社会正常秩序，给相关从业人员带来巨大不便，间接造成巨大经济损失与持久负面效应，都被占领者刻意掩盖。泰国"黄衫军"式的反政府占领运动模式如在全球被复制，将给社会带来持久的动荡，阻碍国家正常发展。占领实质上是非暴力的暴力手段。更何况在西亚、北非等声势浩大的抗议风暴中，暴力冲突、打砸抢等屡见不鲜，使广大民众深受其害。可见，只要走到法治之外，人民很容易变为暴民。

台湾的反服贸风波也绝非青年学生所标榜的"和平"与"非暴力"。在反服贸风波过程中，学生强行冲入"立法院"与"行政院"，占领并瘫痪两院长达一个月，并损坏公物的行径通过电视与网络媒体展现在世人面前。"立法院"内电话、投票计数器、议席电脑、桌椅、窗户等设施遭到破坏，"立法院"内收藏的部分极具历史意义的画作被学生拆下作为路障，或嬉闹摆拍道具，部分学生借机冲入"立法委员"办公室并翻阅个人物件。在警员克制执法前提下，抗议仍造成多名警员受伤，也有几名学生被推倒在地遭到踩踏而受伤，共计100余人送医救治，所幸并未酿成血腥后果。然后，这些有违私德与公德、破坏法治且造成恶劣社会观感的行径却被激进学运参与者视为"合理的牺牲"，社会各界也未充分反思与检讨这种"非暴力占领"的暴力内核与潜在危险，导致此类占领模式被"合法化"与"合理化"，在岛内周而复始上演。

---

① 郭正亮："反服贸：大陆硬道理碰上台湾小清新"，香港：南华早报网站，2014 年 4 月 23 日，http：//www.nanzao.com/sc/opinion/25561/fan－fu－mao－da－lu－ying－dao－li－peng－shang－tai－wan－xiao－qing－xin

台湾受到全球化影响，加上岛内社会撕裂、当局执政不力与某些势力煽动炒作等因素联合作用，使反服贸风波呈现出变本加厉的台湾特色。

二、国际媒体因素对反服贸风波的影响

在此次反服贸风波进程中，国际媒体与新媒体大多具有负面引导作用，体现出西方价值观导向对中国大陆的意识形态偏见与"只有坏消息才是消息"的价值取向和商业追求，部分媒体致力于炮制耸人听闻信息，形成声势浩大的社会舆论，却不能代表"沉默的大多数人"的诉求以及理性思考声音。

（一）国际舆论与反服贸进程的相互作用

首先，国际媒体为反服贸风波相关各方提供了扩散影响的平台。国际媒体对此次事件投入了一定力量进行有限度的报道。以 CNN、BBC、彭博社、纽约时报等皆对反服贸风波进行新闻报道或发表专栏评论（见下图）。

《国际媒体反服贸抗争行动报道统计表》

此次收报日期	3月28日—4月2日	收报篇次	28 篇
全案收报日期	3月17日—4月2日	累计收报篇次	240 篇
收报国家数目	51 个	收报媒体数目	264 家
篇次最多前三地区	亚太（365篇） 欧洲（134篇） 美加（95篇）	篇次最多前三地区	日本（100篇） 美国（90篇） 香港（40篇）
报道方式	一般报道（含外电）	评论（含社论）	专文
	559 篇	66 篇	15 篇

资料来源：《针对反服贸抗争行动之文宣工作及国际舆情分析报告》台湾"外交部"国际传播司，2014 年 4 月 2 日。www. roc – taiwan. org/public/Attachment/44721551271. doc

其中以 CNN 的表现最为突出，高度关注台湾学生攻占"立法院"事件，甚至开设 iReport 专区，供现场的公民记者上传最新最及时资讯与视频资料。西方媒体报道的角度与定调等，反映出各自不同的价值取向。如 BBC 中文网以谨慎克制的语调，相对只述不评地报道占领运动进程；美国极受欢迎的社群网站 BuzzFeed 大幅追踪报道，从"脸书"与台湾各新闻网站中截取照片或视频片段，详述服贸协议掀起的争议，尤其是国民党的处理

方式。《纽约时报》以学生视角为主，表达出台湾青年世代担忧服贸协议会葬送台湾未来，不应过度依赖大陆贸易。3月30日更是刊出漫画"木马屠城"，暗示大陆不怀好意，讽刺两岸签订的服贸协议就如同特洛伊木马，马鞍上写着"贸易协定"，脖上挂着"来自中国的爱"吊牌，画面下部有"示威者说他们害怕这项协议会让北京对这个国家（台湾）的经济影响力太大"（The demonstrators said they feared the deal would give Beijing too much influence over the country's economy）。《华尔街日报》表达出对两岸进一步融合将使台湾失去优势，陷入空洞化危机，并对大陆依赖加深，损害台湾民主体制的担忧。彭博社专栏作家威廉·皮赛克（William Pesek）刊登一篇题为《台湾巴结能得到什么？并不多》，批评马英九的"亲中政策"并无法为台湾经济创造实质性益处。评估服贸协议只会为台湾带来0.4%的经济增长。路透社则引述台湾中国文化大学政治系兼任教授吕亚力"不认为这场事件会威胁服贸协议的通过，虽然会因此造成一点耽搁。服贸协议对台湾太重要了，无论如何都会通过"。① 《经济学人》杂志甚至在21日派专人跨海来到"立法院"，进入议场了解学生诉求，其专栏作家Simon Long认为，对照国际标准，这是很特殊的抗争运动，找不到可比拟的事件。换个角度来看，或许是成熟的民主系统，才能容许占领国会的发生。②

其次，反服贸风波相关各方皆积极主动运用国际媒体平台发表主张。从占领运动参与学生、学生指挥、社会专业人士到政治人物等，都利用各自语言与平台优势，借助国际媒体发声，以期达到自身政治诉求。21日晚，学生剪辑完成一部全程以英文陈述的《I'm Taiwanese（我是台湾人）》反黑箱服贸短片，在Youtube发表，向国际发声。③ 为获得外媒关注，并使外媒报道不流于片面，台湾学生自动发起翻译运动，将相关新闻翻译成各国语言投书外媒，并监督报道状况。如"海外留学生声援台湾反服贸运动"脸书社团号召台湾海外留学生协助翻译，且在3月30日举办全球时差接力大游行，声援台湾反服贸运动。举办地点包括美国、英国、德国、日本，该社团不断

① "纽时漫画评服贸：木马屠城"，台湾《自由时报》，2014年4月2日，http://news. ltn. com. tw/news/focus/paper/767291

② 刘汶霖："国会遭学生久占，经济学人：非比寻常"，台湾：风传媒，2014年3月21日，http://www. storm. mg/article/28939

③ "台湾挺服贸民众包围'立法院'岛内对抗再加剧"，环球网，2014年4月2日，http://taiwan. huanqiu. com/exclusive/2014－04/4946671. html

吸引海外留学生加入，将连署书递交给当地台湾办事处，表达诉求。类似的行动还有"Taiwan Voice""CSSTA translate groupe（服务贸易翻译协作组织）"，该活动陆续有英、法、德、西、日、意、葡、瑞典等语言志愿者协助。① 反服贸学生指挥林飞帆与中研院副研究员吴叡人、陆委会副主委林祖嘉、台湾中华经济研究院 WTO 中心副执行长李淳等人，4 月 1 日接受阿拉伯半岛电视台网络直播节目访问，针对服贸议题进行讨论，全程以英语播出。② 台湾律师吕秋远为"解释为何台湾人民认为政府将台湾出卖给中国"撰稿《China, We Fear You（中国，我怕你们）》并投予《外交政策》杂志，在网络上有很高点击率。③ 台湾地区领导人马英九与反对党领导人蔡英文也分别接受外媒采访，以向国际社会明确自己的立场。马英九 3 月 21 日接受《经济学人》专访时重申：服贸协议不通过或重启协商，一定会造成非常严重的后果，伤害台湾利益，并可能使台湾被认为是一个不被信赖的贸易伙伴，对台湾的国际参与将非常不利。④ 而几乎同一时间，法国世界报（Le Mionde）针对占领运动与台湾人民对服贸疑虑问题，专访小英教育基金会董事长蔡英文。蔡强调："本次学运可能是台湾民主过程中的转折点，但对于两岸关系的发展未必是负面的。"相反，她认为，经此时机重整两岸关系，将建立在更牢靠的基础上。⑤

反服贸团体不仅积极向外媒发声，还在美国白宫网站发起反对两岸服贸协议连署，希望能得到美国的回应与干涉。"We the People（我们人民）"原本是奥巴马的选战工具，并不具有法律效应，只是针对美国国内议题的一个政府平台，从来不曾有过干涉美国国外事务的先例，也常被世界各地网友调侃，如中国网友曾连署要求美国"仲裁"豆花是甜是咸，却被台湾部分

① 谢懿安："留学生挺反服贸，翻译新闻投书外媒"，台湾：风传媒，2014 年 3 月 21 日，http：//www. stormmediagroup. com/opencms/news/detail/ea91ffd0 – b0b6 – 11e3 – a10b – ef2804cba5a1/？uuid = ea91ffd0 – b0b6 – 11e3 – a10b – ef2804cba5a1

② "台湾挺服贸民众包围"立法院"岛内对抗再加剧"，环球网，2014 年 4 月 2 日，http：//taiwan. huanqiu. com/exclusive/2014 – 04/4946671. html

③ China, We Fear You, by Richard Chiou – Yuan Lu, Foreign Policy2014 年 3 月 21 日，http：//www. foreignpolicy. com/articles/2014/03/21/china _ we _ fear _ you _ taiwan _ trade _ pact _ essay

④ "马：反服贸风暴，源自台湾对两岸关系无共识"，台湾：风传媒，2014 年 3 月 26 日，http：//www. stormmediagroup. com/opencms/news/detail/ba15ab82 – b4d6 – 11e3 – 82ad – ef2804cba5a1/？uuid = ba15ab82 – b4d6 – 11e3 – 82ad – ef2804cba5a1

⑤ "法国世界报专访蔡英文：太阳花学运对两岸关系未必负面"，台湾：想想论坛，2014 年 4 月 8 日，http：//www. thinkingtaiwan. com/content/1932

民众认为如能突破 10 万人连署门槛，"请愿上访"，以便最终获得白宫回应议题的重要途径，可见他们挟洋自重。

（二）新媒体对反服贸风波进程影响深远

此次反服贸风波中，新媒体与青年力量的结合成为各方关注焦点。尤其是学生在新媒体环境下，运用社群网络情报及电脑、平板电脑与智能手机等设备，通过无线网络规划行动区域，分配人力物资的运作模式，是全球范围内反全球化运动模式的翻版，给人带来全新思考。

新媒体使反全球化运动如虎添翼。施拉姆在《传播学概论》中提出：信息状态的重大变革，以及传播在社会变革里的介入，总是和重大的社会变革相生相伴的。而"脸书"与"推特"在很大程度上塑造了"占领华尔街"运动的目标设定、组织动员以及影响范围，使之跨越民族国家的范围，成为一种全球化的社会运动。[①] 中东政界与学界指责"阿拉伯之春"即是一场美国通过社交媒体与手机平台"输出民主"的颠覆政权阴谋。同时，社交媒体也存在高速散播煽动性言辞，混淆参与者视听，使暴力行为短时间内升级的负面作用。2011 年伦敦骚乱中别有用心者的煽动性报复言论借"脸谱"与"推特"被疯狂转载，引发大量民众聚集于公共场所并引发大规模骚乱。土耳其总理埃尔多安指责政客利用社交网络工具煽动骚乱，称其为"社会最坏的威胁"，强调外部势力染指内政，直言社交媒体散步谎言，是2013 年土耳其抗议活动升级恶化的主要原因。[②]

反服贸运动与新媒体平台紧密结合。在早先反媒体巨兽运动、大埔事件、洪仲丘案等运动中，社群媒体的力量已经受人瞩目，此次反服贸中的运用则更为成熟、普及，移动技术与社群媒体取得相乘效果，展现出惊人力量。在新媒体环境下运用社群网络情报以及电脑、平板电脑与智能手机等信息工具，通过 WIMAX 无线宽带规划行动区域、分配人力与物资的特殊社会斗争模式是此次反服贸风波带给人们的新思考。[③] 大部分传统媒体因有"特殊考量"而设限报道；因媒体特性对突发事件反映措手不及；为对外准确传递学运信息，扭转以往只有公营媒体拥有解释权的现象，运动领导者搭建

---

① "新媒体在美国'占领华尔街'运动中的作用"，《中国社会科学报》，2012 年 5 月 16 日。

② "社交媒体引发新抗议 小抱怨引发大革命?"，观察者网，2013 年 6 月 21 日，http://www.guancha.cn/Third - World/2013 _ 06 _ 21 _ 152817. shtml

③ 小窗、马军："台湾学运中的网络战"，《凤凰周刊》，2014 年 8 月 25 日。

了专属的现场实况转播平台。此举不仅削弱了公营媒体的解释权，且更能对潜在支持群体直接产生影响，进而催化行动。投身占领的学生不仅拥有"主场优势"，且个人都配备智能手机或平板，借助互联网，毫无障碍地将消息传递出去。"立法院"内架设支架，用一台平板电脑即开展现场直播，宣传学生领袖讲话以及采访的画面给人以全新的感受。参与学生普遍拥有"突破主流，个人即媒体"的思维。具国际标准化格式的平板电脑、智能手机使运动的宣传攻势顺利展开，走向国际化。"用键盘占领国会"到"用键盘敲响国际"的演进策略，让运动参与者充分动员与拓展其人脉网络，串联岛内亲朋好友、海外人士、国际非政府组织与国际媒体，第一时间将反制当局的即时信息翻译成多种语言，引起国际社会关注。[1]

三、美国与其他国家对反服贸风波的不同影响

各国对反服贸风波的影响是复杂的。从政府层面来看，多为理性务实、符合官方"乐见两岸和平发展"立场的言论。但是议会、意见领袖、社团组织等则常出现非理性、带有偏见的反应。台湾学生反服贸运动虽因美国施加压力而停止，但台湾学生与社会却并未深刻反思。台湾学生根据自己的意愿，作出选择性的接受和否定。

（一）美国因素对反服贸风波的影响

反服贸运动的参与者自诩为台湾民主与公平正义抗争，通过各种途径向世界，尤其是美国各界勾勒与展示自己作为"亚洲民主灯塔"的形象。值得玩味的是，台湾作为美国盟友与其远东重要战略支点，更是其在亚洲推广民主价值观的范例，此次反服贸风波进程中，美国的官方和智囊，不支持、批评运动以及在背后操弄运动的政治人物压倒了赞赏学生反抗，否定服贸协议的声音。各方认为，美方向民进党与王金平等施压，使反服贸运动顺利退场，美国因素甚至被放大，其施压被视为运动结束的唯一原因。这促使人们进行深层思考：美国官方为何反对反服贸风潮？

1. 要求台湾开放符合美国自身国家利益。服贸协议是一项两岸间自由贸易协定，是 WTO 框架下符合当前世界自由贸易潮流的制度性安排。当

---

① 小窗、马军："台湾学运中的网络战"，《凤凰周刊》，2014 年 8 月 25 日。

前，美国正积极在亚太地区推广 TPP 战略，广泛与各国签署 FTA，推进其重返亚洲并主导地区经济的进程。台湾市场亦是其目标之一。"反美牛"事件使美国认识到，台湾市场并不如其想象中开放，美国一直慎重观察两岸经贸往来的进展，评估台湾市场与产业结构的成熟度与民意环境。反对服贸协议暴露出台湾在经贸往来中，一定程度上存在"只想拿，不想给"的心态，且民间与业界对本土产业捍卫之势日趋强烈，形成贸易保护主义态势。曾任美国务院副发言人的容安澜（Alan D. Romberg）指出，这项协议应仔细研究，如有缺失，可循各种不同途径处理，也应妥善处理，如不加处理，或把协议分解得支离破碎，将对台湾未来的各种谈判产生恶劣后果，这很可能伤害台湾经济。① 美国商会也不断施压，希望台湾市场能开放美牛、美猪进口"猪肉进口问题仍是台美贸易的最大困扰，希望台湾做全盘考量，不希望小部分议题阻碍台美整体贸易发展。"② 当下，中美经济相互依存已深，抽去了美对华遏制战略的釜底之薪，转向对华对冲政策的新阶段，在面临安全威胁时对战略选择持开放态度，控制特定事件发生时的风险。③ 两岸签订经贸协议无论从性质、进程与影响都未与美国家利益发生冲突，而反服贸风波却会伤及美在台湾与亚太地区短期与长远利益。以此角度回视美方在风波期间的言论，便能更深入理解。

2. 台湾民粹背离"美式民主"期待。学生占领"立法院"与"行政院"，严重破坏象征公权力的公共设施，强制干扰正常立法与行政秩序的行为，对不久前经历声势浩大的占领华尔街运动，2013 年刚经历健保法案争议与茶党杯葛，导致政府停摆的美国政府而言，对所谓的"和平占领"与"议题绑架"模式可谓仍心有余悸。美国在台协会（AIT）理事卜道维（David Brown）在美国政论刊物《尼尔森报道》上表示：不论学生霸占"立法院"或"立委"霸占发言台，都属非法。并指出，美国的国会运作不容许任何"妨碍议事"的举动。并批评民进党挺反服贸学运是为了在今年底"七合一"选举获利使然，公开质疑反服贸抗争的正当性。刊物主笔克里

---

① "美媒：学生以民主为名霸占公署本质上就是专制"，新华网，2014 年 4 月 3 日，http://news. xinhuanet. com/tw/2014 - 04/03/c _ 126349175. htm

② 仇佩芬："勿因小失大：美国商会促开放美猪"，台湾：风传媒，2014 年 6 月 5 日，http://www. stormmediagroup. com/opencms/news/detail/9bac6df6 - ec7e - 11e3 - aa1f - ef2804cba5a1/? uuid =9bac6df6 - ec7e - 11e3 - aa1f - ef2804cba5a1

③ 俞新天："美国对冲政策的新特点与中国的应对"，《国际问题研究》，2012 年第 5 期。

斯·尼尔森（Chris Nelson）指出，民进党鼓动学生的霸占行动，就算霸占行动最初不是民进党组织的，大家如今还是理所当然要问，民进党支持学生霸占的背后思维究竟是什么。①

台湾民主与民粹共生，民粹借民主之名大行其道，民粹绑架了民意，发挥比民主更大的影响力。而台湾的政党政治关系是你死我活的革命关系，即"选举是民主的，政党政治是反民主的"。另外，极端意识形态挂帅，反经济、反民生、反和平竟可以成为政党政策主张。这些民主毒素，在台湾的政治社会土壤中仿佛理所当然般根植。②

美国或许乐见台湾的民主化，并在一段时间内引导了台湾民主化进程，但并不乐见台湾民主受制于如反服贸风波这类自下而上，难以掌控的民粹运动，尤其是运动或将引导社会期待与走向统"独"公投，是美国最担心引起的变数。故通过各种官方与非官方渠道对运动提出批评与警告符合逻辑。

3. 支持马当局与两岸和平与美国当前两岸关系立场一致。2014 年 4 月 4 日，美国国务院亚太助卿罗素（Daniel Russel）在美国参议院外交委员会举行的听证会上，首度公开表态支持马当局签订两岸服贸协议，推崇为"两岸关系的杰出进展"，并呼吁反服贸学生应避免暴力抗争。这是美国官方最直接表态力挺马英九。③ 冷战结束后，中国大陆的综合实力显著增长，美国谨守对两岸政策的三个公报与一个法案的基本立场，鼓励两岸通过对话、加强往来以降低台海局势的紧张程度，坚决反对两岸任何一方以片面方式改变现状。而现状的解释权在于美方。④ 至今仍是美国对两岸问题的政策主轴，且其政策有一贯连续性。

4. 美各界挺反服贸声音属"非主流"杂音。尽管美政商学各界批评反服贸风波的声音占主流，但并不能忽视一些向来不乐见两岸关系改善者发出的尖锐杂音。如在反服贸风波爆发前夕赴台参加"《与台湾关系法》35 周年研讨会"的美国学者谭慎格（John Tkacik Jr.）在会上表示"ECFA 及后续的服贸协议，对台湾经济及区域整合不会有任何帮助。若思考中国长期以

---

① "美媒：学生以民主为名霸占公署本质上就是专制"，新华网，2014 年 4 月 3 日，http：//news. xinhuanet. com/tw/2014 - 04/03/c _126349175. htm

② "旺报：两岸政治难题，民主或民粹"，台湾：中时电子报，2014 年 4 月 29 日，http：//www. chinatimes. com/cn/newspapers/20140429001112 - 260310

③ 汪百达："美施压绿营叫停学运"，香港《亚洲周刊》，2014 年第 28 卷 15 期。

④ 蔡逸儒："民进党必须澄清自己的立场"，新加坡《联合早报》，2014 年 4 月 29 日，http：//www. zaobao. com/forum/expert/cai - yi - ru/story20140429 - 337666

来对台湾的政治意图，可以发现服贸协议将会是一个促使台湾并入中国的完美政治协议"，间接挑唆台湾"反服贸"与"反中"："台湾必须回答一个严肃的问题，未来20年，台湾到底要成为中国的一部分，事事虑从中国的想法，还是台湾要强化独立政治的现状，这一点台湾要谨慎思考。"以众议员艾伦·格雷森（Alan Grayson）为代表的美国政界亦从国家利益出发，但从另一面思考反对两岸服贸，在其写给美国务卿约翰·克里（John Kerry）信中格雷森认为服贸可能是"中国和台湾两个政治实体间"更进一步的政治和经济整合，并作出"这可能对台湾和美国都不利"的判断。①

（二）日本对反服贸风波的影响

除美国外，日本在反服贸风波中的参与及立场也值得关注。总体而言，尽管日本官方并未明确表态，但媒体、政界与民间颇为一边倒地吹捧学生行为，替"学运"叫卖，折射出日本的国家战略立场——利用台湾问题，牵制中国发展。如《读卖新闻》3月31日的国际版用《被中国吞并，台湾学生抗议对中协议》作标题，两岸经济性事务被其蓄意贴上"统独"标签，以"被中国吞并"说法刺激部分台湾民众"反中、抗中、恐中"的心理。②知名日本宪法学者、明治天皇玄孙竹田恒泰声援支持台湾学生反服贸，呼吁可在学运之际，进一步实现"台日友好"，强调日本和台湾都必须"对中国保持戒心"，竹田恒泰表示"现在是推进日台友好的机会，从学生运动可以了解到，台湾对于中国同化有很高的戒心。比起和中国合作，台湾和日本合作更好；日本也是，比起中国，台湾更重要。在日中关系恶化的现在，进一步实现日台友好的条件已经具备"。此番言论在日民众间激起许多认同的回应。③反服贸风波中，日台两地民众通过网络互动的过程也颇为重要。在日主流媒体对台反服贸运动以低调报道处理的情况下，台湾学生将占领"立法院"议场内部情况实时放到日本NICONICO动画网站上，受到日民众广泛关注，至3月27日18时止，观看直播人数超过385万人，对视频的评论接近230万条，多数对台湾学生的行动表示支持态度，典型观点认为"从经济面来看，中国资金、企业家大量进入台湾，台湾会变成怎样呢？可能变

---

① 张方远："美国还能继续滋养台湾的太阳花么？"，香港《亚洲周刊》，2014年4月14日。
② 李中邦："日媒挺反服贸泄了台独的底"，《海峡评论》，2014年5月1日，第281期。
③ "日天皇玄孙挺学运　赞反服贸助台日友好"，台湾：自由时报网站，2014年4月6日，http://news.ltn.com.tw/news/politics/breakingnews/982950

成台湾中国化，如果两岸统一了，大事就不妙了，中国势力进入太平洋，接下来冲绳就危险了！"另外，因视频音效不佳，占领运动中"退回服贸"口号被日民众半错听半恶搞为日语近似发音"吠吠熊"或"吼吼熊"，此形象被卡通化，甚至出现身披"中华民国国旗"踢击代表中国大陆的大熊猫等图像，吼吼熊立即成为日本网友支持台湾反服贸行动的"吉祥物"，一些台湾网民则感动表示"日本是台湾之友"。① 尽管此举部分消解了这一事件的严肃性，却可窥出台日民间的紧密联系与频繁互动。

（三）其他国家因素

其他国家尽管未对反服贸进程产生影响，也相当关注台湾有关服贸协议产生的争端，尤其有意或已经与台签订 FTA 开展自由贸易的国家。新加坡总理李显龙表示，主要是两岸目前的经济协议对台湾来说是好事，不签可惜。他还表示，台湾学生占领"立法院"，甚至冲击"行政院"的行为"在民主国家都是不正常的"，"学生若要表达关心，必须透过既有的法律途径来表达意见"。李显龙4月8日接见亚洲新闻网（Asia News Network）的17国英文报业总编辑时表示，在台湾"总统"马英九的努力下，两岸关系在过去几年来有了长足的进步，尤其是经济协议的签订，更是新的里程碑。② 印尼国际贸易局局长瑞拉（Reza Pahlevi）认为，由于印尼和台湾间经贸往来频繁，印尼会持续关注抗议事件的发展，如情况没有获得改善，印尼会审慎评估这是否会对台湾及印尼间经贸往来造成影响。③

在全球化的当下，罕有与世隔绝的真空环境。台湾的任何重大事件，包括学生运动等社会运动的孕生、爆发与扩大，除本土因素外，亦受到国际因素无形与有形的影响。更何况台湾当局深受美国影响，又有与日本特殊的被占领被殖民联系，处于今天亚太地区风起云涌的重组与变化漩涡中，台湾经

---

① "日本网友耍萌反服贸"，台湾：苹果日报网站报，2014年3月22日，http：//www. apple-daily. com. tw/realtimenews/article/new/20140322/364677/

② "李显龙：两岸经济协议不签可惜"，香港：南华早报网，2014年4月9日，http：//www. nanzao. com/sc/china/24628/li－xian－long－liang－jing－ji－xie－yi－bu－qian－ke－xi

③ "印尼官员：反服贸影响台印经贸"，台湾："中央通讯社"，2014年3月21日，http：//www. cna. com. tw/news/aopl/201403210245－1. aspx

济与社会早已开放，融入全球发展之中，国际因素对于台湾问题与两岸关系的作用远远超出人们想象。服贸协议能否通过，当前仍处于胶着状态，台湾社会又在酝酿"反核四""反自经区""反美猪""反对加入亚投行"等系列抗议运动。国际上的某些力量出于私利，不乐见两岸和平发展，通过各种方式有形无形地去煽动和利用台湾的青年和其他社会力量。岛内的民粹主义与青年和社会力量相结合，有选择地接受国际因素的影响，只听从自己愿意听从的观点，只相信自己愿意相信的理念。这样的负面互动将会成为两岸关系中的巨大不确定因素。因此在今后对台湾问题与两岸关系的国际因素研究中，对于消极影响和负面互动应成为关注的重要内容。

台湾地区谋求加入 TPP 的基本意图及其面临问题

严安林[*]

随着美国所推动的《跨太平洋经济伙伴协定》（简称 TPP）中参与首轮谈判的 12 个国家日益紧锣密鼓地谈判并可能于 2015 年底达成协议，台湾地区参与 TPP 的步伐与动向也日益加快。台湾当局谋求加入 TPP 的基本意图，既有应对区域经济一体化的经济考量，也有扩大国际经济和政治参与的政治目的。但是，台湾地区参与 TPP 面临着难以克服的国际政治难题与台湾内部的政治、经济与社会问题，尤其是在一旦加入 TPP 后，对台湾政治与社会必将形成不小的冲击。

一、台湾谋求加入 TPP 的基本意图

1. 马英九当局提出台湾参与 TPP。2011 年 9 月 29 日，马英九在"黄金十年"首场政策说明中提出未来台湾要以 TPP 为目标，称目前台湾不具备进入条件，但"未来 10 年，若台湾一直进不去，台湾将没有生存空间"。[①]同年 11 月 14 日，马英九为响应美国总统奥巴马在夏威夷亚太经合会倡议推动 TPP 呼吁时表示，希望台湾 10 年内能够创造条件参加 TPP。2012 年 6 月 22 日，马英九会见美国前国安顾问琼斯时强调希望未来八年内能加入 TPP，尤其恢复台美"投资暨贸易架构协议"（TIFA）的协商是走向这一步的重要基础，所以会全力以赴，早点解决有关美牛问题。[②] 这是第一次由十年内加

---

[*] 严安林系上海国际问题研究院副院长、两岸关系协创中心教授、上海市台湾研究会会长。

① 杨慈郁："黄金十年，马：让台成亚太门户"，台湾《旺报》，2011 年 9 月 30 日，A8 版。
② 《旺报》，2012 年 6 月 23 日。

入改为八年。7 月 21 日，马英九提出"排除障碍、调整心态、8 年入 T、能快就快"，希望岛内能突破保护主义心态对经贸自由化过程中出现的阵痛做好心理准备。[1] 同年 9 月 13 日，马英九接见美国布鲁金斯学院东北亚政策研究中心卜睿哲时说，台湾与新加坡经济伙伴协议（ASTEP）进行顺利，台湾与新西兰经济合作协议（ECA）进展也还不错，加上与美国恢复 TIFA 协商，希望在可预见未来加入 TPP。台湾参与 TPP，现在还没完全准备好，但如果这几个约都签了，动力会出来，可能不需要八年才能加入。这是马英九第一次提出不需要八年时间就可以加入 TPP。

2. 马英九当局谋求加入 TPP 的基本策略。2012 年 9 月 13 日连战在参加由俄罗斯主办 APEC 峰会期间与美国国务卿希拉里会谈时，台方提出希望可以先从参与 TPP 的"9 + 1"（咨询会议）开始，让台湾能够先了解 TPP 的谈判进展，进而加入 TPP 的谈判，但美方没有答应。美方表示，加拿大与墨西哥完成加入 TPP 后，邀请台湾参与第二波的筹备规划。[2] 显然，马英九当局确立的参与 TPP 的推动原则是"多元接洽，逐一协商"与"对外谈判、对内沟通"两大原则。经贸布局基本上是分两线进行：一是双边经贸协议，推动与新加坡、新西兰及印度、菲律宾、印尼等东南亚国家、南亚国家签署经济协议，而与美国、欧盟的经贸协议则是长期努力目标；二是以 TPP 为目标，除美国以外，也与 TPP 其他会员国接触，"扩大经贸版图，并为加入 TPP 铺路"。[3]

3. 马英九当局谋求台湾加入 TPP 基本意图。应该说，台湾谋求加入 TPP 的目的不是单一的，而是有多重考虑。

其一：实现台湾经贸国际化与活力化。面对 TPP 将成为全球规模最大经济贸易区块的发展态势，台湾若不能顺利加入，就无法实现出口市场多元化，再加上贸易转移效果，将严重冲击台湾经济。因此，参与 TPP 谈判对台湾有着重要的经济意义。全球经济变局包括国际经济危机的深化、欧债危机的持续与扩散等，"严重冲击台湾高度依赖出口的经济发展模式"；[4] 亚太区域经济合作的蓬勃发展，"10 + 1"与"10 + 3"的进展，在在都使台湾经

---

① 社评："北京是我参与区域经济整合的捷径"，台湾《旺报》，2012 年 7 月 26 日，A2 版。

② 施正屏："台湾因应亚太经济整合策略"，台湾《旺报》，2012 年 10 月 5 日，C4 版。

③ 朱婉宁："5 年内与我签 FTA 国，贸易额占我出口 50%"，台湾《联合报》，2011 年 11 月 1 日，A11 版。

④ 社评："经济巨变，民进党财经政策安在"，台湾《旺报》，2012 年 7 月 19 日，A2 版。

济面临"边缘化"危机，尤其是未来通过"10＋3"，韩国不断提升的强大竞争力以及众多新兴市场国家加入出口市场的竞争，都在"严重挤压台湾出口成长空间"。① 因此，谋求加入全球特别是亚太区域经济合作一直是马英九当局对外经贸政策的"重中之重"，所以马英九提出"八年入 T，越快越好"，"明确地将推动与世界重要经济体的经济一体化，当作国家的生存战略"。台湾学者称推动 FTA，对于台湾而言，"已经是攸关生存发展的必要的战略工程"。② 马英九当局认为《两岸经济合作框架协议》（ECFA）只是台湾融入全球经济整合的重要的第一块"拼图"，只有再加上与各国洽签的经济合作协议，才构成了台湾"经贸自由化"的完整面貌。而 TPP 是连结亚洲及美洲、影响所及的是 4 亿 7200 万人及超过 160 亿美元市场，加入 TPP，就是"打通台湾融入区域经济整合的瓶颈，营造产业创新及跨国合作的有利条件"。③

其二：通过加入 TPP 来平衡两岸经济的密切化。中国大陆经济影响力的剧增与两岸经贸关系的日益深化，一方面让台湾经济获得进一步发展动力，另一方面也让大陆因素成为"左右台湾经济发展的最关键力量"。④ 从而马英九当局认为台湾不能满足于两岸之间的 ECFA，台湾对中国大陆经济上的依赖不能过大，而 TPP"更是平衡目前贸易及投资过度向大陆缺斜的有效机制"。⑤ 同时，马英九当局也认为只有通过力争加入 TPP，才能以此来消除台湾部分民众尤其是民进党及其支持者对其两岸政策倾向的"倾中"疑虑，因为从两岸启动经济协议的协商以来，"台湾内部一股浓烈的反经贸自由化的心态，特别是在面对中国大陆，强烈保护主义加上意识形态作祟"，使两岸经贸协商难以正常进行。⑥

其三：通过表态加入 TPP 来向美国"交心"并让美国放心。TPP 与"10＋3"是两条不同的地区经济整合路线，分别代表"以美国为首的'亚太主义'和以中国（大陆）为首的'东亚主义'之间的较劲"。⑦ 对台湾社会无论蓝、绿来说美国的支持都相当重要，关系到台湾的生存问题，台湾的

① 社评："经济巨变，民进党财经政策安在"，台湾《旺报》，2012 年 7 月 19 日，A2 版。
② 李英明："推动 FTA 是生存发展战略工程"，台湾《旺报》，2012 年 6 月 29 日，C7 版。
③ 社评："经济巨变，民进党财经政策安在"，台湾《旺报》，2012 年 7 月 19 日，A2 版。
④ 社评："经济巨变，民进党财经政策安在"，台湾《旺报》，2012 年 7 月 19 日，A2 版。
⑤ 社论："RCEP 可能较 TPP 后发先至"，台湾《联合报》，2012 年 9 月 24 日，A2 版。
⑥ 陈秀兰："打造自由经济环境，请总统说真话"，台湾《旺报》，2012 年 5 月 21 日，A5 版。
⑦ 施正屏："台湾因应亚太经济整合策略"，台湾《旺报》，2012 年 10 月 5 日，C4 版。

安全、军事、政治及社会心理上都离不开美国。虽然美国重启台美 TIFA 谘商夹带了台湾进口美牛的条件，但台美经贸关系"实质是美国防止两岸政经关系过度密切的再平衡战略的一环"。"美国虽官式上宣称欢迎两岸关系的和平稳定发展，但实质上却非常担心台湾由于在经贸上依赖大陆，从而导致在政治上向大陆倾斜。"① 对此，马英九当局需要通过谋求加入 TPP 让美国宽心与放心。

其四：拓展台湾的"国际活动空间"。通过各种方式谋求发展与扩大台湾的"国际活动空间"几乎是台湾朝野的共同目标，也是台湾社会"爱台湾"的最佳选择。特别是在马英九当局看来，TPP 是同时开放国家与 APEC 经济体会员加入的经贸组织，当然是台湾"一个拓展活路外交的难得机会"。② 因为 TPP 是多边经济合作组织，也将是未来亚太地区重要的经济整合机制，俨然成为亚太地区经济整合的轴心。台湾当局评估认为，如果加上日本等，TPP 成员国国内生产毛额（GDP）的总值，接近全球的四成，超过欧盟的 22%，是全球规模最大的经济整合市场。其中相关国家占台湾贸易总额约是 24%，超过与中国大陆的贸易值 22%。而一旦加入 TPP，在经贸杠杆的作用下，台湾与其中 10 多个国家的官方关系无疑能够得到提升。同时，在面对中国大陆与东盟的"10 + 1"与中国大陆与日本、韩国的"10 + 3"的多边经济合作下，台湾的经济国际参与的边缘化问题严重，为了不受制中国大陆，马英九当局认为只有另辟蹊径才是扩大台湾经济国际化的出路。所以，美国学者葛来仪认为：马英九第二任期最大的挑战是"找到让台湾融入区域经济整合的切入点"。美国所主导的 TPP 如果能够成型以及台湾如果能够加入，当然就是台湾国际经贸空间的大发展。

二、台湾加入 TPP 面临的国际政治问题

1. 中国大陆因素。国际政治现实讲究实力原则。中国大陆经济实力的上升，特别是 2010 年超越日本成为全球第二大经济体后，中国大陆的政策行为决定与制约着台湾当局所追求的"国际活动空间"包括国际经贸空间的成长。这是国际政治的现实，无论是承认或是不承认，都无法改变这样的

---

① 李英明："推动 FTA 是生存发展战略工程"，台湾《旺报》，2012 年 6 月 29 日，C7 版。
② 曾复生："营造 ECFA 与 TPP 双赢空间"，台湾《旺报》，2012 年 9 月 6 日，C7 版。

国际政治现实，且这样的态势仍然将持续发展。从 TPP 加入的现行规则看，任何经济体要加入 TPP，必须先与现有 12 个成员方进行双边谈判，只有各成员方都同意的情况下才能参与 TPP 谈判，而这 12 个成员方均在经济上与中国大陆有着密切的合作，除了美国外，绝大多数国家必然都不愿因为台湾问题在政治上与中国大陆发生矛盾或者冲突。所以，尽管其中不少国家对于台湾参与 TPP 表面上持开放的态度，但非常在意中国大陆的立场与态度，因此，中国大陆对于台湾能否加入、何时加入 TPP 的态度也是关键性的。中国大陆对于台湾参与国际经济合作的基本立场是：一是先两岸后国际，即只有海峡两岸之间的《两岸经济合作框架协议》（ECFA）及相关后续协议协商与签署完成后，台湾才有可能开始与相关国家开展经济协议的协商；二是先大陆后台湾，即只有中国大陆与相关国家达成与签署经贸协议后，台湾才能与相关国家展开协商，如台湾与新加坡、新西兰的经济协议；三是台湾参与国际经济合作，不能造成"两个中国""一中一台"与"台湾独立"，这是"红线"。这也是马英九当局一直谋求推动两岸经济整合以达成台湾经济的国际参与的路径的基本考量。但这一现实与可行的路径却是因为台湾社会所爆发的"太阳花"运动爆发与民进党的刻意阻挠，让《两岸经济合作框架协议》及其后续协议的签署与实施被无限期地搁置，从而也让亚太地区相关国家无法实施与台湾的经贸咨商，延滞了台湾与这些国家的经贸协商。

2. 美国对于台湾参与 TPP 充满两面性与矛盾性。一方面，美国力图将台湾纳入 TPP 版图。这是美方高层人士如时任国务卿希拉里等曾经声称台湾是美国的经济与安全伙伴的主要动因。其用意有三：一是进一步发展与强化台美经贸关系，通过 TPP 与台美贸易量的扩大刺激美国经济成长，厚植美国作为世界政治与安全领导者的经济基础，同时发展与深化台美社会交往，拉近台湾民众对美国的亲近感；二是由此避免台湾经济上对中国大陆依赖度的进一步加深，以台湾加入 TPP 来平衡由于两岸关系和平发展所可能导致的两岸经济上的整合与融合；三是进一步扩充 TPP 阵营，强化 TPP 阵营的经济实力。但是另一方面，美国对于台湾加入 TPP 也心存顾虑，主要在：一是两岸关系具有高度的敏感性，台湾问题一直是中国大陆与美国关系中最敏感、最重要的问题，在排斥中国大陆参与 TPP 的情势下，美方如果毫无顾忌地将台湾拉入 TPP 阵营，其中可能付出的政治代价充满着危险性至少存在不确定性，也不易得到其他谈判方的谅解与支持；二是台湾的经济体量相对有限，美国在台湾的经济利益与在中国大陆的经济利益相比差距甚大，且这种差距还在不断地增大，这种利益得失上的权衡不能不是美方需要认真考虑的；三是中国大陆与美国固然在战略、政治、安全上存在一定的竞争，但双方之间在各方面的利益重叠与共同的战略与安全等也是前所未有的，这是美方无法不顾及中国大陆反应的核心要素；四是台湾内部各方在对外开放市场上的认知差异不小，内部矛盾重重，难以达成一致。美方在台湾参与 TPP 问题上的这种矛盾性必然体现在对台湾实质加入的决策上的犹疑难决，从而使台湾的参与过程将充满着变数。

3. 东亚经济合作新模式的出现。相对于 TPP 谈判进展的缓慢甚至被不少人不看好能够达成协议，东亚经济合作也出现新的模式，东盟 10 国和日、中、韩、新（西兰）、澳、印度 16 国，于 2012 年 8 月在柬埔寨暹粒举行的首届东盟与自贸伙伴国经贸部长会议上就启动 RCEP 达成原则共识，并通过了《RCEP 谈判指导原则与目标》。在 2012 年 11 月 10 日，在 21 届东亚高峰会期间，宣布启动更广泛区域内全面合作 RCEP 谈判目标。[①] RCEP 一旦成型，便是拥有 30 亿人口市场和 20 万亿美元的 GDP，以及占全球 GDP 的 27%，是仅次于 TPP 的全球第二大市场。由于 RCEP 有别于过去的"10 + 3"和"10 + 6"，并不限制国家数，且向所有经济体开放，这也提供台湾争取加入的可能性。从谈判内容上看，RCEP 是以东盟为主导的东亚区域经济一体化合作机制，兼顾了高水平的自贸协定目标与落实的渐进性，尤其 RCEP 容许设置关税例外措施，以及较长过渡期，加入条件比起强调高品质、高标准的 TTP 来得宽松，因此，RCEP 显然比 TPP 更容易实现区域经济整合。从经贸投资关系看，东盟原本就是台湾海外生产重要地区，随着中国大陆生产成本升高，不少厂商开始转移到东盟。所以无论"10 + 3"或"10 + 6"的 RCEP，都攸关台湾对外贸易生存空间。特别是，长期以来台湾在中国大陆和东南亚地区的投资和贸易，已形成繁密的产业分工格局中，加上"华人经济圈"效应，台湾如能加入 RCEP 则未来产业分工布局可更加灵活，也更能发挥效益。从上述角度看，创造条件参与东亚经济合作，特别是 RCEP 对台湾更加现实。台湾当局非常清楚，以美国为主导的 TPP 与以中国大陆为中心的东亚经济合作之间，本质上存在着竞争，对此，各经济体大多采取平衡战略，如韩国采取"亲美"与"和中"战略，一方面与美国签署

① "东盟决定 2015 年底建立共同体"，《文汇报》，2012 年 11 月 19 日，第 2 版。

FTA，另一方面与中国大陆洽签 FTA，也参与推动中日韩 FTA；日本一面谋求加入美国主导的 TPP，另一面也积极参与东亚经济合作特别是 RCEP。

三、台湾加入 TPP 面临的岛内政治问题

1. 台湾加入 TPP 面临的政治问题。台湾要加入 TPP，其内部就面临四大问题需要克服：

其一：选举政治问题。台湾内部的选举政治问题是影响台湾经济决策与发展战略的最重大问题。表现在：一是政治人物思考问题的选票因素。由于本土化的急剧发展与普选全面展开，台湾政治人物的思维与眼光全面"内视化"，即因为争取选票的考量从而将满足地方选民与民意需求作为施政第一顺位，"民粹化"倾向突出，尤其是在台湾 20 多年选举民主发展中，"施政决策一直向'讨好民意'倾斜，蓝绿均无意外"。① 而由于 TPP 比一般双边贸易协定标准更高，要求成员分阶段实现商品贸易全面自由化，要求台湾未来农产品全面开放，这样就对台湾农业产生巨大冲击，而广大农民一定产生反弹，这种反弹未来将会直接体现到无论是国民党还是民进党都非常在意的选票上。二是农民、农村与农业的"三农"对台湾经济政策的影响。20世纪 80 年代中期以来，台湾农民阶层人口总数徘徊于人口总数 15%—20%之间，其中绝大多数为自耕农，佃农仅占 5% 左右，台湾农业发展前景与岛内广大农民利益息息相关。2012 年 7 月马英九当局明确宣示唯有美牛开放才能重启台美 TIFA 以及加入 TPP，面临全球及区域贸易自由化，台湾已不得不往此趋势前进。然而在此贸易自由化趋势下，却是台湾农业部门生存与否关键。20 世纪 90 年代 GATT 及 2002 年加入 WTO 后，农地面积以每年4000 公顷数量在移出，但却仍存在每年二十几万公顷的休耕地，因为进口农产品增加使得岛内农产品实质价格在稳定中下降，造成农家平均每人每年所得在 22 万上下，是非农家每人每年所得的 70% 。若再加上台湾农业本身特性，如每户农家的耕作面积不到一公顷，农民年龄偏高，而国际原物料上涨和全球气候变迁带来的成本上升和不稳定，台湾农业的生存环境已面临极大挑战。从美韩签订 FTA 看，韩国的畜产品和水果受到严重冲击，在 FTA生效后的第 5 年和第 10 年的农业部门产值会减少 1.68% 和 2.47% 的农业总

---

① 社论："从军公教待遇谈四个改革观念"，台湾《联合报》，2012 年 29 日，A2 版。

产值，民间团体评估更高达 30% 的总产值。以此推论台美 FTA 对农业产值的影响每年至少上百亿元，若是加入 TPP，那对农业部门的影响将是巨大冲击，台湾农民利益将受到巨大损害。先天条件处于弱势的台湾农业及部分艰困传统产业，面临门户大开压力。农民参与政治的方式主要是手中选票，所以这种影响进而会延伸到农民阶层对政党的支持与否，进而影响到社会支持基础的稳定与否。三是地方派系在台湾内外经济政策中的影响加大。台湾地方派系不是由于共同意识形态或阶级意识，多数是基于地缘人缘关系结合乡土情感，更用各种政治经济利益加以强化。对于国民党而言，地方派系在政权与民众之间发挥桥梁作用，国民党凭此方可稳固政权基础。除了政治支持和政治权力交换关系之外，经济特权是国民党中央统治势力统合地方政治势力的一大诱因，换言之，国民党以区域性垄断经济利益为交换，换取地方派系效忠。选票是地方派系与国民党讨价还价的支撑点。虽然由于选民自主性意识提高，地方派系操纵选民能力在减弱，但由于国民党对选票依赖越来越深，使得国民党在面临民主化挑战和权力不稳定时刻，不仅不能打压地方派系，而且还必须进一步依靠地方派系来维护自己统治。所以，倘若台湾加入 TPP，区域贸易自由化进程必然会在岛内各个地方全面展开，地方派系区域性垄断经济利益势必受到巨大冲击和损害。如果地方派系既得经济利益受到损害，地方派系肯定不满意国民党政策，那么肯定会将这种不满反映到对国民党选票上来，国民党可能会丧失地方派系效忠，政权基础也会因此发生动摇。

其二：蓝绿严重对立的问题。从理论上讲，无论国民党还是民进党都主张台湾要加入 TPP，甚至在国民党提出并规划 10 年内加入情况下，民进党还提出 10 年太长，应该尽快。但需看到的是，民进党尽快加入的主张其实并不是负责任的主张，也不是科学的主张，而是基于政治算计的主张。因为加入美国主导的 TPP，既可实现台湾经济国际化，又能讨好美国，尤其是平衡两岸经济的密切化，站在民进党追求"台独"立场，当然是求之不得。但如果一旦启动加入 TPP 进程，台湾社会为此付出代价也将是巨大的，假如由此损及民进党政治利益，民进党一定会给国民党阻挠，或者假如是民进党主政，未必是会不惜代价加入。目前因为是国民党主政，民进党基于政党斗争需要，当然是给国民党加码而不负责。国民党与民进党之间在加入 TPP问题上存在很多不协调，包括美国认为台湾应在亚太区域有更好贸易关系，美国牛肉能否进口台湾是台湾追求更广泛贸易自由化的一步；而民进党一方面声称要加入 TPP，另一方面民进党以"国民健康"为由，反对含瘦肉精美牛进口，并借美牛议题组织绿营多番抗议活动。

其三：南北矛盾问题。"南绿北蓝"是台湾社会基本政治生态，但因为加入 TPP 而有可能激化南北矛盾，加剧岛内地方政治动荡。台湾政党政治的矛盾复杂多样，台湾北部与南部客观存在的经济发展程度差异，尤其是选举季节，都使南北矛盾不时凸显，同时交织着地域矛盾、省籍、族群与蓝绿矛盾。"南绿北蓝"的政党政治格局是多种因素造就的，与长期以来南北经济、文化、社会生活的差异有关，难以在短时期内从根本上消除。由于 TPP 是一个高标准自由贸易协议，免税项目高达一万项以上，且 TPP 与 ECFA 不同，不仅没有任何让利，而且有 95% 货品要免除关税。因此，台湾若加入 TPP，对产业发展冲击相当大。相较于北部，南部所受冲击相对更严重，这对于本来就反对马英九当局"重北轻南"的南部绿营群众而言，可能会升级抗议，导致地域矛盾、省籍矛盾、族群矛盾与蓝绿矛盾同时爆发。

其四：公权力不彰的问题。由于民粹至上，台湾当局面临最大的困难是公权力不彰，施政困难。行政部门提出政策不仅在"立法院"通过的难度相当高，而且在民间推行起来也不易，从而施政绩效低下。由于 TPP 是一个高标准的 FTA 集团，除了大幅调降关税外，其所涵盖自由化议题，包括服务业及外资开放、公营事业规范、法规透明等，需要高度自由，也意味着台湾的内部体制需要加速改革，特别是市场开放，在在都要求行政当局拿出决断力。而目前台湾行政部门面临的问题是不仅行政效率低下，而且缺乏整合。

2. 影响台湾加入 TPP 的政治矛盾。台湾政治中存在的三大矛盾影响台湾加入 TPP：

其一：本土化与全球化的矛盾。本土化潮流下的台湾内部保护主义盛行，任何政策一定要顾及选民需求，但加入 TPP 则是全面深化自由贸易，建立"走出去""引进来"的全方位、全球化自由贸易体系，造就推展自由贸易有利环境。然而台湾在很多领域并未完全自由化，特别是经济领域并未真正自由化。

其二：经济与政治的矛盾。经济上需要全球化与国际化，这是台湾生存与发展的根本，据台湾学者研究，"10 + 3"形成"对台湾经济的负面冲击相当大"，其中 GDP 减少 0.23%，与东亚经济紧密结合的产业包括成衣业、皮革业、纺织业、纸业冲击大。① 因此需要经济国际化，但是，台湾政治中的"非经济因素"，即政治因素等对经济的影响非常大，政党政治、政治因素已经严重地影响台湾的国际经济参与。美国牛肉是一个典型案例，民进党为了政治考量，一味地抵制美牛有条件进口。而美方态度也表现得非常霸道：台湾不开放美牛进口，台美 TIFA 咨商就免谈。台美经济关系从而被美牛"挡住了许久"。苏起就认为台湾"保护主义"太强，"对大陆是政治保护，对世界是经济保护，这对台湾不是好事"，不利于台湾长远政经发展。②

其三："两岸路线"还是"国际路线"之间的矛盾。台湾当局官员甚至一般台湾民众对于两岸经贸、对大陆经济大都是抱有既期待又担心伤害台湾经济主体性的矛盾与复杂心态，所以提出要加入 TPP。但"两岸路线"与"国际路线"之间如何寻求平衡点，实际上是一个矛盾，恐怕难以平衡。

四、台湾加入 TPP 面临的经济问题

从总体上看，加入 TPP 将有利于台湾贸易导向型经济的发展，提升出口竞争力，并避免台湾在区域经济整合中被边缘化，提高经济战略地位。但是，台湾加入 TPP 面临着巨大的经济难题。

1. TPP 冲击台湾农业部门。可预见的最主要冲击是源于未来低关税或零关税下，对岛内农业生产的不利影响。台湾农产品对国际市场依赖严重，然而，与欧美发达国家相比，台湾农业成本高得多，国际竞争力较差。台湾农业近年来走精致化生产路线，优良品质伴随的是较高的生产成本与售价，农产品在国际上缺乏比较利益，出口竞争力日渐减弱。同时台湾当局政策上对农业的保护程度仍然较低。目前台湾农业市场对外资及进口农产品均加以限制，以稻米为例，稻米是台湾主要农作物，长期以来由于台湾当局顾及粮食安全，加之传统耕作习惯、已有生产固定成本等因素的作用，稻田未能有效转产。与此同时，岛内消费减少，出口萎缩，稻米品质未能显著改善，使台湾陷入稻米过剩困境。台湾当局只允许进口稻米占 5%。随着贸易自由化和国际化推进，台湾农产品也不得不逐渐扩大开放进口。外国廉价农产品的涌

---

① 高行："10 + N 排除台湾，产业冲击大"，台湾《旺报》，2012 年 11 月 20 日，A3 版。

② 张凯胜："凡事保护主义，苏起忧削台政经实力"，台湾《旺报》，2012 年 11 月 20 日，A8 版。

入使台湾农业生产更显相对劣势。而一旦开放海外农产品"零关税"进口，岛内农产品价格将进一步降低，势必将使农业人口的经济弱势情况雪上加霜。因此，台湾当局在 2002 年加入世界贸易组织（WTO）以及 2008 年与大陆签署 ECFA 时，都是把农产品进口尽可能排除在关税减让的清单中，以维持对岛内农业的关税保护。

然而，台湾在未来面对以美国为盟主的 TPP 时，则难以享有如此优惠。台湾若要成为 TPP 会员，农业市场就必须全面开放。在 TPP 架构下，签署成员方之间对于农、林、渔产品的进口不得设立任何限制，同时，对于农产品出口方的出口补贴额度，不得有任何异议。在加入 TPP 谈判的国家中，许多都是农牧产品及水果出口大国，诸如美国、智利、新西兰、澳大利亚、越南、马来西亚等。这就意味着在加入 TPP 后，台湾农产品必须接受进口免关税农产品的竞争。从而将来不只是美国农产品，甚至澳大利亚、新西兰和越南农产品也将大军压境。因此，台湾一旦加入 TPP，本来已十分脆弱的岛内农业生产势必将面临进口农产品质优价廉的巨大冲击，从而引发整个农业生产结构的转换，并可能损及相关产业的发展。

2. TPP 影响台湾粮食安全。对于任何一个经济体而言，粮食安全对于社会经济发展极为重要。台湾加入 TPP 后，由于关税水平降低以及非关税措施的使用受到限制，海外农产品进口将有增无减。这将对台湾本已脆弱的粮食自给率造成更大负面打击。目前，台湾粮食自给率比日本 40% 还低，仅约为 32%，已处于危险边缘，在全球石油与粮食危机已迫在眉睫的现实情形下，一旦爆发危机，台湾将面临粮荒的危险。

3. TPP 影响台湾岛内产业发展。TPP 要求其成员必须承诺对其他伙伴经济体提供近乎零关税的贸易优惠。台湾如果加入 TPP，可能会使以出口为导向的产业由此受益，得以进一步开拓海外市场。然而，台湾加入 TPP 并不仅仅意味着享受零关税的自由贸易待遇，同时也意味着在互惠的基础上开放己方市场，放弃对岛内产业的关税保护，这将使其直面其他成员国或地区同类产品的平等竞争。特别是岛内弱势传统产业，如对汽车零件、电子产品与化学制品等，都可能带来负面影响。虽然弱势产业在台湾生产总值（GDP）的比重并不大，但若受到市场自由化冲击而导致关厂和失业，在台湾这种特殊的政治环境下，恐将演变成严重的社会问题。

4. TPP 冲击台湾服务业。TPP 协议规定：签署成员国或地区必须开放本国或地区的金融、通讯、物流、教育、医疗、运输等服务业的劳动市场。台湾一旦加入 TPP，服务业尤其是现代服务业的发展，将面临新的挑战。因为，自 20 世纪 80 年代以来，随着台湾传统产业及电子信息产业的相继外移，服务业逐渐成为台湾经济的支柱产业。但台湾的服务业自身存在着众多局限性，增长动能不足。长期以来是以内需市场为面向，虽然在 GDP 中占比不断提高，但发展水平却较低，行业竞争力不强。目前台湾服务业主要增长源仍然是批发零售、不动产业等传统服务业，金融保险、医疗保健、通讯媒体、技术服务等知识密集型的现代服务业比重较低，发展迟缓，劳动生产力基本呈低增长或负增长状态，难以带动服务业的快速增长，即台湾服务业竞争能力仍然比较低下，远未达到国际水平。如果台湾服务业无法加快产业升级、增加国际竞争力、拓展海外市场，以增加新的发展空间，则很难起到带动台湾经济增长的作用，甚至可能导致台湾经济增长停滞。

5. TPP 影响台湾公营企业。美国所主导的 TPP 进程推出了"竞争中立"的框架，要求不得藉由政府力量对私人企业造成不公平竞争，欲以国际协议的形式约束公营企业，确保私营企业在与之竞争中处于平等地位。台湾经济发展历史上有着为数众多的公营企业。近年来台湾当局虽积极推动公营企业的民营化改革，但在仍有相当数量的公营企业存在。TPP 限制公营企业的条款，势必对台湾的邮政、电信、中油、台电等公营企业的存续与发展构成新的挑战。

6. TPP 将加剧台湾社会分配不公。近 10 年来，台湾经济成长一直保持在 3% ~5% 之间，人均国民所得也在不断成长，但民众的被剥夺感却也是日益增长。其因在于社会收入与分配的差距日益增大。最有钱的 20% 家庭与最穷的 20% 家庭相比，台湾在 2013 年是 6.08 倍，基尼系数在 2013 年是 0.336，显示 10 年来没有变化。但问题其实不在 20% 的家庭，而是在 1% 的家庭。最有钱的 1% 家户所得份额，由 1995 年开始直线上升，到 2013 年占所得份额 13.6%，而最穷的 20% 家户所占份额是 6.5%，最有钱 1% 的家户是 20% 家户的 2 倍。①

（原载《太平洋学报》，2015 年第 11 期）

---

① 胡胜正："全球化下的分配正义"，台湾《中国时报》，2015 年 4 月 19 日，A10 版。

台湾在美国亚太再平衡战略中的角色

严安林　张　建[*]

一、引言

重返亚太或亚太再平衡政策是奥巴马自 2009 年 1 月就任总统以来极力推动的美国国际战略的重大调整，也是其重要的外交遗产。无论是"重返亚太"还是"亚太再平衡"，实际上都是美国调整全球战略布局、全面提升并强化其在亚太地区政治、经济、外交以及安全利益的新举措。[①] 当前，西太平洋地区正在经历冷战结束以来最大的结构性变化，美国的"再平衡"战略、日本的修正主义以及中国的崛起，对西太平洋地区的格局演变产生了前所未有的影响。[②]

台湾对于美国具有非常重要的安全和战略价值。但美国推行亚太再平衡战略后，无论是美国、台湾，还是中国大陆，对于台湾在美国这一战略中的角色与作用存在很多争论。由此产生的是，在亚太再平衡战略这一框架下，美国采取什么样的对台政策。本文拟在综述美国、台湾和中国大陆对台湾在美国亚太再平衡战略中角色的不同认知后，分析当前奥巴马政府的对台政策。

＊ 作者简介：张建，男，上海国际问题研究院台港澳研究所助理研究员。

① 阮宗泽："美国'亚太再平衡'战略前景论析"，载《世界经济与政治》，2014 年第 4 期，第 4—20 页。吴心伯："奥巴马政府与亚太地区秩序"，载《世界经济与政治》，2013 年第 8 期，第 54—67 页。朱锋："中美战略竞争与东亚安全秩序的未来"，载《世界经济与政治》，2013 年第 3 期，第 4—26 页。陈雅莉："美国的'再平衡'战略：现实评估和中国的应对"，载《世界经济与政治》，2012 年第 11 期，第 64—82 页。曾建丰："美国亚太新战略对台湾问题之影响"，载《现代台湾研究》，2013 年第 4 期，第 53—56 页。严安林、张建："美国'重返亚太'与两岸关系和平发展"，载《东北亚学刊》，2013 年第 1 期，第 17—22 页。

② 阮宗泽："美国'亚太再平衡'战略前景论析"，载《世界经济与政治》，2014 年第 4 期，第 14 页。

二、台湾在美国亚太再平衡战略中角色争论

（一）从美国视角看，支持的一方主张明确将台湾纳入美国的亚太区域安全和区域经济战略，反对的一方以持"弃台论"观点的最具有代表性。

美国亚太再平衡战略提出以来，美国官方层面并没有在政策文件中将台湾纳入该战略，但一些官员的发言和学界的讨论以及智库的研究报告中多有涉及。美国和台湾地区的官员和学者多次探讨台湾在亚太再平衡战略中从中可扮演的角色，但美国官方一直谨慎表态，尤其在谈及亚太安全时，更是避免公开谈论台湾的角色。

2011 年 10 月 4 日，时任美国国务院负责亚太事务的助理国务卿坎贝尔（Kurt Campbell）在众议院外交委员会作证时表示，与台湾保持强有力的、多方面的非正式关系，以及对保障台海和平稳定的承诺，是美国转向亚洲的重要组成部分。[①] 美国国务卿克里也表示，"台美安全关系"是美国在亚太战略地位中的基石，美国将继续支持对台湾的各项承诺，提供台湾防御所需武器协助台湾维持足够的自我防御能力，以增进台海与亚太地区的稳定。[②]

从美国角度看，台湾是美国的核心利益所在，作为特别的联盟伙伴，台湾可以在空海一体战、联合作战介入以及亚太再平衡战略的实施过程中发挥轴心作用。[③] 一方面，美国担心中国大陆、日本和台湾在东亚海上领土问题上的对峙给各方造成误判，引发海上冲突，使美国面临卷入冲突的危险，这势必影响美国在该地区的安全利益。[④] 另一方面，美国希望台湾在其亚太安全战略中发挥一种独特的"隐形"作用，通过加强与台湾的安全合作和

---

① Kurt M. Campbell, Why Taiwan Matters, Testimony Before the Committee on Foreign Affairs House of Representatives, http://www.state.gov/p/eap/rls/rm/2011/10/174980.htm, 登录时间：2014 年 3 月 10 日。

② "美国务卿克里：台美安全关系是亚太战略基石"，环球网，http://taiwan.huanqiu.com/news/2013-01/3600236.html, 登录时间：2014 年 3 月 10 日。

③ Mark Stokes, Russell Hsiao, Why U. S. Military Needs Taiwan, http://thediplomat.com/2012/04/13/why-us-military-needs-taiwan/. 登录时间：2014 年 5 月 1 日。

④ Ben Dolven, Shirley A. Kan and Mark E. Manyin, Maritime Territorial Disputes in East Asia: Issues for Congress, CFR Report R42930, January23, 2013, p.1.

"间歇式对台军售"提升台湾的安全力量，以牵制中国的军事力量在东亚地区的扩张。

对于近年来"弃台论"的盛行，美国通过以加强与台湾关系的行动行动予以否定。今年 5 月 12 日，美国布鲁金斯学会与战略与国际问题研究中心联合举行"35 年之后：《与台湾关系法》效能评估"的研讨会。在这次研讨会上，美国在台协会主席薄瑞光驳斥了"弃台论"。薄瑞光认为，台湾有自己的地理优势，台湾与美国合作强化自身的"不对称战力"以吓阻敌人，美国不会撤离亚太，美国对自身军事力量有全然信心等足以说明美国不可能放弃台湾。[①]

但美国也存在反对将台湾纳入亚太再平衡战略的声音，而且也是颇有代表性，这其中又以持"弃台论"[②]观点的最为盛行，呼吁美国重新思考台湾对于美国的战略意义。卡内基国际和平基金会高级研究员史文（Michael D. Swaine）认为，随着中国经济和军事实力的持续增长，而且政治上保持稳定和统一，中国的民族主义情绪增长，中国政府对台湾的立场将会趋于强硬，美国应该放弃"对台六项保证"，与大陆制定一个有关对台军售的对话机制，以避免美国当前的台海政策引发冲突乃至战争。[③] 哈佛大学教授保罗·凯恩（Paul L. Kane）则从经济层面"以国债换台湾"的视角建议美国政府放弃对台军售，并以此作为交换，说服中国取消美国的 1 万多亿美元的国债。[④] 另外，布鲁斯·吉利（Bruce Gilley）则从台湾地区"芬兰化"视角建议美国政府停止对台军售。[⑤] 查尔斯·格拉泽（Charles Glaser）也指出，美国应考虑逐步放弃对台湾地区的安全承诺，以此来消除中美关系中最明显且

---

① 台湾《中国时报》2014 年 5 月 14 日。

② 关于美国"弃台论"的相关争论可参见：张新平、杨荣国："试析美国学界新'弃台论'思潮及其面临的批评"，载《台湾研究集刊》，2013 年第 3 期，第 15—23 页；孔小惠："对美国'弃台论'相关争论的观察及美国对台政策走向分析"，载《台湾研究集刊》，2014 年第 2 期，第 30—39 页。陶文钊："近来美国智库关于美对台政策的争论"，载《现代国际关系》，2012 年第 2 期，第 1—7 页。戴维来："美国'弃台论'发展演变分析"，载《台湾研究》，2012 年第 6 期。

③ Michael D. Swaine, America's Challenge: Engaging a Rising China in the Twenty – First Century, Washington, D. C. : Carnegie Endowment for International Peace, 2011, p. 90. "对台六项保证"（Six Assurances）是指 1982 年美国里根政府与中方签署"八·一七公报"前对台湾当局的六点承诺，即不设定对台军售的终止期限，不修改《与台湾关系法》，不事先与中国大陆磋商对台军售，不在海峡两岸之间扮演调解人，不迫使台湾与大陆谈判；不正式承认大陆对台湾的主权。

④ Paul L. kane, To Save Our Economy, Ditch Taiwan, New York Times, November 10, 2011.

⑤ Bruce Gilley, Not So Dire Strait: How the Finlandization of Taiwan Benefits US Security, Foreign Affairs, Vol. 89, No. 1, 2010, pp. 44 – 60.

争议最大的冲突点，从而推动中美关系在未来几十年的发展铺平道路。① 他虽然不支持一下子打破"美国的对台承诺"，但美国必须考虑台海现状还有可能发生变化，尽管目前的台海形势比较安宁，但取决于台湾的政策，不知道将来某个时候是否还会出现悬崖（brink），因为这个问题并没有从桌面上移除掉。② 芝加哥大学教授、现实主义理论的主要代表人物米尔斯海默指出，华盛顿没有盟约义务在台湾遭受攻击时来保卫台湾，但美国有强烈的动因使台湾成为制衡中国联盟中的重要一员，希望台湾成为美国战略资产，同时美国对台湾的承诺也关乎美国在亚太地区的可靠性。但与台湾维持密切的关系也将付出巨大的代价。随着中国大陆在经济和军事上的日益强大，数十年后台湾将无从选择，只能走向统一，美国终究会告别台湾（say goodbye to Taiwan）。③ "史汀生中心"东亚项目主任容安澜（Alan Romberg）认为，美国亚太再平衡的安全战略不应将台湾纳入，以免给人造成印象：台湾是美国限制中国崛起安全战略的一部分。那样可能危及台湾，损害美中关系，也不符合台湾利益，美国对此应当谨慎。容安澜强调，不预期美台关系有任何基本的改变，包括"与台湾关系法"发挥的作用也不会改变。④ "美国亚洲研究局"副总裁邓马克（Abraham Denmark）也认为，将台湾公开纳入美国亚太再平衡战略的地缘政治代价会很大。

（二）从台湾视角看，以支持台湾在美国亚太再平衡战略中扮演积极角色为主。

从台湾角度看，一方面，鉴于自身防务力量的有限性，台湾希望通过"配合"美国的亚太再平衡战略以获得美国在安全上的的"奖励"。另一方面，在两岸关系和平发展、中美构建新型大国关系的背景下，台湾也不希望被边缘化甚至可能被牺牲，希望参与到亚太安全的博弈中以谋求对己有利的情势。当前，"岛内社会的氛围亦无法摆脱区域安全依赖美国的军事支援的

---

① Charles Glaser, Will China's Rise Lead to War, Foreign Affairs, Vol. 90, No. 2, 2011, pp. 88 -90.

② "'弃台论'无情窥见了未来'美台关系'之走向"，环球网，http：//taiwan. huanqiu. com/opinion/2012 - 04/2645984. html，登录时间：2014 年 3 月 10 日。

③ ohn J. Mearsheimer, Say Goodbye to Taiwan, http：//nationalinterest. org/article/say - goodbye - taiwan - 9931，登录时间：2014 年 5 月 1 日。

④ "容安澜：美亚太再平衡纳入台湾会害台"，http：//www. taihainet. com/news/twnews/latq/2014 - 04 - 06/1231837. html，台海网，登录时间：2014 年 4 月 25 日。

概念"。① 马英九当局将台湾参加 TPP 和 "区域全面经济伙伴协定"（RCEP）作为最优先的经济工作，希望台湾各部门在今年 7 月就相关法规做出研议。② 在马英九当局的 "亲美、友日、和中、连接亚太、布局全球" 战略中，"亲美" 是第一位的，这也是马英九采取 "低调、零意外"（sur-prise - free）的对美外交原则下发展与美国的关系的根源。马英九执政六年，三项对美工作指标，赴美免签证待遇、TIFA（《台美贸易暨投资框架协议》）复谈和部长级官员访台，如今皆已达成，台美关系看似达到政府宣称的 "断交" 后最好。③ 美国 TPP 战略，台湾当局对加入 TPP 充满期待。④ 同年 11 月，萧万长率经贸团访问美国，呼吁强化台美经贸关系，游说美国支持台湾加入 TPP。

台湾学者认为，美国的亚太再平衡政策使台湾获益匪浅。美国增加亚洲区域的活动，台湾因此以战略民主的地位获得支持，获得美国军售，成为美国重要的安全与经济伙伴，从中国大陆的政治对话压力中获得喘息、提升国际地位，并增加参加 TPP 的机会。⑤ 2014 年 4 月 2 日，台湾 "国防部副部长" 夏立言在美国智库 "新美国安全中心" 举办的 "美台安全关系"（U. S. - Taiwan Security Relations）研讨会上指出，台湾愿意在美国亚太再平衡战略实施中分担重负（share burden），贡献于亚太和平稳定。他呼吁美国继续支持台湾，因为这既是 "台湾关系法" 下美国的 "法律义务"，也是美国对具有共同价值观和历史关系的台湾承诺的 "道德义务"。⑥ 台湾民进党则认为，美国的亚太再平衡战略和日本的右倾化，会让台湾的地位更加凸

---

① 傅应川："两岸军事互信机制的回顾与前瞻"，载《中国评论》，2014 年 3 月号，第 7 页。

② 刘国奋："亚太新格局及其对两岸关系的影响之研究"，载《台湾研究》，2014 年第 2 期，第 58 页。

③ 台湾《联合报》2014 年 4 月 15 日。

④ 信强："美国 'TPP 战略' 与台湾加入之前景解析"，载《台湾研究集刊》，2013 年第 2 期，第 8—16 页。苏进强："两岸共同加入 TPP 的可能性与台海和平发展"，载《中国评论》，2013 年第 12 期，第 49—53 页。王俊峰："美国强势推动 TPP 及对两岸关系的影响"，载《台湾研究集刊》，2014 年第 2 期。王敏："台湾参与 '跨太平洋伙伴关系协议' 问题初探"，载《台湾研究》，2012 年第 4 期。

⑤ "陈一新：美国亚太再平衡　台湾获益匪浅"，中评网，http：//www. crntt. com/doc/1028/3/2/9/102832959. html? coluid = 93&kindid = 10093&docid = 102832959&mdate = 1109004755，登录时间：2014 年 3 月 10 日。

⑥ 夏立言："美国亚太再平衡，台湾愿分担"，中评网，http：//www. crntt. com/doc/1031/0/8/3/10310 8346. html? coluid = 148&docid = 103108346&kindid = 7550&mdate = 0403075327，登录时间：2014 年 5 月 1 日。

显，大陆对台湾的影响则可以被抵消，台湾应该被整合成为美国亚太再平衡的一员。①

（三）从中国大陆视角看，存在在亚太再平衡战略下台湾在美国亚太战略中的地位提升和台湾难以在美国的亚太战略中发挥作用两种主要认知。

近年来，中国大陆关于美国台政策的研究，特别是奥巴马政府提出"重返亚太""亚太再平衡战略"以来出现了很多研究成果。② 有学者认为，美国已将对台政策上升至其全球战略、亚太战略和对华战略的重要组成部分。鉴于中国实力的进一步提升，台湾对美国的战略价值主要表现在"军事滞缓""侦察前哨"和"联盟催化剂"三种作用方面。美国以对台军售阻滞中国的战略突破是美国亚太战略的重要步骤，而以台湾问题为契机重整美国的亚太联盟则是美国亚太战略调整的另一重要内容。③ 台湾在奥巴马政府亚太战略中的地位有进一步的提升，因此美国采取了多种措施来进一步密切美台关系，防止两岸关系和平发展影响到美国在亚太地区战略利益的实现。④ 为了巩固和强化自身在东亚的战略优势地位，美国在延续"以台制华"战略的同时，也在根据亚太形势的新变化和美国战略的新需求，重新

---

① 刘国奋："亚太新格局及其对两岸关系的影响之研究"，载《台湾研究》，2014 年第 2 期，第 58 页。

② 王公龙："马英九上台后美国对台政策调整的背景分析"，载《台湾研究集刊》，2009 年第 4 期。林冈："奥巴马政府的两岸关系政策"，载《国际问题研究》，2010 年第 1 期。孔小惠："两岸步入和平发展期的美国对台政策：走在变革的十字路口？"，载《现代台湾研究》，2012 年第 4 期，第 53—57 页。凌胜利："'稳定化'进程中的选择——美国对台政策展望"，载《现代台湾研究》，2012 年第 3 期，第 40—43 页、第 58 页。凌胜利、郭锐："冷战后美国对台政策的演变：1990—2010——基于'美国国家安全战略报告'的文本分析"，载《战略与管理》，2012 年第 1/2 期。王公龙、郭小琴："'重返亚太'视域下美国台海政策调整的新动向及其影响"，载《台海研究》，2013 年第 1 期，第 71—78 页。李洪波："奥巴马政府亚太战略调整与对台政策"，载《外交评论》，2013 年第 6 期，第 133—146 页。王伟男："战略调整背景下的美国当前对台政策研析"，载《中国评论》，2014 年第 5 期，第 48—52 页。

③ 阮建平："美国对台军售与亚太安全战略调整"，载《和平与发展》，2011 年第 6 期；刘飞涛："美国涉台政策辩论及对台军售政策走势"，载《国际问题研究》，2012 年第 4 期，第 51—65 页；朱中博："美国'重返亚太'与美台军事关系的发展"，载《和平与发展》，2013 年第 1 期。

④ 李洪波："奥巴马政府亚太战略调整与对台政策"，《外交评论》，2013 年第 6 期，第 133—146 页。

审视台湾对于美国亚太战略的现实意义。① 美国的对台政策在国内还存在很多争论，主流派主张维持现行的美国对台政策，保守派则主张把"中国威胁论"与美国对台政策结合起来，强调台湾对美国的战略价值。②

但也有学者认为，2008 年以来两岸关系得以缓解，台湾作为美国防范、遏制中国的战略筹码作用大为降低，也降低了美国亚太战略调整对中美关系可能带来的损害。③ 台湾问题跟美国亚太再平衡战略没有多大关系，因为中国的崛起以及美国对中国的重视，台湾当局对中美关系的影响力比过去弱。④ 有学者认为，由于台湾当局自身在军事层面、外交层面、意识形态层面的局限性，以及美国亚太再平衡战略自身的某些特质，决定了台湾很难在美国的亚太再平衡战略中起到很大作用。⑤ 台湾与日本之间存在钓鱼岛主权与东海划界争议，与菲律宾之间存在南中国海及相关岛礁争议。去年签订的《台日渔业协议》是个治标不治本的解决方案，因为它回避了主权问题。而台菲之间迄今甚至连这种治标不治本的解决方案也没有。台湾与日本和菲律宾之间的这些矛盾可能会由于美国施压而暂时缓解，但不可能从根本上消除。台湾尤其不可能为了替美国分担战略重任而放弃在东海和南中国海议题上的原则立场。

三、奥巴马政府对台政策新发展

新美国安全研究中心是美国研究台湾问题的重要智库，早在 2009 年奥巴马就任总统的第一年就推出研究报告，建议奥巴马政府采取具体措施发展与台湾的关系：一是继续对台军售，坚持美国对台军售的承诺，同时美国应与台湾制定长远规划，密切协商与合作；二是扩大与台湾的经贸关系，并支持其它国家提升与台湾的经贸关系；三是派遣高级别官员访台，表达对台湾

---

① 王公龙、郭小琴："'重返亚太'视域下美国台海政策调整的新动向及其影响"，载《台海研究》，2013 年第 1 期，第 71—78 页。

② 陶文钊："近来美国智库关于美国对台政策的争论"，载《现代国际关系》，2012 年第 2 期，第 1—7 页。

③ 郭震远："台湾问题对中美发展新型大国关系的影响"，《国际问题研究》，2013 年第 5 期，第　页。

④ 苏展："美国国会继续鼓吹对台军售"，载《东方早报》，2013 年 8 月 3 日。

⑤ 王伟男："台湾能为美国亚太再平衡战略分担什么"，载《联合早报》，2014 年 4 月 18 日，第 22 版。

的政治支持。①

2011 年 11 月，时任美国国务卿希拉里·克林顿表示台湾是美国一个重要的安全与经济伙伴（an important security and economic partner），美国将继续坚持一个中国政策及美国对维护台海和平稳定的承诺。② 2013 年，台美在"过境"、官员互访上继续保持较高层级和频率，美国参众两院提出近 10 项直接以台湾为主要议程对象的议案，内容涉及"恢复台美'外交'关系""向台湾出售武器"、全面强化台美实质关系等。③

（一）政治层面，奥巴马政府高层访台不断实现突破

奥巴马第一任期内的访台官员已经取得了比前任小布什政府的重要突破，但主要集中在副部长级官员和国会议员，如 2011 年访台的助理商务部长库马尔（Suresh Kumar）、能源部副部长伯纳曼（Daniel Poneman）和国际开发署署长沙赫（Rajiv Shah），2012 年访台的负责经济和商业事务的助理国务卿费尔南德兹（Jose Fernandez）以及 2012 年 5 月出席马英九"就职典礼"的众议院外交委员会主席伊利安娜·罗斯 – 莱赫蒂宁（Ileana Ros – Lehtinen）。第二任期开始后，访台官员层级进一步提升。2013 年 1 月，刚刚当选众议院外交委员会主席的罗伊斯（Edward R. Rcyce）率议员代表团访问台湾，并参观了台湾军事设施。今年 1 月，罗伊斯再次访台。3 月底，罗伊斯等人向国会提出"确认与台湾关系法重要性"的议案，要求深化美台贸易和投资关系，支持美国对台湾的安全承诺，包括向台湾出售先进的防御性武器。并将这一决议案和售台佩里级巡防舰合并为单一法案。今年 4 月 14 日，美国环境保护署署长吉娜·麦卡锡（Gina McCarthy）访问台湾，不但成为 2000 年以来首位访问台湾的美国部长级官员，而且麦卡锡还是奥巴马政府内阁成员。上一次美国政府内阁成员访问台湾还是 2000 年克林顿政府时期的交通部长斯雷特。通过派遣负责"低政治性"领域的内阁成员访台，美国主要有两方面的考虑：一是强化美台关系，象征意义大于实质意

① Abraham M. Denmark, Richard Fontaine, Taiwan's Gamble: The Cross – Strait Rapprochement and its Implications for U. S. Policy, December 2009, http: //www. cnas. org/files/documents/publications/Taiwan _ Denmark _ Dec2009 _ code502 _ policybrief _ 1. pdf.

② Remarks by Hillary Clinton, "America's Pacific Century", http: //www. state. gov/secretary/rm/2011/11/176999. htm。

③ 童立群："2013 年台湾对外关系综述"，载《现代台湾研究》，2014 年第 1 期，第 25 页。

义。二是降低大陆对此做出反应的层级，不至于惹怒大陆。另外，奥巴马政府在坚持一个中国框架下，不与中国主权相抵触的情况下，特别是在中国大陆已经"默许"下，继续支持台湾拓展国际活动空间，提升国际参与机会和能力。2013 年 7 月，奥巴马签署支持台湾参与国际民航组织大会（ICAO）的 1151 号法案，并要求国务卿克里积极促使国际民航组织大会给予台湾观察员资格。

（二）军事层面，奥巴马政府对台军售在数量和质量上都有突破

在美国看来，对台军售有三种目的：一是让台湾具备在足够时间内应对中国大陆攻击的能力，以使美国有时间介入来扭转战局；二是通过对台军售向外界传达美国仍致力于对台湾的安全防卫义务；三是通过对台军售向亚太地区的其他朋友和盟友表明，美国是可以信赖的，因为一旦台海发生战争，它们将陷入恐慌之中。[①] 美国精英认为，对台军售是不仅是军事层面的问题，而且是一项政治决定，它事关美国在东亚的永久存在，甚至事关美国的国家威望与地区乃至全球的领导角色，因此更具有政治层面的象征意义。而公众则倾向于认为，持续对台军售主要是源于经济利益的考量。[②] 因此，奥巴马在第一任期内对台军售总额超过 120 亿美元，其中仅 2012 年就达 47 亿美元。

2013 年 1 月，美国众议院议员罗斯 - 莱赫蒂宁提出众议院《2013 年台湾政策法案》，要求通过一系列军售加强台湾的防卫能力，包括向台湾出售 F - 16C/D 战斗机和佩里级军舰。2013 年 5 月，美国国防部长哈格尔向国会提交的报告称，为台湾海峡可能发生的冲突作准备似乎仍是中国军事投入的主要关注点和驱动力，中国人民解放军针对台湾的意图没有改变，试图恐吓或侵略台湾。[③] 奥巴马政府以此为作为继续对台军售，协防台湾的理由。

---

① Jeffrey A. Bader, Obama and China's Rise: An Insider's Account of America's Asia Strategy, Washington, D. C.: Brooking Institution Press, 2012, p.70.

② Cynthia English, Americans See Benefits of Close U. S. - China Relations: Major Barriers to Strong U. S. - China Relations Noted by Many Americans, April 17, 2012, http://www. gallup. com/poll/153911/Americans-benefits-close-china-relations. aspx. 登录时间：2014 年 4 月 10 日。张勇："论首任奥巴马政府对华政策的限度——基于公众与精英认知鸿沟的分析"，载《世界经济与政治》，2013 年第 11 期，第 54 页。

③ Shirley A. Kan and Wayne M. Morrison, U. S. - Taiwan Relationship: Overview of Policy Issues, CFR Report R41952, January 4, 2013, p.9.

2013 年 8 月 1 日，美国众议院外交事务委员会通过《2013 年对台政策法案》，法案规定美方应鼓励美国和台湾高层互访，允许双方官员在所有美国政府部门办公室会面。法案还规定，授权美国总统同意出售四艘佩里级导弹巡防舰给台湾，增强台湾的国防实力。美国总统接受台湾对 F - 16C/D 战机的要求，并在规定时间内向美国国会做简报，提交各项攸关台湾安全事务的报告。① 今年 4 月 7 日，美国众议院无异议通过 "2014 年确认《台湾关系法》与军舰移转法案"，明确支持美国政府出售柴油潜艇以及 F - 16C/D 型战机给台湾，并授权美国政府移转四艘佩里级飞弹巡防舰给台湾，要求法案通过三年内必须完成巡防舰的转移。重申《与台湾关系法》的重要性，《与台湾关系法》是美台关系的基石，这项承诺坚定不移；其次，是对台湾民主机制的支持；三是为了亚太利益，台海必须维持和平；四是支持美国政府依据《与台湾关系法》的对台安全承诺；五是支持美台深化经贸关系，在解决影响美国出口的既有经贸问题后，适当时机支持台湾参与双边和区域贸易协定。②

（三）经济层面，奥巴马政府在推动美台自贸协定上实现突破

2013 年 3 月 10 日，美国和台湾在台北重启 TIFA（Trade and Investment Framework Agreement，简称为 TIFA，贸易暨投资框架协定）对话，这是自 1995 年启动 TIFA 以来的第七次会谈，但距 2007 年 7 月举行的第六次会谈也有近六年。在这次会谈中，双方共同发表了 "国际投资共同原则声明" 和 "资讯技术服务"（ICT）贸易原则声明，还宣布启动新的 TIFA 工作小组—投资与技术性贸易障碍（TBT）两个工作小组，来讨论投资和贸易技术壁垒问题。此次复谈对台美双方来言，是 "过程" 比 "结果" 更具实际意义，其政治、战略意涵大于可见的经济效益。③ 台湾学者认为，鉴于美台经贸已经不只是经贸议题，且具有战略层次的意涵，美国应协助台湾参与 TPP 之谈判，避免台湾经贸被边缘化，避免台湾因过度依赖大陆市场而降低在两岸

---

① "美众院通过 2013 台湾政策法案 拟扩大美对台军售"，环球网，http：//world. huan-qiu. com/exclusive/2013 - 08/4200686. html，登录时间：2014 年 3 月 10 日。

② "法案挺台湾 美众院无异议过关"，台湾《自由时报》，2014 年 4 月 9 日，A8。

③ 刘亭："试析台美 TIFA 复谈的动机与趋势"，载《上海台湾研究》，第 13 辑，2013 年 12 月，第 232—236 页。黄俊凌、张华："台美 '贸易暨投资框架协议' 谈判的历程、特征和走势"，载《台湾研究》2013 年第 2 期。

的谈判筹码。① 美国国会要求美国贸易代表全面利用"台美贸易暨投资架构协定"（TIFA）咨商机会，并在适当时机寻求与台湾进行自由贸易协定（FTA）的谈判。

另一方面，美国强势推动 TPP，并希望在未来将台湾纳入其中。美国战略与国际问题研究中心高级研究员葛来仪（Bonnie S. Glaser）建议台湾要作出必要的经济调整以加入区域性经济组织以及 TPP，台湾应继续寻其与其他国家签署"双边贸易协议"为未来加入 TPP 作铺垫。② 美国在台协会处长马启思也表示，台湾应该利用与美国进行贸易谈判的机会，证明自己致力于加入 TPP 所需的经济改革，然后再寻求加入 TPP。③ 美国智库"企业研究所"（AEI）研究员史剑道（Derek Scissors）因为台湾已经是世贸组织的重要成员，TPP 很容易形成同样的做法，将台湾作为单独关税区，适用于 TPP 的规则，而不涉及政治。美国国内对台湾加入 TPP 也有政治上的支持。④ 2014 年 3 月，台湾发生反服贸运动后，美国担心两岸服贸协议若不能通过，势必会影响台湾参与亚太经济合作机制的进程，有可能成为台湾加入 TPP 和 RCEP 的阻碍。⑤ 因此，美国向民进党施压，在化解反服贸风波上发挥了"积极"的作用。2013 年，台湾与美国之间的贸易额约 577 亿美元，美国是继中国大陆、日本之后台湾的第三大贸易伙伴，也是台湾第三大出口市场及进口来源地，台湾则是美国第 12 大贸易伙伴，第 12 大进口市场、第 16 大出口市场。

四、结 语

今年是美国制定的《与台湾关系法》生效 35 周年，也是中美两国关系

① 裘兆琳、陈蒿尧："一九七九年以来美台关系之演变"，载《问题与研究》，2013 年第 2 期，第 26 页。

② Bonnie S. Glaser, Can Taiwan Find Its Voice, http：//nationalinterest. org/commentary/can－taiwan－find－its－voice－9681，登录时间：2014 年 4 月 3 日。

③ "美国在台协会处长：台湾应专注解决美台贸易问题"，http：//finance. sina. com. cn/360desktop/world/20140412/081818779272. shtml，登录时间：2014 年 4 月 3 日。

④ "美国专家对中评分析：两岸谁先加入 TPP"，中评网，http：//www. crntt. com/crn－webapp/doc/docDetailCNML. jsp？coluid＝93&docid＝102977400&kindid＝7950，登录时间：2014 年 3 月 10 日。

⑤ 张华："美国对台湾'反服贸运动'的主要看法及影响"，载《台湾周刊》，2014 年第 14 期，第 11—13 页。

正常化 35 周年。30 多年来，美国的《与台湾关系法》及售台武器问题一直对中美关系形成干扰，是两国关系发展的一个重大障碍。① 美国虽然鼓励海峡两岸的和解，但中国大陆对台影响力快速增长，已使美国长期"维持台海区域平衡"的目标无法实行，美国必须全面检讨对台政策。当前中国大陆对台湾拥有前所未有的影响力，美国长期以来支持的"台海平衡"可能难以再实现。② 未来美国对台政策呈现出总体框架维持不变、局部修正的态势。③ 美国不会轻易放弃其在台湾的利益，包括战略与军售利益，美国仍会维持与台湾既有的安全合作及传统关系，如售台武器、官员互访、支持台湾参与国际组织、强化美台经济关系等。④

中美两国正在构建新型大国关系，两国在全球、地区以及双边层面有许多共同利益，特别是亚太地区的安全与稳定符合两国的利益。基于此，中美两国在管控"台海风险"、维护台海和平局面和避免这一问题对地区安全造成的冲击方面有着共同的目标和利益。从目前情况来看，中美双方共同维护台海地区的和平稳定是双方都可以接受的一种妥协性安排。⑤ 我应加强与美国在台湾问题上的协调，强调台湾问题在中美新型大国关系中是我核心利益，双方形成一种"默契"，共同制约台湾发生危机性问题。对美国继续对台军售，我应评估其规模和影响，采取有针对性的回应。当然，奥巴马政府对台政策的基础、结构都没有变化，即坚持一个中国政策，以中美三个联合公报和《与台湾关系法》为基础。

（原载《中国评论》，2014 年第 10 期）

---

① 陶文钊："近来美国智库关于美对台政策的争论"，载《现代国际关系》，2012 年第 2 期，第 1 页。

② Robert Sutter, Cross－Strait Moderation and the United States—Policy Adjustments Needed, Pacific Forum CSIS, March 5, 2009. http：//csis. org/files/media/csis/pubs/pac0917. pdf.

③ 孔小惠："对美国'弃台论'相关争论的观察及美国对台政策走向分析"，载《台湾研究集刊》，2014 年第 2 期，第 30—39 页。

④ 曾建丰："美国亚太新战略对台湾问题之影响"，载《现代台湾研究》，2013 年第 4 期，第 54 页。

⑤ 刘海潮："当前美国亚太战略调整对台海和平的影响分析"，载《中国评论》，2014 年第 3 期，第 37—42 页。

第五编

香港问题新特征

香港在区域经济中的优势、挑战及前景[*]

张哲馨　季伊昕

　　作为全球最自由的经济体之一，又有着中央政策和广大内地市场的支持，香港拥有明显的区位优势和竞争优势，在人均生产总值、贸易额、吸收外资、劳动力就业比例等指标上都位于亚洲前列，金融、贸易、旅游、专业服务等传统服务业非常发达，长期享有全球最具竞争力经济体之一的美誉。然而，面对着周边地区和城市的激烈竞争，香港自身经济结构愈显脆弱，主要表现在：产业结构严重失衡，日益偏重消费型服务业，难以找到新的经济增长点；产业资本多为大财团控制，极少数家族财团对香港社会和经济的影响力过大，同时，大量国际游资也时刻威胁着香港乃至内地的金融安全；高端劳动力不足而低端劳动力过剩，社会收入两极分化现象突出，由此导致的社会问题和民意波动日益加剧。如未能得到及时有效调整，将严重阻碍香港经济的健康可持续发展。

一、香港的区位优势及潜在挑战

　　香港具有明显的区位优势和一些潜在的挑战。从优势看，其连接中国内地与东南亚地区的地理位置、通过《关于建立更紧密经贸关系的安排（CEPA）》及粤港合作等取得的同内地紧密合作的独特地位、作为全球最自由经济体而同国际社会保持的机制性联系、非常成熟而相对全面的服务业发展、教育及人才吸纳等方面的能力和经验，以及整个法律体系、社会制度的相对

---

　　* 本文为两位作者 2014 年共同完成的内部研究报告的核心内容。

完善等等，都是周边地区和城市短期内难以企及的。

同时，香港也面临着越来越多的挑战，主要包括：第一，产业结构失衡问题突出，难以实现健康可持续发展。如上所述，服务业产值已占香港经济总量的93%以上，而金融、贸易和物流这三项传统产业便占了其中将近一半。然而，随着上海、新加坡等逐渐加强国际金融中心、航运中心和现代服务业中心建设，香港的传统产业优势正面临巨大竞争。第二，服务业竞争日趋激烈、利润空间渐小，亟需找到新的利润增长点。从过去五年情况看，新增就业人口多集中在餐饮、物流、地产及社会服务等对教育程度要求较低而附加值也较低的行业，形成低工薪收入者间的恶性竞争，中底层民众收入不增反降，除导致各种社会问题外，也不利于产业升级和技术升级。第三，不断上涨的房产价格和生活成本，加大了企业在香港的经营成本，特别对于一些创新企业而言风险更大。最后，香港的国际化程度有弱化趋势，香港人正变得越来越"内向"。如"大珠三角商务委员会"2010年发布的一份报告称，回归之前，香港一直是东亚地区的"华侨中心"，与东亚各国的联系非常密切。由于近年来香港的发展重点逐渐转向内地，与东南亚区域的关系日渐疏离，其华侨中心地位逐渐由新加坡取代。同时，目前社会关注的议题也侧重本地而缺乏国际和地区视野。① 假如上述问题未能得到及时有效应对，必将给香港经济的发展带来很多隐患。

（一）香港与周边经济体的比较：以新加坡为例

随着"区域全面经济伙伴协议（RCEP）"和"跨太平洋伙伴关系协议（TPP）"等地区合作机制不断深化和扩大，如香港不能在保持原有优势的同时逐渐加强在地区经济合作中的特殊角色，很容易被时代的发展大潮所淘汰。历史上，欧洲的雅典、那不勒斯，美国弗吉尼亚州的里奇蒙市、亚洲的基隆、雅加达等城市都曾经因自身优良的地理位置和资源而有着令人羡慕的发展前景。然而，出于各种原因，特别是未能保持自身区位优势，这些城市在短短几十年里均被周边城市所赶超，在地区经济中的作用也逐渐被取代。

就香港周边城市而言，在可见的未来能够同香港进行全方位区位优势竞争的只有新加坡。二者在发展历程和自身经济的优劣势上有很多相似性，因

---

① "大珠三角商务委员会"：《香港在国家经济发展中的角色与定位》（建议报告），2010年9月，第9页。

此，可以通过二者过去几年经济发展的比较来衡量香港的表现。简言之，二者在经济发展上的共同点主要有：（1）都占有特殊的地理位置，面临着相似的自然资源条件和人口条件。（2）都大力发展外向型经济，自身经济严重依赖全球和地区经济形势。（3）都有着良好的法律体系、廉洁的政府和优秀的人才培养和吸纳机制。这些相似的优点，不但使二者在20世纪位列"亚洲四小龙"之中，还使二者在之后几十年里远远超过了其他经济体，人均国内生产总值已接近甚至超过了日本。

但是，香港和新加坡也存在着明显的不同，最重要的便是政府对经济活动的干预程度。新加坡一直实行威权式的政治制度以及积极的国家管理和干预政策，不但有着长期而坚定的外向型经济发展战略，还通过税收、政府补贴和资助等各项政策来扶植特定产业。此外，由于新加坡是一个独立国家，为避免经济上过度依赖某一地区或产业，政府走了一条更加全面平衡的经济发展道路，制造业、传统服务业、高端服务业等产业相对平衡。这些差异使得新加坡能够在短短十年间，特别是经过全球金融危机对主要金融市场的打击后，在人均国内生产总值上超过香港，并有可能继续保持对香港的优势（见表一）。

表一　香港同新加坡经济发展比较（2004—2012 年）
（以当时货币价值及名义汇率计算）

	2004 年		2012 年	
	人均 GDP 及世界排名	第二及第三产业占整体经济的比重	人均 GDP 及世界排名	第二及第三产业占整体经济的比重
香港	28700 美元（15）	13%；87%	34393 美元（25）	7%；93%
新加坡	23700 美元（26）	30%；70%	50714 美元（11）	28%；72%

数据来源：CIA World Factbook, https://www.cia.gov/library/publications/the - world - factbook/（2013 年 8 月 30 日）

面对着新加坡日益激烈的竞争，尽管特区政府人士经常表示"不惧竞争"，将全力保持地区金融、贸易及物流中心等地位，但实际上，二者国际竞争力对比正发生静悄悄的变化。这一变化并不体现在各种国际排名机构对二者国际竞争力的排序上（过去十年来二者在这方面一直处于伯仲之间，经常仅有一位之差），而是对未来经济发展的准备和预期上。在主要产业上，香港缺乏高技术产品的制造和出口，没有形成具有国际竞争力的新兴产业。在商品贸易方面，香港由于背靠内地，在劳动密集型产品上具有优势。

在服务贸易方面，香港虽然在金融服务等领域保持较强竞争力，但在信息咨询服务等高附加值领域的发展仍显薄弱，且一些传统优势也正被新加坡迅速追平甚至赶超。[①] 因此，香港必须更努力地发掘和利用自身区位优势，通过加强与内地经济融合来探寻新的发展空间和手段。

（二）香港与内地的合作与竞争：以广东及上海为例

香港未来发展同内地特别是珠三角地区经济密不可分。因而，许多人建议未来应将粤港合作作为切入点来规划香港经济，进而提出了粤港合作的四大定位：（1）金融、服务、教育、贸易物流等方面的"先行先试"示范区；（2）现代服务业基地；（3）现代流通经济圈及国际枢纽；（4）领先全国的优质生活圈。[②] 为推动双方经济进一步一体化，粤港合作联席会议至今已召开十六次会议，并开始就筹划建立"粤港澳自贸区"进行商议，以促进二者的服务贸易自由化、投资便利化、商品贸易自由化以及金融创新合作，以发挥香港优势带动珠三角发展。

同时，香港也同上海及其他一些内地城市展开了多个领域的交流合作，并计划扩大驻内地办事处及其职能，以争取内地对香港的关注和支持。以上海为例，双方不但在商贸、金融、文化、公务员交流等领域签有多个协议，还有各个层次的互访交流机制，包括双方最高领导参加的沪港经贸合作会议等。从整个国家的区域经济架构上看，也有着对沪港两地相互促进、共同发展的期望。

然而，无论广东还是上海，毕竟以自身经济发展为首要目标，在人才、资源、国家政策等方面，不可避免地同香港有着一定程度的竞争。从香港同珠三角地区的经济整合上看，虽然目前在基础设施建设及人员、资源流动等方面取得了很大进展，但未来经济深入一体化则面临着许多制度障碍，影响两地协调合作机制和经济要素流动程度。再从香港同上海的关系看，由于两者未来发展目标相似，在国际金融中心、人民币离岸业务中心甚至航运、物

---

① 卢丽红，何传添，"香港—新加坡贸易竞争力比较与启示"，《广东外语外贸大学学报》，2011 年第 3 期。另见陈平等，"香港与周边国际金融中心的比较研究"，《大珠三角论坛》，2011 年第 3 期，第 13—28 页。

② "大珠三角商务委员会"：《香港在国家经济发展中的角色与定位》（建议报告），2010 年 9 月，第 25—33 页。另见香港特别行政区政府中央政策组：《香港经济研究：经济转型、竞争力与经济增长的可持续性》研究报告，2010 年，第四章。

流中心的建设和发展上也存在着越来越大的竞争。特别在上海于 2013 年 9 月底建立自由贸易试验区（简称"上海自贸区"）之后，二者竞争面有可能更大。

作为长三角经济圈的核心，拥有充足的土地、资金、人力和未来发展空间，上海建立"自贸区"至少在几方面对香港原有地位形成挑战：首先在贸易和物流领域，上海港的集装箱吞吐量目前已居世界首位。2012 年上海口岸外贸货物吞吐量达 3.6 亿吨，同比增长 5.9%；而香港仅有 2.7 亿吨，同比下降 3%。上海自贸区必然会采取特殊的监管和税收优惠政策，对转口贸易、离岸贸易、仓储、航运、陆地物流等将产生新的促进作用，也会进一步分流香港的贸易资源。其次是在吸引外资和技术方面。目前看来，上海自贸区有望争取到比原有条件更为优惠的企业所得税（估计在 20% 左右），届时香港 16.5% 的税率优势将明显减弱，可能会对一些已成规模的高端制造业、高端服务业、甚至部分在香港设立总部或分支机构的企业产生虹吸效应。最后是在金融及相关服务领域。人们普遍认为，上海自贸区作为"人民币改革的试验田"，将会在汇率市场化、跨境融资和贷款、资本项目自由化等方面"先行先试"，尽快形成上海国际金融中心，并以此带动其他内地城市经济圈的金融创新改革。[①] 虽然目前香港在相关领域的人才、经验、制度规则等方面仍有着不可替代的优势，但中长期看来，上海自贸区的发展必然会给香港的金融中心地位带来较大冲击。

有鉴于此，国务院副总理汪洋在 2013 年 9 月 9 日举行的"第九届泛珠三角区域合作与发展论坛"上表示，面对内地多区域快速崛起的竞争，港澳与泛珠区域必须继续深化合作，否则"不进则退"。在 9 月 10 日召开的博鳌青年论坛（香港）上，香港多位政治、商业及文化精英也认为，香港面临的最大挑战不单是上海等周边城市的快速发展，更重要的是自身应对准备不足，主要表现在特区政府缺乏经济战略思路及整体经济创新能力落后上。[②] 根据世界经济论坛 9 月初公布的全球经济竞争力报告，香港整体竞争力排名上升两位至第七位，但创新方面却排名 22 位。可见，要同内地更深入地经济合作和良性竞争，香港各界需尽快在心理、机制和资源投入上做好准备。

---

① "香港如何面对上海自贸区？"，中评网，http://www.zhgpl.com/doc/1026/7/4/7/102674759.html? coluid =7&docid = 102674759（2013 年 8 月 12 日）

② "香港应与上海自贸区更多合作发挥优势"，第一财经，http：//stock.jrj.com.cn/2013/09/10071315815477.shtml（2013 年 9 月 10 日）

（三）香港各界对香港未来角色定位的争论

21 世纪特别是全球金融危机爆发以来，香港各界对香港未来经济发展方向及在国家经济中应扮演何种角色展开了持久的探讨，目前主要有如下几点共识：首先，尽管香港目前依然是全球最自由、最有竞争力的经济体之一，但随着全球经济形势长期不振以及周边经济体的快速发展，香港必须尽快进行经济结构调整，关键是产业结构转型和提升创新能力。其次，香港的未来很大程度上取决于同内地经济的融合程度。虽然泛珠三角地区经济合作过去进展较顺利，但由于受体制、规则及人口流动空间等限制，要完成进一步整合需要克服越来越大的阻碍。面临着来自新加坡、上海等地的竞争压力，香港各界需尽早形成一个相对统一的经济发展方针，并按照规划鉴定不移地走下去。最后，无论经济结构转型还是与内地经济深入融合，特区政府都应发挥积极引导有时甚至是主导作用。但目前梁振英政府不仅面临着政令施行不畅、民意支持率较低、政治反对派阻挠等一系列问题，而且很难大幅改变特区政府原来对经济事务采取的"积极不干涉"政策。因而，如何从政府内部入手转换思路，形成上下一致的未来发展思路，更关键的是，如何使这一思路为广大市民所理解和支持，是香港各界需要共同关注和努力的首要任务。

对于香港未来角色定位的分歧，则主要集中在几个问题上：第一，在产业结构转型问题上，是重点发展新兴优势产业还是重点巩固原有产业基础？第二，在泛珠三角地区合作中，香港应更多扮演"中间人"还是"领头羊"作用？第三，特区政府在宏观经济规划和有关政策的制定和执行方面，如何合法而有力地突破原有的一些限制，达到公平与效率的统一？有关第一个问题上文已较多论及，此处不再赘述。

就第二个问题而言，梁振英特首基本持稳健态度，提出香港可以利用自身成熟的贸易和服务业，以及知识及人才优势，在泛珠三角地区经济发展中承担"超级联系人"角色。具体来说要发挥三个功能，即担当该地区的"首席知识官"、通过 CEPA 打开地区对外开放的窗口、为地区服务业发展当好"排头兵"。[①] 这一定位在一些人看来过于谨慎，他们认为，面对着新

---

① "梁振英：香港在泛珠合作中担当超级联系人"，人民网，http：//news. sina. com. cn/c/2013 – 09 – 10/000028178016. shtml（2013 年 9 月 10 日）

加坡和上海的竞争，香港必须通过自身竞争力提升和向中央政府争取更多支持政策，努力保持泛珠三角地区发展的核心地位，特别在高新技术产业的生产和研发上要引领整个地区，从而突破原来的"前店后厂"及传统的国际贸易和资金融通功能的桎梏。① 当然，也有一些人乐观地相信，香港同上海虽然在发展理念和方向上相似，但二者发展阶段以及经济体系基础和思路均大不相同，各自定位很清晰，合作面要大于竞争面。即便是竞争，也主要是人才和服务质量的竞争，因此，应加强同上海合作，形成二者齐头并进的局面。②

第三个问题对于香港角色定位而言或许是最关键的。正如特区全国人大代表黄友嘉先生所言，香港各界的"内耗"过大，整个社会对严肃的问题缺乏"健康的讨论"，许多事都"议而不决"，这将严重影响社会的发展。③以香港立法会 2013 年 5 月 30 日举行的一次辩论为例。一些议员提出，提升竞争力需要良好的教育政策，因而政府应增加对人才吸引和教育培训的拨款；一些议员呼吁要首先重视环保，使香港成为宜居城市，才能吸引更多人才和资本；另一些议员则坚称"没有廉洁的政治环境、人权法治及新闻自由，香港就没有明天"。④ 可以看出，每位议员站在各自立场进行的表述听上去都很有道理，但问题是，道理虽有千百个，但要解决问题必须分清先后主次，不可能所有的问题一下子解决。中央政府已坚决表明了支持香港未来发展的态度，香港各界特别是政界精英更需持长远和全局眼光，尽早为香港的前途勾画出一张能够为人普遍接受的蓝图。

二、香港经济结构的发展趋势及其影响

未来香港在全球和中国经济中的地位取决于香港经济结构能否顺利转型，而香港自身优势能否得到发挥和扩大则决定着经济结构转型的成败。回

---

① 封小云："回归后香港经济结构的演变和发展前景初探"，中评网，http://www.zhgpl.com/crn - webapp/cbspub/secDetail.jsp？bookid = 31962&secid = 31983（2013 年 7 月 29 日）

② "香港驻沪办：与上海竞争重质不重量"，中金在线，http://hkstock.cnfol.com/121224/132，2113，14017831，00.shtml（2013 年 8 月 2 日）

③ "港区全国人大代表黄友嘉谈香港如何巩固优势"，人民网，http://hm.people.com.cn/n/2013/0605/c42272 - 21748130.html（2013 年 8 月 26 日）

④ 2013 年 5 月 30 日立法会辩论记录，见特区政府网，http://www.cedb.gov.hk/ctb/chs/speech/2013/pr30052013.htm（2013 年 8 月 18 日）

归 16 年来，香港的经济结构虽然发生了一些变化，但整体结构的提升仍显缓慢。事实上，经济结构转型的迟缓有可能导致相对优势减弱与潜在威胁增大，一旦两者之间的地位发生逆转，则香港在全球和中国经济中的地位则会发生重大变化。展望未来三至五年，香港经济很可能体现出如下特点：

（一）金融服务业仍将是最重要的和增长最快的产业

1997 年香港回归以及接踵而来的亚洲金融风暴，对香港资本市场和房地产市场造成了巨大冲击，由此香港进入了一个漫长的经济调整期。尽管特区政府自成立之初便提出了经济结构转型的目标，但 16 年来转型步伐有不断放缓的趋势。目前，香港经济结构已出现非常明显的非物质化和服务业化的倾向。同时，在服务业发展过程中，传统的贸易、批发零售、物流、社区及个人服务等消费性服务业经历了十年的稳定增长后逐渐放缓；金融及商用服务业则从 1997 年约占 GDP 总量 20% 到 2007 年约占 23%，保持基本稳定，但在全球金融危机后扩张迅猛，短短几年内便上升了 4 个百分点，2011 年占 27.3%。这似乎说明，从香港回归到全球金融危机爆发，香港经济结构逐渐向内部需求拓展，对外服务功能增长缓慢，但金融危机之后，由于香港金融市场发达、营商环境优越，特别是随着内地经济快速发展，金融服务业日益成为香港成长最快和最大的支柱产业，其产值几乎相当于所有批发、零售、贸易及餐饮酒店业的总产值。

虽然消费性服务业保持过高比例会让人担心香港经济逐渐"内化"，但金融服务业过快发展也会产生一些严重问题。第一是对外依赖程度过高，极易受外部经济波动影响。第二是热钱流动难以有效控制，例如，2010 年底估计有高达十万亿人民币的热钱囤积在香港伺机进入内地牟利，不但影响了香港的金融和物价稳定，还关系到整个中国的金融安全。第三是推高了地产、股市等资产价格，进一步影响实体经济发展。由于美国量化宽松政策及中国良好的经济发展前景吸引了大量资金来港，香港楼市仅 2012 年前三季便飙升了 16%，[①] 造成租金上涨及大量资本再次涌入房地产市场，以至于成立不久的梁振英政府不得不重拳出击控制房价。第四是加剧了社会贫富分化现象。最新统计显示，如果按香港所有家庭收入中位数的一半作为贫困线，

① "香港楼价指数再创新高"，新华网，http：//bj. house. sina. com. cn/news/2012 - 09 - 30/0801417405. shtml（2013 年 9 月 1 日）

香港在 2012 年有多达 150 万贫困人口。虽然香港经济增长较快，但总体上并未惠及基层劳工和普通市民。① 这给香港的社会治理和经济走向蒙上了一层阴影。

（二）华资、中资继续占主导地位，大财团资金动向值得关注

九七回归后，英资尽管仍旧稳定持续发展，所占比重已不可与回归前同日而语。然而，香港长期以来形成的国际资本多元化发展格局基本未变。其中，华资和中资在香港资本格局中正扮演着越来越重要的角色，而美资、英资、日资等仍将是香港外来直接投资的主力军。此外，一些离岸金融中心也有望在未来成为香港主要的投资者。

各类统计资料显示，香港华资财团在经历了两次金融风暴后，个人财富有增无减，成为香港社会结构中的极端富有阶层。其拥有的财富随着其所持有的房地产、股票基金以及其他资产价格上升，仍有进一步扩大的趋势。正是由于这些华资企业占据香港经济比重过高，需时刻留意其通过资本运作对香港社会政治、经济形成的掌控能力。如 2013 年 8 月传出李嘉诚有意出售旗下百佳超市集团等，将资本转移至英国进行新的投资项目，在香港社会形成巨大震动，尽管李嘉诚后出面澄清其爱国之心不变，对香港有信心等，仍不禁使人联想到过渡时期怡和撤资香港转移资本事件。且香港华资财团首任掌门人皆年事已高，家族企业进入交接班过渡时期。因此，需积极关注华资财团第二、第三代继承人的经营管理能力与经营理念。

（三）薪酬过低问题继续困扰劳动力市场，中小企业面临人才困境

香港社会正处于经济转型与社会变革交织进行的过程中，最低工资标准过低、工人罢工、工潮等与劳动力紧密关联的问题不断挑战香港的社会神经。鉴于香港的最低时薪甚至低于韩国等经济发展水平不如自己的地区，而生活成本已接近全球最高，故最低时薪及罢工问题有可能在未来一段时期继续发酵，给特区政府及香港企业发展带来很大挑战。如何既加大保护劳动者利益的力度，又不给整个营商环境带来太大冲击，同时避免劳动力问题成为

---

① "调查显示 2012 年香港有近 150 万贫困人口"，新华网，http://news.xinhuanet.com/gangao/2013-09/20/c_117437319.htm（2013 年 9 月 20 日）

反对派操纵舆论挑战政府治理的焦点议题，需要更加细致深入的研究。

当前香港的劳动力市场面临着难以吸引新的人才、劳动生产率提升缓慢等诸多压力。香港社会因产业转型、CEPA 签署与开放自由行等因素更偏重于服务性经济的发展，创新型人才需求不断增长。尤其在全球金融危机之后，香港对风险规划管理及咨询服务业人才的需求持续扩大；四大支柱产业与六大创意产业的发展也迫切需要更多高级人才。由于周边地区和城市的竞争，未来这一人才缺口可能会越来越大。

同时，由于香港社会贫富分化严重，社会资源大部分被大型财团垄断，中小型企业生存艰难，因而，就中短期而言，在港外资企业与华资大财团下属企业仍有望不断吸收更多劳动力来填补人才空缺，而中小型企业则可能由于薪金低、保障弱、晋升空间小等因素，难以吸引和留住足够多的优秀人才为其服务。

（四）香港仍将保持区域竞争优势，但须做好五大重点工作

尽管面临着众多问题和挑战，但香港在营商传统、法律制度、社会生态和文化等方面仍保持较大的区域竞争优势。[①] 据瑞士洛桑国际管理学院公布的 2013 年全球竞争力报告，在全球 60 个国家和地区中，香港竞争力排名由2012 年排首位下降到第三位，低于美国和瑞士，但仍高于位于第五位的新加坡。目前来看，香港的地区比较优势和结构优势仍然存在扩大的空间，但需要重点做好以下工作：

首先，要优化营商环境，提升总部效应和中介功能。香港多年来保持的国际化优势和生产性服务业优势主要体现在其总部效应和中介功能上。回归以来，香港作为跨国公司地区总部、地区商业中心及国际金融中心，作为联结国际市场与内地市场的桥梁，发挥了至关重要的作用。然而，随着内地特别是珠三角城市生产性服务业的逐步发展，香港的优势正面临严重挑战。因此，香港必须大力提升本土的营商环境，创造高端服务资源，以吸引国际跨国公司地区总部持续进驻，并在泛珠三角合作中继续发挥连接与中介作用。

其次，要制定优惠措施，聚集战略性资源。香港优势的维持与强化根本取决于高端的战略性资源聚集，包括人才、创新理念及技术等。香港只有大量投资于这些战略性资源，才能完成新一轮经济结构转型。尽管特区政府在

---

① 杨英，杨桂英："香港区域竞争优劣势评析"，《产经评论》，2010 年第 3 期。

"积极不干预"政策传统下难以对某一行业的发展提供特别优惠措施，但战略性资源聚集并不局限于某一行业，而是对整体经济发展具有重大意义的资源。当前，所有发达经济体都对高端人才和创新技术展开日益激烈的争夺，若特区政府不能通过更加优惠的政策和制度抢占资源并提升本地人才结构，则很难长久保持自身的国际竞争力和吸引力。

再次，要加强政府与企业的战略合作。在推动香港高端技术产业发展以及服务业向高增值环节转型过程中，加强政府与企业的战略合作具有关键意义。过去几十年，香港企业借助珠江三角洲的低成本优势取得快速发展，因而一般热衷于扩大经营规模，长期忽视对产品高技术含量、高附加值等因素的研究和投入。为了促进香港高技术产业的发展，激励中小企业运用新技术和新知识，特区政府应与企业在技术创新领域加强战略合作，如通过适当的优惠性税收政策、加强公共研发、建立风险投资、扩大政府采购、产业园区规划以及人力资源培训等。

第四，要利用亚洲枢纽地位，放大金融融资功能。香港位于目前全球经济增长最为迅速的地区，因而具有成为世界级金融中心的极大机遇和区位条件。目前，香港股市集资地主要集中在中国的内地和台湾地区，虽然中国内地的前景十分广阔，但香港要成为国际性的金融中心并扩展经济规模，必须进一步拓展亚洲市场。此外，一个健全的国际级金融中心应当有四个经济功能，即银行、股市、债券和外汇市场，而目前香港的债券市场和外汇市场在亚洲仍然不具备独特的竞争优势。香港需要在这些领域加大投入，尽快拓展未来发展空间。

最后，要加快同内地融合发展。香港经济结构转型很大程度上取决于同内地的整合程度。国家在十二五期间将更有力地转变经济增长方式，建立创新型国家，这一战略的实施为香港的科技研发、科技服务以及创业投资发展提供了巨大机遇。借助 CEPA 和泛珠三角地区合作，香港今后可大力培养和发挥四个新的经济功能：一是国际科技资源贸易平台，即内地技术引进和内地技术成果商业化基地；二是国际性的技术产业研发中心；三是国际性的科技产业服务基地和创业投资中心；四是创意产业集聚地，即国际性的产品创新市场和品牌开发、设计中心。如能将香港优质的生产性服务业同内地巨大的市场空间结合起来，对于双方的经济结构升级均有重大意义，有助于实现二者在经济融合过程中的双赢局面。

香港青年问题：政治挑战、影响因素与可行选择

张　建

近年来，青年逐渐成为香港社会运动的重要组织者和参与者，并逐渐参与到政治运动中。这不但对香港特区政府的施政造成冲击，更为中央政府对香港的管治带来巨大挑战。因此，如何合情合理合法地回应香港青年的政治、经济、社会诉求，是中央政府和特区政府解决青年问题的关键。

一、香港青年的政治行为与政治倾向

香港青年群体的政治行为和政治倾向随着香港政治生态的演变而衍生出新的趋势和特征。厘清青年群体的政治倾向才能了解青年政治行为背后的逻辑，才能有针对性地提出缓解、解决青年问题的政策选择。当然，青年的政治行为和政治倾向并不必然都是负面的，但基于本文的关注重点，则主要选取青年群体的负面政治行为和倾向来分析。

（一）青年成为参与"占领"运动的主要群体

青年在政治运动抗争方式上表现出激进化，在政治立场上趋向反对派势力。2014 年"占中"运动以来的一系列以"占领"为特征的行动导致香港的政治生态愈加恶劣和复杂，政治势力之间的较量愈加激烈化，形成"占中"与"反占中"的博弈。香港政治运动抗争方式的激进化、极端化成为

* 张建，上海国际问题研究院港澳台研究所助理研究员、香港特区政府中央政策组高级访问学者，主要研究方向：香港政治、"一国两制"问题。

反对势力进行抗争的趋势，而学生群体、青年成为抗争运动的主要力量。统计显示，61% 的"占领"运动参与者为 29 岁及以下的青年群体，而学生群体占比高达 26%。如此高比例的青年参与到政治运动中，对社会构成极大的不稳定因素。当前，青年是最反对特区政府、对中央政府信任程度最低、国民身份认同最低的群体，是反对派的主要支持群体，也是香港社会运动、政治运动的主力。青年群体通过成立多样的组织，如青年新政、学民思潮、香港众志、八十后反特权、本土行动、土地正义联盟等来参与政治运动，影响香港政治格局的走向。2016 年 2 月发生的"旺角骚乱"、2016 年 11 月人大释法后冲击中联办等都是由青年组织和青年群体主导，而参加者也是以青少年群体为主。

青年世代越来越以抗争行为为标榜，传统泛民派在"新型"或"非典型"的学运中被边缘化。以学运、社运起家的民主派，在面对青年世代的学运时却也只能成为"边缘"力量。为了扩大生存空间，民主派新生力量内部的"本土化"以及论述主张的"本土化"将是其发展的重要趋向，这主要根源在于青年群体是泛民的主要选票来源和"基本盘"。2015 年 6 月，香港特区政府中央政策组的民调显示，十五岁至三十五岁的青少年群体（53% 具有大学学位）支持泛民的达 42.3%，支持建制的仅 5.3%（中央政策组，2015）。

（二）青年成为推动分离运动的主要群体

随着分离主义思潮在香港的扩散，"自决""港独"这种极端思潮在香港社会不断发酵，而青年群体在扩散、推动这种以分离主义为本质的思潮方面走在"前面"。青年新生代成为推动激进本土、分离势力和倡导"港独"的主要力量。香港大学的学生会刊物《学苑》成为传播"港独""自决"等分离思潮的主要平台，而刊物文章主要来自在校大学生。《学苑》2014 年出版以"香港民族命运自决""香港民主独立"为题的文章，2016 年 3 月的"香港青年时代宣言"撰文主张进行"二次前途问题"谈判，提出"香港成为受联合国认可的独立主权国家""建立民主政府""全民制订香港宪法"三个诉求。2016 年 9 月当选立法会议员的"青年新政"成员梁颂恒和游蕙祯在宣誓就职仪式上大肆宣扬"港独"，而梁颂恒和游蕙祯分别只有 30 岁和 25 岁。2016 年 3 月成立的"香港民族党"声称提倡"民族自强，香港独立"，最终目标是"建立独立自主的'香港共和国'"。而该党的召集人及成员主要是大专学生，其召集人陈浩天刚从香港理工大学毕业不足一年。2016 年 7 月 24 日，中文大学传播与民意调查中心公布的调查发现，香港平均几乎每五个人，就有一个支持"港独"，而在 15 至 24 岁的组群中，支持比率近四成，支持比反对多；同时令人关注的，就是这个青年群组不支持"和平非暴力"的比率有显著的上升。令人吃惊的是，香港极端本土分离活动和"港独"分裂活动具有一定的"民意"基础，得到少部分人的支持。如 2016 年 2 月在立法会新界东议席补选中主打激进本土牌的"本土民主前线"候选人梁天琦获得 6.6 万多票（15.4%）的支持，虽然少于泛民力量公民党候选人杨岳桥 16 万多票（37.2%）和建制力量民建联候选人周浩鼎 15 万多票（34.8%）而落选，但由此带来的冲击却很明显。

自 2012 年"反国民教育"事件以来，历经 2014 年的违法"占中"运动、2016 年初的"旺角骚乱"以及 2015/2016 年"港独"的快速冒起，青年新生代成为其中的主要组织和参与群体，而且出现愈加年轻化的趋势，从大学的组织、群体向中学蔓延。如中学生组织"学生动源"在中学扩散港独思潮。

（三）青年成为反对陆港融合的主要群体

青年在反对内地和香港融合中扮演越来越负面的角色。以"香港人优先""香港自治运动"等为主的极端本土主义组织进行的"反高铁"、"反新界东北发展运动"、"光复运动"、"驱蝗运动"、反自由行、反简体字等激进运动大都含有反内地的意识和倾向，而在其中发挥关键作用的是青年、学生群体。2015 年 6 月，中央政策组的一项研究显示，香港青少年对内地整体观感负面，1005 名受访者中仅有 27.1% 希望香港与内地加强融合，70.7% 受访者倾向香港与内地保持一定距离（中央政策组，2015），这明确表明大部分青年反对陆港融合。2016 年 2 月 8 日在屯门所发生"反水货"暴力事件，是由热血公民、本土民主前线等激进反对派在网上发起，而参加者大部分是青少年，这些青少年公然对老人和小孩进行谩骂，并声言反水货行动，第一要反对内地游客，第二要反对新来港人士，要建立本土的群体意识。

与此同时，青年是国民身份认同较低、国家观念较淡薄的主要群体。青年对国家的认同、对国民身份的认同呈现下降趋势。2016 年 7 月，香港大学民意研究计划公布的民调结果显示，港人对中国国民身份的自豪感跌至

31%，是 1997 年回归以来的最低点。从年龄层次上看，18—29 岁群组对中国国民身份感到自豪的比例持续下跌，由 2014 年 25% 跌至 2016 年的 10%，是各年龄段中的最低。其实，"自决""港独"等已经凸显出香港部分青年群体对中国国民身份和国家主体观念的抗拒、排斥和否定。

（四）青年成为积极参与政治的主要群体

近年来，青年群体不但参与到政治运动中，还积极通过投票、参选来表达参与政治的意识。青年群体的选举投票方式和投票取向对香港的选举政治产生重要影响。2017 年 2 月初，香港选举事务处公布的 2016 年 9 月立法会选举投票数据显示，年轻人投票率飙升，18 至 20 岁选民的投票率从上届的 42% 激增至 58%，增加 16 个百分点；31—35 岁的青年投票率也由上届 49% 升至 59%，升幅达 10 个百分点。这表明青年群体参与政治意识高涨，积极通过选票来表达政治意见。在近年的各种选举中，青年群体不但投票率高，直接参选的比例也大幅增加。如 2015 年的区议会选举和 2016 年的立法会选举中，都有不少青年直接参加选举。如去年立法会选举中几位当选的本土派都较年轻，在港岛区的地区直选中当选议员的香港众志的罗冠聪不到 24 岁。而青年群体的投票率飙升也直接促使本土派青年参选人当选。

青年手握选票并将其转化为实质性的选举政治能量，对政府的施政和传统建制带来冲击。青年的政治态度和政治取向对各政治力量和政党都产生影响。但严峻的事实是青年群体正成为反对派的主要支持力量，建制力量遭遇青年认同危机。2015 年 3 月，香港特区政府中央政策组发布《香港年轻人的社会态度》研究报告。该报告就青年人社会与政治参与原因进行的民调显示，20 岁至 30 岁年轻人对建制或政府持批判态度或异议者最多，原因并非是社会向上流动机会较少，或本身对生活感到不满，反而是价值观对政治取向的影响显著。报告强调，不满政府或建制的年轻人，很多是受到"正面"的价值或信念启发，对民主化、土地发展等持有较为"正面"的价值观而参与到社会、政治运动（中央政策组，2015）。2015 年 4 月，香港另一民间智库"香港集思会"发布的民调结果也证实了上述情况。香港集思会通过对 1500 名 15 岁至 39 岁青年进行调查，结果显示，38.3% 的受访青年同意为争取公义，以公民抗命方式作违法行为并无问题。25% 受访者表示，如果再有占领行动将会参与。

（五）青年成为外部势力拉拢的主要群体

由于青年的政治立场与政治取态较易改变，易受外部环境的影响，外部势力通过利益输送拉拢青年，特别是较有影响的青年及学生领袖。这一方面表明青年学生群体的意识形态倾向激进，另一方面，也凸显反对势力、外国势力已经把青年学生视作"重点培育"对象，借助青年学生群体进行反中、反建制的活动。如"占中"运动中的核心学生领袖周永康、黄之峰等都通过不同途径收受外部势力为之提供的多方面的利益，如经济利益、名誉利益等。他们还受美国相关机构的邀请赴美参加活动，与"民运分子""台独分子"等共同研讨香港的民主抗争运动。美国背景的组织还为青年组织提供培训和指导，如对"占中"运动的指导。另外，在台湾"太阳花"学运中的青年学生领袖也加大与香港青年学生领袖的互动，"台独"大佬也向相关青年灌输分裂思想。2014 年 2 月，"台独"分子简锡堦应"占中"组织者邀请到香港对占中骨干分子进行"非暴力抗争"培训。2014 年 9 月，台湾"太阳花"学运头目林飞帆、陈为廷在台北带领近百名"台独"组织成员，冲击香港驻台办事处，声援香港"占中"。2016 年 1 月，台湾"大选"期间，不少具有"港独"背景的"伞兵"借赴台观选之名与部分"台独"分子勾结，试图用本土意识包装分离主义。

二、影响香港青年政治行为的主要因素

近年来青年群体出现各种"非常规"问题并不是香港"独有"，这已经成为一个全球性问题。从香港来看，影响香港青年政治行为的因素主要是香港内部的政治环境、政治生态、社会矛盾和社会思潮等。

（一）香港各种矛盾叠加对香港青年产生严重的负面影响

当前香港处于社会矛盾凸显期、经济转型困难期和政治发展的动荡期，香港深层次的政治、经济、社会矛盾，催化了年轻人对前途的焦虑。全球化背景下，人才流动性与竞争性的加强，给香港青年带来焦躁情绪，青年上流机会受社会经济因素、个人际遇及社会环境等因素影响，青年认为社会矛盾压力下政治上、经济上缺乏向上流动性，对社会普遍呈现失望情绪。相关研究认为，香港青年与社会间的基本矛盾主要有四个方面：一是城市发展的现

实状况不能满足青年的自主性发展需求；二是社会内耗让青年对未来产生不安全感；三是对内地文化冲击产生焦虑；四是不少港青在贫富悬殊下产生仇富情绪。有研究调查表明，香港青年人在心态上表现出对"激进"政治行为的接受与认同，而部分中产阶层也通过具体的实际行动支持这种激进主义的理念。导致激进主义在香港冒起的主要原因包括民众对目前经济状况以及政府施政不佳的不满；本土身份意识下强烈的政治主体性认知（夏瑛、管兵，2015）。

另外，香港政治力量的博弈、政府应对的缺位和社会的"宽容"也对青年群体产生负面影响。从政府层面来看，近年来，香港政府在处理相关激进行为和事态上不到位，没有采取有效的手段，应对严重缺位。在发生反水货客、反自由行事件后，香港政府是透过奶粉限购、限制"一签多行"等政策来满足激进本土组织的需求。又如"占中"期间、"占中"之后对占中分子的处理和处置都是比较轻，这无疑都是纵容了激进势力的发展。从社会层面来看，这些激进组织和激进声音在整个社会来说是极少数的一部分。但大多数的民众并没有对这些行为进行谴责，议员、政党基于各自利益考量等对激进本土行为的反对和批判不到位。

（二）香港各种社会思潮扩散对香港青年产生严重的负面影响

近年来，香港出现很多在深刻影响着青年思想认知的社会思潮，特别是各种本土主义主张的影响越来越大，极大地强化了青少年"拒共抗中""去中国化"甚至"港独"的意识。公民抗命、后物质主义、反中环价值、反地产霸权、后发展主义、反融合、反国民教育、本土主义、"香港自决"、"香港独立"等社会思潮，对香港青少年产生了极大的负面影响（黄海，2015）。网络媒体的兴起也对社会思潮的扩散起到了"积极"的作用（刘强，2015）。而特区政府在青少年发展议题上却是没有长远规划，如有重大变动也都是选择性地、因时势地作出回应，强调在学校体制及社会体制之内对青年监控规训（何志平，2015）。

以排斥内地为主要内容的本土意识、民粹意识、分离意识在香港酝酿，而这更进一步强化了港人对自身的政治身份认同。近来，香港极端本土社会运动以所谓民生、民主诉求为依据不断蔓延、扩大为民粹运动、政治运动，并表现出本土与草根相结合、民主与民粹相结合、政客操弄与青年主体相结合、利益诉求与政治诉求相结合、社会运动与政治运作相结合等特点。实际上，目前香港约 2000—3000 年轻人是各类社会运动的铁杆参与者，为了反对而反对，但毕竟只是少数。最大的问题在于大多数年轻人的态度都倾向于同情这一批激进运动者，这是一个很难处理的问题。①

（三）香港各种社会政治运动涌起对香港青年产生严重的负面影响

2012 年"反国民教育"、2014 年"占领中环"运动、2015 年的政改失败到 2016 新年伊始的旺角暴乱，反映出香港社会的政治化色彩大幅上升。受社运、学运等国际民主化、本土化思潮影响，香港青年更多地参与到社会政治运动中。加之"占中"运动的发生，"提升"了青年参与社会政治运动的"热情"。参与"占中"的青年，主要不是因为社会层面"上流"空间不足，也就是经济原因不是主要原因，主要是所谓的"后物质主义"的理念，如自决、本土民主运动等激发其参与街头社会运动。当然，整体上看，绝大多数青年还是务实的，要学业、就业、置业、创业等。经济的改善可以解决部分矛盾，但不是主要原因。

当前香港青年群体的行为呈现出反体制、反建制、反传统、反权威、反既得利益的特点，价值体系认知也呈现碎片化、多元化，不再只讲经济理性、利益优先，而是更加重视政治参与、价值优先，新世代青年群体超越了传统的泛民与建制的博弈格局，将更多的非理性因素涉入政治运动中。去传统、反权威、博出格、弃理性成为主要特征。香港社会政治化倾向加剧，造成社会撕裂。自"占中"事件以来，围绕着香港普选等议题，社会政治化、政治两极化的走向日益明显。

（四）香港国民教育的缺失对香港青年产生严重的负面影响

时下年轻人缺乏对国家的感情与身份认同感，他们未能站在历史的角度去思考香港问题。导致新一代因不知历史而对国家产生误解甚至抗拒，造成这一代的历史意识断层，国家意识及认同感愈加薄弱。寻其根源，这不但有港英政府进行的去中国化的殖民史观教育的问题，也有"一国两制"在香港落实不力、回归史观教育不足的问题，还有近年来出现的以本土思潮之名行分离主义之实的分离史观扩散的问题。英国对香港殖民 150 余年，对整个

---

① 香港教育大学副校长吕大乐教授 2016 年 12 月 10 日在复旦大学的演讲。

香港历史进程中的政治制度、经济体系、文化观念、社会形态、国家认知、生活方式等方方面面采取强势的管治策略，其殖民影响深远。英国的殖民统治在政治上推行"行政吸纳政治"、经济上实施自由市场经济体系、文化教育上推崇西方价值观念、国家认知上弱化中国历史，通过这一系列的殖民管治方式，英国作为香港宗主国的历史印痕深深植入港人心中。同时又由于回归后，中央政府和特区政府没有采取强力的"去殖民化"政策，导致回归近二十年的香港社会中仍然弥漫着深厚的殖民史观。主要表现就是怀念英国殖民统治时期的"辉煌"、抨击回归以来"一国两制"在香港的实践、否认中国人的国民身份认知等等。如在文化上，推崇中国传统的历史文化传承和香港本土的流行文化，但却否定当代特别是新中国成立以来的文化价值；在身份上，强调"香港人"的身份内涵，但却忽视"中国人"的身份认同；在政治上，更多是对地理概念上的中国的认知，却有意地貌视中国共产党治理下的政治制度。

香港民众两种优越感的交错。一是物质优越感，二是价值优越感。随着中国经济的发展和民众物质生活水平的改善和提高，内地与香港在物质上的差距收窄，港人在物质上的优越感降低乃至逐渐消失，这种落差的冲击给港人带来极大不平衡感。维持不同于内地的西方价值意识则成为港人必须坚守的价值优越感的重要方向。但香港以法治、自由为为主的核心价值更多受到了香港社会自身的挑战，而不是来自于内地。如香港的"占中"运动、"旺角骚乱"等都严重破坏和冲击香港的法治。推行国民教育被不少港人认为是挑战香港的核心价值的举动，但实际上这是价值优越感的意识作祟。

（五）香港反对派势力和外国势力的怂恿、煽动和利用对香港青年产生严重的负面影响

由于青年群体展现出的政治力量，香港的反对派和外部势力都"看中"了青年群体，积极利用青年群体。激进反对派的反政府、反建制、反融合的形象及其倾向于反对财团垄断和社会财富分配不公、追求社会公平正义等政策主张对青年群体有一定吸引力，反对派也希望利用青年的支持来获得政治发展的空间和进入立法会所需的选票。外部势力通过怂恿和煽动青年群体参加政治社会运动，甚至予以幕后支持的行为也间接推动青年群体政治取向愈趋"负面"。

三、香港青年工作的可行性选择

面向香港青年出现的各种政治行为和政治倾向以及各种政治、经济、社会诉求，从中央政府到特区政府再到各种社会力量都应合情合理合法地予以回应。香港的青年群体正更多地"介入"政治，由此，青年问题也正转化为政治问题。对于青年问题，要有新方法、新策略、新范畴的应对范式，既要用经济手段，更应有对应的政治手段来予以解决。要注重引导新世代青年的发展方向，善于将其具备的社会能量向有利于政府管治的方向转化。

（一）区别对待正常的社会运动与激进社会运动，加强对以青年人为主体是新兴组织特别是极端团体的关注和研究。

一是要防止"港独"势力与争取民主的力量结合，防止香港学运思潮借鉴"台式"学运，冲击中央和特区政府对香港的管治。以"去中国化"为目的的分离主义有扩大化和外溢的趋向，必须高度重视。二是要加强对青年组织的结构、理念和行为的研究。青年组织在未来的香港社会抗争中将成为主要力量，加强研究才能采取有针对性的应对措施。

（二）系统设计香港青少年的国情教育，注重内化层面的工作。

国情教育是国民教育的重要组成部分，丰富和完善香港民众的国情教育是进一步做好国民教育的基础和核心。一是从工作方式和资源投入上做好青年工作，如在香港青少年赴内地交流方面，重心不应在游览、玩乐等外在层面，而应注重体验、感悟、内涵等内化层面的工作。二是要加强对国情教育效果的跟踪与评估，并相应做出调整。回归以来，在香港当地开展了相当数量和类型的国情教育，同时大批香港青少年赴内地进行国情教育，但国情教育的效果并不如意，甚至有部分适得其反。因此，应委托第三机构或智库对各种国情教育进行评估，并根据形势变化进行调整与完善。三是特区政府继续并加强在年度《施政报告》中推动国情教育的计划。特区政府应多元化鼓励和支持（资源投入、平台建设、资金支持、兴趣引导、发展关注等）香港青少年与学生赴内地交流，了解国情。如可以政府支持、民间机构推动成立两地专门性的交流基金，资助与支持、促进两地民众，特别是青少年间的交流活动。

（三）吸纳、培养更多青年群体进入建制、管治框架，为有志于参与政治、公共政策的青年提供合理的平台。

通过多样的渠道和机制加强与青年的互动，推动青年在高政治层面的社会发展、公共咨询、政制改革等方面发挥作用，吸收青年参与关于香港发展的公共政策研究。特区政府应有策略地回应香港青年世代的政治、经济、社会诉求，注重引导新世代青年的发展方向、回应其政治参与期望，善于将其具备的政治、社会能量向有利于政府施政的方向转化。特区政府的施政措施应有规划的主动向青年倾斜。

（四）切实落实"一国两制"，增强国家软实力对香港青年的吸引力。

青年教育，不仅要在知识性和情感性方面增强国家认同，还要培养青年学生独立思考和理性批判的精神。提升港人的国家认同是一个长期的过程，这就需要潜移默化和"润物细无声"的工作。随着国家的发展，内地的一些优势渐显，特别是在软实力方面已经具有自身的特点。在陆港融合过程中，要有倾向地力推内地的软实力，增强国家对香港的吸引力，减少内地在经济层面对香港冲击的压力。

（五）注重新生代港人的价值观研究，做好青年人对国家认同的工作。

争取人心回归是中央明确提出的当前和今后一个时期港澳工作的核心目标之一，而其中增强新生代和青少年的国家民族意识和国民身份认同则是重中之重。香港新生代由于成长环境、教育水平与老一代港人的差异，导致他们的价值观念、思维模式、生活态度、国家认同也与前人存在很大不同。由于在陆港互动与融合中，他们既看到国家崛起对香港带来的利益，增强了对国家的认同感；同时他们也在学业、就业等方面面临内地的竞争，在心里上产生恐惧感和排斥感。青年人也较易改变看法，因此做好新生代、青年人的工作至关重要。

（六）创新探索增进香港青年国家认同的有效途径和可行方法。

作为"一国两制"下的中国特别行政区，香港责无旁贷地要加强国家认同的教育，培养国家认同的意识，这是中国主权范围内合法建构集体性认同的宪法要求。当然，在推动国民教育的方式方法、过程运作等方面，特区政府有待进行经验总结、反思检视和国际借鉴。国民教育在香港的缺位和缺失不利于维护国家主权、安全和发展利益，不利于中央对香港全面管治权的落实，不利于港人人心回归的进程，不利于"一国两制"在香港的实践。因此，在香港推行国民教育是一项重大的紧迫性任务。当前的要务是如何在香港突破阻力推行国民教育，而不是要不要、有没有必要推行国民教育的问题。探讨构建和增进香港青年一代的国家认同的有效途径和可行办法，应从教材编写、教学方式、开展途径等方面进行分析与探究，找到适合香港教育环境和港人思维模式的国民教育措施，探寻容易为香港青年一代所接受的国民教育办法。

浅析两岸关系下港台关系的
"双向"发展及其前景

郑英琴[*]

香港、台湾两地关系作为两岸关系重要而特殊的组成部分，随着两岸关系的发展而发展，变化而变化。2008 年马英九上台以来，两岸关系大缓和，港台关系也随之升温，在政治、经贸、社会等各个层面的交流也频繁起来。但两地关系的深化并非直线性的，随着近几年台湾、香港各自社会的变化，两地关系也出现了一些新趋势——有交流也有排斥，有合作但又互不信任——这一矛盾性的"双向"发展的态势。民进党上台后，港台关系这种"双向"倾向是否会进一步强化？本文就港台关系的发展趋势进行浅显的解读，并浅析其对两岸关系的影响及其发展前景。

一、港台两地关系的"双向"发展

近几年，港台两地关系发展出现了一些新趋势，在各个领域均出现了一个较为明显的、矛盾性的"双向"发展倾向：两地关系的不断深化的同时，也出现了一个反向运动——将这种关系的深化引向某种反方向。具体可以从政治、经贸和社会等领域来进行解读。

其一，两地关系在政治领域表现为交流机制化，但政治互信欠缺。

在两岸关系大缓和、大发展、大交流后，港台两地官方释放也更多善意，公务交流领域扩大，交流的机制与平台日臻完善，主要表现在三个方面：一是设立"小两会"，联系工作机制化。2010 年 4 月，港台双方分别成

---

* 郑英琴 上海国际问题研究院台港澳所助理研究员。

立"港台经济文化合作协进会"和"台港经济文化合作策进会",被认为是港台官方"白手套"机构的"小两会"。① 至今,"小两会"已顺利举办了多次联席会议,就两地公共政策进行合作与协商(可参见表一)。二是互设办事机构,官方关系得以提升。2011 年,台湾驻港机构"中华旅行社"正式更名为"台北经济文化办事处",2012 年"香港经济贸易文化办事处"在台北成立。办事处在"小两会"的对口联系上为推动两地交流发挥了重要作用,特别是在密切两地商界互动、便利两地居民互访签证方面。三是重启双城交流论坛,建立两地城市多层面的交流平台。2013 年,阔别 12 年的"香港——台北城市交流论坛"重新开启,以"活化城市风貌,开展双城新页"为主题展开。此后港台两地陆续举办了以"城市健康旅游荣景"为主题的"2014 香港——台中城市交流论坛"以及以"机场 + 城市·产业创新机"为主题的"2015 香港——桃园城市交流论坛",为港台两地全方位、多层面的交往搭建了良好平台。

表一:港台"小两会"联系会议的主要议题及成果

时间及地点	会议议题	会议成果
2010 年 8 月,台北	探讨未来两地合作机制及合作领域,确认两会未来机制化联系与交流的方式;涵盖经贸、金融、旅游、空运、公共卫生及食物安全等范畴。	双方达成多项积极共识,包括:轮流举办联席会议和其他活动;加强双方在经贸、金融、投资推广及其他经济领域的交流与合作;支持两地继续共同探讨其他便利两地居民交流往来的措施;支持两地加强教育、创意产业及文化艺术方面的交流、联系和合作;等等。此外,就避免双重征税等具体问题提出了政策建议。
2011 年 8 月,香港	回顾两会过去一年取得成果,包括两地互设办事机构、空运安排、食品药品安全合作、银行监管合作等。	同意推展六项新的优先合作范畴,包括教育交流与合作、民商事法律合作、保险业监管合作、执法人员交流、深化文创合作,以及贸易便捷化。
2012 年 9 月,台北	回顾过去一年在不同合作范畴的成果,包括互设办事处、旅游入境便利、贸易便捷化、创意产业、文化艺术、教育等公共领域的合作。	同意开展四项新的合作范畴,包括环保交流、文物保育交流、检测与验证产业合作及不安全消费品通报,以及促进投资机构相互交流等。

① 中国新闻网:"港台关系借'小两会'追赶两岸关系",http://www.chinanews.com/ga/2010/10 – 24/2608300. shtml.上网时间:2016 年 2 月 10 日。

时间及地点	会议议题	会议成果
2013 年 9 月，香港	回顾了两会过去一年在经贸、文化、旅游、社会民生、城市管理、执法人员交流等合作范畴取得的成果，特别是双方出口信用保险机构及双方学术资历评审机构签订合作备忘录。	双方同意未来一年会继续以务实和互惠的精神，全力推动签订更多其他范畴的合作协议。
2014 年 12 月，台北	回顾过于一年在旅游、经贸投资、科技、文化、卫生等不同方面取得的合作成果。	双方同意透过两会的协商平台，推动三项新的合作范畴，分别为气象服务、应对山泥倾泻灾害，以及应对洪水灾害交流合作。
2015 年 9 月，香港	回顾过一年在检测认证、机场交流、避免海运事业双重课税、气象、水利等领域的合作成果。	双方同意展开五项新合作范畴，分别为湿地保育、濒危野生动植物贸易、知识产权、都市更新及推广节约用水。

　　注：上表根据港台经济问题协进会官网资料整理而成，网址：http：//www.eccpc.org.hk/chs/meeting.htm

　　尽管两地官方层面往来热络，高层互访增多，对口部门的合作领域也得以拓展，特别是旅游和司法领域的合作可谓取得突破。然而，两地的互信仍有所缺失，双方都较为谨慎。香港特区政府在发展两地关系上体现出积极进取的一面，梁振英特首曾于 2013 年主动向台"借将"，台湾前"财政部长"刘忆如成为香港经济发展委员会一员；但在政治交流上面临着对台战略规划不足、定位不清晰的问题。台方虽在两地关系发展上回应积极，但更为保守，害怕因政治层面深化与港关系而被"矮化"。

　　其二，两地在经贸领域的交流密切，发展稳健，但合作理念存在较大差距。

　　2008 年以来，港台经贸往来进一步密切。2010 年至 2014 年期间，香港与台湾双边贸易每年平均增长率为 7%。2014 年两地贸易总额上升了 12%，达 486.63 亿美元（两地近几年的经贸数据请参考表二）。台湾是香港第四大贸易伙伴；第三大港产品出口市场；第五大转口市场；以及第二大进口来源地。香港则是台湾第四大贸易伙伴；第二大出口市场；以及第二十八大进口来源地。①

---

　　① 香港经济贸易文化办事处官网：http：//www.hketco.hk/tc/economy_info/。上网时间：2016 年 2 月 11 日。

表二：近几年香港、台湾两地经贸数据（单位：百万美元）

年份	港从台进口	港出口至台	贸易总额	占港贸易总额
2012 年	31396	10364	41760	4.4%（排第四位）
2013 年	33576	9918	43494	4.5%（排第四位）
2014 年	38497	10166	48663	4.8%（排第四位）
2015 年	35178	8337	43515	4.4%（排第四位）

注：数据来源于香港商贸局经贸研究网：http://bso.hktdc.com/bso/jsp/bso_freq_stat_chi.jsp#general

不过，两地对于推进经贸交流在合作理念上存在明显差异。香港方面认为签署大的合作框架更为有效，梁振英曾在"两岸及香港'经济日报'财经高峰论坛"上呼吁港台两地签署类似两岸经济合作框架协议的合作安排；台湾经济部门则表示可以考虑从产业合作开始，希望以"堆积木"的方式推进合作。合作理念的差距使得双方迟迟未能就两地经济交流建立长期的战略规划，这实质上是两地政治互信不足所致。实际上，若两地能签署类似FTA的合作协议，将有利于两地经贸合作的深化及资源的整合。

其三，两地在社会领域交往热络，但社会运动频发且互联互动。

近几年来，港台两地社会往来劲头较足，在传统的人文、教育、环保等领域的交流均有所拓展。在人员往来方面，台湾稳居香港第二大客源地，香港则是台湾的第三大客源市场。在教育领域，据悉，港生赴台报读 2014 学年学士班总人数达 5626 人，较上届 3761 人增幅达 50%。[①] 两地的文化交流亦趋机制化，例如，两地定期举办"台湾月"与"香港周"，增进互相了解。此外，两地的交流也延伸至台湾中南部。值得一提的是，2013 年台南市与香港实现了定期航班直航。

两地民间往来热络的同时，却都面临着社会乱象丛生的挑战。两地社会运动频发，且交汇联动。由于两地的社会形态有很大不同，香港的公民社会发展及政党政治远不及台湾成熟。某种程度上，香港青年正以台湾青年为样板，很多香港学生甚至跑到台湾取经，台湾的学运"鼓励"了香港的"占中"运动。特别值得关注的一个现象是出现所谓的"台独"与"港独"的合流。两地激进人士的合作愈发密切，甚至相互支持。一旦社会运动被有目的地激进化了，很容易演变为对抗社会、破坏正常生活秩序的活动。港台两

① 任冬梅："2014 年港台关系"，《两岸关系》，2015 年第 2 期总第 212 期，第 12—14 页。

地的社会互动出现的政治化趋势值得关注。

二、两地关系"双向"发展的原因分析

在两岸关系大步前进的同时，港台两地关系比以往都更为紧密，但同时出现了上述"双向"发展的趋势。这种双向性表明了两地关系存在阻碍性的张力，这种张力或源于全球、区域经济大环境，或来两岸关系的政治氛围，更来自两地当局及两地社会内部，种种因素交错，造成了两地关系这种矛盾性的"双向"发展。

首先，经济全球化下港台两地在区域经济版图中的地位下降，物质优越感的丧失带来心理上的失落与迷茫；相似的矛盾心理促成了两地社运的联动。

经济的全球化要求改变原有的政治—经济的空间分布，在国家之间和各国内部造成了严重的经济和社会不平等，成为社会和政治紧张的主要根源。全球化不仅带来了诸如贫富差距扩大造成社会阶层对立、民生问题引发的政府合法性赤字等种种问题，而且正如霍布斯鲍姆所言，"全球化、快速发展的交通使得政府越来越难以控制本地进出的人员、物资及发生的事件，这些深层的社会变化严重削弱了政府维护公共秩序的权力。"① 在全球化及区域经济一体化中，港台两地的经济发展虽然宏观上呈增长趋势，但由于增速跟不上周围地区，之前的物质优越地位大幅下降，这种落差带来的是心理上的巨大失落。以香港为例，1997 年香港的 GDP 总量约是深圳的 10 倍，而2014 年约是深圳的 1.1 倍，差距极大地缩小。② 台湾也面临同样的困境，尤其是随着亚太区域经济合作蓬勃发展，RCEP、TPP、亚投行、"一带一路"倡议等合作机制正进行得如火如荼，台湾若要绕过大陆参与任何区域性的经济合作机制几乎不可能实现。原先作为亚洲"四小龙"的港、台两地由于经济发展相对逊色，地位相对下降，加剧了两地原本存在的民生问题，如就业难、房价过高、社会公正赤字等，使得两地民众情感发生微妙变化：经济上不得不依赖大陆，但政治体制上的优越感又使其不甘心就此归附于大陆。

---

① 姜静："全球化背景下的国际秩序新趋势"，《国外理论动态》，2013 年第 3 期，第 112—113 页。

② 1997 年，香港的 GDP 总量是 13650.24 亿港元，深圳是 1297.42 亿元人民币；2014 年，香港、深圳的 GDP 总量分别是：18045 亿元人民币和 16001.98 亿元人民币。

心理的优越感始终存在，但面对现实又只有无力感，在这种复杂心态下，社会运动就成了发泄愤恨与不满的一条出路。特别是在两地新生代之前，现实的焦躁和前途的迷茫将其联系在一起，在少数激进人士和外部势力的煽动下，青年成为两地社会运动的主力军。目前港台两地社会出现的各种乱象，似乎日益摆脱当局的掌控力，台湾的"太阳花"学运，香港的"占中"以及今年年初发生的"旺角暴乱事件"都是例证。社会力量的激进化破坏了既有的社会秩序，甚至挑战了当局的权威，直接影响了两地关系乃至两岸关系。

其次，两岸关系的和平发展推动了港台关系的发展，但两岸政治定位未决又制约了两地关系的发展。

港台两地关系的发展变化离不开两岸关系的发展这一环境，两岸关系缓和以来，大陆对两岸关系发展的信心增进，亦鼓励港台两地关系积极迈进，港台两地当局也秉着理性务实的态度推进两地合作。可以说，两地关系的密切离不开大陆、港台三地政府的推动与协调。[①] 不过，两地关系的双向性也是在两岸关系的大背景下产生的。一方面，回顾过去几年大陆对港、对台的政策，可以发现，两地之间"你中有我，我中有你"的现象甚为明显，包括自由行、与大陆的经贸合作协议，即《关于建立更紧密经贸关系的安排》（CEPA）和《海峡两岸经济合作框架协议》（ECFA）等政策安排可以说是互相借鉴的。另一方面，由于两岸之间的政治定位问题始终未解决，台湾方面在发展对香港关系时，始终担忧被"矮化"。台湾方面常将大陆对香港问题的处理与台湾民主政治的未来及两岸关系的发展挂钩，但有意渲染甚至夸大香港回归后发生的一些负面的社会问题，而忽略香港在"一国两制"下收获的安稳与机遇，宣扬"今日的香港会成为明日的台湾"。鉴于此，虽明知加强两地经贸合作对双方都有利，但台方却抱着类似于"走一步算一步"的心态；在政府交流层面也极为保守。这是港台两地互信始终难以真正推进的根源。

最后，我们可以从港台两地社会内部发现两地关系发展出现这种双向趋势的原因。港台两地的政治、经济、社会日益被相提并论，两地社会甚至出现了一种"惺惺相惜"的观感。正如上文所述，两地经济发展的不利，但

---

① 可参考郑英琴："2008 年以来港台关系发展评析"，《现代台湾研究》，2011 年第 3 期，第 15—18 页。

社会对抗不了资本的力量，于是转向对抗政府。可以发现，近几年两地社运出现了"针对当地执政，为了反对而反对"的倾向。经济及民生问题是两地社会乱象产生的最根本原因，也直接影响当地的政治发展。有学者指出，"这次蔡英文率领下的民进党获得大胜的基本原因，可以说是国民党执政下的台湾经济的停滞（比如，2015年台湾国内生产总值第三季度为负增长），以及马英九无法推出有效的解决方案，实施具体的应对措施"。① 经济及民生问题导致社会各方力量相互博弈，竞争有限的资源，充满不协调和冲击力；社会对当局的不信任感在增加，当局施政面临的困难也越大，但这些问题并不会因为台湾或香港换了领导人就会一下子消失。目前两地社会对政治的热情其实也是对政治现状的不满而期望有所变革的一种反应。可以说，市场、政府与社会的关系如何处理是两地面临的共同挑战。实际上，两地社会均清楚，连接两地的核心是大陆，决定两地未来的着力点也在大陆。而大陆的发展对于港台的经济发展无疑会带来更多的机遇。但部分"有心"人士却时不时地将两地社会矛盾的矛头对准"大陆"，以此发泄不满，唯恐社会不乱。其实，只要理智的人都看得出来，这完全不是正常的思路。

三、两地关系发展前景及其影响

作为两岸关系的重要一环，两地关系的发展深受两岸关系变局的影响。民进党上台后，两地关系将走向何方？上述的矛盾性双向发展是否会进一步深化，抑或转向其中某一方向发展？无疑，两岸关系的演变与港台两地的政策走向将是最主要的影响因素。

民进党上台后为两岸关系蒙上了浓重的不确定的色彩，两岸关系能否维持和平发展、合作交流的局面直接左右港台两地关系的走向。2008年以来港台关系的深化得益于两岸大缓和后大陆对两地关系的推进与鼓励，香港特区政府也表现出积极主动的一面；但随着民进党的上台，蔡英文虽强调要"建立具有一致性、可持续性的两岸关系"，② 并表示希望能以"沟通、不挑

① 加藤嘉一："蔡英文大胜，两岸关系向何处去？"，纽约时报中文网，http://cn.nytimes.com/china/20160119/cc19kato‑taiwan/。上网时间：2016年2月12日。

② "蔡英文：建立具有一致性、可持续性的两岸关系"，联合早报网，http://www.zaobao.com/print/realtime/china/story20160116‑571709。上网时间：2016年2月12日。

衅、不会有意外"作为稳定两岸关系的三原则;① 但对于维护两岸和平发展的原则——"九二共识",蔡英文则表示,"九二共识不等于全民的共识,是一种选项,但不是唯一的选项"。② 种种模糊的说辞在选举时或许可以忽悠民众,但执政后如何面对大陆,如何拿出切实可行的解套策略,却是实实在在的考验。加上面临着如何搞活台湾岛内经济这一重大现实挑战,蔡英文务实地认识到稳定的两岸关系是其顺利执政的必要环境。但回顾过去几年民进党处理两岸议题仍不脱"逢中必反"的"台独逻辑",现在上台后也回避"九二共识",有学者指出,蔡英文或会"以柔性方式来应对大陆压力";但不放弃"台独"、不承认"九二共识",本身就缺乏沟通的诚意,随时可能给两岸和平发展带来不确定因素。③ 可以预见,今后两岸关系要一帆风顺地发展恐怕不容乐观。两岸或会维持"冷和平",若一旦两岸关系罩上"阴霾",港台两地之间的张力也会增大,特别是在两地的政治互信方面。

对于港台两地关系,蔡英文上台前曾表示非常关注香港的民主化进程;表明"民进党若执政,不仅希望跟香港持续保持交流互动,也希望在公民社会、民主进程等,能跟香港更多交流与对话,让双方的交流能进一步发展"。④ 事实上,蔡英文曾力挺香港的"占中"运动,在铜锣湾书店员工事件上强调要"确保香港的言论自由"等,⑤ 由此可预见的是,今后"民主""自由"这类议题或许会更多地出现在民进党对港事务中,为两地政治交流蒙上政治色彩。鉴于之前发生的所谓"台独"与"港独"人士频繁接触的事实,民进党对香港政治的介入无异于直接触动大陆及香港特区政府的敏感带,给两地关系增添更多的不确定性。而且,香港的民主进程因为是在较小的地理空间内推行,本身有着走向极端化的危险。⑥ 尽管港台两地在过去几

---

① "谈两岸政策　蔡英文:应以民意为依据",http://www.epochtimes.com/gb/15/12/23/n4602694.htm。上网时间:2016年2月12日。

② 海外网:"金台沙龙:重返执政,民进党两岸路线会调整吗?",http://opinion.haiwainet.cn/n/2016/0118/c353596-29559970.html。上网时间:2016年2月12日。

③ 海外网:"金台沙龙:重返执政,民进党两岸路线会调整吗?",http://opinion.haiwainet.cn/n/2016/0118/c353596-29559970.html。上网时间:2016年2月12日。

④ "谈两岸政策　蔡英文:应以民意为依据",http://www.epochtimes.com/gb/15/12/23/n4602694.htm。上网时间:2016年2月12日。

⑤ http://www.voachinese.com/content/voa-news-taiwans-tsai-urges-answers-on-hong-kong-booksellers-20160106/3133388.html。上网时间:2016年2月12日。

⑥ 刘晗:"区域普选进程中的国家统合问题:转型国家的比较研究",《环球法律评论》,2015年第6期。

年建立的交流机制或许可以为两地的危机管控提供有利的渠道，但倘若民进党内部的激进势力再有企图欲干预香港的政制发展，势必会制造更多的信任危机，甚至危及两岸关系。相信这是大陆、港台三地社会都不乐见的。

从香港方面来看，两岸关系的模糊和式微也会重挫其发展对台关系的积极性。加上香港本身面临着政改未决、民生凸出、社会撕裂等难题，发展对台关系在特区政府的议事日程上的排序亦会下降。因此，将来港台两地的经贸往来受两岸变局的影响或许不大，两地依然需要携手参与区域经济合作，这也是大陆与港台都期待的；但在官方交流层面，香港或会更为审慎，严守香港"基本法"和"钱七条"① 的原则和政策，发展对台关系。

此外，不应忽略的是，港台两地均出现了"第三势力"（或称"中间力量"）的崛起这一趋向，这是两地社会利益与价值诉求日益多元化的反映。这股新崛起的力量对于港台两地关系以至两岸关系会有何影响，仍待观察。

四、结语

可以发现，尽管港台两地关系存在着矛盾性的双向发展，但过去几年，在两岸关系和平发展的格局下，两地关系的正面动力远远强于负面阻力，双向运动的"张力"得以受到控制和消化，两地关系也取得了可喜的成果。今后，在台湾政坛变革、两岸关系大变局下，港台两地关系之间这种阻碍性

---

① 1995 年 6 月由时任国务院副总理、香港特别行政区筹委会预委会主任钱其琛在预委会第五次全体会议上代表国务院宣布的《关于处理"九七"后香港涉台问题的基本原则和政策》，俗称"钱七条"。"钱七条"基本原则和政策全文如下：一、港、台两地现有的各种民间交流交往关系，包括经济文化交流、人员往来等，基本不变。二、鼓励、欢迎台湾居民和台湾各类资本到香港从事投资、贸易和其它工商活动。台湾居民和台湾各类资本在香港的正当权益依法受到保护。三、根据"一个中国"的原则，香港特别行政区与台湾地区间的空中航线和海上运输航线，按"地区特殊航线"管理。香港特别行政区与台湾地区间的海、空航运交通，依双向互惠原则进行。四、台湾居民可根据香港特别行政区法律进入香港地区，或在当地就学、就业、定居。为方便台湾居民出入香港，中央人民政府将就其所持证件等问题做出安排。五、香港特别行政区的教育、科学、技术、文化、艺术、医疗卫生、劳工、社会福利、社会工作等方面的民间团体和宗教组织，在互不隶属、互不干涉和互相尊重的原则基础上，可与台湾地区的有关民间团体和组织保持和发展关系。六、香港特别行政区与台湾地区之间以各种名义进行的官方接触往来、商谈、签署协议和设立机构，须报中央人民政府批准，或经中央人民政府具体授权，由特别行政区官长批准。七、台湾现有在香港的机构及人员可继续留存，他们在行动上要严格遵守《中华人民共和国香港特别行政区基本法》，不得违背一个中国的原则，不得从事损害香港的安定繁荣以及与其注册性质不符的活动。我们鼓励、欢迎他们为祖国的统一和保持香港的繁荣稳定做出贡献。

的"张力"如何消解，需要找出那个能够使矛盾和冲突转化为合作的重要因素。因大陆与港台三地的社会联动性比以往更为密切，港台任何一方的变化不仅触及两地关系，更牵系着两岸关系。我们都看到，大陆与港台存在于一个共生共荣的命运共同体之中，这个共同体的维护与发展需要大陆与港台人民的共同努力。

美国国会对香港事务的介入
及其对中美关系的影响

张哲馨　张　建[*]

香港回归近二十年来，除其自身面临的深层次、结构性矛盾外，美国对香港事务的持续介入也加剧了香港局势的复杂性。一方面，随着"亚太再平衡"战略的不断推进，美国将介入香港事务作为牵制中国的重要手段，另一方面，香港的发展和稳定也符合美国自身的利益需求，对美国具有重要意义。[①] 美国对港政策基本是在理想主义与现实主义之间摇摆，试图用自由主义的手段达成现实主义的目标。[②] 香港回归以来，特别是近年来，美国大力推行"亚太再平衡"政策，借助香港牵制中国的意图明显上升。加上香港本身出现的围绕政制发展的政治博弈以及分离势力抬头等因素，"香港议题"成为中美关系以及两国最高领导人会谈的新内容，[③] 增加了中美关系中的不确定性因素。

美国国会作为美国的最高代议机构和立法机关，对政府内外政策的制定及实施有着举足轻重的影响。一直以来，美国国会对香港的人权与民主给予

　* 张哲馨，博士，上海国际问题研究院台港澳研究所所长助理；张建，博士，上海国际问题研究院台港澳研究所助理研究员。

　① Richard C. Bush, *Hong Kong in the Shadow of China: Living with the Leviathan*, Washington D. C: Brookings Institution Press, 2016.

　② 沈本秋著：《理想与现实之间：美国的对外政策研究——以美国的香港政策为例》，北京：中国政法大学出版社，2015 年，第 2 页；另见 Simon Shen, *US - Hong Kong Relations and the Response to Counter - Terrorism*, Hong Kong Institute of Asia - Pacific Studies, The Chinese University of Hong Kong, 2006.

　③ Richard C. Bush, "Hong Kong at the Obama - Xi Summit," Brookings Briefing, November 12, 2014, http: //www. brookings. edu/blogs/up - front/posts/2014/11/12 - hong - kong - obama - xi - summit - bush.

极大的"关注",不但将香港的人权与民主状况直接与美国在港利益挂钩，还以此作为干预香港事务的"道德依据"。目前，美国国会正在准备全面重启1992—2007年施行的《美国—香港政策法》，国会内部亦在准备《香港人权及民主法案》的立法工作。不少声音认为，《美国—香港政策法》仍是美国对港政策的基石（sound foundation），今天法案对香港自治地位的重视比二十多年前更加关键。① 本文试图从美国国会的视角来考察美国的香港政策，通过梳理国会介入香港事务的方式和手段，检视国会在美国对港政策中的角色及其介入香港事务的影响。

一、香港回归前美国国会对香港事务的介入

二战结束到冷战初期，美国基于美英"特殊关系"以及对香港的政策评估，承认英国在香港的特殊利益，没有刻意扩大在香港的利益存在，针对香港主权、治权事务提出"不参与"和"不主动"采取立场的基本原则。② 20世纪90年代之前，美国的香港政策主要是配合英国对香港的统治，同时巩固自身政治和经济利益。80年代中英就香港问题谈判期间，美国作为一

---

① Richard C. Bush, Congressional Testimony：The Future of Democracy in Hong Kong, November 19, 2014, http：//www. brookings. edu/research/testimony/2014/11/19 – hong – kong – democracy – bush.

② 冷战初期美国对港政策的研究可参见：Nancy Bernkopf Tucker, Taiwan, Hong Kong, and the United States, 1945 –1992：Uncertain Friendships, New York：Twayne Publishers, 1994；J. R. Lombardo, "United States' Foreign Policy Towards the British Crown Colony of Hong Kong During the Early Cold War Period, 1945 –1964," PhD Dissertation, The University of Hong Kong, 1997；Lin Ye, "In China's Shadow：United States Foreign Policy Toward Hong Kong, 1945 – 1972," PhD Dissertation, The University of New Mexico, 2000；Law Yuk Fun, "Delayed Accommodation：United States Policies Towards Hong Kong, 1949 –1960," PhD Dissertation, The University of Hong Kong, 2001；Chi – Kwan Mark, Hong Kong and the Cold War：Anglo – American Relations：1949 –1957, Oxford Clarendon Press, 2004；于群、程舒伟："美国的香港政策（1942—1960）"，《历史研究》，1997年第3期；郭又新、刘大平："美国亚洲战略中的香港问题"，《东北师大学报：哲学社会科学版》，1997年第4期；郭又新："1949—1954年美国对香港的经济防卫政策"，《东北师大学报：哲学社会科学版》，2000年第6期；吕迅："香港在美国冷战政策中的作用（1949—1955）"，中国社科院近代史研究所编：《中国社会科学院近代史研究所青年学术论坛（2010年卷）》，社会科学文献出版社，2011年；李彭广著：《管治香港：英国解密档案的启示》，牛津大学出版社，2012年；孙晨旭："美国政府香港政策起源刍议"，《四川大学学报（哲学社会科学版）》，2014年第2期；孙晨旭："国内外学界关于美港关系史的研究述评"，《世界历史》，2014年第6期；张扬："'前线外交'：冷战初期美国在香港的文化活动初探"，《美国问题研究》，2015年第2期。

个"感兴趣的旁观者",① 仅在其中扮演"边缘角色"。② 但自 90 年代初开始,美国明显加强了对香港问题的"关注",认为其在香港有着广泛的经济利益和"道义"利益,③ 美国的香港政策逐渐清晰。

美国国会关注香港的人权与民主问题由来已久。回归前,在中英通过谈判达成《中英联合声明》、解决了香港主权问题的背景下,美国国会就不断推动美国政府提升对香港人权事务的重视和参与。1989 年和 1990 年,为保证港人有权且有能力离开香港,美国参众两院先后通过了《增加香港向美国移民配额的修正案》。1990 年,国会提出把香港的人权与美国对华最惠国待遇挂钩。1991 年 9 月 20 日,参议员米奇·麦康奈尔(Mich McConnell)、保罗·西蒙(Paul Simon)、弗兰克·穆科尔斯基(Frank Murkowski)等向参议院对外关系委员会提交了参议院第 1731 号议案,即《美国—香港政策法》法案。10 月 8 日,众议员约翰·波特(John Porter)也向众议院提交了类似法案,即众议院第 3522 号议案。根据这些法案,香港回归后美国将继续在经贸、运输、文化和教育等方面与香港保持原有关系,对香港采用不同于中国内地的政策。1992 年国会通过了《美国—香港政策法(United States – Hong Kong Policy Act)》,专门就美国与香港的关系进行政策论述,并以国内法的形式确立了美国介入香港事务的法律依据,这是美国在香港问题上干涉中国内部事务的具体体现。④ 其中第 301 条款规定国务院须向国会定期报告与美国利益有关的香港事务,特别是香港的民主和人权状况,为介入香港事务、干涉中国内政提供所谓的法律框架。美国政策界认为,《美国—香港政策法》的重要性在于它表达了美国政府和民众对香港的关注和某种政治承诺。《美国—香港政策法》使美国拥有了应对香港问题的全面政策,其内容涉及政治、经济、文化各个方面,既包含了美国的现实利益,也有美国的价值考量在内。一方面,该法可以为美国介入香港事务提供国内法依据,以维护其在香港问题上的利益;另一方面,该法也为美国政府干涉

---

① Jurgen Domes and Yu – Ming Shaw, eds. , Hong Kong: A Chinese and International Concern, Colorado: Westview Press, 1988, pp. 183 – 199.

② Nancy Tucker, Taiwan, Hong Kong, and the United States Uncertain Friendship, 1945 – 1992: Uncertain Friendships, pp. 3 – 6.

③ Harry Harding, A Fragile Relationship: the United States and China since 1972, Washington D. C. : The Brookings Institution, 1992, pp. 345 – 350.

④ 林碧云:"1992 年美国—香港政策法之决策分析",台湾淡江大学美国研究所博士学位论文,2009 年。

中国的香港政策提供了机会，并使美国在香港问题上保持一种对中国的无形压力。①

1994年至1995年，美国国会相继通过三个法案，公开干涉香港政治事务。其中《香港政策法修正案》要求国务院定期向国会报告有关香港《基本法》和《中英联合声明》的执行情况、香港立法会选举的开放程度、行政长官的选举公平程度等情况。1996年至1997年，在香港回归前的过渡期，美国国会参众两院还单独通过了一系列议案，要求克林顿政府加强监督"中国政府对香港的各种做法"。例如，1997年3月11日，美国国会众议院推出《香港回归法案》，即众议院第750号法案，试图为美国深度介入香港事务提供更直接的法律依据。该法案要求美国政府介入香港问题，授权美国总统如断定中国不能保持香港的高度自治，可以停止给予香港一切优惠待遇，实行贸易限制。"美国政府有责任确保美国的利益在过渡期间和过渡后得到保护，并对确保香港人民的基本人权也得到保护一事至表关心，如果香港回归后其自治程度不足或与中国承诺不符，总统可以修改美国有关香港的法律。"② 这是继《美国—香港政策法》之后美国国会再次以国内法的手段直接干预香港事务。该议案比《美国—香港政策法》在态度上更加激进，不啻于将美国定位为香港未来实施"一国两制"的"仲裁者"。③ 此外，1997年3月底，美国众议院议长金里奇（Newt Gingrich）在访华时也向中国政府表达了美国国会要求中国"尊重香港人权"的关切。④

总体上看，香港回归前，美国国会一直频繁通过立法提案的形式介入香港事务。一方面，虽然国会参议院或众议院单独通过的议案不具有法律约束力，却能够形成强大压力，推动美国政府加大对香港事务的介入力度。另一方面，美国国会的介入，尤其是《美国—香港政策法》的通过，为香港的顺利回归制造了障碍，加剧了回归前香港政治局势的复杂性。

---

① 沈本秋著：《理想与现实之间：美国的对外政策研究——以美国的香港政策为例》，第155—157页。

② Congressional Record, H. R. 750, Introduced on February 13, 1997, https://www.congress.gov/bill/105th–congress/house–bill/750/text? q = % 7B% 22search% 22% 3A% 5B% 22hong + kong + + H. R. 750% 22% 5D% 7D.

③ 蔡黛云："香港回归与中美关系"，载《深圳大学学报》，2001年第1期。

④ 刘连第："中美关系的轨迹：1993—2000年大事纵览"，时事出版社，2001年，第574页。

二、香港回归以来美国国会介入香港事务的主要方式

香港回归以来，美国政府对香港事务的介入较回归前更加积极而全面，国会也成为美国介入香港事务的主要推手。其介入香港事务主要有以下方式：

1. 举行涉港问题听证会。国会举行涉港问题听证会，一方面可借此向中国政府及香港特区政府施压，并迫使美国白宫和国务院就香港问题表态，另一方面则为国会启动涉港事务立法进行舆论造势，同时表明国会在香港事务上的立场。回归以来，但凡香港有重大事件发生，美国国会参众两院都会举行听证会。如香港的政改、民主发展、二十三条立法等，乃至香港内地子女"居港权"问题都属于国会听证的范围。

1999 年 7 月，参议院就回归以来美国的香港政策举行听证会，评估回归后的香港状况，特别针对全国人大常委会对港人内地子女居港权问题的释法，指责中国政府干预香港司法独立。① 2004 年，香港对 2007 年/2008 年的行政长官和立法会产生办法进行改革。美国国会在此次政改的关键时期再次举行听证会。2004 年 3 月 4 日，美国参议院国际关系委员会专门就香港的民主发展问题举行名为"民主在香港（Democracy in Hong Kong）"的听证会。② 在听证会上，参议员布朗巴克（Sam Brownback）呼吁美国政府继续采取强硬措施维护"香港民主"，与会者甚至要求美国政府与国会将"促进香港民主化作为美国对华政策的基石"，并将美国总统非正式访华与香港民主取得进步挂钩。③ 这次听证会，布朗巴克不但邀请国务院负责亚太事务的助理国务卿帮办薛瑞福（Randall Schriver）作证，还邀请美国智库传统基金会的反华学者谭慎格（John Tkacic, Jr.）、新美国世纪项目（The Project for a New American Century）副主任艾伦·波克（Ellen Bork）、乔治敦大学法律研究中心教授詹姆斯·费曼（James Feinerman），以及香港的立法会议员李

---

① Stanly O. Roth, U. S. Policy on Hong Kong, Testimony before the Senate Foreign Relations Committee, Subcommittee on East Asia and the Pacific Affairs, July 1, 1999.

② Democracy in Hong Kong, US Senate Committee on Foreign Relations, March 4, 2004, http://www. foreign. senate. gov/hearings/democracy – in – hong – kong.

③ US Senator Richard G. Lugar Holds Hearing on Democracy in Hong Kong, FDCH Political Transcripts, Mar. 4, 2004.

柱铭、涂谨申、李卓人和香港人权监察（Human Rights Monitor）主任罗沃启参加。6 月 23 日，美国众议院外交委员会亚太小组委员会也专门举行关于香港问题的听证会。

从近年的情况看，2014 年 9 月开始，香港各政治力量围绕 2017 年行政长官普选问题进行政改博弈，导致香港发生持续 78 天的"占中"运动。运动期间，美国国会多次举行涉港事务听证会，对发生在香港的事情说三道四，指责中国政府和特区政府。2014 年 11 月 20 日，美国国会行政部门中国委员会举行"香港民主的未来（The Future of Democracy in Hong Kong）"听证会，由委员会主席、参议员谢罗德·布朗（Sherrod Brown）及共同主席众议员史密斯（Christopher Smith）主持。香港前港督、现任牛津大学校长彭定康（Lord Patten of Barnes）通过视频连线在英国作证，受邀发言的证人还有乔治城大学全球政治与安全主任、"自由之家"主席拉根（Mark Lagon）、美国在台协会前主席卜睿哲（Richard Bush）以及美国圣母大学政治学系助理教授许田波。作证者指称香港民主与自由状况日益恶化，鼓励香港民主派与学生继续为香港民主自由奋斗，强调美应重新提交有关涉港年度报告。

2014 年 12 月 2 日，美国众议院外交委员会亚太小组委员会举行名为"香港：破碎的承诺？（Hong Kong：A Broken Promise?）"的听证会。① 外交委员会亚太小组委员会主席、共和党众议员夏伯特（Steve Chabot）主持该听证会，出席听证会的还有该小组委员会的其他众议员。以作证者身份出席的包括：传统基金会亚洲研究中心高级研究员成斌（Dean Cheng）、人权观察（Human Right Watch）中国项目主任索菲·里查德森（Sophie Richardson），以及 2049 项目研究所高级研究员凯雷·居里（Kelly Currie）。夏伯特在听证会上呼吁奥巴马政府加大在香港问题上的发声力度，坚持维护香港民主和基本人权的立场。他强调："美国在对香港的政策中，应保障香港拥有足够的自治，北京当局根本无视香港民众要求真普选的基本权利，操控香港政府压制民众，这种做法无疑是置香港的民主和未来于险境，美国应重新评估香港的自治状况。"夏伯特进一步指出，"支持香港的民主是美国外交政策的基本原则……现在已经到了关乎香港的民主和未来的时刻。我们决不能因北京而动摇立场，必须坚持对人权的卫护，支持香港民众选择他们自己未

---

① 2014 年 12 月，作者之一在华盛顿访学期间旁听了本次听证会。旁听者除少数国会议员的助手外，还有台湾、香港驻华盛顿机构的人员以及主要来自美国和港台地区的新闻媒体记者。

来的权利……美国政府必须打破沉默，无论中共企图用多长时间打压香港民众对基本人权、民主和公民社会的诉求，意图摧毁香港民众奋力维护的价值，我们决不能让它得逞。①

2014 年 12 月 3 日，美国国会参议院对外关系委员会东亚和太平洋事务小组委员会也举行了名为"香港：评估雨伞运动的影响（Hong Kong：Examining the Impact of the 'Umbrella Movement'）"的听证会。② 该小组委员会主席、参议员布朗主持听证会。参加听证会作证的包括美国国务院负责东亚及太平洋事务的助理国务卿丹尼尔·拉塞尔（Daniel Russel）以及布鲁金斯学会东亚项目主任卜睿哲③、人权观察中国项目主任索菲·里查德森④等。拉塞尔在听证会上表示，美国支持香港在 2017 年进行特区行政长官全民普选，这是目前为止美国政府就香港选举问题所表达的态度最为明确的一次。他同时否认美国以任何形式参与了在香港发生的抗议。拉塞尔指出，"一国两制"为美国与香港的关系提供了强有力的基础；而美国曾经向北京明确表态，支持香港人在"一国两制"框架下进行全民普选。"（美国）当局促请中国信守基本法下的承诺，保护香港的自由和自治，包括实现全民普选……'一国两制'和高度自治的承诺正在受到侵蚀，而且新闻自由每况愈下，令人担忧。实行真正意义上的全民普选，能够令香港特区行政长官的民众认同大大增加——这指的是，容许一个有竞争性的选举，令持有不同政见的参选者都有机会寻求香港合法选民的支持。"⑤

2. 推动涉港议案和立法。美国国会通过涉港提案和立法是干涉中国香港事务的惯用手法。据统计，1984 至 2014 年，美国国会围绕二十三条立法、香港的民主、人权和新闻自由等共提出 60 余项涉港议案。这些提案对中美关系和香港的稳定产生了不容忽视的消极影响。⑥

---

① Hong Kong：A Broken Promise？，Subcommittee on Asia and the Pacific of the Foreign Affairs Committee，December 2，2014，https：//foreignaffairs. house. gov/hearing/subcommittee – hearing – hong – kong – a – broken – promise/.

② 2014 年 12 月，作者之一在华盛顿访学期间旁听了本次听证会。

③ Richard C. Bush's testimony at U. S. Senate hearing on Hong Kong，December 3，2014，http：//www. brookings. edu/research/testimony/2014/12/03 – hong – kong – umbrella – movement – bush.

④ Sophie Richardson's testimony at U. S. Senate hearing on Hong Kong，December 3，2014，htp：//www. foreign. senate. gov/imo/media/doc/Richardson _ Testimony. pdf.

⑤ Daniel Russel's testimony at U. S. Senate hearing on Hong Kong，December 3，2014，http：//www. foreign. senate. gov/imo/media/doc/Russel _ Testimony4. pdf.

⑥ 郭永虎："美国国会干涉中国香港事务的历史考察"，《当代中国史研究》，2015 年第 2 期。

例如，2003 年 6 月 16 日，考克斯（Christopher Cox）、佩洛西（Nancy Pelosi）、布朗特（Roy Blunt）、兰托斯（Tom Lantos）等 28 名国会众议员针对二十三条立法联合提出支持"香港自由"的第 277 号决议案，以二十三条立法"将削弱香港居民的基本自由，不利于香港的人权"为由，敦促港府和中国撤回第二十三条立法草案。6 月 26 日，众议院通过了该决议案。第二天，参议院在布朗巴克的怂恿下也提出了涉及二十三条立法、支持香港自由的决议案，认为二十三条立法对港人思想自由、言论自由和结社自由的限制将限定港人的基本权利，美国应就此向中国政府施压。2003 年 7 月 8 日，在众议员考克斯的推动下，众议院还通过了《表达对香港自由的支持》议案。

2014 年 9 月，全球人权委员会主席、美国众议员史密斯宣布将在众议院成立"香港连线（The Hong Kong Caucus）"，以监督香港的人权状况及中国政府在香港的活动，确保香港的高度自治原则得到尊重。① 2014 年 11 月 13 日，美国"国会及行政当局中国委员会（Congressional - Executive Commission on China，CECC）"、民主党参议员布朗和共和党众议员史密斯联合推出跨党派的涉港议案——《香港人权和民主法案》（The Hong Kong Human Rights and Democracy Act），即参议院第 2992 号法案。主要内容包括：第一，将香港民主和人权纳入美国国家利益和价值观范畴。该议案称香港的持久繁荣和稳定对于美国有着重要意义，支持民主化是美国外交政策的基本准则。第二，将美国对港政策与香港"自治化"程度挂钩。该议案要求美国总统在给予香港任何新的优惠政策之前需核实香港是否享有足够的自治权。除非香港拥有足够的"自治"，否则将不能拥有美国法律和协定赋予的有别于中国内地的特殊待遇。第三，干涉香港选举。该议案敦促中国政府允许香港人民通过无预设条件的普选，产生特别行政区行政长官和所有立法会议员。第四，呼吁美国政府支持香港的媒体自由和独立，继续通过国际广播对香港地区进行粤语广播。第五，强化美国国务院有关香港发展的年度报告评估制度。该议案除了要求总统对香港的"自治"程度做出评估与核实，还要求将美国国务院提交涉港报告的做法常态化。② 这是该委员会历史上第

---

① Yahoo News：US lawmaker launches Hong Kong caucus to monitor rights，September 30，2014，http：//news. yahoo. com/us-lawmaker-launches-hong-kong-caucus-monitor-rights - 234013444. html.

② Congressional Record，S. 2922，Introduced on November 13，2014，https：//www. congress. gov/bill/113th - congress/senate - bill/2922/text？q = % 7B% 22search% 22：A% 5B% 22655 + hong + kong% 22 % 5D% 7D.

一次在参众两院同时推出涉华议案。2015 年 2 月，史密斯众议员再次向国会提交《香港人权与民主法案》。虽然仅有八位共同联署人，至今尚未进行小组委员会讨论，亦未曾召开相关听证会，但他一直未放弃在国会内外的活动，谋求通过该议案。

3. 国会下属机构发布涉港报告。通过公开发布报告的形式"关注"世界各地的民主、人权、政制发展等问题是美国国会介入外部事务的重要方式。其中尤其值得一提的是国会下属的美中经济和安全评估委员会（U. S. — China Economic and Security Review Commission，USCC）。2000 年 10 月，国会根据《2001 年弗洛伊德斯彭斯国家国防授权法案（The Floyd D. Spence National Defense Authorization Act）》，设立了美中经济与安全审查委员会，其宗旨是监测、调查并向国会报告中国加入世界贸易组织（WTO）后美中贸易往来对美国经济与国家安全可能造成的影响。委员会由 12 名来自私人与非政府机构的委员组成，全部由美国国会领导层任命。该委员会自成立起每年都向国会提交报告，2004 年报告中首次出现涉港内容，近年来则给予香港问题越来越大的篇幅。比如，其发表的 2013 年度报告宣称，虽然中国中央政府和香港行政长官支持香港落实普选，但缺乏有意义的推进行动，令人怀疑北京的真实意图，香港 2017 年落实特首普选前景黯淡；香港政府对媒体进行"政治干预、限制新闻自由"，公众对媒体公信力的感知自回归以来不断下降。报告称，这些情况都反映北京无意让香港发展"真民主"，有违《基本法》有关"一国两制"的承诺，故建议国会通过决议案，要求北京履行《中英联合声明》及《基本法》在落实香港普选上的承诺。① 2014年其发表年度报告称，中国全国人大常委会有关香港政改的决定为香港行政长官的选举设限，排除"民主派"候选人，不符合《基本法》和《公民权利与政治权力国际公约》的规定，并且违背了《中英联合声明》中给予香港的高度自治。② 2015 年 11 月 18 日，美中经济安全评估委员会向国会递交最新年度报告，称香港立法会在 2015 年 6 月否决政改方案，表明香港社会各界尚未就特首与立法会议员直选产生共识。报告还称香港的言论、出版与

---

① 2013 Report to Congress of the U. S. – China Economic and Security Review Commission, One Hundred Thirteenth Congress, First Session, November 2013, U. S. – China Economic and Security Review Commission.

② 2014 Report to Congress of the U. S. – China Economic and Security Review Commission, One Hundred Thirteenth Congress, Second Session, November 2014, U. S. – China Economic and Security Review Commission.

学术自由正面临新一波压力，建议国会呼吁国务院加大对香港进行公共外交的力度，并与英国议会联手审议香港回归以来中国在香港执行《基本法》的情况，包括香港的政制发展、新闻自由等。该报告建议美国国会在制定2016年外交预算拨款法案时要求国务院依据《美国—香港政策法》，恢复定期向国会递交香港情况报告的做法。① 该报告还认为，随着香港与内地经济一体化的推进，香港在中国发展国内金融市场、增加金融业在国际上的竞争地位，以及开放资本账户等方面扮演着越来越重要的角色，但由于中国内地市场的不透明以及对外来投资者的种种限制，香港的风险也在不断增大。

另外一个经常发布涉港问题报告的机构是"国会—行政部门中国委员会"。该委员会成立于2001年，自2002年起每年发布中国人权报告，2004年起增加了涉香港内容，意味着在基本法二十三条立法风波后，香港议题进入该委员会的关注视野。② 该委员会发表的报告不断呼吁美国政府关注香港的民主发展，就香港政改问题进行年度调查，并制定干涉香港事务的建议和措施，如加强与香港的官方互动，派遣高官访港等。例如，该委员会在2014年度中国人权和法治发展年度报告中，提到中国政府于该年6月发布的对香港政治制度立场的白皮书、全国人大常委会对香港特首选举改革的"8·31"决定以及香港的"雨伞运动"，认为"中共对香港事务的持续干预将破坏香港的自由法治"，进而损害香港的金融信誉和未来的经济繁荣，让外界对香港的前景感到担忧。报告认为"8·31"决定严重限制了任何自由参与竞选的候选人的能力，"违反了有关普选的国际标准"。③ 2015年10月8日，该委员会发布2015年度报告，妄称北京"企图操控香港的高度自治"，还要求美国行政部门恢复每年就香港的实际情况向国会提交报告的做法。④

4. 国会议员借访问香港支持反对派的诉求。当香港仍属西方阵营时，美国官方或民间势力从未在香港策动当地人反对或冲击殖民政府，因为在英国人的统治下，香港的繁荣稳定符合美国的战略利益。但香港回归后，香港

① 2015 Report to Congress of the U. S. – China Economic and Security Review Commission, One Hundred Fourteenth Congress, Second Session, November 2015, U. S. – China Economic and Security Review Commission.

② 李环："近年美国对香港政策变化及评估"，《现代国际关系》，2016年第2期，第30页。

③ Congressional – Executive Commission on China 2014 Annual Report, http://www.cecc.gov/publications/annual – reports/2014 – annual – report.

④ Congressional – Executive Commission on China 2015 Annual Report, http://www.cecc.gov/publications/annual – reports/2015 – annual – report.

的反对派在挑战和冲击中央或特区政府时，往往得到西方势力特别是美国政客、媒体及半官方与非政府组织在精神上和物质上的支持。① 美国国会议员成为支持香港反对派诉求的主要外部力量。例如，2004 年 1 月，美国参议院外交关系委员会东亚及太平洋事务小组委员会主席布朗巴克赴港与"民主派"密切接触。他在港发表演讲，公然号召推倒《基本法》，另立政府。3 月 9 日，他又在《亚洲华尔街日报（The Wall Street Journal Asia）》上公然宣称，"香港是独特实体"，"香港发生的事情将直接影响美国与香港的关系，不是中国内政。"② 2014 年 2 月，美国众议院外交事务委员会主席爱德华·罗伊斯（Edward R. Royce）及该委员会的亚太小组委员会主席夏伯特率国会代表团访港，闭门会见了"香港 2020"发起人、前政务司长陈方安生以及属于香港泛民派的民主党和公民党的多名重要人物。会后罗伊斯公然宣称："香港是中国的一部分，但却不尽是（So it's a part of China, but it's not）。"③ 2015 年 5 月 7 日，在香港政改的关键时刻，罗伊斯、外委会亚太小组主席邵建隆（Matt Salmon）及其他两名众议员安格尔（Eliot L. Engel）和谢尔曼（Brad Sherman）一道访问香港，并会晤反对派政党议员及"学民思潮"等，支持反对派阻挠政改通过和所谓抗争行动，无视中国主权和安全、公然插手香港事务。此外，参众两院议员也经常在美国会见前来访问的反对派人士，以表达对其诉求的支持。

5. 直接向白宫及行政部门施压。作为立法机构，美国国会以外交手段介入香港事务的能力和机会十分有限，因此，通过向白宫及行政部门施压，要求其向中国政府提出抗议，成为国会介入香港事务的又一主要手段。比如，2003 年 6 月 6 日，国会参众两院党派领袖敦促美国政府采取行动阻止香港通过《基本法》二十三条的国家安全立法，还要求美国总统和国务卿与中国领导人举行会谈，促使中方撤回立法建议。2004 年 6 月，针对全国人大常委会关于香港政制发展的释法，参议院通过决议案，要求美国总统敦促中国政府、全国人大常委会和任何中国任命的团体保证香港法律的修改应该反映港人通过普选和民主选举特首与立法会的意愿。2004 年 9 月 13 日，

---

① 刘兆佳著：《一国两制在香港的实践》，香港：商务印书馆，2015 年，第 150 页。

② 唐勇、童宜："参众两院指手画脚 情报人员四处活动 美粗暴干涉香港事务"，《环球时报》，2004 年 9 月 17 日。

③ 罗先亚："美国部署高调重返香港"，大公网，2014 年 4 月 5 日，http：//news. takungpao. com/paper/q/2014/0405/2402760. html.

香港第三届立法会选举刚刚结束，美国国会众议院就通过了由参议员布朗巴克提出的所谓"支持香港自由"的决议案。该决议案宣称："香港民众有权自由决定宪制发展的步伐和范围。"决议案还呼吁小布什总统出面，要求中国政府"保证对香港法律的所有修订必须符合香港民众的意愿，并全面普选香港立法会议员和特区行政长官"。① 2014 年 10 月 9 日，由参议院临时议长帕特里克·莱西（Patrick Leahy）牵头，21 名美国参议员联名致信奥巴马总统，声称由于"中共的公开威胁"和近期"对香港和平示威者的攻击"，美国政府应公开支持香港"占中"者的民主诉求，并采取明确、严肃的措施，确保北京兑现对香港"一国两制"的承诺。信中称："我们坚决支持香港公民对普选和充分民主的愿望。在这个关键时刻，美国须采取适当的和必要的行动促进香港普选、民主和法制。美国的基本政策就是保持香港的独特地位，支持香港民主。我们敦促您和您的政府采取卓有成效的措施，保证北京恪守对香港的承诺。"② 美国国会—行政部门中国委员会发表的报告也要求政府通过发表最高层的声明、召开会议及访问香港，来加强对香港民主制度的支持。2014 年 9 月 30 日，美国参议院外交关系委员会主席罗伯特·门德斯（Robert Menendez）甚至致信香港特首梁振英，表达对香港局势的"严重关切"，毫不掩饰地介入香港事务。③

6. 拨款支持非政府组织在香港的活动。美国非政府组织在香港通过发表研究报告、为选举提供技术支持和直接支持香港"泛民主派"的反政府活动来介入香港"一国两制"的实施。④ 美国国会的拨款则是非政府组织介入香港的主要资金来源。美国国会在《2003 年度综合拨款法》中，要求为美国国家民主基金会（The National Endowment for Democracy）拨款用于资助

① S. J. Res. 33 – A joint resolution expressing support for freedom in Hong Kong, Introduced on April 21, 2004, https：//www. congress. gov/bill/108th – congress/senate – joint – resolution/33.

② "Booker Joins Bipartisan Call Urging Obama to Speak Out on Hong Kong," Senator Press Release, October 9, 2014, http：//www. booker. senate. gov/？p = press _ release&id =154.

③ "Chairman Menendez Urges Respect for Democratic Rights in Letter to Chief Executive of Hong Kong," US Senate Committee on Foreign Relations, September 30, 2014, http：//www. foreign. senate. gov/press/chair/release/chairman – menendez – urges – respect – for – democratic – rights – in – letter – to – chief – executive – of – hong – kong.

④ 沈本秋、倪世雄："试论美国非政府组织对香港'一国两制'的介入"，《兰州学刊》，2009 年第 3 期。沈本秋："2007 年以来美国非政府组织在香港活动之评析"，《社会主义研究》，2013 年第 1 期。

香港"民主、人权和法制"项目。① 美国国家民主基金会获得国会拨款后再将其分发给美国国际事务民主研究所（National Democratic Institute for International Affairs）、美国国际劳工团结中心（American Center for International Labor Solidarity）、香港人权观察（Hong Kong Human Rights Monitor）等非政府组织，从事在香港的活动。譬如，2003 年美国国家民主基金会拨给涉港组织经费 24 万美元，2004 年为 54 万美元，2006 年下降为 38 万美元。另外，国会还直接拨款给政府用于在香港推广民主。2004 年，美国国会拨款 3500 万美元用于在中国内地和香港地区推广"人权和民主"。2009 年，美国国会在《2009 年度综合拨款法》中为美国国务院民主、人权和劳工事务局（The Bureau of Democracy, Human Rights and Labor）拨款 1700 万美元，用于中国大陆、台湾和香港地区的"民主"活动和人道主义援助。②

三、美国国会介入香港事务的影响

香港回归以来，美国国会对香港事务的介入在多个方面产生了非常负面的影响，不但干扰了中美关系的总体发展，还导致香港内部政治矛盾的进一步深化。③ 一方面，美国国会的涉港活动对美国的香港政策产生了十分消极的影响，它使美国对中国香港事务的干涉长期存在，严重损害了中美关系的健康和良性发展；另一方面，美国国会通过不同方式介入香港事务，增加了中国政府解决香港事务的难度，成为影响香港局势发展的不稳定因素之一。

1. 美国国会对香港事务的参与严重干扰中美关系的正常发展。在美国国会的强力推动下，美国政府介入香港事务的力度加大。虽然国会内部存在党派斗争，但整体上看，在施压政府加大介入香港事务上反对声音不大。在涉港事务上比较活跃的国会议员拉拢、游说其他议员频繁提出涉港法案，并向白宫施压，在一定程度上不利于美国对港政策做出理性的选择。在中美关系上，美国政府比较注重现实利益，从战略上维护相对稳定的两国关系，而国会则更多强调人权、民主等价值观层面的利益，不惜损害两国关系。总

---

① Congressional Record, H. J. Res. 2, Consolidated Appropriations Resolution, Introduced on January 7, 2003, https: //www. govtrack. us/congress/bills/108/hjres2.

② Congressional Record, H. R. 1105, Introduced on February 23, 2009, https: //www. congress. gov/bill/111th – congress/house – bill/1105/text? q = % 7B "search"% 3A% 5B "H. R. 1105"% 5D% 7D.

③ 郭永虎："美国国会干涉中国香港事务的历史考察"，《当代中国史研究》，2015 年第 2 期。

之，行政部门把保持和扩大美国与香港的经济关系放在美国对香港政策的首位，而国会则主张把民主和人权问题摆在美国对港政策的首位。①

2014 年 11 月，来华出席亚太经合组织（APEC）会议的美国总统奥巴马在北京明确表示，"美国没有鼓励和支持香港的（占中）示威行动"。当时，奥巴马面临着国会要求其在香港政改问题上表态支持"占中"者民主诉求的压力及国内舆论，不可避免地借出席 APEC 会议之机谈及香港政改及"占中"问题。2015 年 10 月，习近平主席对美国进行国事访问。习近平强调，中华民族对事关中国主权和领土完整问题高度敏感。希望美方恪守有关承诺，不支持任何旨在损害中国统一和稳定的行动。奥巴马遂表示，美国坚持一个中国政策，恪守中美三个联合公报原则，这一立场不会改变。美国不支持"台独""藏独""疆独"，并强调美国不介入香港事务。② 从政府方面来看，美国不希望香港问题影响中美关系大局，愿与中方在香港问题上保持沟通，不希望给中方以美国操纵香港乱局的口实。③ 但美国国会却不断通过涉港议案，制造政策舆论，对行政当局形成很大制约。④

2. 美国国会不断介入香港事务，干扰了"一国两制"在香港的实践及《基本法》的实施，损害了"一国两制"的国际声誉以及在香港的实践。⑤ 美国参众两院议员不但关注香港的政制改革、民主人权、新闻自由等问题，还时常就涉及"一国两制"和《基本法》实践的问题发表攻击性、批评性的论述。例如，针对全国人大常委会的释法，国会认为其"破坏香港司法独立"；就香港按照《基本法》二十三条进行国家安全立法，国会认为此举将损害香港居民的人权和自由；就立法会的功能组别选举，国会认为是对民主选举的限制；就《"一国两制"在香港特别行政区的实践》白皮书，国会认为其中关于中央对香港具有"全面管治权"的论述违背香港的高度自治；就香港发生的违法"占中"运动，国会认为这是港人争取民主的方式，批

① 夏立平、许嘉："美国对香港回归中国的政策及其对中美关系的影响"，《世界经济与政治》，1997 年第 4 期，第 33 页。

② 杜尚泽、温宪："习近平同奥巴马举行会谈 双方同意继续努力构建中美新型大国关系"，《人民日报（海外版）》，2015 年 9 月 26 日，第 1 版。

③ 2015 年 1 月，作者之一在华盛顿访学期间对国务院亚洲太平洋事务局官员的访谈。

④ 刘恩东："1997 年后美国对港民主输出政策与香港政制发展"，《探索》，2014 年第 6 期，第 175 页。

⑤ 沈本秋、倪世雄："美国介入香港'一国两制'的现状与趋势"，《现代国际关系》，2008 年第 11 期，第 30—34 页。

评香港警方的"暴力"执法。此外，国会还就香港铜锣湾书店事件表态，认为这是北京违背"一国两制"的做法，并以言论自由和集会权利为由，对"港独"分裂势力的活动予以支持，如此等等。

3. 美国国会成为香港反对派的"靠山"，加剧了香港政治局势的复杂性。美国国会的介入加大了香港的社会对立，严重阻碍了香港的政制发展进程。美国国会通过多种方式支持反对派的活动，掺杂了复杂的政治、经济因素，使得香港各政治派别的矛盾加大，在事关香港的重大议题上更难达成共识。美国国会对香港民主进程的"特殊关注"放大了香港政制争议，令争议各方更难达成妥协。例如，在中国中央政府频频释放沟通善意之时，香港的反对派人士却一再错失与中央沟通、交流的机会，并借助美国国会的支持强硬与中央对抗，结果导致无论是在立法会还是整个社会层面，支持中央政改方案的建制派与反对派之间形成了更大程度的对立，不仅撕裂了香港社会，也牵制了特区政府的大量精力，使其难以充分投入到经济发展、改善民生等议题中，[①] 这给香港的稳定和发展带来了长期的负面影响。香港反对派在美国国会的鼓噪下，声称"美国有责任介入香港事务"，更呼吁奥巴马应将香港问题列入"习奥会"的讨论事项之一。

4. 美国国会对香港事务的介入不仅是直接干涉中国内政的行为，而且对中国的国家安全造成了威胁。首先，国会对香港事务的介入间接推动了香港问题的国际化，对中国的国家主权提出挑战。美国国会阻止香港特区政府根据《基本法》第二十三条对国家安全的立法、支持香港分离势力的表态等都是威胁中国国家安全的行为。香港主权已完全回归中国，外部势力不论以任何形式和手段干预香港事务，都有悖于国际法关于不干涉他国内政的基本原则，对中国政府在香港行使主权造成干扰。其次，在国会的鼓动、支持下，一些势力对香港的渗透以及对反政府活动的支持直接威胁到中国的国家安全。一些官方和非官方机构借助香港当地的教育机构、智库及非政府组织等进行意识形态渗透；国外一些非政府组织加强同香港反对派势力之间的联络与合作，怂恿并支持其通过发动反政府的社会运动、街头运动来表达对中国中央及特区政府的不满，给香港的社会秩序带来很大冲击，也威胁到中国整体的政治安全。更有甚者，有报道称美国的国防部、中情局等系统的退役

---

① "回归以来外部势力对香港的影响"，紫荆网，2014 年 12 月 9 日，http：//www.zijingzb.com.cn/index.php? m = content&c = index&a = show&catid = 35&id = 731。

人员在香港暗中煽动社会情绪，并资助商界、舆论界人士策划反政府行动，为制造颜色革命做准备。① 第三，美国国会支持"占中"运动的表态恶化了香港的政治形势，助长了香港反对势力的声势，不利于中央政府对香港的管治和特区政府的施政。2014 年 6 月，《"一国两制"在香港特别行政区的实践》白皮书发表之后，美国国会议员便多次发表抹黑中国政府的言论。2014 年 9 月，香港发生"占中"运动后，国会议员对该运动的支持更是变相威胁中国国家安全的行为。

四、结语

总体看，美国的对港政策仍将在中美关系的大局下运作，不会跳脱出美国对华政策的框架。但由于香港特殊的政治、经济地位，美国对港政策有时具有超越中美关系的发展空间与弹性。② 一方面，随着美国"亚太再平衡"战略的深入发展，美国介入香港事务的力度和深度必将增加，对香港角色的重视程度也将加大。美国鹰派学者就认为，香港问题是中国的重大弱点，成为中国领导层面临的一个非常敏感的问题。美国可以通过更加高调地支持香港的言论自由行动，提高香港示威活动的受关注度，增加中国的相关成本。③ 2016 年 6 月，美国国务卿克里任命国务院负责经济及商业事务的首席副助理国务卿唐伟康（Kurt Tong）为美国驻港总领事，取代现任总领事夏千福（Clifford Hart），成为美国在香港的最高代表。从"官衔"来看，唐伟康是美国务院负责经济事务的最高级职业外交官，是近年来派驻香港职务最高的一位。作为美国"亚太再平衡"经济战略的重要参与者，唐康伟就任驻港总领事，表明美国有意加大介入香港事务的力度，更加注重发挥香港在"亚太再平衡"战略中的角色。另一方面，美国在介入香港事务时仍将比较慎重，更多将是会借助香港的政治局势作为干预的"借口"，以凸显美国的政策。

---

① 李幼岐："独家评论：香港乱局 乱源在有人要搞'颜色革命'"，大公网，2014 年 9 月 20 日，http://news.takungpao.com/opinion/highlights/2014-09/2743814.html。

② 李环："近年美国对香港政策变化及评估"，《现代国际关系》，2016 年第 2 期，第 31 页。

③ Robert Sutter，"How to Deal with America's China Problem: Target Beijing's Vulnerabilities," The National Interest, July 22, 2014, http://nationalinterest.org/blog/the-buzz/how-deal-america's-china-problem-target-beijing's-10929.

　　作为立法机构，美国国会在美国整体对港政策中将继续扮演"助攻"的角色。2016 年 9 月香港即将进行立法会选举，紧接着是 2017 年 3 月的行政长官选举，未来十年则是落实"一国两制"和《基本法》的关键时期。与此同时，即将到来的美国总统大选将拉开美国新的政治周期。在政治选举和外交博弈下，美国对港政策极有可能成为恶化中美关系的爆发点。未来一段时间，由于香港社会就中央—特区关系、特首选举等议题仍有可能形成较大争议乃至激烈对抗，美国国会仍会借机加大对香港事务的干预，推动涉港法案以及美国政府出台新的对港政策。如香港社会因铜锣湾书店事件处理不当而再次发动大规模游行示威，将重新吸引国际舆论关注；一旦发生流血事件，美国国会有可能迅速开启《香港人权与民主法案》立法进程，不仅恢复行政部门每年提交香港问题报告的做法，还将使美国对港政策同香港自治状况挂钩。① 若这一法案得以通过，必将严重影响中美关系以及"一国两制"在香港的实施。中美各界须对这种可能性保持充分警惕并进行必要准备。

---

① 作者之一于 2016 年 2 月在华盛顿访学期间对美国国会研究服务处学者的访谈。